南京大学新时代文科卓越研究计划"中长期研究专项"

"多卷本《卢卡奇文集》的编译与研究"阶段性成果

卢卡奇研究指南

张亮 主编

第二卷

物化与革命：
《历史与阶级意识》中的马克思主义理论

孙乐强 李乾坤 编

江苏人民出版社

图书在版编目(CIP)数据

卢卡奇研究指南. 第二卷,物化与革命:《历史与阶级意识》中的马克思主义理论/孙乐强,李乾坤编. —南京:江苏人民出版社,2022.8
ISBN 978-7-214-27372-7

Ⅰ.①卢… Ⅱ.①孙…②李… Ⅲ.①卢卡奇(Lukacs, Georg1885-1971)—哲学思想—研究②马克思主义理论—理论研究 Ⅳ.①B515②A81

中国版本图书馆 CIP 数据核字(2022)第 126443 号

卢卡奇研究指南	
张 亮 主编	
第二卷 物化与革命:《历史与阶级意识》中的马克思主义	
孙乐强 李乾坤 编	
责 任 编 辑	黄 山 胡天阳
特 约 编 辑	贺银垠
装 帧 设 计	林 夏
责 任 监 制	王 娟
出 版 发 行	江苏人民出版社
地　　　址	南京市湖南路 1 号 A 楼,邮编:210009
照　　　排	江苏凤凰制版有限公司
印　　　刷	江苏凤凰扬州鑫华印刷有限公司
开　　　本	718 毫米×1000 毫米　1/16
总 印 张	72.5　插页 6
总 字 数	928 千字
版　　　次	2022 年 8 月第 1 版
印　　　次	2022 年 8 月第 1 次印刷
标 准 书 号	ISBN 978-7-214-27372-7
总 定 价	288.00 元(全三册)

(江苏人民出版社图书凡印装错误可向承印厂调换)

目 录

001 | 格奥尔格·卢卡奇和他的马克思主义的批评　［苏］阿·莫·德波林

027 | 关于卢卡奇的《历史与阶级意识》　［德］汉斯-尤尔根·克拉尔

047 | 《历史与阶级意识》的过去与现在　［匈］拉斯洛·西克莱

053 | 《物化和无产阶级意识》的思想意义与多元阐释　［德］吕迪格·丹内曼

084 | 集体的历史主体：对卢卡奇《历史与阶级意识》的反思　［英］保罗·康纳顿

105 | 卢卡奇的《历史与阶级意识》："物化"理论与浪漫主义的反资本主义　［俄］谢尔盖·彼得洛维奇·波采鲁耶夫

136 | 从《历史与阶级意识》到《启蒙辩证法》再回到《历史与阶级意识》　［斯洛文尼亚］斯拉沃热·齐泽克

154 | 卢卡奇《历史与阶级意识》对马克思主义意识形态学说的重构和阿多诺对非教条马克思主义来源的"背叛"　［德］萨比娜·多伊

179 | 论《历史与阶级意识》中物化理论与《启蒙辩证法》中身体哲学的关系 [德]乌多·蒂兹,[德]沃尔克·卡萨

203 | 科学认识与政治行动:论《历史与阶级意识》中卢卡奇思想的二律背反 [阿根廷]圭多·斯塔罗斯塔

231 | 物化——一个现实的概念? [德]拉尔·耶吉

235 | 重思物化 [美]汉娜·菲尼切尔·皮特金

270 | 物化、商品拜物教与民主的无能:作为对新自由主义资本主义批判的卢卡奇物化理论 [德]吕迪格·丹内曼

287 | 卢卡奇与资本主义辩证批判 [加]莫伊舍·普殊同

315 | 意识的物化:卢卡奇同一的主体—客体中的胡塞尔现象学 [英]理查德·韦斯特曼

355 | 政治经济学视域中的卢卡奇思想及其历史意义 [德]弗兰克·恩斯特

格奥尔格·卢卡奇和他的马克思主义的批评[*]

[苏]阿·莫·德波林

一

卢卡奇同志在其《历史与阶级意识》(1923)这本书里开始对马克思主义进行哲学的批评,我们也必须对他有所批评。作者很巧妙地将他

---

[*] 本文最初发表于《在马克思主义旗帜下》1924年第6—7期,第49—69页("Под знаменем марксизма,"1924, июнь-июль, № 6-7, стр. 49-69),原文为俄文。它是《历史与阶级意识》发表之初的、具有代表性的评论文章之一。这篇文章随后也被战斗唯物主义者协会为共产国际第五次代表大会的召开而编辑成单行本出版。本文曾收录在《哲学与马克思主义》中,并于1930年首次由张斯伟翻译出版。(参见德波林《哲学与马克思主义》,张斯伟译,乐群书店1930年版,第151—185页。)鉴于此文的历史文献价值且现有中译文发表年代较早的现实情况,此次将《格奥尔格·卢卡奇和他的马克思主义的批评》中译文进行了再版校译。译者在将1924年发表于《在马克思主义旗帜下》的俄文原文和《哲学与马克思主义》收录的原中译文对照的基础上,对全文进行了核订和重译。主要做了以下工作:把文中涉及马克思主义经典作家的引文都按照《马克思恩格斯文集》和《列宁全集》(第2版增订版)中的译文进行了核对和替换;把文中涉及《历史与阶级意识》的引文都按照最新版的《历史与阶级意识》中的译文进行了核对和替换;把原文中涉及黑格尔的引文,按照当下通行的黑格尔著作的中译本进行了核对和替换;将原中译文中存在的个别尚未翻译的段落进行了补充翻译,保证了译文的完整性。——编译者注

阿·莫·德波林(1881—1963),苏联哲学家、科学院院士。1908年毕业于伯尔尼大学哲学系。1903年加入布尔什维克。1907—1917年归附孟什维克。1928年参加苏联共产党。从1920年起从事编辑和教育工作。1926—1930年任《在马克思主义旗帜下》杂志编辑和主编,1935年以后一直在苏联科学院工作。曾任哲学研究所所长、马克思恩格斯研究院主席团委员、科学院历史和哲学部主任等职。

那种唯心主义的甚至于神秘的倾向隐藏起来。但无论他说得多么天花乱坠,要将空想的精神隐藏起来也是不容易的。而且,只要稍微留意一些,就可以发现隐藏在其华丽词句中的唯心主义倾向,这甚至连马克思主义者中最不学无术的人也能做到。

卢卡奇采用了一种将恩格斯和马克思对立起来的方法,但它不能说是有效的,或新奇的。因为这种方法在所有的马克思主义的批评者那里,无论是资产阶级阵营中的还是修正主义者,都曾用过。一方面,他们中的有些人说恩格斯离开了唯物主义,但马克思却从未犯过这样的错误;而有些人说的则又恰恰相反。另一方面,所有的"批评者"都认为辩证法同唯物主义相结合是不可能的,认为马克思主义的两个创始人是空谈。在他们看来:辩证法只有在精神和意识的范畴内才能拥有相应的地位,它又是怎样应用于物质世界的范畴的?他们都知道辩证法家黑格尔是个唯心主义者,黑格尔认为物质生活的基础就是认识和精神;因此他们下了个结论:辩证法也许只能和唯心主义共存。这样一来,唯物主义的辩证法或辩证的唯物主义在他们看来只能是逻辑上的废话。持这种观点的姗姗来迟的批评者是文道夫(Hermann Wendorf)[①]。他又重新说了一遍辩证法不能适用于经验事实。马克思主义的资产阶级阵营的批评者之所以要如此嘲笑唯物主义,以及对唯物主义的辩证法如此"不能忍受"的原因是很容易明白的——正如普列汉诺夫所说:他们的"不能忍受"在于他们不能"容忍"某种革命和某种专政。

还有一个叫维尔纳·桑巴特(Werner Sombart)的,他的观点同文道夫属一丘之貉。其在最近的文章《马克思关于规律性的认识》[②]中认为,把黑格尔的辩证法应用到经验现实中是一个"不可思议的错误"。

[①] 文道夫的文章:Hermann Wendorf, „Dialektik und materialistische Geschichtsauffassung", in *Historische Vierteljahrschrift*, XXI. Jahrgang 1922/23, S. 139 - 175.

[②] Werner Sombart, „Der Begriff der Gesetzmäßigkeit bei Marx", in *Schmollers Jahrbuch für Gesetzgebung, Verwaltung und Volkswirtschaft*, Vol. 47, 1924, S. 11 - 31.

桑巴特随后同情般地引用了卢卡奇同志书中的观点来批评恩格斯,这似乎明确了恩格斯与马克思的差异之处在于将辩证法应用到自然界的问题。桑巴特写道:"卢卡奇在《历史与阶级意识》中的新观点实际上是马克思辩证方法的本质,且恩格斯完全不了解他的朋友(马克思)的学说。与恩格斯恰恰相反,马克思将辩证方法的应用严格限制在社会历史现实之中。"接下来,桑巴特便继续定义卢卡奇的辩证法。

这样一来,卢卡奇便表露出了关于辩证法本质的异常重要且十分现实的新观点——卢卡奇同志以及文道夫和桑巴特对此均完全认同——这就是辩证法不能适用于自然界。遗憾的是,卢卡奇同志在需要彻底亮明自己观点之时却又吝啬了起来,在本该明说之时却异常固执地缄默不言。因此,在他的书中可以看到这种令人厌烦的模棱两可的表达。

事实上,辩证法是否适用于自然的问题,与整个世界观问题密不可分。卢卡奇支持那些以某种方式承认历史唯物主义但拒绝哲学唯物主义的人——这与马克思主义的资产阶级阵营的批评者们完全一致。卢卡奇及其同道者还对恩格斯和普列汉诺夫的"自然主义形而上学"不屑一顾。这里的"自然主义形而上学"是唯物主义的别称,它充满了资产阶级哲学家的偏见。卢卡奇同志学会了他们的黑话并且在这种黑话中产生了对唯物主义的消极态度。真的,卢卡奇同志从未怀疑过这个问题。因此,我们全然不知他为何拒绝哲学唯物主义的哲学考虑。但有一点毋庸置疑:无论是唯物主义也好,辩证法也罢,卢卡奇同志都是反对将其应用到自然界之中的。这个结论非常重要,我们暂时只记住它。从他的结论中,我们可以得出结论——我们的作者是一个二元论者:就自然领域而言他是唯心主义者,但在社会历史现实领域却又是辩证唯物主义者。但是,也必须承认这个结论得出得过于轻率,因为我们在之后将会看到,我们事实上面对的是该如何处理对辩证方法的新理解。即,出现了这样一种与马克思主义——或者说与辩证唯物主义背道而驰的观点。再或者,换句话说,我们将确保卢卡奇同志完全站在唯心主义的立场上,并以此同社会历史现实相关联。因为对他而言,意识本身在某种程度上是一种实体或真实的现实。在这一点上,卢卡奇同志极其怀念早已被马克思冷嘲热讽的布鲁诺·鲍威尔(Bruno Bauer)的"自我意识哲学"。总的来说,卢卡奇同志的观点代表了正统黑格尔主义思想但又融入了拉斯克(Emil Lask)、柏格森(Henri Bergson)、韦伯(Max Weber)、李凯尔特(Heinrich Rickert)……以及马克思和列宁思想——这种令人惊讶的杂糅。如果是这样,就卢卡奇同志个人而言,可以先验地说——我们倒是真正拥有了一位创新者。

二

卢卡奇同志的某些信徒,例如柯尔施(Karl Korsch)同志在主要的方向上都是倾向于他的[①],福加拉西、雷瓦伊(József Révai)等同志亦然。这种情形是无法令人保持沉默的,最起码也要对马克思主义中的这种"新潮流"的基本原则予以批评。

卢卡奇同志的书以对恩格斯的批评开始。作者已经在序言中宣称,他在书中打算捍卫正统的马克思主义,这种马克思主义甚至将恩格斯排除在外。此外,作者在序言中亦强调,他无意修改和完善马克思的学说,而只是按照马克思的观念对马克思主义进行解释。在读者看来,这是非常受人尊敬的一项任务。但如果我们还记得恩格斯与马克思在紧密友谊中合作共事了 40 年之久,尤其是恩格斯主要的哲学著作是在马克思本人的直接参与之下写作的这些事实的话,就会立即产生对这种表述的正确性的怀疑。然而,卢卡奇及其信徒对恩格斯的著作《反杜林论》则是大加挞伐。他们的理由是恩格斯躲在了马克思宽阔的胸襟

---

① 这里指柯尔施的《马克思主义和哲学》。

之后并以此来表达对恩格斯的嘲弄吗？可以说，恩格斯在马克思的一生中，未经他的同意，连一行字的著作也没有出版过。在《反杜林论》第二版的序言中，恩格斯对他们的这本合著写了以下内容："本书所阐述的世界观，绝大部分是由马克思确立和阐发的，而只有极小的部分是属于我的，所以，我的这种阐述不可能在他不了解的情况下进行，这在我们相互之间是不言而喻的。在付印之前，我曾把全部原稿念给他听，而且经济学那一编的第十章（《〈批判史〉论述》）就是马克思写的，只是由于外部的原因，我才不得不很遗憾地把它稍加缩短。在各种专业上互相帮助，这早就成了我们的习惯。"①恩格斯的这段证词似乎可以使改革者的"批判"热情得到些许缓和——无论如何，高贵的"批评家"们没有理由略去阅读过《反杜林论》手稿的马克思。特别是恩格斯提出的世界观其实也是由马克思创立和发展起来的。

卢卡奇同志断定恩格斯早已背离了马克思，歪曲了他朋友的观点。马克思将辩证方法的应用限定在社会历史现实之中，而恩格斯则将辩证法同时扩展运用到了自然界。但是，正如我们已经看到的，这种指责毫无根据。马克思和恩格斯在将辩证法的界限扩展到自然界方面有着同样的"罪过"。马克思主义的创始人是卓越的思想家，而非卢卡奇这样的折中主义者。诚然，每个人心中都有自己的"标尺"来自行判断他人。卢卡奇同志是希望马克思和他站在一起的，因此他便把自己的思想和观念，以及对辩证法的理解归因于马克思。这样一来，事实上，曲解马克思观点的人不是恩格斯，而是卢卡奇！

卢卡奇同志不仅在辩证法适用于自然界的问题上与马克思和恩格斯的观点相左，在对辩证法本质的理解上也与二人不同。在这个问题上，他认为恩格斯显得特别杂乱无章，且将注意力集中在了那些次要的和微不足道的方面而忽略了辩证法最本质的部分。卢卡奇深信马克思

---

① 《马克思恩格斯文集》第9卷，人民出版社2009年版，第11页。——译者注

在这个问题上是站在他这一边的,他认为自己有着为捍卫马克思而反对恩格斯的使命。

卢卡奇同志在一个简短的注释中对恩格斯提出了两项指责,我们逐字引用:"这里把这种方法限制在历史和社会领域,极为重要。恩格斯对辩证法的表述之所以造成误解,主要是因为他错误地跟着黑格尔把这种方法也扩大到对自然界的认识上。然而辩证法的决定性因素,即主体和客体的相互作用、理论和实践的统一、在作为范畴基础的现实中的历史变化是思想中的变化的根本原因等等,并不存在于我们对自然界的认识中。可惜在这里不可能对这些问题进行详细的分析。"[1]可遗憾的是,作者急于做出预先说明,他也因此被剥夺了更详细地讨论这个问题的可能。但我们不明白的是,为什么他被剥夺了向我们说明他和恩格斯之间的分歧的机会。在向恩格斯提出如此严重的谴责之后,他似乎又不得不提出一些论据以支持他的观点。但是,正如他所言——也并没有做出什么评价。

这样一来,我们对卢卡奇的辩证法就有了新的认识;或者更确切地说,我们将辩证法的定义置于三个给定的定义中。但卢卡奇同志对辩证法的理解与马克思和黑格尔均有所不同,作者如此诚挚地引证,目的是试图证明他的正确以及自己同马克思和黑格尔观点的一致。

但我们也先听一听卢卡奇同志的意见。在该书第一章"什么是正统马克思主义?"中,作者论证了,或者更确切地说,他指出了马克思主义方法的重要性。方法,无疑是具有重大意义的——在黑格尔看来,辩证方法是一切科学知识的灵魂。尽管如此,卢卡奇这种认为正统的马克思主义者只需承认这种方法的论断也难以令人同意。当然,我们能够完全赞同卢卡奇同志的如下观点,即,他认为辩证唯物

---

[1] 卢卡奇:《历史与阶级意识》,杜章智等译,商务印书馆2017年版,第48页。

主义已经找到正确研究方法并且这种方法应当本着其创始人的精神——"创制—深化"进一步发展。但作者将马克思主义学说内容的重要性置于次要地位,也是令我们无法接受的。他认为,可以假设最新的研究证明了马克思的"每一个个别的"结论都是不正确的。而在这种情况下,任何严肃的"正统的"马克思主义者可以毫无疑问地承认所有最新的结论并且拒绝马克思的"每一个个别的"论点,同时还能是一个正统的马克思主义者。因为正统的马克思主义意味着一定不会把马克思的研究成果视为理所当然,不"相信"某一个或另一个论点,也不会对"圣"书进行这样或那样的解释。读者必须承认,这种说法非常模棱两可。首先,"每一个个别"(sämmtliche einzelnen)这一术语的含义是什么?任何学说都是由一系列单独的论点组成的。因此,如果我们否定了这种学说的所有个别的论点,那么很明显,我们否定它们的同时也否定了这种学说。

马克思在《资本论》中,运用辩证方法揭示了资本主义社会的内在机制。社会主义在恩格斯看来之所以成为一门科学,正是因为马克思实现了对历史的唯物主义理解,并借助剩余价值揭示了资本主义生产方式的秘密。有谁会否认《资本论》确定的这一"结果"。卢卡奇认为,这些成果本身并无价值且很容易被最新的研究推翻,因此马克思主义只得停留在了方法上,但这也是它没有受到丝毫损伤的原因。卢卡奇同志,我们由衷感谢您的好意,但没有一个马克思主义者可以接受这种唯心主义的观点。因为对我们来说,结果和方法一样重要。在正统性问题上饱受卢卡奇质疑的弗·恩格斯认为"结果"具有巨大的意义,这是正确的。恩格斯在提到杜林对《资本论》的批评时指出:"他毕竟还没有完全丧失把方法和通过方法所获得的成果区别开来的能力,还能理解笼统地诋毁方法并不等于把成果——驳倒。"[①]正如我们所看到的那

[①] 《马克思恩格斯文集》第9卷,人民出版社2009年版,第130页。——译者注

样,恩格斯非常珍视《资本论》的研究成果,而"正统的"马克思主义者卢卡奇则准备抛弃《资本论》研究的"结果",这当然是无法调和的。然而,如果一种方法的正确性没有得到实践的证实,如果研究的"结果"与方法发生了冲突,那方法本身还有什么价值呢?显然,独立存在的方法无关紧要,它并不代表仅适用于纯粹思想领域的纯粹逻辑方案。如果我们不是从唯心主义的角度,而是从唯物主义和辩证的角度来考虑"方法",那我们就不得不承认:方法与内容、与"结果"密不可分。使用正确的方法,方法与内容之间就不会产生矛盾。但对卢卡奇来说,这种情形无关紧要,因为他是一个彻头彻尾的唯心主义者。理论和方法在他这里获得了某种绝对的意义,如果现实与它们不兼容的话,"就会产生更糟糕的情况"。然而,卢卡奇提出这一问题是建立在其对意识独特的、唯心主义的理解之上的。因此,这是一种反对现实的理论,或者更确切地说,它也反对它自己。恩格斯说过:"原则不是研究的出发点,而是它的最终结果,这些原则不是被应用于自然界和人类历史,而是从它们中抽象出来的,不是自然界和人类去适应原则,而是原则只有在符合自然界和历史的情况下才是正确的。这是对事物的唯一唯物主义的观点。"[1]辩证的范畴并非独立的存在,它与研究对象和研究主题一道构成了这种方法的内容。那么不禁要问,怎么可能出于归附这种方法的目的而拒绝研究结果?恰恰相反,方法的真实性得到了更确切的确认,它更多地"对应"于研究现实的结果和内容。方法首先是作为探寻新结果的手段或工具的。辩证法正是致力于这样的任务,又如恩格斯所说:"辩证法突破了形式逻辑的狭隘界限,所以它包含着更广泛的世界观的萌芽。"[2]倘若历史过程与辩证过程相互矛盾,那就正像卢卡奇同志假设的那样,辩证方法承认了自身的缺陷。由此可见,辩证过程是不能脱离历史过程而存在的。

---

[1] 《马克思恩格斯文集》第9卷,人民出版社2009年版,第38页。——译者注
[2] 《马克思恩格斯文集》第9卷,人民出版社2009年版,第142页。——译者注

三

卢卡奇在阐明辩证法本质时,曾经强调:"理论革命作用的前提是理论与实践的统一,理论按其本质说无非是革命过程本身的思想表现。"[1]在他看来,即便是恩格斯也并未弄懂这个理论的含义,且辩证法在恩格斯的表述中缺少了最本质的一点。他说:"他(恩格斯)把概念在辩证法中的形成方式与在'形而上学'中的形成方式对立起来;他更尖锐地强调指出在辩证法中概念(及其与之相应的对象)的僵化轮廓将消失;他认为,辩证法是由一个规定转变为另一个规定的连续不断的过程,是矛盾的不断扬弃,不断相互转换,因此片面的和僵化的因果关系必定为相互作用所取代。但是他对最根本的相互作用,即历史过程中的主体和客体之间的辩证关系连提都没有提到,更不要说把它置于与它相称的方法论的中心地位了。然而没有这一因素,辩证方法就不再是革命的方法,不管如何想(终归是妄想)保持'流动的'概念。"[2]卢卡奇继续写道:"而对辩证方法说来,中心问题乃是改变现实。如果理论的这一中心作用被忽视,那么构造'流动的'概念的优点就会全成问题,成为纯'科学的'事情。那时方法就可能按照科学的现状而被采用或舍弃,根本不管人们对现实的基本态度如何,不管现实被认为能改变还是不能改变。的确,正如马克思拥护者中的所谓马赫主义者所表明的那样,这甚至会更加加强这样的观点,即现实及其在资产阶级直观唯物主义和与之有内在联系的古典经济学意义上的'规律性'是不可理解的、命定的和不可改变的。"[3]卢卡奇同志进一步强调,马赫主义也能产生出一种同样资产阶级的唯意志论来。从辩证法的角度来说,宿命论和唯

---

[1] 参见卢卡奇《历史与阶级意识》,杜章智等译,商务印书馆2017年版,第46页。——译者注
[2] 卢卡奇:《历史与阶级意识》,杜章智等译,商务印书馆2017年版,第46—47页。——译者注
[3] 卢卡奇:《历史与阶级意识》,杜章智等译,商务印书馆2017年版,第47页。——译者注

意志论,不是排斥,而是互补,二者丝毫不矛盾。

以上全部推论都是含混不清和模棱两可的。在卢卡奇看来,恩格斯居然没有把历史过程中的主体和客体的关系问题置于方法论研究的中心位置,恩格斯也因此滑向了资产阶级的直观唯物主义、马赫主义、宿命论等等。而卢卡奇则向恩格斯指出了辩证法的中心问题是改变现实——这仿佛是在说马克思和恩格斯不是首个提出这一观点的人,但他们却是在一切活动中都严格恪守这一立场的人;仿佛是在说马克思和恩格斯也不是首个将共产主义表述为实践的唯物主义的人。如果(马克思和恩格斯的)唯物主义是理论的共产主义,而共产主义是实践的唯物主义的话,那么,这个公式显然是辩证地表达了理论与实践的统一。用卢卡奇的话来说就是"理论的革命作用的前提条件——理论和实践的统一"[①]——那这种辩证的统一是再好不过的了。但这里不禁要问:卢卡奇还想要什么,这位改革者到底在追求什么?关于这一点我们从下面的内容中将窥见一二。但是,我们可以预先言之,对卢卡奇来说,理论意味着是意识,而意识具有独立的含义,既独立于"物质",也独立于现实。他对实践的理解和对理论的理解一样唯心化,并且,他对辩证法的理解也不同于马克思和恩格斯。

必须承认的是,将规律性等同于宿命论,将实践等同于唯意志论,是极为奇怪的事情。此外,卢卡奇同志将"规律性"框定在令人鄙夷的引号中,将"规律性"的范畴宣称为"资产阶级的"。倘若卢卡奇同志不赞成马赫主义,那么我们可以说,卢卡奇之所以持这种态度,是因为马赫主义不够唯心主义,抑或马赫主义是一种资产阶级的直观唯物主义。顺便问一下,卢卡奇说的"现代资产阶级唯物主义"是什么样子的呢?殊不知资产阶级对包括直观唯物主义和自然科学唯物主义在内的一切唯物主义都是极为敌视的吗?

[①] 卢卡奇:《历史与阶级意识》,杜章智等译,商务印书馆2017年版,第46页。——译者注

至于马赫主义,它是彻头彻尾主观化的;一般来说,物质的规律性是被它所否认的。(毕竟,必然性和规律性,正如马赫和他的追随者所说的,与外部世界无关,而是与概念世界有关。其中确实有很多"唯意志论",太多了。但是,卢卡奇"圆滑委婉地"将这种唯意志主义与马克思主义的唯意志论相提并论又想表达什么呢? 一方面,正如我在别处指出的那样,这种马赫式的唯意志论基于意志的形而上学,在这方面接近叔本华。①)但这种唯意志论与马克思主义是毫不相干的。

另一方面,实践正是在马赫主义者这里呈现出了与理论急剧分立的情势。马赫宣扬道:"在理论上维护极端的决定论的人,在实践上必定仍旧是一个非决定论者。"②同样,马赫也说过:"决定论的立场正确还是非决定论的立场正确,这是无法证明的。"③由此可见,马赫的唯意志论被简化为一种通过意志承认世界的本质,即一种"倾向于唯意志论的唯心主义",④而卢卡奇也倾向于这种唯心主义。然而,马赫主义者的唯意志论不是理论层面的,而是实践层面的。正如列宁正确地指出的那样:"理论上是客观主义(即'羞羞答答的'唯物主义),实践上是'社会学中的主观方法'。"⑤当然,卢卡奇的观点与此类似,他也觉得马赫主义与自然科学的、资产阶级的或直观的唯物主义并没有什么共同之处。

读者便可以看到卢卡奇同志在使简单问题复杂化方面的天赋,以及他由此给读者带来了怎样的困惑。

我们已经看到,在卢卡奇看来,恩格斯未能揭示或并不了解辩证方法的本质,因此便投入了资产阶级唯物主义的怀抱。但卢卡奇突然回过神来,在他的书的同一页上提出了一件完全相反的事情。他这样写道:"'批判地'深化辩证方法的企图都必然导致肤浅平庸。因为任何一

---

① 参见《列宁全集》第18卷,人民出版社2017年版,第198页。
② 转引自《列宁全集》第18卷,人民出版社2017年版,第197页。——译者注
③ 转引自《列宁全集》第18卷,人民出版社2017年版,第196页。——译者注
④ 转引自《列宁全集》第18卷,人民出版社2017年版,第198页。——译者注
⑤ 转引自《列宁全集》第18卷,人民出版社2017年版,第197页。——译者注

种'批判'立场总是以这种方法与现实、思想与存在之间的分离作为方法论的出发点。而且它正是把这种分离当作一种进步,认为它给马克思方法的粗糙的非批判的唯物主义带来了真正的科学性,值得百般赞扬。当然,谁也不否认'批判'有这样做的权利。但是我们必须着重指出,它这样做,将背离辩证方法的最核心的本质。马克思和恩格斯关于这一点说得再明白不过了。"①卢卡奇在这句话之后,紧跟着引用了恩格斯和马克思的话,他认为,在恩格斯看来:"这样,辩证法就归结为关于外部世界和人类思维的运动的一般规律的科学,这两个系列的规律在本质上是同一的,但是在表现上是不同的,这是因为人的头脑可以自觉地应用这些规律,而在自然界中这些规律是不自觉地、以外部必然性的形式、在无穷无尽的表面的偶然性中实现的,而且到现在为止在人类历史上多半也是如此。这样,概念的辩证法本身就变成只是现实世界的辩证运动的自觉的反映。"②但遗憾的是,卢卡奇一上来就粗暴地打断这句话,为"本质上是同一的"加了着重号,并非没有其他意图。马克思的原话是这样的:"在研究经济范畴的发展时,正如在研究任何历史科学、社会科学时一样,应当时刻把握住:无论在现实中或在头脑中,主体——这里是现代资产阶级社会——都是既定的;因而范畴表现这个一定社会即这个主体的存在形式、存在规定、常常只是个别的侧面;因此,这个一定社会在**科学上**也决不是在把它**当做这样一个社会**来谈论的时候才开始存在的。"③

我们的言谈考究的辩证法家,依靠这两段引文得出了以下结论:第一,这里指的是包括恩格斯在内都表达了辩证方法的真正本质。第二,马克思将辩证方法的适用限定在了社会历史现实之中。第三,从两段引文的比较来看,马克思和恩格斯在辩证法适用于自然的问题上存在

---

① 卢卡奇:《历史与阶级意识》,杜章智等译,商务印书馆2017年版,第47—48页。
② 《马克思恩格斯文集》第4卷,人民出版社2009年版,第298页。
③ 《马克思恩格斯文集》第8卷,人民出版社2009年版,第30页。

明显的分歧。可是,卢卡奇并没有觉察到他已经陷入了怎样的矛盾之中——他同意了恩格斯将辩证法视作"关于外部世界和人类思维的运动的一般规律的科学",但又不承认辩证法"在认识自然"中起到的作用。另一方面,从他引用的马克思的引文中可以看出,他特别谈到了经济学的范畴,但这又并不能推导出马克思否认辩证法对自然的适用性。此外,卢卡奇强调,辩证法的本质在于思维与存在、方法与现实的统一。事实上,恩格斯和马克思都明确地将范畴视作存在的形式,即,范畴作为特定主体存在的条件,既存在于现实中又存在于人脑中。

卢卡奇的信徒雷瓦伊同志直言不讳地说:恩格斯和普列汉诺夫不是从辩证法的精神,而是从"自然主义形而上学"的意义上解决了存在与思维之间的关系问题。他们曲解了黑格尔所教导的主体和客体、存在和思维的同一性。然而他们又不仅仅曲解了黑格尔,还曲解了马克思,仿佛这样一来,马克思也与其相一致了。

至于普列汉诺夫,雷瓦伊甚至同意普列汉诺夫经常引证的"心理学的原理就包含在神经系统的生理学中"的可能性的观点。恩格斯、普列汉诺夫,和他们的追随者,甚至连卢卡奇的忠实门徒雷瓦伊,也对自然科学知识持有着"不可知的荣光"的观点。我们的创新者想借此表达什么,只有天知道。但无论如何,马克思、恩格斯、普列汉诺夫、列宁和他们的追随者确实敢于"将哲学上的马克思主义与自然主义唯物主义相联系",正如我们的批评家们所出色地表达的令自己恐惧的那种感觉:所有这些正统的马克思主义者都力图"使自然辩证法化"(这种出色的思想转弯属于雷瓦伊同志)。但这些话是没有任何意义的,不,从未有人力图"使自然辩证法化"。只有轻视"自然唯物主义"的主观唯心主义者才会说出这种话。从辩证唯物主义的观点来说,只有在我们对自然的认识是辩证的情况下,自然本身才是辩证的。但是,我们的唯心主义者显然无法理解自然和历史的辩证过程的客观特征。读者朋友们,你们自己看吧,否认哲学唯物主义的马克思主义者被迫钻进了唯心主义的丛林中。

我们的一丝不苟的批评者说道：正统马克思主义者在寻求"使"自然界辩证法化的过程中，使辩证法自然主义化；因为试图辩证地考虑自然而导致了历史辩证法被忽视；将历史纳入自然王国的结果是曲解了历史的辩证结构。因此，我们的创新者得出结论：政治革命的正统派以漫不经心的幼稚态度对待教条的"资产阶级"唯物主义并非偶然。也正是这个时候，他们在康德主义和马赫主义等处看到了近在咫尺的政治风险。但辩证法作为一种理论武器被马克思主义者所持有也绝非偶然——可那些马克思主义者歪曲了辩证法的哲学意义，且对待辩证法只是浮皮潦草般的接受而已，那些批判地克服了"粗陋唯物主义"的马克思主义者不仅在哲学领域拒斥辩证法，在政治理论领域亦然——这便是卢卡奇主义者的话术。他们对批判地克服了"粗陋唯物主义"的"教条的"、"资产阶级的"唯物主义持强烈的否定态度；但对康德主义和马赫主义，则是高举轻放地顶礼膜拜。因此，他们根本不可能理解正统的马克思主义者是如何"漫不经心"地与"资产阶级"唯物主义关联起来但又同时猛烈抨击马赫主义和康德主义的——这是很容易理解的：正统的马克思主义者"已经粉碎"和"将要粉碎"（这种表述属于为此潸然泪下的卢卡奇主义者）的康德主义和马赫主义并非唯物主义的，它们属于唯心主义体系；而他们对唯物主义持积极态度，是因为他们是马克思主义者即唯物主义者的缘故。甚至法国的，即资产阶级唯物主义，用马克思的话来说他们"直接汇入社会主义和共产主义"。而卢卡奇主义者正是想徒劳地将这位马克思打扮成一个唯心主义者，并信奉"并不需要多么敏锐的洞察力就能理解法国唯物主义的学说……和共产主义之间存在的必要联系"。[①] 马克思正确地看到了（法国）唯物主义的社会主义倾向，这是共产主义的逻辑基础。但最老的法国唯物主义带有着

---

① 《马克思恩格斯文集》第1卷，人民出版社2009年版，第334页。——译者注

形而上学和机械论的特征——马克思和恩格斯的伟大之处在于把它改造成了辩证唯物主义。丈二和尚的卢卡奇主义者只得在他们无法理解的事实面前停了下来。确实,在他们看来"歪曲"了辩证法哲学本质的唯物主义的马克思主义者①怎么会发生这种情况?这种只存在于外部世界的感知,却掌握了辩证法,并且在政治领域立足于革命的马克思主义的立场之上。与此同时,"批判地"克服了朴素唯物主义的马赫主义者和康德主义者,却又把辩证法抛到脑后,变成了最庸俗的修正主义者。卢卡奇主义者无法解释这一事实,尽管他们认为这"绝非偶然"。

四

所以,当恩格斯和他的追随者们在"自然主义的形而上学"即唯物主义的意义上解决了思维和存在、主体和客体的关系问题时,这与我们改革者的胃口严重不合了——他们认为他们有别于恩格斯,因此他们才是真正的"正统派",因为他们拒绝"朴素的唯物主义",肯定主体和客体、思维和存在的同一性。在这种情况下,正如我们看到的那样,他们宣称马克思才是与他们站在一起的,他们只是恢复了真正的马克思,而恩格斯如此这般则是不分青红皂白地歪曲或不理解马克思所致。这是多么的公允,我们已经多多少少地相信了——但毫无根据地反对恩格斯和马克思的企图,必须遭到针锋相对的抵制。马克思从没有过也不可能站在主体和客体、思维和存在的同一性的观点上。这是最纯粹的唯心主义,是卢卡奇及其同党鼓吹的正统黑格尔主义——但这与马克思是格格不入的。列宁非常正确地反对了波格丹诺夫提出的问题,顺便说一下,卢卡奇与此人有很多共同之处。就存在和意识的同一性问

---

① 当然,我们这里不是指伯恩斯坦,由于某种可怕的误会,卢卡奇将他归为唯物主义者——这不是抹黑唯物主义者嘛?

题,列宁写了如下内容:"社会存在和社会意识不是同一的,这正如一般存在和一般意识不是同一的一样。人们进行交往时,是作为有意识的生物进行的,但由此决不能得出结论说,社会意识和社会存在是同一的。在一切稍微复杂的社会形态中,特别是在资本主义的社会形态中,人们在交往时并没有意识到这是在形成什么样的社会关系,这些社会关系又是按照什么样的规律发展的,等等。……社会意识反映社会存在,这就是马克思的学说。反映可能是对被反映者的近似正确的复写,可是如果说它们是同一的,那就荒谬了。意识总是反映存在的,这是整个唯物主义的一般原理。"[1]所有正统的马克思主义者都赞同列宁的观点。存在和思维不是同一的,它们是不同的。存在毕竟作为一种客观现实,它是独立于意识的存在;而意识或思维只是反映存在。正是因为这种对存在和思维之间的关系的认同,列宁才以针锋相对的方式向马赫主义者发动了进攻。卢卡奇及其同党对思维和存在、主体和客体同一性问题的表述,比马赫主义者更具有唯心主义特征。而在这方面,他当然不可能更细致地讨论这个问题。但是,为了避免误解,他也让我们注意存在和思维的对立,认为对它们之间的区别不应从形而上学的角度,而应从辩证法的角度来理解。存在和思维之间确实不存在绝对的鸿沟,但亦不存在卢卡奇所说的唯心主义的同一。历史唯物主义的基本观点是存在决定意识,这在意识和存在的同一性哲学看来是完全被歪曲了的。而这尤其体现在卢卡奇对无产阶级"问题"的论述上。卢卡奇主义者对马克思、恩格斯和普列汉诺夫就思维和存在的关系问题所给出的唯物主义解决方案并不满意。我们至少以普列汉诺夫为例,让我们看看他作为唯物主义者是如何解释这个问题的:"我对于我本人是'我',同时对于别人就是'你'。我是主体,同时又是客体。此外,还应当注意,就是我不是唯心主义哲学所处理的抽象的实体,而是现实的实

---

[1] 《列宁全集》第18卷,人民出版社2017年版,第338页。

体。我的身体属于我的实体,而且我的身体作为一个整体,是我的'我',是我的真正的实体。会思想的不是抽象的实体,而正是这个现实的实体,即身体。这样,正和唯心主义者所说的相反,现实的、物质的实体便成了主体,思维成了客体。这就是解决存在和思维间的矛盾的唯一可能的方法,而唯心主义解决这个矛盾的努力却是徒劳的。这里没有消除矛盾中的任何一个要素,它们两个都保存着,并显出了它们的真正的统一。"①在我们看来,这是唯一正确的辩证解决问题的办法。它不仅强调统一,也强调对立。我们不禁要问的是,卢卡奇和他的追随者对这种既唯物主义又辩证的表述为何还不满意?他们没有对这个问题给出明确的回答。但我们却很想知道他们打算用什么来取代这种"自然主义唯物主义"。

在反对将辩证法"转移"到自然界的问题上,卢卡奇主义者提出了滑稽的见解。他们一方面认为,从唯物主义的角度来说,自然是隐秘的、不可知的。它仍然是一个形而上学地与主体相对立的客体,可以说,主体对其是难以觉察的。但该如何理解这句话呢?人难道不是通过自身的活动来改变自然的吗?抑或是人类的认识无法真正走进自然?若是这样,那么论及自然的"隐秘和不可知性"是否荒唐?他们的另一个深思熟虑的见解归结为这样一个事实,即我们通过将辩证法"引入"自然后,将其置于"历史化"的状态下,但是这种自然的历史化或辩证法化也必然导致历史(或辩证法)的自然化。如此惊人的理由到底是怎么回事呢?显然,我们的正统的黑格尔主义者倾向于将自然视为一种不受历史发展规律约束的、凝固的存在。但在我们这个时代得出这样荒谬的论断是完全不可饶恕的——"我们仅仅知道一门唯一的科学,即历史科学。历史可以从两方面来考察,可以把它划分为自然史和人类史。"②除了马克思——这位令卢卡奇主义者如此愿意引用的权威之

---

① 《普列汉诺夫哲学著作选集》第3卷,生活・读书・新知三联书店1974年版,第123—124页。
② 《马克思恩格斯文集》第1卷,人民出版社2009年版,第516页。

外,还没有人写过类似的话。当然,这并不能排除自然界的历史是由与人类历史完全不同的规律来支配的。那么,卢卡奇所断言的关于马克思将辩证法从自然界中驱逐出去的论调此时还剩下了什么?但确实什么也没有留下,因为这种说法已经从卢卡奇的指尖溜走了。我们已经看到,依照卢卡奇所言,《反杜林论》就是一部由马克思初步编辑的,但却是歪曲了马克思主义的论著——这意味着马克思已经自己歪曲了自己。

熟读马克思和恩格斯往来通信的人都应该知道,40年来,两位思想家就马克思主义的理论和实践中的所有最重要的问题,尤其是关于辩证法在自然界的问题都充分进行了讨论。通信的内容又一次使我们相信,马克思和恩格斯在原则问题上是完全一致的。恩格斯专司自然科学问题的研究,而马克思则完全致力于对社会发展规律的研究和揭示。但这种分工伴随着思想的相互交流,也可以说是相互查验。一方面,马克思向恩格斯详细介绍了他的全部工作。另一方面,恩格斯能够在任何事情上都与马克思商量,特别是恩格斯在他与马克思的书信中反复谈到关于辩证法在自然界的问题;同时,在马克思的回信中,我们也总能看到他完全同意恩格斯意见的表述。要知道,如果马克思没能认同恩格斯关于"自然辩证法"的观点的话,他会以某种方式拽住他的朋友,与其争论,并给其一个适当的友好暗示。但这却从未发生过。而恰恰相反的是,例如,1867年6月16日恩格斯在给马克思的信中写道:"作为物质的能够独立存在的最小部分的分子,是一个完全合理的范畴,如黑格尔所说的,是在分割的无穷系列中的一个'关节点',它并不结束这个系列,而是规定质的差别。"①马克思在6月22日的回信中答复道:"你对霍夫曼的看法是完全正确的。此外,你从我描述手工业师傅——由于单纯的量变——变成资本家的第三章结尾部分可以看出,我在那

---

① 《马克思恩格斯文集》第10卷,人民出版社2009年版,第261—262页。——译者注

里,在正文中引证了黑格尔所发现的单纯量变转化为质变的规律,并把它看做在历史上和自然科学上都同样有效的规律。"①因此,马克思肯定地论及了一个辩证的规律,这个规律在历史和自然领域中均得到了证实。这一点可以在其他的许多引述和材料中找到证据,证明马克思和恩格斯在关于辩证法在自然界的问题上是完全一致的。但在我们看来,这不是必须呈现的,每个马克思主义者都清楚这一点,因此不必专门引用。

五

总之,我们还要多说几句有关辩证法的内容。卢卡奇同志提出了对辩证法的独到理解。以恩格斯为首的正统的唯物主义马克思主义者,不仅"歪曲"了马克思,也"歪曲"了黑格尔。卢卡奇认为自己有责任去还原本真的马克思和真实的黑格尔,祛除对正统的"歪曲"。那么辩证法的本质到底是什么? 卢卡奇同志对这个问题给出了如下回答:"辩证法的基础即主体和客体的相互作用、理论和实践的统一、在作为范畴基础的现实中的历史变化是思想中的变化的根本原因等等。"②是这样吗? 不,绝不是这样。让我们看看黑格尔对辩证法的理解吧——"辩证法就其独特的规定性来说,是知性规定、事物和有限东西固有的、真实的本性。反思最初仅仅是对孤立的规定性的外在超越和关联,从而使这种规定性既具有关系,也保持其孤立效用;反之,辩证法则是内在的超越,在这种超越中知性规定的片面性和局限性都表现为自己所是的

---

① 《马克思恩格斯文集》第 10 卷,人民出版社 2009 年版,第 264 页。——译者注
"在这里,也像在自然科学上一样,证明了黑格尔在他的《逻辑学》中所发现的下列规律的正确性,即单纯的量的变化到一定点时就转变为质的区别。"——作者文中注释(中译文参见《马克思恩格斯文集》第 5 卷,人民出版社 2009 年版,第 358 页。)
② 卢卡奇:《历史与阶级意识》,杜章智等译,商务印书馆 2017 年版,第 48 页。

东西,即表现为自己的否定。一切有限事物都要自己扬弃自己。"①黑格尔在"附释1"中解释说:"透彻理解和认识辩证法有极大的重要性。整个说来,辩证法是现实世界中一切运动、一切生命和一切活动的原则。同样,辩证法也是一切真正科学认识的灵魂。在我们的通常意识里,按照那个'自己活也让别人活'的谚语,不停留于抽象知性规定,显得是一种全然公平合理的办法,所以我们既可以承认这一方面,也可以承认另一方面。但细究起来,有限事物不单纯从外面受到限制,而且由于自己固有的本性而扬弃自己,并通过自身的活动过渡到自己的反面。例如,有人说人是要死的,而且把死亡视为某种只是以外在情况为依据的事情,按照这种看法,人就有两个特性,即既有生也有死。但真正的看法却应该是生命本身就带有死亡的萌芽,有限事物都在其自身有矛盾,因而会扬弃自己。"②黑格尔在同一个附释中继续说道:"无论知性现在怎样经常抗拒辩证法,辩证法也毕竟决不能被认为是仅仅对哲学意识才存在的,倒不如说,这里讨论的辩证法环节也已经见之于所有其他意识和一般经验。我们周围的一切事物都可以被视为辩证法的例证。我们知道,一切有限事物并不是固定的和终极的东西,而是可变的和暂时的,这不外是有限事物的辩证法,由于这种辩证法,有限事物潜在地作为它自己的他物,也不得不超越它的直接存在,而转化为它的对立面。"③因此,辩证法不是客体之外的东西,不是我们主观思想的运动,也不是反作用力的机械的斗争,因为这些都是杜林的想象。而根据黑格尔(当然也包括正统的马克思主义)的学说可知:辩证法是物体本身的内在生命,内在的变化和扬弃的过程。因此,黑格尔说,辩证法是一个

---

① 黑格尔:《哲学全书·第一部分·逻辑学》,梁志学译,人民出版社2002年版,第155—156页。——译者注
② 黑格尔:《哲学全书·第一部分·逻辑学》,梁志学译,人民出版社2002年版,第156页。——译者注
③ 黑格尔:《哲学全书·第一部分·逻辑学》,梁志学译,人民出版社2002年版,第157页。——译者注

对象的变化和自我扬弃——在同样的意义上,恩格斯谈到了"有一种客观地存在于事物和过程本身中的矛盾"①。

在§81的附释2中,黑格尔进一步指出了辩证法的积极结果,"但是哲学",黑格尔认为,"既然辩证法以否定的东西为其结果,那么,这种否定的东西恰恰作为结果,同时也是肯定的东西,因为肯定的东西把自己所从出的否定的东西作为得到扬弃的环节包含到了自身之内,如果没有这种否定的东西,肯定的东西也就不能存在。"②这种统一在两个对立规定之下构成了最高的,即所谓的积极合理的阶段,与观念的两个低级阶段形成对比,即抽象与本真辩证的或否定合理的。③

黑格尔在《大逻辑》(以及《精神现象学》)中发展了同样的思想。在"绝对知识"章中,黑格尔重申了辩证法的本质是对概念(以及对象)固有矛盾的确立和消除——事物运动是通过"三个环节或阶段+两个否定",即概念的确立、矛盾的确立和矛盾的消除。这就是为什么黑格尔要把辩证法称为绝对否定的方法——"直接的东西依照这个否定的方面,便在他物中没落了,但这个他物本质上不是空虚的否定的东西,不是无,即习惯所认为的辩证法的结果,而是第一个的他物、直接的东西的否定的东西;所以它被规定为有了中介的东西,——一般说来,包含第一个的规定于自身之中。"④

---

① 参见《马克思恩格斯文集》第9卷,人民出版社2009年版,第127页。
② 黑格尔:《哲学全书·第一部分·逻辑学》,梁志学译,人民出版社2002年版,第159页。——译者注
③ 也参见1911年拉松版黑格尔《法哲学原理》:"更高级的概念辩证法不仅在于产出作为界限和相反东西的规定,而且在于产出并把握这种规定的肯定内容和成果。只有这样,辩证法才是发展和内在的进展。其次,这种辩证法不是主观思维的外部活动,而是内容固有的灵魂,它有机地长出它的枝叶和果实来。理念的这种发展是它的理性特有的活动,作为主观东西的思维只是袖手旁观,它不加上任何东西。合乎理性地考察事物,不是指给对象从外面带来理性,并对它进行加工制造,而是说对象就它本身说来是合乎理性的。这里,正是在它的自由中的精神,自我意识着的理性的最高峰,它给自己以现实,并把自己创造为实存世界。科学的唯一任务就在于把事物的理性的这种特有工作带给意识。"(§31,стр. 44)
④ 黑格尔:《逻辑学》下卷,杨一之译,商务印书馆1982年版,第541页。——译者注

恩格斯认为,辩证法无外乎以下几个观点:"即认为世界不是既成事物的集合体,而是过程的集合体,其中各个似乎稳定的事物同它们在我们头脑中的思想映象即概念一样都处在生成和灭亡的不断变化中,在这种变化中,尽管有种种表面的偶然性,尽管有种种暂时的倒退,前进的发展终究会实现——这个伟大的基本思想,特别是从黑格尔以来,已经成了一般人的意识,以致它在这种一般形式中未必会遭到反对了。"①这是完全依着黑格尔的思想方法进行的解释。恩格斯完全同意黑格尔的观点,他教导说,一切发展的内在刺激或原则是矛盾的开端。因此,在这一点上,一方面是黑格尔,另一方面是马克思和恩格斯,他们之间没有区别。

他们都认为世界——"自然和历史"——是辩证的发展过程。这是一个一切有限的事物由于其内部的内在矛盾而产生、变化和扬弃的过程。这便是辩证法的本质。现在的问题是辩证法体系中范畴之间的联系,关于它们各自的相对意义——特别是主体和客体、理论和实践的范畴在辩证法体系中的地位问题。上述范畴是黑格尔在《逻辑学》的最后一部分中提出的。卢卡奇正是从整个的辩证法体系中将这些范畴提炼了出来,仿佛形成了一种最本真的但又拒斥其他一切范畴的范畴。但遗憾的是,这次我们已经没有机会通过深入分析和比较来评判黑格尔和马克思主义体系中各种范畴的含义了。我们只想强调,黑格尔总是把发展全程置于发展的每个阶段,他在攀登到绝对理念的顶峰时指出,发展的全过程才是绝对理念的真谛。前向运动从抽象和简单的定义或范畴开始,进而变得更加丰富和具体——"普遍的东西在以后规定的每一阶段,都提高了它以前的全部内容,它不仅没有因它的辩证的前进而丧失什么,丢下什么,而且还带着一切收获和自己一起,使自身更丰富、更密实。"②同样,这也是马克思的观点——以最简单的范畴为起点可以

---

① 《马克思恩格斯文集》第 4 卷,人民出版社 2009 年版,第 298—299 页。
② 黑格尔:《哲学全书·第一部分·逻辑学》,梁志学译,人民出版社 2002 年版,第 161 页。——译者注

实现对未展开的具体性的条件的反映。用马克思的话来说,具体范畴是多方面联系的理想反映;发展的具体性保留了最简单的范畴作为从属关系。要是我们详细拆分一下上文引用的马克思的词句并分析个中表达的思想就好了——但那样会让我们偏题太远。从辩证方法的角度来说,只需要强调一点——结果是整个发展过程的表现,不可以将其单独分离。因此,所有处于发展高级阶段的"低级"范畴都被保留,而非取消。这样看来,正如卢卡奇高度认同的那样,在社会历史生活中,他非常重视"主体和客体的相互作用",即理论与实践的统一所具有的绝对意义,而没有承认之后不正确地理解了这些辩证对立的事实。诚如卢卡奇所言,"实践"是被一种理论、一种意识而非被现实的自我发展所控制的,自我意识是其中的一个部分。意识或理论在卢卡奇这里成了现实的真正造物主。至于"主客体关系",则完全符合他的唯心主义的见解。而且,值得注意的是,在作为彻底唯心主义者的黑格尔这里,即便是辩证法时常先行于唯心主义,他也会告诫,不要对主客体统一进行形而上学的理解。所以,黑格尔在《百科全书》中有这样一段话:"绝对是主观东西与客观东西的统一,这虽然是正确的,但只要在这里单纯说出和强调统一,则是片面的,事实上,主观东西与客观东西毕竟不仅是同一的,而且也是有差别的。"(§82)我们已经看到,作为唯物主义者该如何理解主体和客体、思维和存在的统一了。卢卡奇在上述恩格斯和马克思的引文中看到了马克思主义创始人对思维和存在同一性的认同。但该如何理解这里的"同一"呢?我们认为,应当从我们的观念与我们的主观思维同客观存在的现实对应意义上来理解。1895年3月12日恩格斯在致康拉德·施米特的信中写道:"思维和存在的同一性(用黑格尔的话来说)完全符合于您举的圆和多边形的例子。换句话说,这两者,即一个事物的概念和它的现实,就像两条渐近线一样,一齐向前延伸,彼此不断接近,但是永远不会相交。两者的这种差别正好是这样一种差别,由于这种差别,概念并不无条件地直接就是现实,而现实也不直接就是它自己的概念。"[1]正如恩格斯所言,概念并不直接与现实相吻合,而是源自现实:现实对应于思维的结果,概念对应于现实,而且也只是渐近线似的接近它罢了。正如我们所看到的,列宁也发展了同样的观点。因此,如果卢卡奇把辩证法的本质看作是存在与思维的同一,那他就大错特错了。他引用了马克思和恩格斯的词句来支撑他的谬论只会是徒劳无功的。

在黑格尔的体系中,作为概念的知识和作为概念的善一样,共同构成绝对理念发展的客观步骤。它以自身为对象。主观和客观的统一形成了概念本身。知识是概念的理论活动;实现善的需要是概念的实践活动。绝对理念是理论概念与实践概念的统一。卢卡奇亦步亦趋地追随着黑格尔,提出了"主体和客体的统一"即知识或概念是社会历史生活的最高范畴。但卢卡奇并没有最终说清楚他的观点。然而,这并非一个难以捉摸的问题。

以卢卡奇对理论与实践之间关系的理解来说——或如黑格尔所言的知识与生活的统一——这使人很容易地联想到黑格尔的绝对理念,即理论概念与实践概念的统一。但根据黑格尔的观点来看,卢卡奇并非是站在唯物主义的立场而是站在唯心主义的立场来理解理论与实践的关系的。因此,卢卡奇便将知识和概念置于社会历史辩证法的基础之上。在完成了对马克思主义的唯心主义改造工作后,卢卡奇摊开双手,不解地问道:恩格斯怎么可能没有注意到辩证法中最重要的东西并且没有使用"主体和客体的统一"来命名它们呢?现在我们明白了卢卡奇为什么拒绝辩证法在自然界的应用。既然辩证法在他这里被归结为"主体和客体的相互作用",归结为认识过程,那么它在自然界中就理所

---

[1] 《马克思恩格斯文集》第 10 卷,人民出版社 2009 年版,第 693 页。——译者注

当然地没有了立足之地。①

但有人可能会反驳说，卢卡奇所理解的"主体和客体的相互作用"并非认识过程，而是另一种完全不同的东西。对此，我们可以回答说，这种"相互作用"只有唯一的唯物主义意义，它可以被理解为劳动过程、生产过程、人在某些领域的活动、社会与自然之间的斗争——"他（人）不仅使自然物发生形式变化，同时他还在自然物中实现自己的目的，这个目的是他所知道的，是作为规律决定着他的活动的方式和方法的，他必须使他的意志服从这个目的。"马克思如是说。历史不过是人性的一个连续维度——它对外部自然施加了影响，一个人在这种影响的过程中改变了他自己的本来属性。观念和观念的产生与人的物质活动及其物质关系密切相关。人的存在就是他们生活的实际过程。意识只是作为有意识的存在而存在。个人（主体）与自然（客体）的联系、与自然的统一是认识论的前提。人类社会与自然的联系是通过物质生活的生产来实现的——它是每一个历史进程的基础和起点。在这样的条件下，"主体和客体的相互作用"就成为人的（具体的）活动、劳动和生产过程。因此，我们可以肯定地说，生产力的"范畴"，使生产构成了历史过程的主体和客体的真正"统一"。因为在这些"范畴"中，主体（社会）和客体（自然）之间被赋予了直接的联系，它们的真正的物质统一性得到了赋予。主体和客体的片面性被现实的过程、感性的人类活动以及实践所消除。"生产"，马克思说："它不仅为主体生产对象（客体），而且也为对象生产主体。"②如果我们按照我们所理解的意义来理解"主体和客体的相互作用"——那么很明显，它就构成了马克思主义的核心"范畴"，即生产是整个社会历史过程的具体的统一。但如果情况果真如此，那么

---

① "自然和历史！"——马克思说过："自然和历史的对立，好像这是两种互不相干的'事物'，好像人们面前始终不会有历史的自然和自然的历史。"参见《马克思恩格斯文集》第1卷，人民出版社2009年版，第529页。
② 《马克思恩格斯文集》第8卷，人民出版社2009年版，第16页。——译者注

一个人怎样才能对此做出明确的表述——就像卢卡奇所做的那样,他断言历史过程中的"主体和客体的相互作用"不仅不构成恩格斯辩证法的核心问题,而且思想贫乏的恩格斯甚至在任何地方都没有触及这个问题——卢卡奇对此进行了严厉的斥责。但也很明显,卢卡奇同志所说的这种"相互作用"指的是一种与众不同的东西。

根据卢卡奇的说法,恩格斯的另一个过失被其归结为未能理解"理论与实践的统一"。由于这种"统一"在卢卡奇看来有着极端的重要性,他也因此对恩格斯指手画脚了一番。但应该如何理解理论与实践的统一呢?马克思和恩格斯教导说,他们的唯物主义并不局限于解释世界,而是以改变世界为己任。革命的理论与革命的实践密切相关,或者说二者必须密切相关——这是马克思恩格斯学说的任何一个学徒都知道的事情。按照这种对理论与实践相统一的认识,卢卡奇们宣称马克思恩格斯的共产主义是实践的唯物主义,认为革命运动是其理论的直接结果。理论与实践的真正统一,是在现实的实践变化中和在理论基础上发现现实本身的发展规律的革命运动中实现并完成的。但用这种幼稚的言论对恩格斯指手画脚是一种显而易见的贻笑大方的行为。但关键是,两个人说的话看似如出一辙,实则南辕北辙。要知道,卢卡奇可是断言了恩格斯从未涉及这个问题。因此,卢卡奇再一次将"理论与实践的统一"吹捧为某种特殊的、令人叹为观止的东西。他从主体吸纳客体的意义上、从唯心主义恒定立场的意义上理解了主体和客体的统一,他以实践融合于理论并被理论所克服的方式解释了理论与实践的统一。

以上是一些粗浅的评论,我们只触及了几个基本问题。但也保留了在其他时候再一次回到卢卡奇同志著作并评论其内容的权利。

(孙叔文　编译)

关于卢卡奇的《历史与阶级意识》*①

[德]汉斯-尤尔根·克拉尔

一

共产主义组织类型的历史哲学中介功能承担着将人与历史相结合的任务,卢卡奇具体地说明了这一中介功能,并超越了对其质的功能化的伦理定性,这一功能化的实现方式是,被构想为可理解的总体人格进行无条件的献身:具有可理解性的总体人格对于具有超越性的共产主

---

* 本文出处:Hans-Jürgen Krahl, *Konstitution und Klassenkampf : Zur historischen Dialektik von bürgerlicher Emanzipation und proletarischer Revolution. Schriften, Reden und Entwürfe aus den Jahren 1966 – 1970*, Frankfurt am Main: Neue Kritik Verlag, 1971。译者对于文中涉及马克思主义经典作家的引文,都按照《马克思恩格斯文集》的中译文进行了核对和替换;对于文中涉及《历史与阶级意识》的引文,都按照中译本进行了核对和替换。——译者注
  汉斯-尤尔根·克拉尔(1943—1970),德国法兰克福学生运动的核心,与柏林的鲁迪·杜契克(Rudi Dutschke)遥相呼应。被公认为学生运动中最才华的领袖。克拉尔是阿多诺(Theodor W. Adorno)的学生,曾率领革命学生占领社会学研究所而遭到阿多诺的控告。代表作为《马克思商品分析的本质逻辑》(1966/1967),逝世后由其好友编辑文集《建构与阶级斗争:论资产阶级解放与无产阶级革命的历史辩证法》(1971)。
① 关于卢卡奇《历史与阶级意识》的笔记产生于法兰克福社会主义德国大学生联盟(SDS)项目小组于 1967 年冬到 1968 年春的讨论,它在理论上研究革命社会主义中的组织问题,并在实践上为 1967 年冬季学期的法兰克福高校反抗运动做准备和推动。《历史与阶级意识》的"关于组织问题的方法论"使得系统地对组织问题进行唯物主义探讨成为可能。按照汉斯-尤尔根·克拉尔在本文最后的计划,讨论的成果将以项目组集体文章的形式发表。

义共同意志（volonté générale）来说是至关重要的，此共同意志是主客体超越性同一的最高中介点。它的经验表现是政治领导，政治领导的核心功能使自觉的历史行动以及从人和历史到阶级的中介得以执行。作为超越性的总意志的经验表达，中央的指示是不会犯错的，只有通过它，政治与阶级的中介才有可能。

卢卡奇的阶级概念是社会存在意义上的本体论概念。他不是将阶级理解为抽象劳动（价值）的一种现实的表达，它的抽象只有在优先个体自身之上才能发生。阶级呈现为理想化的形式，即产品和个体在交换过程中呈现的形式。它将现实化的流通的抽象中介为理想化的因此也是意识形态化的上层建筑的抽象，这一流通便是生产的物化表现，它将个体孤立起来。它中介了上层建筑和经济基础，以便维持阻碍着人类团结的差异性。阶级由生产中在经济上发挥功能的个体的位置所规定，且阶级将这种差异性的位置中介为统治结构。阶级是经济的阶级，而国家是阶级的国家。它是建立在经济条件基础之上的政治统治的中介媒介，这样个体的孤立化和他们的社会接触的所有表达都被延长了。如果一种阶级意识能够扬弃物化意识和无政府主义的生产方式的分离，那么它也就暗示着，阶级终将被扬弃，且民众会自发形成一定的组织。资本主义社会是一种使用价值和物质需要的抽象；它的形象离这些使用价值和物质需要越远，它就越物化。这种抽象的现实基础是流通：阶级将它们中介为统治结构，包括法律、政治、国家、道德（解放的内容）。对于意识形态和统治的"上层建筑"，即对于资产阶级社会的统治构架来说，阶级是具有建构性的。

假如上层建筑物化的抽象直接回到生产中的话，阶级的结构将如何改变？

二

卢卡奇试图在革命社会主义的组织问题争论的转折点上，即在俄国—苏联和西欧垄断资本主义发展矛盾中的列宁主义政党刚开始显现官僚主义科层化的物化征兆之时,讨论组织问题的理论前提。为此,他起草了一个组织的认识理论纲领,这一纲领必然纠缠于任何一种方法论强调的形式化缺陷,并且最终无法认清它的抽象的历史内容。尽管卢卡奇以简明方式从横跨半个世纪的关于组织和自发性的争论中总结了革命理论,同时也论述了马克思主义和无政府主义革命理论与第一工人协会中的历史哲学的关系,但他在罗莎·卢森堡(Rosa Luxemburg)和列宁之间的争论中,在革命工人运动的高潮中最自觉地表达了这一点,这是由对第二国际改良主义的批评引起的。成功的十月革命和失败的德国革命使得关于组织问题的争论在1918年后再次浮出水面,特别是在德国促成了卢卡奇和柯尔施共同引导的"批判的马克思主义"这一理论陷入正统和社会民主党的修正主义工人叛徒之间的纠葛中。革命运动的失败指明了一种错误的自我意识。然而,最先进的阶级意识在物质上展现在无产阶级经济的政治和经济的组织形式之中。

三

"不能将政治问题和组织问题机械地分开。"(列宁)

组织问题并非纯粹技术的,而是革命最重要的"精神"问题之一;更确切地说,是最重要的**策略**问题之一。策略在特定方面是组织实践的理论。策略和组织是理论和实践关系的要素。

"在组织问题上的这种'无意识'完全肯定是运动不成熟的象征。因为成熟还是不成熟的问题只能这样来判断,即看一种关于应做什么的见解在行动的阶级和领导它的党的意识中是以抽象和直接的形式存在呢,还是以具体和有中介的形式存在。就是说,当一个客观目标还在达不到的远处时,具有特别敏锐洞察力的观察者将能够在某种程度上清楚地看到目标本身、它的性质和它的必然性。"①

可以用分析的方式对解放的目标设定本身加以区分,正如革命的终极目标(telos)可以被历史的客观进程本身所拆解。革命的终极目标并非静态的目标想象。对于革命性实践组织的追问,由于如今我们将其目标作为"抽象的、直接的"想象而变得困难了;实践本身将一个拥有颠覆性意识的人抽象为空想主义者。政治倾向如今要求对具有解放性的、抽象的目标设想(Zielvorstellung)进行具体化,然而这也是理论策略和作为对象性真理的实践组织之间的关系问题。组织是策略的对象性真理,是它在物质上可见的感性力量。组织是最接近理论的实践要素,策略是最接近实践的理论要素。卢卡奇是在对空想主义的批判意义上来讨论组织问题的。空想主义预言了解放幻想的抽象目标想象,却没有思考革命问题的解决方法和实践。对组织问题的理论探讨,描绘了思想中的解放目标设想的具体化——这本身也是实践的一个批判组成部分,在这里实践在一个既定的社会组织的框架下发生。组织是无产阶级"社会"的颠覆性形式,它将理论变成了实践的一个组成部分,正如马克思所要求的:成为"物质力量"②。卢卡奇认为,抽象的终极目标,即革命意识作为问题的目标设想,已经内在地包含了它自身的具体化和实现它的道路:"他们之所以是空想主义者,是因为他们把这种形势只看作一种事实,或至多是要求解决的问题,但未能认识到这个问题本身既包含着解决办法,又包含着导致解决办法的途径。例如,'他们认为贫困不过是贫困,他们看不出它能够推翻旧社会的革命的破坏的一面'。"③

贫困倾向于内在地扬弃自身,贫困所带来的对抗将最终炸毁资本主义体系,这一点从内在的必然性上来看是确定的,但它归根结底必须

---

① 卢卡奇:《历史与阶级意识》,杜章智等译,商务印书馆1999年版,第392—393页。
② 《马克思恩格斯文集》第1卷,人民出版社2009年版,第11页。
③ 卢卡奇:《历史与阶级意识》,杜章智等译,商务印书馆1999年版,第393页。

通过肉体的个体的革命性实践才能实现。卢卡奇援引马克思的观点，认为贫困向革命意识揭示了它的自我扬弃的手段，也暴露了它的定位，从对社会经济必然性的一种解放意识的纯粹认识，越来越成为一种政治的物质的行动的问题。正如卢卡奇所提到的，在"无产阶级沿着革命的道路前进时"，总是在不同的阶段具体生产着一种"行动的辩证法"。"因为一个任务总是起初以抽象的可能性出现，以后才以具体的形式得到实现。只有在这第二个阶段达到时，在有可能看到那个注定成为环境及其实现途径的具体总体时，问题的提法是否正确才有讨论的意义。"①

卢卡奇以组织化工人运动史中关于总罢工的争论为例进行了说明。它只是伴随着第一次俄国革命才进入一个更接近实现的具体历史阶段。然而卢卡奇在这里的处理太过线性了，没有讨论事实上对有组织的实践来说的关键问题，即将总罢工具体化为一种实践上必要的斗争手段的历史进程，是否在客观上没有倒退。也就是说：总罢工在目的与手段的革命联系中具有什么样的解放功能？它与以革命爆发为代表的狭义上的革命政治和经济实践有多接近？

对此需要说明的是：过去一百年来的历史进程迫使社会主义组织越来越被理解为一种手段，它首先再一次产生了马克思和恩格斯、列宁和卢森堡在消极条件上"已经假定的"东西。历史进程在发达资本主义国家的退步伴随着消极条件的减少，这些消极条件只在落后的殖民地半殖民地国家增长了。共时性在客观上导致的非共时性、不平衡发展，在资本主义的帝国主义阶段更明显地加剧了，这种差异限制了马克思、列宁和托洛茨基意义上的阶级革命的根本普遍性，即世界革命的可能性。"一国建成社会主义"这一为快速工业化而设计的理论适应了当时的需要。富国和穷国之间、资本主义社会的帝国主义国家和殖民地以

---

① 卢卡奇：《历史与阶级意识》，杜章智等译，商务印书馆1999年版，第394页。

及如今以近似殖民的方式被剥削的"第三世界"国家之间的对立正在加剧——"第三世界"的人民还保持在前资本主义统治体系的天然贫困之中,对立的加剧增加了殖民地国家在一定区域内发生社会革命的可能性,而西方帝国主义消灭资本主义的实践的可能性变小了。殖民地国家的革命手段选择符合于具有广泛直接的个人依赖性的封建统治结构,因此法农(Fanon)能够正确地从封建的主奴关系出发宣告一种在物质上残酷的"暴力"的理论,一种直接的决定性暴力的实践(没有很多意识的内涵)。也就是说,殖民地国家的革命实践也拥有一种广泛符合前资本主义社会形态的、对于资本主义国家来说没有范例的特征。从另一方面来说,殖民地国家的社会革命也广泛地拥有了革命社会主义的内容。由此,这些国家因为帝国主义的侵略而以一种僭越的方式(usur-patorisch)被部分资本主义化了,但是这一资本主义化的过程在政治上被操纵用来扶持封建统治制度,这是一种时代的错位。(这对于今天政治的基础重要性来说可供借鉴)殖民地和半殖民地国家中的对抗性结构以有限的方式反映了地方性和区域性的时代错位,其革命(民族的和社会主义的目标以不平衡的方式综合在一起)在形式和内容上的矛盾状态便是例证。以上事实似乎表明,内在对立的、颠覆性的和革命性的力量似乎阻止了对资本主义制度进行具体否定的可能性。如今,可能性不再明确地存在于普遍永存的世界革命和"一国建成社会主义"的地方性民族性的狭隘构想之间。

  只有当革命变成一个政治的日常斗争的问题,一个政党的组织问题、工人阶级及其革命先驱在物质上可见的意识表达才能被具体地提出:"如何组织革命党的问题只能从革命理论本身中有机地发展出来。只有当革命成为日常的问题时,**革命**组织的问题才会迫切要求进入群众及其理论家的意识。"①卢卡奇将直接的革命组织问题,从将革命提升

---

① 卢卡奇:《历史与阶级意识》,杜章智等译,商务印书馆1999年版,第394页。

为日常问题的历史状况的强制中抽离出来。组织问题在当前是否只能在一种由直接革命要求所规定的日常斗争的组织中才能提出？甚至革命的日常斗争中组织问题紧迫的现实性，也只是"逐渐地"为他提供理论认识。卢卡奇列出的原因如下：

1. 无产阶级政党确凿的机会主义，由于教条主义的和策略上的盲目性，阻碍了"革命的正确理论认识"。

2. 传统中无意识生长的、并未按照革命的要求进行计划的西欧的组织形式。卢卡奇援引了罗莎·卢森堡关于自发的群众运动和有组织的阶级斗争之间的关系的讨论，有组织的阶级斗争被理解为一种理性的、机械的计算；因为根据罗莎·卢森堡的观点，这种组织并不是以战术—操纵性的方式在技术的行动命令中被规定的，而是以战略—政治的方式；它"并不存在于群众罢工的技术准备和领导之中，而首先存在于整个运动的**政治领导**之中"①。战略—政治的组织问题当然无法被战术—技术的计算所取代。建构一种位于两个规划阶段之间的二元论，意味着对早已变得盲目的并已经转向其核心概念对立面的自发性进行拜物崇拜。20世纪前二十年里革命日常斗争的一个中心的组织问题，就是对大众的积极的自发性进行内在启蒙。（这同样表现在列宁和罗莎·卢森堡那里，他们提出了政治领导和自发性的群众运动的问题。）

对于如何改变群众意识，托洛茨基提供了一个组织骨干的战术—技术构想的案例。② 在卢卡奇、托洛茨基和罗莎·卢森堡那里，组织问题被等同于政治领导问题，即党以及党在政治上的领导机关的问题，然而考虑到群众的运动和意识形态，罗莎·卢森堡关于自发群众运动和政治组织领导之间关系的叙述，将组织问题在功能上具体化了，确定了

---

① R. Luxemburg, *Massenstreik*, *Partei und Gewerkschaften*, Politische Schriften, Bd. 1, Frankfurt, 1966, S. 198.
② Vgl. Leo Trotzki, *Geschichte der russischen Revolution*, Frankfurt, 1960, S. 13–14.

"它在革命过程内部的真正**职能**"①。关于群众运动和政治领导的关系中的组织问题的讨论,在与历史行动相关时便拥有了革命过程,换句话说,群众运动与政治领导的关系是革命斗争和日常斗争的一种。卢卡奇关于组织问题的叙述是从对空想主义的批判出发的,因为后者预设了一个抽象的空想目标。解放的终极目标是实现革命;也就是说,卢卡奇是一开始就将组织问题作为革命的一个首要问题进行讨论的;在群众运动与政治领导的关系中,组织在革命过程中的功能以及实现解放目标的道路都被确定了下来。群众运动与政治领导的关系——后者作为组织问题的已证主题(thema probandum)——是在"最终目标"和运动、理论和实践的革命理论参照系中被加以讨论的。在这一关系中,以历史哲学和内在历史的方式被扬弃的伦理问题也是至关重要的,即在条件性的目的与手段的理性的假设性命令和范畴命令(从实践的观点设计的绝对性的前提概念)之间进行中介,后者是具有解放性的理性兴趣(我能够希望什么?)的内在历史目标,这一兴趣在思维中起到中介理论和实践的作用;但这意味着,革命的反作用力催生出组织问题。

  卢卡奇对罗莎·卢森堡的责难的关键点在于,她在所有组织问题的具体化和对其高估的批判上,都未能围绕组织问题来讨论与政治领导有关的问题,因而在革命过程中未作出能够"使无产阶级的党能够进行政治领导"②的革命组织的功能规定。革命过程中的政治领导的组织功能规定,据说从实践上在俄国社会民主党的组织争论中获得了成功,罗莎·卢森堡在其中选择了支持落后的孟什维克派。具有当下政治相关性的革命理论问题(跟着"进步的"资产阶级革命或者与农民革命共同斗争,首先是在非历史地中断的革命理论的意义上进行资产阶级革命),或者将农民的斗争更新为一种无产阶级革命("一切权力归苏维

---

① 卢卡奇:《历史与阶级意识》,杜章智等译,商务印书馆1999年版,第395页。
② 卢卡奇:《历史与阶级意识》,杜章智等译,商务印书馆1999年版,第396页。

埃")以及由此而来的组织策略问题,在这些点上俄国社会民主党的分裂都影响了卢卡奇。

卢卡奇认为,**没有人**,包括罗莎·卢森堡,在当时把握了革命和组织理论问题之间的辩证联系,因此也从未对组织的认识进行宣传,以至于"罗莎·卢森堡、潘涅库克等人的正确政治见解,也未能变得足够具体——甚至作为政治思潮"①。但是这和列宁对组织理论的强调有什么关系呢?卢卡奇看到了组织问题是如何在群众基础与政治领导的关系中被讨论的。他将这一关系解释为从内容上看是革命的。这一关系拥有(如果将列宁和罗莎·卢森堡这两极集合在一起的话)一个对于作为革命实践的政治日常斗争来说具体化了的特征。处于中心的是革命意识问题,正如在政治领导和群众基础的关系之中,作为对压迫、饥饿、贫穷和痛苦的体验的关于具体政治阶级意识的理论变成了"物质力量"。组织问题因此是理论向政治意识的"物质化"。组织不仅将领导结构化(strukturiert),而且也随之将"自主的"群众结构化,这是对他们的领导者持续修正的基础。要坚持的是,在群众基础与政治领导的关系之中,组织问题在根本上关系到政治领导,当然它以党为其表现。但是难道群众不是也必须被组织起来吗?或许卢卡奇还停留在卢森堡主义的二元论层面?与现存意识团体(先锋队策略的"领导")的组织无法分离的是鼓动与宣传。因此组织问题可以从它直接的革命的现实联系中解决,并被转移到反资本主义的制度反对派、社会主义的反对派的前革命形式之上。

组织才使得理论具有约束力,从理论观点中产生一种实践的真理。这具有认识论的意蕴。② 唯物主义意义上的真理是对象性的真理,也就是黑格尔意义上的一种"与客观性有关的思维立场"。一个理论观点,或者说渗透着理论观点的真理,只有通过外在于理论的实践道路来确

---

① 卢卡奇:《历史与阶级意识》,杜章智等译,商务印书馆1999年版,第396页。
② 参见马克思《关于费尔巴哈的提纲》第二条。

定。有些观点内部包含了如何创造理论客观性的方式,也就是说,这些观点要求在实践上得以实现,以便在实现中能够扬弃自身,这些观念的有效性高低取决于其被实现的程度。这些观点表达出一种真理的概念,这一真理的概念不只是对象性的,还是对象—实践性的。

四、组织的认识论规定

1. 组织在理论和实践之间发挥着中介作用,它由此获得具体性和现实性,即对象性的现实媒介:"因为组织是理论和实践之间的中介形式。正像在每一种辩证的关系中一样,这一辩证关系的两项只有在这一中介中和通过这一中介才能获得具体性和现实性。"[1]后一观点是否是超验的?辩证法是否被重新纳入"超验性"之中了?因为关于建构的问题(Konstitutionsproblematik)始终会显露在一个已经建立起的现实中;建构的东西(das konstituens)因此并非是超验的东西,而是一个有着相应客观内容的尘世中的主体。主体和客体的非同一性并不在同一性之中,而是——为了能够展现其中介性——就**是**它们的非同一性。组织在卢卡奇那里拥有了一种本质上是超验性的建构功能;卢卡奇的组织概念忽略的是,理论和实践始终是已经被中介了的,且组织和革命的具体化问题正是在此中介的框架中被讨论的。这并不意味着,借助纯粹理论将行动状况的无结构的多样性建构为客观性:组织并不拥有超验性的建构功能。

2. "组织在理论和实践之间进行中介的特征,最清楚地表现在它对各种不同思潮表现出比政治思想和行动的任何其他领域更大、更准确、更可靠得多的敏感性。"[2]组织因而仿佛地震仪一样对政治派别做出反

---

[1] 卢卡奇:《历史与阶级意识》,杜章智等译,商务印书馆1999年版,第396页。
[2] 卢卡奇:《历史与阶级意识》,杜章智等译,商务印书馆1999年版,第396—397页。中译本中将Chrackter译作"能力",这里改译为"特征"。——译者注

应；在组织媒介中的这些关于政治派别的地震仪记录，对于卢卡奇来说具有十分重要的意义。它是一种正确的理论和实践的真理标准：它因此准确说明了《关于费尔巴哈的提纲》的第二条？它以唯物主义的方式表明，只有实践，即一种作用于对象而进行的对象性活动，才能是理论观点的真理标准，它证明了此岸性、力量以及思维的物质存在。然而提纲中的这一条在很大程度上还未被进行区分，以至于它往往会被以教条化的方式理解。教条主义在这条提纲中已经被扬弃了。

a）理论的真理只有通过理论之外的道路才能被证明。然而在唯物主义的真理概念之中，只要理性概念也可以获得实践的伦理意义，那么实践就不只拥有证实的功能，即不仅是使理论简单地屈从于实践；理论还必须以合适的方式将对象性实践加以"中介"，黑格尔的相适理论（Adäquationstheorie）概念以思辨的方式隐含了这一过程。组织是理论和实践相互修正和批判的媒介。组织是理论和实践**批判的**中介：这是将理论与实践、主体与客体（对象性实践）包含在内的中介的不同层面，因此也是相适性（Adäquation）的不同层面；在这里，实践不只是让相适性被动地接受检验和证伪的中介，而是相适性首先在实践中被生产或阻碍。革命批判的实践因此要做的，并非只是在实践上验证理论的真伪，而且还要在理论上验证实践是正确的还是错误的（不仅在假言命令的框架下）。

b）纯粹的理论是不具有约束性的想法，因此也是具有宽容性的想法（doxa），在其中"迥异的观点和方向可以和平共处"，与此同时，"纯粹的行动"——自在自为——是一种"个别的人和团伙的个别行动的混杂"，一个"本身错综复杂的麇集"。因此，在唯名论的意义上，就其内容而言，它是一个相互未被结构化的奇点的混乱的多样性，是在抽象的形式—内容—关系中的理论与实践。组织将理论交给了实践的约束，"作为生硬的，相互排除的方向"，就是说理论必须作为实践的中介形式才能够验证它的真理性。因此，当实践成为真理的标准时，对批判的行动来说,这种中介必须被制造出来。因此,对于实践中所做的关乎理论真伪——同时也是关乎实践对或错的决定来说,组织中介的对象性表现形式是具有建构性的。实践是理论的标准,因此就要问:什么是实践的标准?实践批判理论。谁来批判实践?

对卢卡奇来说,问题并不在于组织是一个对象性的因而也是对象化的(甚至受制于物化的)中介工具。问题在于从组织策略上提出一个问题,当它考察"在其总体性之中,即中介了过去和未来的角色"的功能时:"怎么办?"(卢卡奇继续在列宁的意义上批评罗莎·卢森堡,他积极地引用他所认为的罗莎·卢森堡针对列宁所做的被证明为错误的指责的地方)"怎么办这种问题的提法试图在对形势的估量中,在对行动的准备和领导中,找出那些**必然地**从理论导致最合适的行动的因素,因此它试图找出把理论和实践联系起来的本质规定性。"[①]在组织上未受批判的实践(而且这种实践的批判是一种自我批判、内在批判)中,抽象的、灾难性的必然性,与偶然性相互关联。在组织上,对个体的行动只能以症候的方式做判断。在卢卡奇那里尚不清楚的是,组织作为理论和实践的中介,本身是否是一种实践上的或理论上的手段,或者属于一个第三媒介。有时候似乎卢卡奇将组织只是理解为对特定问题从组织理论上进行的讨论;但是这可能是"从实践观点对理论进行真正的批评"[②],也就是说是从实践的**观点**而非从实践自身进行的讨论。

五、第二国际与左派

机会主义是由它在组织问题中的实践位置所规定的:卢卡奇以第二国际为例,解释了修正主义并没有以组织策略的方式探讨解放的终

[①] 卢卡奇:《历史与阶级意识》,杜章智等译,商务印书馆1999年版,第397页。译文有改动。——译者注

[②] 卢卡奇:《历史与阶级意识》,杜章智等译,商务印书馆1999年版,第398页。

极目标。"组织问题的这一功能使得我们能够理解,为什么机会主义总是极其厌恶从任何理论分歧中推论出组织结论。"①从历史方面具体来说就是:"国际中的所有俄国以外的激进派别的弱点是,当它们的革命立场与公开修正主义者和中派的机会主义发生分歧时,它们既不能够也不愿意给它们的革命立场以任何具体的组织形式。"②在卢卡奇看来,公开的修正主义和中派的区别,就在于它在理论上以抽象的方式保存了革命目标,但在实践上却是修正主义的。③

中派可以认可一场革命的历史现实性,但却不能将其运用到政治的日常决定中,这一矛盾也反过来影响了左派[潘涅库克(Antonie Pannekoek)、罗莎·卢森堡]的设想。第二国际在组织上的方向缺失影响到了左派在组织策略上的问题:罗莎·卢森堡对机械组织的批判也导致了对自发的群众行动的高估。社会逐渐无产阶级多数化的有机革命理论,与自发的群众斗争的有机革命理论形成了鲜明对比(在机制和有机体之间发挥作用的是理性化组织)。这导致了一场纯粹无产阶级革命的沉默前提。

罗莎·卢森堡的无产阶级概念"极其深刻地表明了革命形势将会如何动员迄今未组织起来的而且的确是组织工作达不到的广大无产阶级群众(农业工人)。她表明了这些群众将会如何在他们的行动中表现出甚至比敢于傲慢地对待他们、认为他们不成熟和'落后'的党和工会高得无法比拟的阶级意识"④。

无产阶级并不是孤立的,对它不能仅仅按照其在生产过程中的经济位置来定义,而且还要按照其在实践上的组织程度,也就是在一种对象性的方式中变得自为的程度来定义。

---

① 卢卡奇:《历史与阶级意识》,杜章智等译,商务印书馆1999年版,第398—399页。
② 卢卡奇:《历史与阶级意识》,杜章智等译,商务印书馆1999年版,第399页。
③ 参见卡尔·柯尔施《唯物主义观点,与卡尔·考茨基的争论》,1928年。
④ 卢卡奇:《历史与阶级意识》,杜章智等译,商务印书馆1999年版,第401页。

对于卢森堡在组织上并未充分准确表达的组织的革命构想,我们有必要将其构想为一个纯粹无产阶级的方案:因为在这场革命中"正确的,在实践上符合于目的的手段选择"的问题,只是一个类本能的内化了的革命行动的最大化启蒙问题,它要归功于无产阶级的客观阶级定义。(卢卡奇在这里补充了马克思的理论,无产阶级由于阶级地位而成为这个社会现存的否定。)尽管其他阶层也会参与到革命之中,但"没有任何东西、也不可能有任何东西使他们必然导致无产阶级革命","这样理解的革命的党"①会使这些阶层转变为反革命。卢森堡的纯粹无产阶级的革命也被无产阶级自身所分化了,他们的阶级意识完全没有伴随着经济危机而发展,因此他们的行为也落后于危机。卢卡奇援引列宁指出,"斗争将十分迅速地展开,工人群众的意识会跟不上这种发展。"②正如卢卡奇所解释的,根据斯巴达克斯纲领(Spartakusprogramm),"资产阶级社会的客观崩溃能够比无产阶级形成革命的阶级意识更早成功"。列宁从关于落后意识的假设出发,发展出了他的布尔什维克党构想。(这和无产阶级的成熟与否并不相关?)但是卢卡奇强调,在这一情形中包含着出现孟什维克的可能性。卢森堡通过马克思恩格斯已经发现的在垄断利润中获利的工人阶层的资产阶级化而论证了这一点,这在进入帝国主义阶段后得到进一步加强。然而无法从经济学角度加深这一解释的内容。无产阶级的行为方式并不直接形成于其在经济上的立场。虽然卢卡奇也并非从纯粹的无产阶级的革命出发,但是这在今天必须要扩展到许多阶级和阶层,因为是否只存在一个经济的阶级,一个在全部社会普遍化了的雇佣工人阶层能将无产阶级扬弃于自身之中?

---

① 卢卡奇:《历史与阶级意识》,杜章智等译,商务印书馆1999年版,第402页。
② 列宁:《关于德国共产党成立代表大会的报道》,转引自卢卡奇《历史与阶级意识》,杜章智等译,商务印书馆1999年版,第396页。——译者注

六

卢卡奇试图将组织问题的认识论作为颠覆性实践的方法论提出来。

卢卡奇关于组织问题的认识论为实践中的革命组织分配了一个功能，康德将这个功能划归于先验统觉起源性的综合统一中的意识之上。组织归根结底并不仅仅是一种形式和中介，而且是一种物质实践；它是阶级自为的对象化，是无产阶级感性上物质化的阶级意识，其中，组织对象性地建构阶级意识，使之成为阶级斗争。

组织问题对于革命的现实意义，存在于群众基础与政治领导的关系之中，这一关系包括了自发性和组织的问题。在这一关系中，一种先验性的架构功能被应用于组织之上；"个别人和团体的个别行动的混乱"的未被结构化的多样性，将通过它而成为一种组织化行动的客观性。行动的实践的客观性存在于它与理论的组织化中介之中，也就是说，通过组织，行动成为革命或对革命的准备的策略框架中的要素，即通过"历史的总体，历史过程的职能，它在过去和未来之间的中介作用"，行动变得可以理解了。因此只有组织化的行动才是颠覆性的革命策略的组成部分。还未采取物质力量的理论，就是纯粹不受束缚的玄想。组织将它转译为群众的实践经验，并表现为理论在感性上所宣告的力量。

资本主义会向社会主义有机进化的自然规律的教条主义观点，与正统理论相对，按照前一种理论无产阶级革命将会自然、必然地被创造出来。然而这种可能的力量如何变成现实？今天事实上作为经济过程的一个纯粹客体的无产阶级，只是潜在地、潜藏地共同被决定的主体，其如何在现实中作为主体出现，是受到这种"合规律性"的影响，但不再是自动地、宿命论地被决定的。危机只有在非常不同的方向上才能释放出行动的力量。

共产党是"对这种飞跃的有意识态度的组织形式,从而走向自由王国的第一个有意识的步骤"①。在卢卡奇看来,是个体自愿地服从于它的"自觉的总意志",因为资产阶级的个体自由建立在一个普遍的压迫体系之上。共产党是作为一个非经验的共同意志(volonté générale),一个由经验个体自愿纪律化而构成的绝对意志而发挥作用。共产党是无产阶级超越自身而实现启蒙的、非经验的共同意志;它并非能够展现其自愿纪律化的经验个体的总体的超验主体,虽然它本身也是非经验的,但它只能以经验的方式通过个体成员的行动来表现自身。

团结是通过相互的纪律化来影响未来自由的状态,正如这种状态将个体成员联合为行动的整体。团结是自觉的总意志。

在卢卡奇看来,党提出了革命实存的问题,因而党在历史哲学层面起到中介个人日常生活和历史的作用。此外还需要补充两个中介维度:组织既承担了人与历史之间的具体中介的功能,也作为积极的政治单位(党)"在每个成员的行动和整个阶级的行动之间起中介作用"②。卢卡奇认为,要将个体的组织性需求汇聚成总体人格,就要求个体将中心化的约束进行内化。卢卡奇要通过总体人格概念来扬弃商品抽象及其在资产阶级法律中观念化的衍生表现形式,尽管这只是一种可理解的主体。"只有当一个共同体内部的行动成为每一个参加者最关心的个人事情时,才有可能消除权利和义务的分裂这种人与他自己的社会化分离以及他被控制它的社会力量肢解的组织表现形式。"③

---

① 卢卡奇:《历史与阶级意识》,杜章智等译,商务印书馆1999年版,第414页。
② 卢卡奇:《历史与阶级意识》,杜章智等译,商务印书馆1999年版,第418页。
③ 卢卡奇:《历史与阶级意识》,杜章智等译,商务印书馆1999年版,第419页。译文有改动,原译文将 Recht 翻译为"权力",这里改译为"权利"。——译者注

七、论文《先验的集体和超验的团结性。卢卡奇组织问题的认识论》草稿

导言

卢卡奇是第一个明确在理论上要将政治经济学批判、将资本主义发展的自然规律学说运用于组织问题的理论家,并因此在这一问题上运用了阶级意识和物化这两个对革命理论来说具有决定性的关键概念。他是按照列宁的政党类型来提出组织问题的。凭借同样的理论工具体系,卢卡奇想从理论上阻止党的物化,然而他首先从理论上论证了物化。他无法摆脱一种明显的唯物主义认识论——这一认识论必然与客体联系在一起,并与一种历史哲学共同发生——的困境:先验性的困境。这在以下方面得到了印证:他受到对孟什维克的批判的启发,未能摆脱黑格尔的唯心主义,仅把组织问题规定为一个"精神"问题。

Ⅰ. A

1. 组织的中介功能和它的理论等级(空想主义、日常斗争、中派、政治功能:自发的群众基础和政治领导)

2. 认识论的中介功能——理论和实践中介的形式——以及列宁主义政党模式的先验性困境。

3. 历史哲学的中介功能——对自由国度的预期——,讨论对罗莎·卢森堡的无产阶级组织的批判(通过作为伦理扬弃的第一阶段的政治伦理所实现的人和历史的中介——不是像罗伯斯庇尔和康德的德性政治,而是客观的阶级伦理)。

4. 共产主义共同意志的先验性建构,以及在可理解的总体人格中公民和布尔乔亚的二元论(在党之中所意图的对抽象劳动的扬弃和通过集中的统治机制的物化所进行的再生产)(团结的集体,而非物化的交往)。

Ⅰ.B

党作为历史的形而上学主体,它的成员作为共产主义世界精神(并非一个经验的,而是一个从中抽象出的理论的和伦理的,也就是一个可理解的总体人格被安置其中)的工具。(因此卢卡奇没有正确评价马克思的要求,即认为解放必须首先建立在革命阶级的自我解放,一种物质上的自我变化,以及由此带来的纪律上的压力之上。)

Ⅰ.C

革命斗争中集中组织消亡的必然性——被同志们自发的个别纪律中的集中自我纪律所取代。

Ⅰ.D

无产阶级的集中制与意识形态危机。(意识与意志,认识与道德,理论与实践理性的角色)

Ⅱ.

以列宁主义政党模式为基础的组织的历史形式规定性。

论题:将政治经济学批判运用于组织问题,意味着要以当时政治和经济的历史关系为基础来讨论组织问题。

Ⅱ.A

列宁的政党类型是在上层建筑和基础的俄国差异性模式之中发展出的。

Ⅱ.B

潘涅库克经济的帝国主义政治化的规定(群众行动)。

作为过程的组织,即有意识地制造的历史;革命的意识并不是在斗争中以组织化的或机械的方式产生的,而是通过政治和经济的有意识的组织化中介。作为所有我们的行动的先验统觉的组织。

补充Ⅰ.

1. 卢卡奇解释列宁的格言,人们不能将组织的问题机械地与政治分开,这样的话,组织问题就不是作为技术问题,而是作为"精神问题"

提出来的。这在革命理论的历史参照系中,难道不是包含了一种唯心主义的出发点吗?

2. 卢卡奇将科学社会主义和空想社会主义的对立,具体化为作为解放目标和它的实现的革命手段之间的中介的组织问题。

a) 因此卢卡奇给组织分配的是哪一种历史和道德哲学的地位?

b) 在组织问题和革命的直接现实性的联系之中,这种关联应当如何以政治的方式表达?

3. 卢卡奇最先指出,列宁和卢森堡关于组织问题的争论既相互对立,又在关键点上相互补充,即通过共同批判修正主义实现了相互团结。列宁提出的是一种关于组织的机械主义观点,而罗莎则停留于以自发的群众行动为基础的组织观点。

在面对列宁主义的采取先锋策略的骨干党的组织类型时,卢卡奇将组织和自发性的关系确定为政治领导和群众基础的革命组织关系,这是否正确?

4. 在组织问题的这种功能规定的框架中,卢卡奇指责卢森堡未能在自发的群众行动框架中"再次以组织的方式"运用"政治领导问题",因此未能认识到革命理论和组织策略的同属性。

假如卢卡奇基于这种责难将组织的认识水平规定为"理论和实践的中介形式"的话,他可以得到什么结果?

进一步要提出的问题:

a) 组织形式以何种方式构成了行动的客观性?

b) 组织形式以何种方式使理论的方向斗争具体化为有条件的物质性力量?

c) 为何中派和布尔什维克的区别展现了组织形式的问题?(组织作为过程首先意味着:组织自身必须完成自觉的革命实体的一个经验的建构阶段。)

d) 国家在经济中改变了的角色:带有直接经济能力的、在经济外部的强制力量以及相对于阶级的独立性。

e) 经过经济的政治化,政治与经济的物质性意识不断物化的二元论,这种物化在制度层面也在逐步扩大物化——因此组织必须在日常生活基础上被建构起来。

f) 革命小组:作为建构阶段的革命实体和骨干成员(细胞)。

g) 作为革命理论问题的党的问题——今天的集体主义。

h) 抽象劳动的扩大化和成果规则,意识的改变,经验的可能性,与群众的对话:意识的启蒙是什么意思?群众还在梦想着什么?

i) 在集中制中还存在着走向中心的可能:意志、意识、革命的和前革命的政治(革命的参照系)?作为革命组织原则,"没有哪个不具有功能!"

(李乾坤　译,刘健　校)

《历史与阶级意识》的过去与现在[*]

[匈]拉斯洛·西克莱

很快就到了我们可以对 20 世纪的共产主义著作进行编目的时候了。我们必须列出这一清单,为此,我们需要新的划分、新的编目。共产主义和这些著作的关系是过去时的,在这些著作中,共产主义的历史被勾勒出来,通过这些著作,共产主义的历史也同时流传开来。每本从现在来看与共产主义主题相关的著作,都变成了被改写的历史,它们与朝向终点的当下联系起来,成为对新现实的表达。可能这些都意味着:并不存在什么是现状迫切需要做的东西,或者相反?可能现在恰恰可以来评价那一从封闭性出发而成为整体历史的开端。

卢卡奇的《历史与阶级意识》是一部开端性的著作,是一部对于资本主义来说划时代的著作,是一部在世界和民族战争、在革命之中诞生的构想后资产阶级和非资产阶级社会形式的系统著作。这部巨著还是世界大战、俄国十月革命和匈牙利苏维埃共和国的产儿,同时也是胜利

---

[*] 本文出处:László Sziklai, „Geschichte und Klassenbewußtsein—Vergangenheit und Gegenwart", in *Jahrbuch der Internationalen Lukács-Gesellschaft 1998/1999*, Paderborn: Institut für Sozialwissenschaften—Lukács-Institut, 1999。

拉斯洛·西克莱(1942—2021),匈牙利马克思主义理论家,曾长期担任卢卡奇档案馆负责人。著有《马克思主义和艺术史》(1978)、《卢卡奇与法西斯主义时代》(1985)和《在无产阶级革命之后:卢卡奇的马克思主义发展(1930—1945)》(1993)等。

和溃败的共同产物。一方面是党的工作,即为创造历史做准备,另一方面是对马克思主义辩证法的研究,这两个方面直到1923年年底才结合在一起。

作为19世纪共产主义的作者,马克思和恩格斯继承了资产阶级革命的最优良传统,同时书写和参与历史(他们是作者,也是剧中人):他们是从事共产主义实践运动的政治家,同时还是共产主义意识形态的理论家和科学家。卢卡奇是这一创建传统的自觉的继承人,他决定性地丰富了共产主义文献的编目表。他创造性地推进了马克思主义的连续性,将马克思和黑格尔共同推进到20世纪,推进到政治运动之中。他看到了作为政治实践的党的工作和科学理论之间的联系,也看到它们之间常常形式迥异、时而生死攸关的矛盾。

按照作者所说,《物化和无产阶级意识》和《关于组织问题的方法论》是在被迫赋闲时期专门为这部文集所撰写的。除了这两篇文章,《历史与阶级意识》中的其他文章均是在从事党的工作之余完成的。纠缠于瞬息万变的政治关系的具体性,意味着一种无法被认清的"时代限制性"。卢卡奇本人提醒读者注意,《历史唯物主义的功能变化》反映了对革命的期限和速度的过分乐观的期待。"读者不应该指望这些论文有一种系统的科学的完整性。"[1]

我认为,弥补这一缺陷,即对革命运动的理论问题进行系统化、科学化的完整重建,在当时并非应当完成的任务,同样也并不是如今可以完成的目标。在我看来,《历史与阶级意识》的具体的历史性问题——这是卢卡奇在序言中已经谈过的问题,而且他的著作也解决了这个问题——并非真正的问题,真正的问题是:我们到底是不是这一奠基者的"继承人"。我们是不是卢卡奇这样的继承人:不只是做"经典作家"的跟随者,而是通过发展黑格尔—马克思的传统来创建连续性?

---

[1] 卢卡奇:《历史与阶级意识》,杜章智等译,商务印书馆1999年版,第39页。

站在 21 世纪的门口,"传承"甚至都成了特殊的问题。难道马克思主义的共产主义遗产不是已经意味着一种当代世界体系,一种现存的无产阶级运动,一种没有未来的过去的"遗产"了吗?马克思和他那个时代的黑格尔一样,成了一条"死狗"。假如说有什么保留下来的,假如说经典作家的著作还存在一些能够经得起考验并证明具有马克思主义价值的东西,那就是一种科学文化上的意义——这样的话,就等于作出了一个温和的裁决:它属于博物馆的藏书。乔治·马尔库什(Cyörgy Márkus)最为精确地描绘了当前的境况:"尽管马克思主义理论获得了一种史无前例的科学上的(也就是学院内的)尊重,它理论上令人崇敬的(在思想上真诚严肃的)形式却没有对任何激进运动造成任何影响。马克思主义的历史在某种意义上描述了一个完整的圆。"

连续性问题可以重新表述为:还会再发生关于马克思主义者、关于卢卡奇遗产的争论吗?是否还会讨论马尔库什所描绘的圆形轨迹的遗产?

随着时代发展,那些为了改变世界并被这种普遍观念建构集合在一起的传承者和信奉者,始终不可避免地遭遇"真正的学说"问题。卢卡奇认为有必要提出的"什么是正统马克思主义?"这一问题是否还有生命力?假如我们想要接受他的答案,那么我们就不能将正统等同于在辩证的马克思主义中已经存在的"研究方法",而应首先将其理解为"历史性"。这一强调普遍存在于这本书中,而且是清晰明确的:"唯物主义辩证法是一种革命的辩证法。"①无产阶级是一个革命的历史的阶级,它"既是认识的主体,又是认识的客体,而且按这种方式,理论直接而充分地影响到社会的变革过程时,理论的革命作用的前提条件——理论与实践的统一——才能成为可能"②。

如果仔细回顾一下,我们就会发现,到目前为止,在正统派和革新

---

① 卢卡奇:《历史与阶级意识》,杜章智等译,商务印书馆 1999 年版,第 48 页。
② 卢卡奇:《历史与阶级意识》,杜章智等译,商务印书馆 1999 年版,第 49 页。

派关于卢卡奇遗产的争论中,追随者、学徒、信奉者和讨论者有着可观的数量。在有着为数众多的被革除身份的人和扔石头的人的地方,同样也不会缺少党的追随者。博士论文如雨后春笋般出版。但是哪一个卢卡奇是在场的,哪一部分遗产仍有生命力:他的哲学、伦理学、美学还是本体论?人们可以从卢卡奇那里自由而丰富地、以多元化的方式作出选择——"在一个改变了的时代以一种改变了的方式"作出选择。

继承他的遗产,就必须超越社会主义,超越两极的世界体系。并不存在持续不断的、朝向未来的马克思主义—共产主义的线性连续性。假如我们想要致敬这本著作,并抓住周年纪念日所提供的机会,那么我们就必须选择一条继承遗产的新路径。

但是,假如我们回溯一下我们已经知道的继承这笔遗产的一些方式,肯定会富有教益。在卢卡奇生前,"正统派"的探索就已经开始了,在这一尝试中,卢卡奇的学生围绕本体论问题展开了讨论,他们自称是作为《历史与阶级意识》作者的卢卡奇的学生,并且坚定地拒斥了卢卡奇晚期作品中对这一著作的坚决否认。这一否认之否认所涉及的争论点,就是物化的原初阐释的有效性:"只将物化理解为类似于僵化过程的概念,是我们无法接受的。问题并非是认识论的形式。《历史与阶级意识》所阐发的东西在今天依然经得起考验。"①

另一种继承卢卡奇的探索,是在保证延续性的同时带有一种本质上新的批判性观点,它直接与马克思的经济学理论、与《资本论》相关,而对卢卡奇著作的批判只是一带而过。1970—1972年间,卢卡奇学生圈的三位哲学家——乔治·本斯、雅诺斯·吉斯和乔治·马尔库什——写了一本书,题为《一种批判的经济学说何以可能?》(由于出版禁令,这一著作直到20年后才出版)。这种继承方式最根本的改变,就是作者将卢卡奇的著作历史化了。他们认为,20年代的卢卡奇绕过了

---

① Vorwort zu den „Aufzeichnung" der Schüler für den Gen. Lukács.

马克思的经济批判学说,在实践哲学的观点中没有为马克思的经济理论保留任何空间。学生小组的负责人直接批判青年马克思的异化理论。他们认为,在《1844年经济学哲学手稿》中存在着一种几近于神秘主义的乌托邦主义,其中马克思以最激进的形式思考了异化的消极后果。《历史与阶级意识》的学生们认为,青年马克思之所以对此问题得出这样的结论,是因为资本主义和共产主义的对立存在"经济学上的不确定性"。

从1968年到70年代初,在相信马克思主义复兴的年代里,不论是对马克思经济理论的批判性分析,还是对《历史与阶级意识》的历史化,都没有改变卢卡奇的学生们的信念。他们始终认为,20世纪20年代的这部马克思主义的主要著作"准确把握了关键的问题:马克思的批判理论是一种物化的批判,它将相互纠缠在一起的物的和社会的联系在概念上进行了剥离"。

卢卡奇自己重新阐释的遗产引发了"马克思主义的复兴"(这是一种形式的正统主义),它在这一时期的基础依然是超越资产阶级社会,并催生出一种反斯大林主义的社会主义愿景。

我们能否将之前的继承方式视作"卢卡奇哲学解体"的标志?[①] 与解体相伴的总是对结果的追问。解体所预示的那些新东西是什么?找到这个问题的答案非常难,这一问题与上面已经提及的悖论紧密联系在一起:在东欧剧变之后我们还要继承什么?此外,"哲学的终结"再次被宣告,且是以更为激进和持续的方式。这样的讣告自然是指涉那些具有特定意义的哲学。也许我们应该回顾一下海德格尔的观点,在他看来,随着马克思对形而上学所实现的颠倒,哲学已经到达了它最终的可能性,达到了"虚无主义的极致"状态。或许人们也可以认为,根本没有什么需要去继承的东西:对我们来说,任何东西都算不上遗产。

[①] 关于东欧剧变前后卢卡奇评价的最重要的事件,参见拉斯洛·西克莱1995年的《曾经:观念史文集》。

乔治·马尔库什非常正确地发现,形而上学终结的观点只有表现为对现代世界的表达时,它才是可能的,对于这种态度来说,西方文化的发展是一个以末日预言作为威胁的衰落历史的终结。对我们来说唯一保留下来的东西,就是做好准备期待大转折。持这种"观望态度"的立场也是坚决拒绝当下的姿态,它同时阻止我们去描绘"未来"的图景,我认为这种态度是不可接受的,因为它劝说我们接受当下一切声称自己是完全不同的事物。

一方面,人们责难当下,并且不对未来抱有任何虚幻的设想,这自然也排除了乌托邦式的想象,但另一方面又力图不堕入"观望态度"之中,这是否可能?

我们已经不止一次地遇到摆在我们面前的这个问题:关于未来的问题。今天卢卡奇的著作能否作为对过去的见证而被阅读和继承呢?我希望,存在着这样一种阅读方式,即本雅明(Walter Benjamin)阅读卢卡奇著作时所运用的方法。在关于历史概念的笔记中,本雅明摘录了卢卡奇的一句话,即"斗争的、压迫的阶级自身是历史认识的主体"。本雅明之所以摘录这句话,是因为他认为这句话能够帮助那些在法西斯统治时代的人们看清未来的困境。他之所以摘录这句话,是因为在他看来,如果法西斯主义的反对者以进步的名义表达了历史的规范,那么法西斯主义只会因此而壮大。继承者们必须非常严格地理解本雅明在关于预言和回忆的关系时所说的话:"众所周知犹太人是被禁止研究未来的。相反,托拉和祷告在追忆(Eingedenken)中传授未来的信息。对于那些沉溺于未来并想要在预言家那里获得信息的人来说,这使得未来祛魅了。"

对于卢卡奇(以及本雅明)的继承者来说,对于《历史与阶级意识》的未来读者来说,确实有一些问题需要回顾。他们需要历史,这样才能将他们自身的历史向前推进。

(李乾坤 译,刘健 校)

《物化和无产阶级意识》的
思想意义与多元阐释*

[德]吕迪格·丹内曼

一、一个理论事件

《历史与阶级意识》以及作为论文集核心的《物化和无产阶级意识》这篇文章在其发表后就直接被评为哲学上的一个"事件"。20世纪50年代中期,莫里斯·梅洛-庞蒂在《辩证法的历险》中再次注意到它。[①] 这一评价自此常常被复述,一直到斯拉沃热·齐泽克:"《历史与

---

* 原文题目为"《物化和无产阶级意识》跋",本文出处:Georg Lukács/Nachwort von Rüdiger Dannemann, *Die Verdinglichung und das Bewußtsein des Proletariats*, Bielefeld: Aisthesis Verlag, 2015, S. 177-218。译者对于文中涉及马克思主义经典作家的引文,按照《马克思恩格斯文集》的中译文进行了核对和替换;对于文中部分涉及《历史与阶级意识》的引文,按照中译本进行了核对和替换。——译者注

吕迪格·丹内曼,哲学博士,当代重要卢卡奇研究及马克思主义研究专家,现任国际卢卡奇协会主席,《国际卢卡奇协会年鉴》主编。

① 参见 Maurice Merleau-Ponty, *Die Abenteuer der Dialektik*, Frankfurt am Main: Suhrkamp, 1968, S. 66。在梅洛-庞蒂提到的约瑟夫·雷瓦伊之外,恩斯特·布洛赫(Ernst Bloch)和卡尔·柯尔施很快认识到了卢卡奇著作的意义。在卢卡奇后来的(偶尔是兴奋的,偶尔是批判的)追随者中,有各种各样的作者,像恩斯特·布洛赫、莫里斯·梅洛-庞蒂、吕西安·戈德曼(Lucien Goldmann)、阿道夫·桑切斯·巴斯克斯(Adolfo Sánchez Vázquez)、玻利瓦尔·埃切瓦里亚、汉斯-尤尔根·克拉尔、阿尔弗雷德·施密特(Alfred Schmidt),"布达佩斯学派"从前的代表人物,早期的尤尔根·哈贝马斯(Jürgen Habermas)——就是那个还没有成为联邦德国国家哲学家的哈贝马斯。

阶级意识》(1923)是马克思主义历史上少数真实的事件之一。"[1]这部著作在一定程度上因其历险般的影响史而成为传奇——齐泽克称之为"一部近似于传奇的禁书的风靡"[2]。这本书出版后,立即成为教条主义者一派带有敌意的甚至充满仇恨的攻击的对象,这些教条主义者想要建立马克思主义、列宁主义的新正统。按照作者的阐述,这部著作是一部开放性的、想要从基础上推动讨论的著作,但却被教条主义者贬低为"多余的"甚或"有害的",甚至被视作危险的著作,因为它唤起了它似乎想要形成学派或者流派这样一种印象。[3] 事实证明,这种担心不无道理,卢卡奇的这部20世纪20年代的著作仿佛成为所谓"西方马克思主义"的奠基性文献,这样一种思想流派对于当代的哲学创新来说是开放的,并且始终准备着将自己的理论化成果认作是值得批判的也是能够批判的。[4] 这一事实还必然带来更为混乱的后果,那就是这部巨著的作

---

[1] 参见 Slavoj Žižek, "Georg Lukács as the philosopher of Leninism," in Georg Lukács, *A Defence of "History and Class Consciousness"*. *Tailism and the Dialectic*, London/New York, 2000, S. 151。自吕西安·戈德曼《卢卡奇与海德格尔》(1975)之后,海德格尔的《存在与时间》是否是对《历史与阶级意识》的相反的构想就成为讨论的对象。齐泽克还判断:"海德格尔明显受到了《历史与阶级意识》的影响,因为在《存在与时间》中有几处明确的提示"(同上)。

[2] Slavoj Žižek, "Georg Lukács as the philosopher of Leninism," in Georg Lukács, *A Defence of "History and Class Consciousness"*. *Tailism and the Dialectic*, London/New York, 2000, S. 152.

[3] 参见奥古斯特·塔尔海默(August Thalheimer)的文章[in Tamás Krausz, Miklós Mesterházi (Hg.), *Törtenelem es Ösztalytudat*, Bd. II, Budapest, 1981, S. 1–4],拉斯洛·鲁达斯和阿·莫·德波林 1924 年关于卢卡奇的争论(Ladislaus Rudas, „Orthodoxer Marxismus", in *Arbeiter-Literatur*, (9)1924, S. 493–517; „Die Klassenbewusstseinstheorie von Lukics", in *Arbeiter-Literatur*, (10)1924, S. 669–696, (12)1924, S. 1064–1089; Abram Deborin, „Lukics und seine Kritik des Marxismus", in *Arbeiter-Literatur*, (10)1924, S. 615–640)。季诺维也夫在他行政机构的活动报告中,强调了和"极端左派和理论上的修正主义"作斗争的紧迫性,其中也包括了"与针对修正主义者卢卡奇"的斗争:"我们无法在我们的共产主义国际中容忍一种这样的理论修正主义。"(Sinowjew, in Furio Cerutii et alii, 1971, S. 65.)

[4] 参见《历史与阶级意识》前言中的评论(Georg Lukács, *Geschichte und Klassenbewußsein. Studien über marxistische Dialektik*, Berlin, 1923, S. 5, 11);在《什么是正统马克思主义?》这篇文章中卢卡奇强调:"所以,正统马克思主义并不意味着无批判地接受马克思研究的结果。它不是对这个或那个论点的'信仰',也不是对某本'圣'书的注解。"(卢卡奇:《历史与阶级意识》,杜章智等译,商务印书馆1999年版,第47—48页。)

者在多年以后与这部著作保持了距离。① 当这本书在哲学舞台上消失了数十年时,作者的自我批评达到了顶峰。与作者的意愿相悖,这本书1960年在法国再次出版了,而此后直到1968年,这部著作通过一系列盗版而获得广泛传播和赞誉,此后卢卡奇在出版全集的背景下以"官方名义"增添了一个新的序言。② 1989年以来,这本书再次被隐藏,成为某种"未被阅读的经典",但被充满敬意地当成是对20世纪初革命年代的一次真实的理论探讨。③ 这一革命年代在第一次世界大战结束后,似乎开辟了一条通往新世界的道路。

二、对《历史与阶级意识》接受的前史及其问题

不少人并不知道,卢卡奇在1923年时还不是马克思主义学者,也并非理论上的新手,而是一位哲学家,其著作的特征源自切身的经验、直觉和特定的主题。1967年3月,卢卡奇认为非常有必要强调自己"从来没有犯过那种我经常在许多工人和小资产阶级知识分子中看到的错误——这些人无论如何也不能完全摆脱对资本主义世界的敬畏"。并且补充道:"我从童年时代就开始的对于在资本主义制度下生活的仇恨和蔑视,使我不至于走到这一步。"④我们也许可以将卢卡奇最初的经历非常简略地总结为以下几点:银行之子对无法忍受的氛围进行个人叛逆,他对19世纪末的艺术在文化上感到失望,也相应感到知识分子的"先验的无家可归性"。这种首先更多以直觉的方式展现出的对不断蔓延的资产阶级社会化形式的反抗,为其此后的物化理论提供了生活经

---

① 卢卡奇在1934年和1967年的自我批评早已广为人知,卢卡奇的辩护文章《尾巴主义与辩证法》则直到他去世后才发表。
② 参见 R. Dannemann (Hg.), *Lukács und 1968. Eine Spurensuche*, Bielefeld, 2009。
③ 参见 Walter Benjamin, *Gesammelte Schriften*, Bd. III. *Kritiken und Rezensionen. Werkausgabe*, Bd. 8, Frankfurt am Main: Suhrkamp, 1980, S. 171。
④ 参见卢卡奇《历史与阶级意识》,杜章智等译,商务印书馆1999年版,第3—4页。

历基础。早在其早期的戏剧研究著作中,这位年轻的美学家和唯美主义者①就揭露了艺术在现代的艰难局面,他认为这种现代性的标志是不断加剧的生活的物化(Versachlichung)。此处的物化就是马克斯·韦伯所说的世界的祛魅化。在《心灵与形式》中,卢卡奇将无轮廓的生活与仿佛展现了逃出平庸日常生活的机会的美学形式对立起来;在《小说理论》中,他首次用历史哲学的方式分析了作为表达灾难性世界现状的客观精神形式之一的小说。不难发现,卢卡奇在形成他的物化理论的道路上借鉴了非常不同的理论资源。这位来自中欧的求知若渴的学徒参考了格奥尔格·西美尔(Georg Simmel)的生命哲学(特别是他的《货币哲学》),参考了马克斯·韦伯的近代理性理论,同时也参考了马克思与黑格尔。此外,他还受到了新康德主义的重要影响,比如海因里希·李凯尔特和埃米尔·拉斯克。在第一次世界大战爆发之后,卢卡奇开始走向政治极端化路线,与西美尔和韦伯不同,他一开始就拒绝战争,并走向另一条理论传统,这就是索洛维约夫(Vladimir Sergeyevich Solovyov)、罗普辛(Ropschin)特别是陀思妥耶夫斯基等俄国作家所代表的传统。在一战之间形成的关于陀思妥耶夫斯基的文稿中,卢卡奇发展出了一种反形式主义的和反制度化的伦理学,这部文稿在卢卡奇去世后才发表。②

卢卡奇错综复杂的思想道路、他的早期美学著作、他对生命哲学的借鉴以及斯拉夫传统的影响,使他很早就敏感地注意到了他后来以"日

---

① 参见 Konstantinos Kavoulakos, *Ästhetizistische Kulturkritik und ethische Utopie. Georg Lukács' neukantianisches Frühwerk*, Berlin, 2014。
② 因此还没有列出全部关于《历史与阶级意识》的讨论中所涉及的来源。有影响的还有德国古典哲学(首先是在新康德主义的变体中所阅读的康德、费希特,特别是通过埃米尔·拉斯克中介的,逐渐增长的还有黑格尔,它有待于被以新的方式探索),除了柏格森和西美尔的生命哲学以外,还有胡塞尔的现象学(吕西安·戈德曼将《心灵与形式》定义为一部早期存在主义的著作),法学理论家例如凯尔森和耶利内克[不要忘了,卢卡奇还曾学习过法学并获得了政治学博士(经济学博士)学位],魏玛时期的经典(特别是歌德和席勒对康德的批判),浪漫主义哲学(参见 M. Löwy, *From Romanticism to Bolshevism*, 1979);此外,除了马克思和列宁的自然不断增长的占据主导性的影响外,还有罗莎·卢森堡的影响(以及工团主义的影响)。

常生活"概念所讨论的问题(他在此讨论了与日常生活的"生命形式"——这已经是《历史与阶级意识》的术语了——相关的最为抽象的理论关联),同时也使他注意到了文化和社会经济发展的联系以及现代的道德问题。① 显然,卢卡奇的思想路径也影响了他对马克思主义理论的艰难学习和接受过程。上文只是简略谈及了理论前史②,由此导致的一个并非微不足道的结果就是,在卢卡奇独特的理论综合的尝试中,存在着并且始终存在着完全不同的理论来源。该著作近百年的接受史表明:存在着许多非常发散的模式,凭借这些模式,人们能够接近《历史与阶级意识》,而且已经走进了这部经典的、交织了多重话语的著作。笔者认为至少存在着九种可以相互结合和交叉的讨论模式。

1. 可以将这部论文集理解为某种**政治纪事**。在20世纪的重要哲学家中,卢卡奇肯定是最具政治性的思想家。《作为马克思主义者的罗莎·卢森堡》《阶级意识》《关于组织问题的方法论》等论文就是最明显

---

① 在批判性的接受中,人们经常将上述复杂的理论情况当作批判的理由——因此产生了对他的折中主义的和非明确性立场的批判;此后他又被批判为修正主义的,被批评为将无法统一的理论方法以不可靠的方式杂糅了起来。新康德主义者遭遇的是卢卡奇的黑格尔主义,自称为马克思主义的正统派批判这位费希特化的历史哲学家,"六八一代"批判这位变成革命者的资产阶级之子对韦伯和西美尔的接受,并批判他对"正统"马克思主义所谓无保留的皈依。与之相反,少数的一些怀疑正统(不管以何种方式)的接受者,拥有了强调视角广度的财富;甚至在20世纪30年代或50年代,由于卢卡奇在马克思主义学派领域中的这种独特的哲学理解立场,一再被同时代的人所发现。
② 关于卢卡奇思想发展的详细研究可参考:Ursula Apitzsch, *Gesellschaftstheorie und Ästhetik bei Georg Lukács bis 1933*, Stuttgart/Bad Cannstatt, 1977; Andrew Arato, Paul Breines, *The Young Lukács and the Origins of Western Marxism*, London, 1979; Lee Congdon, *The Young Lukács*, Chapel Hill/London, 1983; Rüdiger Dannemann, *Das Prinzip Verdinglichung. Studie zur Philosophie Georg Lukács'*, Frankfurt am Main, 1987; Rüdiger Dannemann, *Georg Lukács zur Einführung*, Hamburg, 1997; Andrew Feenberg, *The Philosophy of Praxis. Marx, Lukács and the Frankfurt School*, London/New York, 2014; Michael Grauer, *Die entzauberte Welt. Tragik und Dialektik der Moderne im frühen Werk von Georg Lukács*, Königstein/Taunus, 1985; István Hermann, *Georg Lukács. Sein Leben und Wirken*, Wien - Köln - Graz, 1986; Werner Jung, *Georg Lukács*, Stuttgart, 1989; Werner Jung, *Von der Utopie zur Ontologie. Lukács-Studien*, Bielefeld, 2001; Jörg Kammler, *Politische Theorie von Georg Lukács. Struktur und historischer Praxisbezug bis 1929*, Darmstadt-Neuwied, 1974; Arpad Kadarkay, *Georg Lukács. Life, Thought, and Politics*, Cambridge/Oxford, 1991; Michael Löwy, *From Romanticism to Bolshevism*, London, 1979。

的证明。对卢卡奇来说,政治和组织问题都是关键的哲学问题,而不仅仅是哲学的补充。[1]

2.《历史与阶级意识》还可以被理解为记录 **1917/1918 年后革命乐观氛围的关键历史文献**(令人震撼的第一次世界大战的经历会迫使人们改变思想),它是革命的和弥赛亚主义的思想史中的一块里程碑。这一著作在 1968 年前后复兴起来并不令人意外。弥赛亚主义、革命建立在日常议程之上的观点以及"社会主义或野蛮"的口号,不仅影响了鲁迪·杜契克(Rudi Dutschke)这位正以青年卢卡奇作为博士论文题目的人。更为重要的是,那些年卢卡奇的盗版书上还有这样的评注:这本册子是一个武器,每位同志都必须好好了解它。[2]

3. 来自不同渊源的教条主义者也经常用卢卡奇的"马克思主义正统"来审视这部著作。这位匈牙利富商的儿子、西美尔和韦伯的学生是否正确地解释了马克思?还是在一个过于彻底接受黑格尔的基础上,以唯心主义的方式做了新的解释?这本书一经出版就伴随着**修正主义的责难**,一直到 1985 年民主德国还不允许这本书出版,而在苏联则对这本书完全保持了沉默,[3]似乎在后马克思主义时代里也只有很少数的追随者。[4]

4. 卢卡奇作为马克思主义的**哲学家**[5]常常作为典型,受到毫不留

---

[1] 按照哲学理解,与政治事件保持距离,或者导致推崇(按照这一理解,卢卡奇作为最终被发现的实践哲学的代表),或者导致贬低(按照这一理解,卢卡奇作为哲学的叛徒应当与政治事业的不纯粹的领域保持距离)。

[2] 参见 1969 年格奥尔格·卢卡奇《关于组织问题的方法论》的一本盗版书背面手写的提示(影印在吕迪格·丹内曼主编的《卢卡奇与1968》一书的封面上)。

[3] 卢卡奇在《历史与阶级意识》中也讨论了正统问题:在《历史与阶级意识》的第一篇论文《什么是正统马克思主义?》中,卢卡奇给出了有别于通常的回答,认为并不存在马克思主义的神圣不可侵犯的内容,正统存在于方法问题之中;这也包括对历史唯物主义本身的运用,对可能的固化或者说物化的永恒批判。

[4] Frank Engster, „Lukács und der Nicht-Ort des Kapitals", in Rüdiger Dannemann (Hg.), *Lukács-Jahrbuch* 2014/2015, Bielefeld, 2015, S. 259ff.

[5] 瓦尔特·本雅明有关于《历史与阶级意识》的如下判断:"马克思主义文献的自成一体的哲学著作。"(Walter Benjamin, *Gesammelte Schriften*. Bd. III. *Kritiken und Rezensionen. Werkausgabe*, Bd. 8, Frankfurt am Main: Suhrkamp, 1980, S. 171)与这一判断不同,齐泽克将卢卡奇理解为"列宁主义的哲学家"(a. a. O., S. 151)。

情的批判。他的总体性概念(Totalitätsbegriff)在**马克思主义的蔑视者**那里被视作**极权主义**(totalitär),他的组织理论和他对列宁的尊崇被看成是唯心主义的偏离,最终被揭露为斯大林主义的先声。一个积极的共产主义者(不管是何种方式的)不可能是一个有影响的哲学家——不同于在意大利、法国或者拉美,这是我们这里**哲学主流的精英**(phalanx)的观点。1989年之后,对马克思主义的敌对情绪有能力将卢卡奇的思想从大学中心驱逐出去,就并不令人意外了。①

5. **观念史的博学家**更青睐于对卢卡奇的全部作品作肤浅的历史化处理,将其作为容纳过去一个世纪代表性知识分子的虚拟博物馆中的必备藏品。这种方法允许学术上的甄别——这完全是值得赞扬的,有益于学术的营生(它可以在观念史研究的框架内被无止境地集中开展研究②)并被有效地驯化,但却同时将革命的文本变成了一件博物馆中的工艺品。③

6. 当然,特别是在**批判理论**领域中,上述精神史的、历史化的研究方式得到了很好的运用。长期以来这种研究是以一种并不受尊重的方式和方法进行的。自从批判理论的新一代代表人物注意到,他们的创始人对卢卡奇的启发性影响保持了沉默(出自不同的原因,但事实上是不公平的),就打开了这条更公正地强调卢卡奇对于批判理论的催化剂

---

① 伊斯特万·埃西(Istvan Eörsi),匈牙利的异见者、卢卡奇的学生,曾记录道,在1989年后,"许多聪明的人",也是"早期的共产主义者,一部分是卢卡奇的'孙辈',即卢卡奇的学生乔治·马尔库什的学生","都和马克思主义划清了界限"。因此他认识到,卢卡奇批判资本主义的"基本观点"始终是正确的,"几乎是唯一的,即便在民主的反对派之中"。(Adelbert Reif/Ruth Rene Reif, „Gespräch mit Istvan Eörsi", in *Sinn und Form*, 65. Jg., 4/2013, S. 409.)
② 在这一语境中事实上还存在着相当多的空白点:卢卡奇对费希特的接受,他独到的哲学史解读,他对社会领域(经济、技术、法律等)的理论化,他在哲学伦理和乌托邦思想史中的位置等,也还没有得到充分的研究。
③ 正如最近马尔巴赫编辑的《观念史杂志》的卢卡奇专刊[Ulrich von Bülow/Stephan Schlak (Hg.),2014]中的"卢卡奇委员"。

角色的道路。①

7. 一个尤其适合于对象的方法,就是**时代诊断的视角**。对卢卡奇来说,当代的分析并非纯粹的应用案例,而是不可跨越的哲学反思的出发点。物化理论已经变成经典,始终具有现实性,同样适用于 20 世纪以及当代的时代诊断。至少在不少接受者的眼中,它可以和海德格尔关于存在的遗忘的学说,和历史终结论、进入后现代的任意性或者其他诊断时代的方法相匹敌。

8. 将这位匈牙利哲学家作为**一个学派的创立者**独一无二地进行解读,也应当是合理的。在革命运动中,《历史与阶级意识》启发了关于辩证法和马克思主义理论的实践—革命本质的讨论。卢卡奇并未实现这一目标,也就是说并没有按照他曾构想的方式来实现。他的理论上的新方法和自我批判的反思,撞到了教条主义斗士的混凝土墙上,但却始终可以绕道找到它的接受者——实践哲学的学院派以及非学院派的追随者,这些人不准备在资本主义商品社会制度之中看到历史的遗言。②

9. 最后还有**狭义上的哲学研究**,即按照哲学上的内容来分析卢卡奇的著作。那些针对卢卡奇的辩证法思想的解读方式都属于这一类。卢卡奇的辩证法思想从总体上探索了黑格尔对于马克思主义和现代思想的意义。此类研究还包括对卢卡奇的核心概念(物化、总体性、过程、中介、理论和实践)的研究以及这些概念与当代社会哲学讨论的相容性问题。此外还包括对卢卡奇资产阶级思想批判的研究。卢卡奇认为,资产阶级思想这样一种划定界限的理性形式也被界限所限制,因为它隐去了所有不在计算的、量化的思想框架范围内的东西,即那些质性的、通过自主的实践而建构的革命的新东西,那些自由决断的不规则的

---

① 尤尔根·哈贝马斯和阿克塞尔·霍耐特(Axel Honneth),也包括提图斯·施塔勒,在这方面做出了绝对贡献。他们不仅是饶有兴趣的读者,在一定程度上还开启了一种理解物化理论现实意义的方法。
② 参见吕迪格·丹内曼和米夏埃尔·路易撰写的词条"卢卡奇学派"(HKWM Bd. 8/11, Sp. 1354ff)。

特性。

《历史与阶级意识》存在着如此多样的解读可能性并非偶然。这是卢卡奇非线性的思想演变的表现,也是其多种理论渊源的表现——这些渊源滋养了他的思想,也是同时代的学术工作及其独特规律性的产物。不得不提的一个角度是:《历史与阶级意识》绝非"一次铸就"的巨像,它是在不同语境中形成的论文所构成的文集,它也记录了作者屏气凝神地以一种罕见的高水平进行的学习过程。卢卡奇确信,需要付出巨大的理论努力才能把握马克思思想的实质。众所周知,他相信,甚至是马克思最亲密的战友恩格斯,也没有能力完整把握马克思理论方法的深层结构。自我批评的反思反映了卢卡奇20世纪20年代的理论特征。卢卡奇甚至在一些地方承认,在特定的论文写作过程中,他以一种过于亢奋的革命乐观主义进行争论,因此未能摆脱幻想。在他关于物化的论文中列宁还没有扮演重要的角色,而在《关于组织问题的方法论》的论证中就强烈地支持了这位布尔什维克主义的思想领袖。这些标记清楚地展现出:《历史与阶级意识》是1919—1922年间快速变化的一面镜子。这也是一项实验性的尝试,它试图以理论的方式来把握马克思主义和革命所处的日益严峻的形势。

三、物化理论

接下来,我们可能不会对卢卡奇的物化理论进行全面分析,而只是以提纲挈领的方式描绘一下《历史与阶级意识》中构想的理论主题[①],以便论述对它的种种解读。首先必须确定的是:卢卡奇批判了第二国际时期但也延续到共产国际时期的一种对马克思学说的简化理解,例如像考茨基(Karl Kautsky)或布哈林那样将马克思的学说理解为一种实

---

① 这里还要注意到未收入本卷中的论文。

证科学。这两个人都以一种达尔文式的方式来理解马克思,其对历史和社会的理解缺少对马克思政治经济学批判的方法论前提的充分反思。卢卡奇尝试将马克思的辩证理论重建为一种连贯的哲学纲领。他因此还推动了后来关于马克思主义和哲学的关系的讨论。作为重建的系统的出发点,卢卡奇选择了马克思在《资本论》第一卷中所发展了的价值形式学说。他想指出,"拜物教章"概言之包含了马克思的批判哲学。在他看来,这一章不能仅仅被理解为局限于专业学科之内的经济学理论,而且包含了多重维度:

- 一种当代社会的哲学
- 一种意识形态理论(也可以发展出对科学和哲学理论的解释)
- 一种历史理论
- 一种关于革命时机(Kairos)的政治哲学

总之:为整体把握社会存在提供了理论视野。

卢卡奇尝试"系统地论证物化经验的不同形式之间的联系"[①]。卢卡奇完全意识到了这一主题的风险性和实验性特征。下文将论述,卢卡奇将他以实践为目的对物化所做的辩证法研究视为一种巨大推动(Impuls),视为一个宏大的研究项目。他对时代的阐述是对其带有具体内容的要素和维度的一个概览,也就是说是待制定和填充的研究。他对笛卡尔以来的近代哲学史的勾勒也是如此,他的这一研究对"六八一代"理论家彼得·布尔格的影响更证明了这一点。[②] 其中对至今占据

---

① Titus Stahl,„Verdinglichung als Pathologie zweiter Ordnung", in *Deutsche Zeitschrift für Philosophie* 59, Nr. 5, 2011, S. 734.
② Peter Bürger,„Lukács-Lektüre. Autobiographische Fragmente", in Rüdiger Dannemann (Hg.), *Lukács und 1968. Eine Spurensuche*, Bielefeld, 2009, S. 19ff.

支配地位的理性的理解的批判方法已经形成了。

(一) 物化批判的维度(物化的万象世界)

众所周知,卢卡奇是从对马克思商品形式理论的哲学重建开始的。这一出发点是契合实际的,因为商品生产并不是在行动着的人们自觉的目标反思基础之上的,而是以似自然的方式发生的。如果人们想要理解是什么构成了这个结构,即商品形式,就必须研究它在资本主义条件下的具体内容(正如马克思所揭示的)。资本主义商品生产不再遵循传统社会中产品生产的普遍命令。由于产品的交换价值不再是社会相互作用的边缘现象,生产被转换为实现交换价值的逻辑。随着向盈利性生产的突变,正如卢卡奇比马克思还清楚地强调的,一个后果极为重大的抽象过程发生了,它脱离了具体生产内容,脱离了社会成员的需要。

变成商品的产品附着在一种形式上,这一形式赋予了现代社会化的所有子系统以范式(Paradigma)。在马克思看来,具体有用劳动在质上不同的产品,只有通过作为质的同一物(Identisches),也就是说,作为只是在数量维度上不同的抽象人类劳动的成果而相互联系才能够被交换。当人类劳动的产品采取了商品的形式后,也就是说,表现为抽象劳动即社会必要劳动时间的对象化的结果后,变成了可以被交换的商品。

所以商品形式也被卢卡奇理解为一种"相同性的形式"[1]。马克思在《资本论》中将货币形式和资本形式作为对商品分析考察的结果来阐释,卢卡奇在细节上没有完全依照马克思,而是坚持将"商品形式"作为一个独立形式来考察,这个形式产生于将不同的质抽象地归纳到无差别的、抽象的劳动之上。在卢卡奇看来,现在"抽象人类劳动的形式相

---

[1] Georg Lukács, *Geschichte und Klassenbewußsein. Studien über marxistische Dialektik*, Berlin, 1923, S. 98.

同性……成为支配商品实际生产过程的现实原则"①。劳动的现实抽象随着商品生产的完美化而得以贯彻,因为作为价值尺度的社会必要劳动时间可以被准确地计算出来。社会必要劳动时间首先只是"经验上可以把握的、平均的劳动时间",它通过"劳动过程从手工业经过协作、手工工场到机器工业的发展"而成为完美编程的"劳动定额"。②卢卡奇观察到一种时间的空间化以及社会和个体生活的去生命化。正如卢卡奇整合马克思和韦伯后所得出的结论,商品生产通过"计算、即可计算性来加以调节的合理化的原则"③使得整个社会革命化了。

(二) 劳动过程/劳动力商品的维度

这一革命化过程的核心维度就是劳动和劳动过程的转型,以及与此密切相关的劳动者"生活世界"的重塑。劳动采取了"商品形式"的抽象特征;它被带入到抽象一般性和精确的可计算性的形式之中,在更有效的优化和适应增殖原则的意义上被"理性化"了。不同而又彼此相互联系的个别环节④联合在了一起,卢卡奇这样描绘资本主义中的劳动阶

---

① 卢卡奇:《历史与阶级意识》,杜章智等译,商务印书馆1999年版,第151页。
② 卢卡奇:《历史与阶级意识》,杜章智等译,商务印书馆1999年版,第152页。
③ 卢卡奇:《历史与阶级意识》,杜章智等译,商务印书馆1999年版,第152页。
④ "劳动定额"的计算实际上"从底层"排除了主动权。例如,劳动时间是在内容上被严格调节的。A和B的工时越来越可以随意地交换。"质上的",也就是说有生命的,通过改变和改革所创造的时间的特征(我们在这里再次看到了卢卡奇对柏格森的阅读)消失了;时间退回到空间的水平。通过不断发展的分工,在劳动力的出卖之中就包含的服从变成了雇佣劳动者永恒的"日常现实"。他在一个他无法制造也无法控制的生产的联系中发挥功能,作为一个从属的部分功能的所有者,这个功能是由管理等级的顶端分配给他的。向一个非常特殊的"劳动定额"——它只是解释了生产的总体的一小部分——的还原,非常有效地限制了对生产的总体联系的认识。理性化的生产"自动化"了雇佣劳动者。在共同参与并承担责任的总体联系中,劳动者并不是通过团结的、共同的计划,也不是通过彼此的尊重而团结在一起并组成生产共同体的。每一个劳动者实际上都扮演着对他来说是偶然分配的角色;生产的联系催生出进行计算的、由非工人(Nicht-Arbeiter)组成的企业管理层。每一个雇佣劳动者都可以轻易地被任何另一个所替换。"原子化"的趋势无法被提高了的劳动者的个体性所抵消。相反,资本主义分工之下的统摄包含了对个体性发展的持续阻碍。如果个体的特殊性和利益不是偶然地与生产过程直接相关的话,那么其就有可能表现为"错误来源"。(Georg Lukács, *Geschichte und Klassenbewußtsein. Studien über marxistische Dialektik*, Berlin, 1923, S. 98ff.)

级:"人无论在客观上还是在他对劳动过程的态度上都不表现为是这个过程的真正的主人,而是作为机械化的一部分被结合到某一机械系统里去。他发现这一机械系统是现成的、完全不依赖于他而运行的,他不管愿意与否必须服从于它的规律。"① 当人们想到,资本主义还会继续将人的统治带到对自然的统治之上,那么就会出现一个骇人听闻的颠倒,即这个社会中从事生产的劳动者恰恰被强迫施加了一种完全外在决定的活动形式。在资本主义理性化的条件下,雇佣劳动者把恶化的实践当作自身的主体活动,卢卡奇将其称为"静观的"(kontemplativ)活动——主动的、通过自己的目标采取行动、不断变化的人类实践的特征消失了。用杜威的话来说,他们不再有能力生成新的行为模式、新的知识和新的做法,也就是说不再能够成长,或者用黑格尔的术语来说,不再能够获得扬弃现存发展标准的转型能力。②

卢卡奇关于劳动力商品的叙述是有争议的③,这体现在经验的细节方面,以及他对马克思关于资本主义分析的语文学的准确推导上。但究其核心,卢卡奇的论述还是有值得继续传播的基本思想的。甚至当人们考察现代以及我们所谓的后现代劳动生活的发展时,依然会回到如下论断上:从事生产的人在劳动生活中遭遇了去主体化的命令(Imperativen)。用卢卡奇的术语来说,他是"静观的",即不是根本上自主的行动者,而是一个等级制的结构化制度的客体,是今天日益全球化的

---

① 卢卡奇:《历史与阶级意识》,杜章智等译,商务印书馆 1999 年版,第 154 页。
② Veith Selk, „Die Verdinglichung der Demokratie", in *Berliner Debatte Initial* 22 (2011) 1, S. 104.
③ 存在对这种时代特征分析的条件性批判,但也有批评认为,卢卡奇在这个地方误读了马克思的政治经济学批判[参见 Markus Bitterolf, Denis Maier (Hg.), *Verdinglichung, Marxismus, Geschichte*, Freiburg, 2012]。我更支持拉尔·耶吉的观点,即卢卡奇对资产阶级—资本主义社会的"另一种视角"分析、"对马克思主义和存在主义(也许更准确地说是生命哲学的——作者注)主题的交织",曾是创造性的而且仍具有创造性。(Rahel Jaeggi, *Entfremdung. Zur Aktualität eines sozialphilosophischen Problems*, Frankfurt am Main, 2005.)

资本和金融风暴的巨大游戏中的一张纸牌。①

（三）外在于经济的极权主义维度

劳动阶级的境遇对于卢卡奇来说是非常重要的，也许今天的读者会好奇，后者习惯于将这些"劳动阶级"（working classes）作为一个逐渐消亡的物种来考察，但卢卡奇的重视却不是完全没有理由的。其中一个原因是，卢卡奇认为，劳动作为商品的结构要素，对于所有社会阶层、团体、阶级来说是可证明的。马克斯·韦伯描述的理性化过程，按照其本质来说是一个物化过程，其中，即便是非劳动者、傲慢的"白领工人"（包括我们年轻的创意师）、法学家、资本所有者，都退化为一个特殊的自动装置种类（韦伯毫不尊敬地称现代的法官为一种"条款自动机"②）。这是主体为了这一目的而必须付出的代价，即理性地（在增殖理性的意义上）操纵社会劳动或者合作的全部过程。卢卡奇从西美尔、韦伯，当然还有马克思那里学习到了这种敏感性，将资本主义商品生产开启的社会现代化过程理解为理性化、抽象化过程。所有的生活领域都逐渐在商品生产精神的引导下变形了，这种精神早就变成了一种不受控制的、扩张的自动性，一个试图将社会的所有其他附属体系都引出来从而成为从属于其自身的附属体系。

物化的过程事实上是现代的极权主义，这在过去远离社会实践的领域就可以找到令人信服的证明，例如艺术领域。增殖原则向艺术生产的侵入，以及艺术产品被销售时（赤裸裸地）相对于艺术家的孤立，引发了艺术自身的一种颠覆，这体现在艺术将自身理解为现代先锋的艺术运动的危机之中。在媒体世界中，劳动的商品化更为赤裸地展现了出来，例如样板化的日常新闻。卢卡奇对此说道，在这里"主体性本身，

---

① 他在实质上始终是一种会说话的工具（这是古代对奴隶的定义），当然与此同时也部分地被很好地供养着。
② 卢卡奇：《历史与阶级意识》，杜章智等译，商务印书馆1999年版，第162页。

即知识、气质、表达能力,变成了一架按照自身规律运转的机器,它既不依赖于'所有者'的人格,也不依赖于被处理的各种对象的客观—具体的本质"[1]。可见,文化工业的最新发展并不会让这位物化理论家感到惊讶。在1923年后的数十年里,批判理论的文化工业分析在许多方面将卢卡奇的基本观点具体化为商品原则的转型的权力,以便于更好地理解一种革命的即解放的意识发展的问题。

(四) 意识形态与理性批判的维度

《历史与阶级意识》已经追溯了从新闻到科学生产再到资产阶级思想的巅峰形式(Gipfelfiguration)——在卢卡奇看来就是康德和黑格尔——的以商品生产为目的的典型的理性形式。假如人们不想将卢卡奇的物化主题的大部分内容简化掉的话,那么就必须从革命的实践哲学的角度来理解他对哲学经典作家的阅读,就必须至少理解他论述近代哲学发展的方法。对卢卡奇来说,这涉及对理性的一种特定类型,即所谓的形式理性的把握,它在辩证方法产生以前一直统治着近代思想。[2] 卢卡奇围绕这一观点做了讨论:由笛卡尔开启的近代哲学最终在其最为反思性的形式中,描述了从"商品形式"中识别出的理性原则的对应物。现代科学一直忽视总体性,而专注于片面的即实证主义的理性观,因此正是康德以一种无情的清晰性分析了物化思想的二律背反,并致力于将形式理性的纲领性矛盾先验化。深受新康德主义影响的卢卡奇,将康德的二律背反学说表述为如下矛盾:"纯粹理性"的抽象理性成功达及理性形式和非理性内容、存在和应然之间内在无法解决的问题,康德物自体的不可知论最为极致地表现出了这些问题。在卢卡奇看来,劳动者的商品化中包含的主体与客体的典型分裂,还可以在资产

---

[1] 卢卡奇:《历史与阶级意识》,杜章智等译,商务印书馆1999年版,第167页。
[2] Rüdiger Dannemann, *Das Prinzip Verdinglichung. Studie zur Philosophie Georg Lukács'*, Frankfurt am Main, 1987, S. 113ff.

阶级意识形态最精致的产物,例如康德关于伦理自律和肉体—客观的自然规律的二元论中再次出现。

然而,黑格尔以一种决定性的方式推动了资产阶级思想的二律背反的瓦解。[1] 在《精神现象学》中——卢卡奇认为这部著作包含了黑格尔的全部哲学——主客体关系的辩证过程以一种接近于现实历史过程的方式和方法被扩展了。卢卡奇强调,对黑格尔的接受才使这一问题变得可理解,即黑格尔严格地将辩证的思想和历史相互关联,这有助于克服近代理性主义的界限。

以自然科学为导向的、形式的理性主义恰恰无法把现实性理解为一种历史的现实性。只有自身变化着的概念的辩证逻辑,即"**具体概念的逻辑**"[2],才能将所有个别事实融入历史辩证的概念形成过程中,让个别、特殊摆脱各自的孤立性,进而被理解为具体总体的环节,由此可以断绝与康德哲学中被证明了的形式理性的抽象关系。辩证逻辑考察存在者的多义性和情境性,考察其作为变化之物和完成之物的二重性。

总体性思想的激情是与黑格尔—马克思的具体性概念相伴随的。卢卡奇将黑格尔"真理是总体"的格言同样确定地与马克思的表述联系在一起:"每一个社会中的生产关系都形成一个统一的整体"[3]。只有一种总体性的思想才能和物化意识的碎片化决裂,并使个体的自主化成为可能。卢卡奇在其物化理论的精神中自然为辩证的总体性思想预留了批判余地。他批判了古典本体论的所有形式。这一划界在恩格斯(在黑格尔之后)创立一种自然辩证法的探索中也得到了体现。与恩格斯相反,卢卡奇(常常会使教条主义者感到恼怒)认为历史和自然的发

---

[1] 吕西安·戈德曼(Lukács und Heidegger. Nachgelassene Fragmente, Darmstadt & Neuwied, 1975, S. 158ff)曾指出卢卡奇对于主体性和客体性的二元论建构的批判是如何重要和富有意义;此外他也指出了这种二元论建构在庸俗唯物主义即非辩证地对待哲学的方法中的胡作非为。

[2] Georg Lukács, Geschichte und Klassenbewußsein. Studien über marxistische Dialektik, Berlin, 1923, S. 157.

[3] 《马克思恩格斯文集》第 1 卷,人民出版社 2009 年版,第 603 页。

展之间存在着本质的区别。与布洛赫(Ernst Bloch)不同,卢卡奇认为,一个与人相似的自然主体是无法在科学上得到可靠证明的。我们可以在恩格斯那里明确地看到,他要将马克思的严格的历史辩证法理念转用于一种客观的运动辩证法之中①,这种客观的运动辩证法必然助长一种在哲学上和政治上站不住脚的历史因果性纲领。在卢卡奇那双接受过生命哲学训练的眼中,总体性自身就是结果或者说历史的部分:只有在物化的否定形态中,社会的总体性才能被创造出来。要应付这种灾难性的整体性,只能依靠一种全面的、一体化的思想;这种思想自身规定了它的对应物,规定了一种全面的、革命性的实践,这是它的表达。换句话说:只有在一个集体主体的实践和思想行动中,才能够避免物化的"野蛮"灾难。

(五) 政治的与革命的维度

对卢卡奇1923年的这一项目进行重建,必须考虑政治的维度,因为这一项目诞生于革命爆发的语境之中,而卢卡奇作品的落脚点,也恰恰是政治性的。② 卢卡奇相信,如果没有对生活中的物化的现实的、实践的扬弃,自己所设定的在思想上去物化的任务是不可能实现的。他的真理标准即扬弃现代社会典型的现实抽象,是具体辩证法(从形式理性的坏的抽象中解放出来)的典型范式。只有在他律的生活形式的革命化过程中,辩证思想才会失去其意识形态特征。

对卢卡奇来说,俄国革命经验证明,政治描述了在其中产生并赢得

---

① 参见卢卡奇对恩格斯的批判。(Georg Lukács, *Geschichte und Klassenbewußtsein. Studien über marxistische Dialektik*, Berlin, 1923, S. 217ff, 226f.)
② 尽管卢卡奇始终反对思想的空想主义形式,人们也必须将他的《历史与阶级意识》中的一种超越物化的政治构想描述为一种(非常有趣的悖论)反乌托邦的乌托邦。[Rüdiger Dannemann, „Das utopische Moment der Verdinglichungskritik", in ders. (Hg.), *Lukács-Jahrbuch 2014/2015*, Bielefeld, 2015, S. 243ff;„Lukács' Lenin oder die philosophische Vision einer klassenbewussten Realpolitik", in W. Hedeler/K. Kinner (Hg.), *Die Wache ist müde. Neue Sichten auf die russische Revolution und ihre Wirkungen*, Berlin, 2008, S. 149ff.]

反对物化的斗争的空间。政治运动对研究现代的苦难史、商品和货币经济具有重要影响。卢卡奇在列宁那里看到了他自己关于革命理论和实践的综合梦想的人格化以及他极其苛求的政治纲领的现实化。

卢卡奇的政治行动设想是以他的当下现实即第一次世界大战后的现实为前提的,这并非历史连续性中的任意一个时间点,而是一个迄今为止独一无二的局势:由于一个在原则上变得统一的资本主义世界的产生,这样一个历史节点成为决定幸福还是野蛮、拯救还是不可逆转的物化的时刻。因此,政治实践必须成为当代激进的、不妥协的、革命的实践。同马克思和列宁一样,卢卡奇同样坚信无产阶级的革命任务。只有集体的主体才能抵御资本主义野蛮的物化动力学;出于善意的公共启蒙运动,以及受到勇气鼓舞的个体或集体行动的形式,相反只是无力的反抗尝试,它丝毫改变不了极具整合能力的制度的灾难形势。今天,对我们而言,出乎意料地强调无产阶级的特殊历史地位,一方面与无产阶级承受了现代理性化最深重的压迫有关,另一方面与他们的生产者的角色有关:劳动者正是通过他们的(异化了的)劳动创造了社会财富。

尽管如此,他们在某种程度上还是被商品经济的物化影响所打败。因此,他们的意识很少具有革命性。卢卡奇在列宁的政党理论中看到了始终臣服并顺从于压迫的工人阶级革命化的杠杆,因此他从一开始就与工团主义和卢森堡主义的尝试保持了距离。列宁的政党在卢卡奇那里成了去除物化的一个乌托邦,成为自我决定和自我实现的组织化的可教育性的理念。卢卡奇将这样的党想象为与(马克斯·韦伯所描述的)形式理性的组织类型相矛盾的组织形式。共产党应该是一个"共同体(Gemeinschaft)"①,其中,权利与义务的分离消失了。在"领导"和基层之间应该不再存在固定的角色分配,党的工作应该克服"人的机械

---

① Georg Lukács, „Methodisches zur Organisationsfrage", in *Geschichte und Klassenbewußsein. Studien über marxistische Dialektik*, Berlin, 1923, S. 298ff.

性物化"的所有形式,关键是,领导层必须始终处于流动状态,此外,政治活动家和私人个体之间的"分化"应当被扬弃。所有由货币经济社会导致的戏剧性结果,都应当借助于共产主义集体中一个个劳动者自愿的无限投入而逐渐被消除;权威开始走向正轨;主体的行为摆脱接受性的静观,变成一种真实的生命活动形态。一种基于现实的新形式的责任伦理由此成为生活的准则。

毫无疑问,卢卡奇的列宁主义共产党模型(讨论它几乎接近于讨论一幅油画了)是知识分子远离现实的一种虚构。毋庸赘言,社会主义和共产主义的政党极少符合这一模型。假如人们读到卢卡奇是如何在为共产主义的纪律辩护和捍卫主体自由理念之间摇摆的,那么他们一开始就可以发现,作为乌托邦批评家的卢卡奇就其政治纲领而言本身就是一位乌托邦主义者,他和恩斯特·布洛赫之间的思想共同点,要比他自己所认为的还要多。

当然,我们如今很清楚,工人阶级并没有展现出卢卡奇所期待的主客体的历史同一,反而是斯大林主义者发现了该标准不适用于革命实践。卢卡奇关于官僚主义物化组织的现象学,很容易在世界共产主义运动的现实案例中得到验证。[1]《历史与阶级意识》强烈地受到一种真实的革命弥赛亚主义的浸淫,其中令人印象深刻的是如下这一信条:"革命已经成为工人运动的日常问题"[2]。

---

[1] 关于卢卡奇一生对苏维埃民主(Rätedemokratie)的好感,参见 Robert Lanning, *Georg Lukács and Organizing Class Consciousness*, Minneapolis, 2009; Rüdiger Dannemann, „Rätebewegungund Basisdemokratie. Das politische Testament Georg Lukács' ", in Georg Lukács, *Sozialismus und Demokratisierung*, Frankfurt am Main, 1987, S. 137 - 147; C. Jünke, „Georg Lukács' Probleme der sozialistischen Demokratisierung", in Christoph Bauer u. a. (Hg.), „*Bei mir ist jede Sache Fortsetzung von etwas*". *Georg Lukács. Werk und Wirkung*, Duisburg, 2008, S. 219 - 244。

[2] Georg Lukács, *Geschichte und Klassenbewußtsein. Studien über marxistische Dialektik*, Berlin, 1923, S. 10.

四、物化理论的新发展

外部和内部的问题,[①]以及其他远离马克思主义科学范式的优势,导致卢卡奇的物化理论在过去数十年里被忽视了,或者至少是鲜有人关注。诸多对卢卡奇理论的批判性研究产生了深远影响:在马克思主义讨论领域中,首先是巴克豪斯(Hans-Georg Backhaus)及其后继者对价值形式理论进行了进一步阐释;阿尔都塞(Louis Pierre Althusser)对马克思主义的历史主义或者说人道主义展开了结构主义批判;布洛赫对卢卡奇拒绝乌托邦的思辨哲学理解进行了元批判;阿多诺则对卢卡奇作为合法意识形态的"实证的"辩证法理解提出了质疑;此外,依据卢卡奇的自我批判,学者们批评他的物化理论过于接近黑格尔哲学,处于核心地位的本体论不够"唯物主义"[②]。在马克思主义讨论领域之外,卢卡奇的方法常被人们理解为一种激进主义的理论形态,或者从哲学史上将其还原为20世纪的新康德主义。[③]

尽管如此,在过去的数十年里,批判理论领域还是有值得注意的延续,特别是哈贝马斯和霍耐特。对批判理论的最新代表人物来说,(自从哈贝马斯从他早期的"理论与实践"阶段转向后)事情一目了然:就是

---

① 卢卡奇物化论题的继续发展情况,完全偏离了卢卡奇最初的设想。对物化论题继续研究的学者,并不是卢卡奇预先设想的那些参与政治组织的实践哲学家,而是(除少数例外)后来组成法兰克福学派的学者们。卢卡奇与阿多诺之间充满纠葛的关系,正是对20世纪左翼知识分子交流沟通问题的最好注解。[F. Benseler, W. Jung (Hg.), *Lukács 2004. Jahrbuch der Internationalen Georg-Lukács-Gesellschaft*, Bielefeld, 2004, S. 65 – 180; dies., *Lukács-Jahrbuch 2005*, Bielefeld, 2005, S. 55 – 189.]

② 参见前文注释所提及的 Robert Fechner 和 Fabian Kettner 的文章;Louis Althusser, Etienne Balibar, *Das Kapital lesen*, 2 Bd., Hamburg, 1972; Dirk Braunstein, Simon Duckheim, „Adornos Lukács. Ein Lektürebericht", in Rüdiger Dannemann (Hg.), *Lukács-Jahrbuch 2014/2015*, Bielefeld, 2015, S. 27 – 79。

③ Norbert Bolz, *Auszug aus der entzauberten Welt. Philosophischer Extremismus zwischen den Weltkriegen*, 1991; George Lichtheim, *Georg Lukács*, München, 1971; Wolfgang Röd, *Der Weg der Philosophie*, Bd. II, München, 1996, S. 417ff.

不再接受马克思反资本主义的激进的政治经济学批判。与本雅明不同,尽管哈贝马斯并没有被尊崇为革命哲学家,他对卢卡奇的敬重来自卢卡奇将马克思和韦伯密切地结合了起来,"他能够从物化和理性化两个方面,来考察社会劳动领域和生活世界语境的分离。"[①]在哈贝马斯眼里,卢卡奇具有典范意义,因为他真正利用了马克思的哲学水准和价值形式分析的意义,从而奠定了整个批判理论的传统路线。哈贝马斯认为,将经济和非经济的现代化过程"辩证地"描述为理性的成长以及与此相伴的苦难史,是一项有着广阔前景的研究课题。在哈贝马斯看来,西方马克思主义的哲学基础已经过时了。他不想像卢卡奇那样成为唯物主义辩证法哲学家的朋友圈成员,上述这些哲学家们主要致力于探索政治经济学批判的方法论的革新;哈贝马斯则完全脱离了所谓意识哲学的小路,力图为其称为交往行为理论的哲学转向开辟道路。

尽管如此,哈贝马斯并不是简单地离开了物化范式(指出这一点是公正的),他采取的是一种改造的尝试。哈贝马斯通过"集中重建物化原理"[②]来重建批判理论,并不令人意外。众所周知,这一探索的核心就是将现代化进程中的体系和生活世界脱离开来(Abkopplung)。物化(Versachlichung,这是西美尔和早期卢卡奇的术语)过程带有殖民的特征。考察哈贝马斯对当代社会的病理学的描述可以发现,当人们不愿再分享也(出于理论的以及/或者历史的原因)不能再分享《历史与阶级意识》中资本主义理论的和革命的前提时,对《历史与阶级意识》的方法去激进化的意愿是多么强烈。尤其当涉及限制市场(货币)和权力的殖民化趋势,防止生活世界被完全剥夺时,哈贝马斯就支持法治国家,认为这是一种启蒙的公共性和交往理性的手段。哈贝马斯不认为,为了

---

① Jürgen Habermas, *Theorie des kommunikativen Handelns*, Band 1, Frankfurt am Main, 1981, S. 479.
② Rahel Jaeggi, *Entfremdung. Zur Aktualität eines sozialphilosophischen Problems*, Frankfurt am Main, 2005, S. 28.

抵制修正,就一定要求经济领域的革命化。他首先关心的是法律的确保和保障。霍耐特注意到,早期哈贝马斯的激进性极少保留了下来。随着"转向康德主义传统,哈贝马斯将会失去一系列有价值的观点,这些观点在他强烈遵循着黑格尔影响的早期著作中仍还存在着。最新的文章既没有体现出资本主义社会的病理学,也没有'体系性扭曲的相互作用'这样的精彩观点"[1]。这段批判令人好奇霍耐特将如何恢复这里所提到的有价值的观点。

法兰克福的哲学家首先表明,在批判理论所继承的所有遗产中,物化概念尚未得到充分阐发。长期以来被忽视的物化现象,带着不同的面具复归了,它既出现在文学文本中,也出现在理论语境中。比如玛莎·努斯鲍姆(Martha Nussbaum)在最新的研究中明确地将物化概念用于对下列极端物化现象的分析,如代孕产业、爱情关系的市场化、性产业的爆炸式发展、方兴未艾的情感管理以及充满冷酷客观性的社会氛围。这一概念还可以用于与科学潮流的批判性争论上。大脑研究便是一个例证:仅仅通过分析大脑中的神经连接来探索人的感觉和行为,这就是一种物化。霍耐特认为,只有排除了卢卡奇的费希特式的主客同一的夸张性以及他的(以非常唯心主义的方式加以理解的真正的)实践的构想时,物化才能重新回归当下学术讨论之中。霍耐特将物化重新定义为"一种纯粹旁观的行为或者习惯,它使人冷漠地、无情感地将自然环境、社会环境和自身的个性潜力视为某种物性的东西"[2]。经过革命的超激进性的洗涤,霍耐特发现了卢卡奇对"真正的实践"的描述:

(这种实践拥有)参与性和踊跃性特征,这些特征被商品交换

---

[1] Axel Honneth, „Unser Kritiker. Jürgen Habermas wird siebzig: eine Ideenbiographie", in *DIE ZEIT*, Nr. 25/1999 vom 17. Juni 1999.
[2] Axel Honneth, *Verdinglichung. Eine anerkennungstheoretische Studie*, Frankfurt am Main, 2005, S. 24.

的扩张所摧毁;实践的模式,不是主体拓展为集体从而制造出的客体性,相反,以一种不同的、主体交互的方式设定主体,才是实践的模式,这种实践是物化了的实践的对照。①

如果要避免对在高度区分的社会中出于效率原因而已经变得陈旧的商品生产进行总体化批判的话,那么就要承认存在着这样的领域,在其中旁观的、不参与的行为拥有一种合法性。这样我们就能对卢卡奇的物化概念进行行为理论的改造,从而获得一个提供"走向解释性的思辨"②的视角。显而易见,霍耐特想要对卢卡奇进行实证主义的解读,以便与当代理论进行讨论,特别是和承认理论产生联系,但其前提是脱离马克思主义的理论传统。他认为,只有这样才能克服卢卡奇构思的弱点。因为卢卡奇以进攻性的方式表达的正统马克思主义已经得出了实质上和主题上的预先结论,这些结论不再符合于当代社会复杂的差异化。比如卢卡奇认为,因为专注于"社会的彻底资本化",非经济领域被排除在了视野之外。③

霍耐特承认理论的革新揭示了两个重点——对自我物化态度的批判以及对主体间物化形式的批判,它体现在以下情形中,即"在信念体系显著地将其他群体通过类型化的方式进行物化的地方"④。工作面试或者婚姻中介的现代形式,以及种族主义或类似的意识形态就是例子。霍耐特相信(这里体现出他是哈贝马斯的忠诚学生),人们可以在最大程度上回避由马克思主义者卢卡奇假定的商品生产的物化力量。霍耐

---

① Axel Honneth, *Verdinglichung. Eine anerkennungstheoretische Studie*, Frankfurt am Main, 2005, S. 27.
② Axel Honneth, *Verdinglichung. Eine anerkennungstheoretische Studie*, Frankfurt am Main, 2005, S. 28.
③ 霍耐特认为卢卡奇忽略了以下事实,即在家庭、政治公众、亲子关系和休闲文化中,资本主义市场原则和交换原则实际上导致了"殖民化"。经济领域的特权甚至产生了令人不安的后果。例如,在种族主义或人口贩卖特别是妇女买卖中表现出来的残酷的物化形式被卢卡奇忽略了。
④ Axel Honneth, *Verdinglichung. Eine anerkennungstheoretische Studie*, Frankfurt am Main, 2005, S. 102.

特的基本观点是,经济行为的实施者借助它们的经济关系的(尽管是"贫乏的")法律特征而得到保护。他们相互保证并彼此承认各自的人格(Personen)。毋庸置疑,霍耐特的理论重建还处于哈贝马斯的传统之中,哈贝马斯作为宪法爱国者和市民公众的忠诚的批判先知书写了理论史。

同时,霍耐特也引用了与卢卡奇并非完全不同的理论构想,如海德格尔和杜威的理论,因此霍耐特对于物化现象学的新尝试是持开放态度的。尽管大家都承认这种开放性,但争议在于,人们如何以理论的方式对《历史与阶级意识》的基本动机做出回应。造成物化的商品和增殖原则正在走向总体化,《历史与阶级意识》的基本动机就是对这一过程进行反抗。生活领域对商品生产逻辑的抵御变得越来越困难了。卢卡奇根据他的生活经历有理由坚持,只有激进的制度变革才能解决这些问题。①

霍耐特的探索,尽管是出于保守主义阵营中的反马克思主义的动机[不同于拉尔·耶吉(Rahel Jäggi)对异化的研究],还是引发了不可思议的剧烈反响,这并非偶然。批判之声包括"倒退到'现代社会浪漫主义的可靠性的渴望'",这一渴望在本体论上仍处于卢梭所预言的向自然倒退的阴影之下。② 这些学者,尤其是保守主义学者的愤怒,是可

---

① 毫无疑问霍耐特对这一问题有不同的看法,他重新对由他的论文引发的国际性讨论进行了思考:现在霍耐特要将物化现象的范围缩小,将其限制在不可能发生的情境下,即人和物之间的本体论差异持续地、制度性地被遗忘。与此同时霍耐特也作出了妥协,承认法律的保护无法抵御物化。他在 2005 年和罗伯特·卡斯特的对话中就讲到"劳动契约的法律实体逐渐瓦解了",并在文章的最后再次明确地强调了他研究的动机:"这篇文章是我带着忧虑写下的,我们的社会有可能朝卢卡奇在 80 年前以并不充分的理论工具、过于普遍化的论述曾预见的那个方向发展。"(Axel Honneth, *Verdinglichung. Eine anerkennungstheoretische Studie*, Frankfurt am Main, 2005.)

② Ralf Konersmann, „Anerkennungsvergessenheit. Für Sozialromantiker: Axel Honneth über Verdinglichung", in *Süddeutsche Zeitung*, 21./22. Januar 2006, Nr. 17, S. 14;朱迪斯·巴特勒在批判反思霍耐特时,也将霍耐特的真正实践的观点和卢梭联系起来。(Judith Butler, "Taking Another's View: Ambivalent Implications," in Axel Honneth, *Reification. A New Look at an Old Idea*, Oxford, 2008, pp. 97 - 119.)

以理解的,因为霍耐特以他的研究使得对物化的当代讨论真正成为可能,因为他为物化的当代理论形态提供了观点和讨论素材。通过将其锚定在当代生活世界和当前科学讨论之中,霍耐特将异化和物化理论的讨论与今天人们的生活联系起来,今天的人们过着一种处于人格与角色身份、自我实现的努力和自我营销之间的紧张领域之中的生活。国际学界对霍耐特的短篇著作《物化》的重视反映出:在本书中这位细致的社会病理学观察家击中了时弊。

左翼对霍耐特的批判始终都是线索清晰的:霍耐特力图改造卢卡奇的构想并力图与今天公认的社会哲学方法联系起来。但是霍耐特为此也牺牲了这一范式的本质性环节:在哈贝马斯学派的精神中,他想要去除卢卡奇的黑格尔主义、卢卡奇的方法论,当然还有卢卡奇的马克思主义正统。在交往理论转型之后,一种如此精致的唯物辩证法已经不可能了:以批判商品生产(当然是资本主义的)制度为形式的资本主义批判,被一种对病理学例外状态的批判所代替,后一种批判认为,人们能够通过家庭的民主化、经济的道德化、(当然)还有民主的公共性来弥补、克服畸形现象。[1]

自称是亚里士多德学派的玛莎·努斯鲍姆对物化理论的改造[2],比霍耐特更为公正。她借助于对性别歧视和色情观点的描述性分析,研

---

[1] 法兰克福学派的传统存在这样一种趋势,即将批判理论仅仅理解为道德哲学的一个分支,仅仅关注社会正义问题。但原本的方法恰恰始终是重要的,因为卢卡奇的物化无法以道德的方式被重新解释,或者像霍耐特那样将其简化为"一套个体的态度"(set of individual attitudes)[Timothy Hall, "Returning to Lukács: Honneth's Critical Reconstruction of Lukács' Concepts of Reification and Praxis," in Michael J. Thompson(Hg.), *Georg Lukács Reconsidered. Critical Essays in Politics, Philosophy and Aesthetics*, London/New York, 2011, p. 197]。最近的英美研究者(如 Hall)继续推进对物化批判理论核心的研究,他们探索现代条件下的"好的生活"。这种探索在卢卡奇看来是无法通过一次性的行动就能完成的,只有"通过将总体发展中具体出现的矛盾具体地联系起来"才能完成。换言之,就是必须"结合环境对阻碍占有的病态事物进行扬弃"。(Titus Stahl, „Verdinglichung als Pathologie zweiter Ordnung", in *Deutsche Zeitschrift für Philosophie 59*, Nr. 5, 2011, S. 743.)

[2] Martha C. Nussbaum, „Verdinglichung", in *Konstruktion der Liebe, des Begehrens und der Fürsorge. Drei philosophische Aufsätze*, Stuttgart, 2002, S. 90–162.

究了"对象化"(objectification)的实践。她总结出物化的七个特征,并通过这些特征来理解主体使自己成为纯粹的客体(Sich-zum-bloßen-Objekt-Machen)的形式。这些特征是:

- 工具化(主体被变成满足其他主体需要的工具)
- 主体自治的放弃和剥夺
- 主体被剥夺了行为能力,被判决为被动型(这与卢卡奇的"静观的"主体行为概念接近)
- 功能化,即主体只因其功能才被认为有价值(因此,主体与其他功能承担者是可交换的)
- 暴力(主体被剥夺了身体上的独立自主权,他们的身体允许被操纵,在特定条件下甚至被摧毁)
- 占有(主体成为能够被交易、被出卖的商品)
- 主体性的放弃(主体不是作为具备自身经验/感觉的主体被考察,即主体被看作是不重要的)

努斯鲍姆的归纳是清晰简明的,完全可以作为分析特定物化现象的一个指南。努斯鲍姆揭示了为实现"好的生活"而产生的种种物化趋势及种种结果,也把握了现代资本主义的情感文化(包括它的数字化变化)。努斯鲍姆的研究对于理解现代主体性必不可少。但是,如果要对在意识或个体主体的操控之外的物化的社会关系进行研究和把握,上述归纳就不够了。马库斯·沃尔夫(Markus Wolf)非常正确地写道:"她并未切中物化现象,因为这涉及的是个体主体无法支配的结构,因而不能仅仅停留在道德批判的层面上。"[1]批判是合理的、必要的,但还

---

[1] Markus Wolf, „Verdinglichung kritisieren. Was. Warum und Wie? ", in Hans Friesen et alii (Hg.), *Ding und Verdinglichung. Technik-und Sozia philosophie nach Heidegger und der Kritischen Theorie*, München, 2012, S. 285.

是要指出：努斯鲍姆和上述批判理论的代表人物强化了这一观点，即物化批判并非只是从事纯粹的马克思主义的语义学研究，也不仅仅适用于对意识形态的意识结构进行解码。物化批判的核心是对一种生活形式的激进批判，这种生活形式即是黑格尔和马克思所说的资产阶级—资本主义的社会化。①

然而，尽管人们有足够的理由批判哈贝马斯和霍耐特在革新的探索上缺乏激进性，批判努斯鲍姆在审视物化现象时的道德化的狭隘性，②在我们这个缺少革命主体的"后马克思主义"时代，如何对待卢卡奇的物化理论的问题依然存在。即便人们认为20世纪20年代卢卡奇目的论的历史形而上学和历史的弥赛亚主义是不可接受的，在一定程度上是黑格尔主义的残存，但卢卡奇理论的现实性自20世纪20年代以来并未减少，我认为可以从三个方面对此现实性进行说明：

1. 人们在**日常生活**中通常始终不是作为人，而是作为物来被对待的，这意味着：人作为可以被工具化、出售、利用、摧毁的东西而被对待（如果将康德《道德形而上学》中的表述进行改写的话）。可以非常清楚地指出，物化并非某种通常的东西，而是一种社会本体论的天命（Fatum）。由卢卡奇描述的使自己成为客体（Sich-Selbst-zum-Objekt-Machen），在今天常常以自觉的—不严肃的、消费导向的—犬儒主义的或者受虐狂的形式发生，毫无疑问情况变得更复杂了，但丝毫没有改变自我外化的事实。所有那些在社会中、在医院或学校工作的人，都非常清楚地知道，不严肃的自我物化的轻佻的犬儒主义可以多么快地转变为病理学的灾难。劳动生活领域看起来好像还是一个未被物化瓦解的领域，而这只适用于少数发达地区。我们在今天的劳动生活中拥有一种

---

① 努斯鲍姆同样批判物化概念的含糊性，甚至从特定"自然的"物化形式中看到了积极的方面。
② Christoph Henning, „Von der Kritik warenf. rmiger Arbeit zur Apotheose der Marktgesellschaft. Verdinglichung in Marxismus und Anerkennungstheorie", in Hans Friesen et alii (Hg.), *Ding und Verdinglichung. Technik- und Sozialphilosophie nach Heidegger und der Kritischen Theorie*, München, 2012, S. 243 – 272.

法律主体的身份①,但我们不能在我们的劳动联系中按照自主的主体性来生活。即使今天人们更愿意描绘一种新的劳动文化图景,它有着扁平的等级、创造性的自主性,等等,但也一定存在着一种相反的发展趋势:在进入劳动世界的时候,我们就已经具有了自我营销②的内在态度,在接下来的数十年里也不会再放下这种态度,无论我们是作为有依赖性的职员忙于生计,还是作为现代的游牧民族始终在路上。③ 数字化革命肩负了比如获得自主性等诸多重大期待,但它并不能通过商品生产的逻辑使自己摆脱殖民化。技术和生物科学的极速发展或许提高了一种可能性,就是我们接近了君特·安德斯所说的物化的最后阶段:安德斯在《过时的人》中区分了物化的三个阶段。在今天逐渐成为现实的最后一个阶段里,人造人、克隆人和人之间的差异性和非差异性成为问题,人随着发展趋势成为"工具中的工具",成为计算机基础之上的社会活动的附件(或者更贴切些说:界面)。④

2. 在如下意义上,始终存在着一种社会实践的物化,即对社会实践的参与并非是由社会调节的,而是表现为客观的强制(在客观的因果关系的意义上),参与者在卢卡奇使用的"静观"概念的意义上无力地面对这一客观强制;这"阻碍了……'静观的'姿态(这种姿态是进入这种关系必须采取的)对他们社会的可变性的探求,因而埋葬了主体的自主性"⑤。关于后民主社会的最新讨论,为政治物化的现代形式提供了充分材料。尽管有普遍存在的社会网络,但还远没有达到如下程度,即在现代社会中产生一种公共性的类型,在其中习惯于物化结构的个体能

---

① 这是哈贝马斯和霍耐特以巨大的热情所坚持的。
② 需要研究的是,在不断蔓延的对美貌和身体的崇拜之中,自我营销的形式在劳动生活中多大程度上找到了它的"自愿"延续。
③ 在雇员之中当然存在着巨大的差别,这与自由空间的体验有关,但这丝毫不能改变系统理性所要求的自我的客体化。
④ Thomas Zoglauer, „Zur Ontologie der Artefakte", in Hans Friesen et alii(Hg.),S. 26 – 27.
⑤ Titus Stahl, „Verdinglichung als Pathologie zweiter Ordnung", in *Deutsche Zeitschrift für Philosophie* 59,Nr. 5,2011,S. 741.

够将他们的他律性转换为交往理性的自我决定的生产者。

在后民主社会中,市民看似不再是边缘的政治客体,但实际上他的参与却被限制在参加形式民主程序和对政治舞台上的象征性替代行为的公共讨论上。其后果之一,就是对民主选举的兴趣日趋下降,这是日常无力经验的一个症候,政治阶层的代表们对此进行了啰唆而非真心的批评。卢卡奇一生对苏维埃民主形式抱有同情,他设定了一个与民主程序的瓦解相对的社会模型,在其中,社会的活跃分子事实上可以在一个并不着眼于模糊性和超复杂性的社会环境中进行自由决定。①

3. 不仅卢卡奇诊断时代的理论潜力在实践上完整地存在,物化原理在**科学理论和意识形态批判**方面也拥有足够的应用之处。比如关于(哲学概念的)主体之死的讨论。由于主体的终结,我们看清了很多概念的意识形态特征,这也为我们提供了重新走进卢卡奇哲学基本概念的方式。前提当然是,马克思主义哲学学派在学术文化中的公民权能够再次得到保证。在当代哲学和社会或文化科学的统治性方向中存在这样一种自我欺骗,即认为在探索克服卢卡奇和海德格尔在20世纪最具影响地描述的现代理性的坏的抽象时,可以放弃马克思主义哲学学派。②(卢卡奇意义上的)科学理性的当代形式是片面的和不充分的,这不难证明。经济学还是没有能力排除经济危机(在我们的时代,经济学反而是经济危机的原因),而学院哲学的主流没有能力在理论和实践上,在马克思《关于费尔巴哈的提纲》的最后一条的意义上,回应全球的跨文化挑战(假如他们真的认识到这一点的话)。我们今天的学术实践的目标似乎就是证明维特根斯坦的说法:"甚至当所有**可能的**科学问题

---

① Georg Lukács, *Sozialismus und Demokratisierung*, Frankfurt am Main, 1987.
② 尽管存在许多缺陷,但以沃尔夫冈·阿本德罗特(Wolfgang Abendroth)和维尔纳·霍夫曼(Werner Hofmann)为首的"马尔堡学派"的优点是,他们始终坚持认为,马克思主义理论对于认识和从实践—政治角度解决当代社会问题来说是不可或缺的,这一点与法兰克福学派的主要人物是不同的。(Lothar Peter, *Marx an die Uni. Die „Marburger Schule" -Geschichte, Probleme, Akteure*, Köln, 2014.)

都得到了解答,也根本没有触及我们的生活问题。"①在《关于社会存在的本体论》中,晚年卢卡奇在评论"资产阶级哲学最有影响的方向"②时不无道理地说道,"操纵的原则"统治了哲学和科学:"如果科学不以对自为存在的现实进行尽可能充分的认识为导向,那它就不会努力通过其日益完善的方法去发现这些新的现实,这些方法也必须在本体论上建立起来,并加深和增加本体论知识,这样将它的活动最终简化为对直接意义上的实践的支持。如果科学不能或不想超越这个水平,那么它的活动就会转变成对人们实践中感兴趣的事实的操纵。"③

结论是显而易见的,对我们暂且描述为后工业、知识、危机、事件或者数字化的当代社会所进行的病理学分析,必然要求续写卢卡奇的物化现象学,这一续写当然要对本雅明、阿多诺、马尔库塞(Herbert Marcuse)、阿格尼斯·赫勒(Ágnes Heller)、哈贝马斯,也包括更新一代的思想家的合理批判观点进行回顾。④ 对当代危机的体验迫使我们提出这样一个疑问:我们真的可以就这样简单地放弃社会主义以及革命思想的伟大传统吗?借用霍耐特的一个表述,"社会主义理念"并没有随着传统无产阶级运动的失败而变得完全过时。但毫无疑问,它需要新的理论的努力和革新。⑤

---

① Ludwig Wittgenstein, *Tractatus logico-philosophicus*, London, 1955, S. 186. 卢卡奇曾将此摘录于 Georg Lukács, *Zur Ontologie des gesellschaftlichen Seins*, Bd. 2, Darmstadt/Neuwied, 1984, S. 374。
② 这里卢卡奇首先指的是作为维特根斯坦后学的新实证主义、语言哲学和存在主义。
③ Georg Lukács, *Zur Ontologie des gesellschaftlichen Seins*, Bd. 2, Darmstadt/Neuwied, 1984, S. 344ff.
④ 迄今很少被严肃研究的日常文化的大众形式也出现了类似的物化现象。正如例子所指出的,物化批判不是以"边缘的实践"为主题,而是关注生活形式的核心实践,在其中所有的实践都系统化地交织在一起。(Titus Stahl, „Verdinglichung als Pathologie zweiter Ordnung", in *Deutsche Zeitschrift für Philosophie* 59, Nr. 5, 2011, S. 742.)
⑤ 认为卢卡奇物化理论的最初形态在原则上无法承担起对诸如种族主义、妇女压迫等具体物化形式的批判的观点,是不准确的。它恰恰是一个将具体的物化形式放置在社会总体性、社会制度的关联中并进行阐释的理论。卢卡奇的理论将对个别现象的批判与对系统问题的批判联系在一起,这也是卢卡奇理论的激进性所在。概而言之:对种族主义和排外主义的斗争是始终合理的,但是它要融入能带来根本性改变的实践之中,才是全面的。

当然,20世纪20年代的实践哲学的重生不是那么容易的。实践哲学试图用理论的方式把握革命的情景,这是一个难度极大的尝试。20年代的卢卡奇在其现实和政党理论中对政治进行了乌托邦式的拔高,我们完全无法知晓这样的方法是否适用于当今的哲学讨论。无须争论的是:许多同时代的人将会愤怒地否认,他们生活在一个物化的时代,或者说他们臣服于自我物化的模式。① 在"发达的""民主的"社会中,物化的一些形式,例如直接的暴力(即主体被取消了身体上的自主权,他们的身体允许被操纵和损坏)和占有(即主体变成了像商品那样可以买卖的奴隶)还没有大规模地扩散,还没有变成日常的事情,②但是主体性的工具化、功能化和否认在社会生活的核心领域却继续存在着。但它们是以全新的形式表现出来的,这些形式在劳动过程的泰勒制或者古典文化工业时期还没有出现。在生命的最后几年里,卢卡奇曾叹息,用于分析现代资本主义理论的马克思主义理论还处于开始阶段。"马克思主义理论停滞的三十年造成了可耻的情形,今天,在马克思发挥影响的几乎一个世纪后,马克思主义者还是没有能力对当代的资本主义进行哪怕只是多少适当的经济学分析。"③物化理论的情况也完全类似:对于我们的美丽新世界中的物化的新形式,我们必须用理论揭示出它真正的理性与非理性,以及它在技术上的地位和人道的特殊性。这是一个真正具有挑战性但尚待研究的课题。

(李乾坤 译,刘健 校)

---

① 存在一种新的文化,一种赤裸裸的自恋的利己主义的新生活形式,遗憾的是,尚未有对此现象的马克思主义研究,这种文化隐没了政治和类的历史维度,并持续地阻碍着对可能的异化和物化经验的回忆。
② 对当下难民潮的应对展现出一些惯性行为,这再次引起了人们对这种大规模暴力物化地对待人的形式的恐惧。
③ Georg Lukács, *Zur Ontologie des gesellschaftlichen Seins*, Bd. 2, Darmstadt/Neuwied, 1984, S. 706. 在卢卡奇著作选单行本的下一卷将会发表《关于社会存在的本体论》的异化章,这一章也包含了卢卡奇对物化范式所做的最后表述。

集体的历史主体：
对卢卡奇《历史与阶级意识》的反思[*]

[英]保罗·康纳顿

一

卢卡奇可以说是20世纪最伟大的马克思主义哲学家。对他的这个评价不能主要根据其美学和文学批评方面的众多著作。这些著作占据了他人生的最后40年，尽管涉及极长的周期，但它们时常背叛那个依然聪颖、机智、敏捷的心智（mind）的悲剧形象。为了在苏维埃政权下的政治和人类生存的绝望斗争，它们实际上被迫扮演着波洛涅斯的角色，把自己封存在一个感知和平庸、独创和迷乱的扭曲混合物中。[①] 他

---

[*] 本文出处：Paul Connerton, "The Collective Historical Subject: Reflections on Lukács' History and Class Consciousness," in *The British Journal of Sociology*, Vol. 25, No. 2, Jun., 1974, pp.162-178。
保罗·康纳顿（1940—2019），英国社会人类学家，剑桥冈维尔与凯斯学院研究员。

[①] 在某种程度上，卢卡奇这个时期的著作至少可以被解读为对批评者们的一个详尽的、间接的和回顾性的回应。在1923年，他发表了一个不被党所接受的黑格尔版本的马克思，因而在1948年，他接着又发表了一个当然同样不能被接受的马克思版本的黑格尔。他再一次将1923年阐述过的物化这一核心概念发展和运用到文学评论的大部分地方。但是这个文学评论的基础已经受到了威胁。如果我们考察这个基础，我们会发现两种暗中相斗的认识论。一个是辩证唯物主义的认识论，它以康德的方式规定认识反映了独立于人类意识而存在的既定的客观现实。另一个是后康德的历史辩证法，它简要地包含在《关于费尔巴哈的提纲》中，并被卢卡奇努力重新激活在《历史与阶级意识》中。

的主张主要来自1923年出版的论文集《历史与阶级意识》①——尽管他在1967年的新版序言中声明放弃了它们。② 因为这是揭示马克思社会理论之认识论基础的第一个重要尝试,并且姗姗来迟的1932年出版的青年马克思《1844年经济学哲学手稿》的影响使其更加充实,正是它教会了20世纪的人们以黑格尔而非恩格斯的眼光来看待马克思。③ 为了理解卢卡奇为何将马克思的《资本论》定位在黑格尔的哲学视域,我们必须回到这些论文最初被构想的那个历史时刻。

当卢卡奇在35岁左右成为一个马克思主义者时,他和同时代的人共享着一致性丧失的体验。人文科学——心理学、社会学、历史学——均处在危机之中。所有这些领域的研究都趋于表明,一切看法都是外部的心理、社会和历史条件之结果。然而,在这个过程中,心理学、社会学和历史学正不断破坏着自身的基础。如果这个观点是真实的,即心智的首要原则在任何时候都只是对其起作用的外部原因的结果,那么我给自己做出一个断言的理由并不是这个断言的真正理由。它们与其说是我的理由,不如说是从外部作用于我的原因。但这之后又设置了一种回旋效应。心理学家、社会学家和历史学家的假设现在遭受他们

---

① 参见《历史与阶级意识》的最新版本:诺伊维德和柏林,1967年(以下简称德文版);罗德尼·利文斯通(Rodney Livingston)译,伦敦,1971年(以下简称英文版)。——译者注
  对卢卡奇文集的最佳讨论可见:梅洛-庞蒂(Merleau-Ponty)《"西方的"马克思主义》,载《辩证法的历险》,巴黎,1955年;戈德曼《物化》,载《辩证法研究》,巴黎,1959年;费切尔(I. Fetscher)《马克思主义与黑格尔的关系》,载《马克思主义研究》第3期,图宾根,1960年;沃特尼克(M. Watnick)《相对主义与阶级意识:乔治·卢卡奇》,载拉贝兹(L. Labedz)编《相对主义:马克思主义思想史文集》,伦敦,1962年;罗尔莫色(G. Rohrmoser)《辩证法的停滞》,载《马克思主义研究》第5期,图宾根,1968年;里希特海姆(G. Lichtheim)《卢卡奇》,伦敦,1970年;霍恩(K. Horn)《精神分析学——适应理论与主体批判理论》,载《法兰克福手册》1971年7月;斯特德曼·琼斯(G. Stedman Jones)《早期卢卡奇的马克思主义:一个评价》,载《新左派评论》第70期,1971年;科拉科夫斯基(L. Kolakowski)《卢卡奇的另一个马克思》,载《剑桥评论》1972年1月28日。
② 《历史与阶级意识》德文版,第11—41页;英文版,第ix-xxxviii页。
③ 但应该注意的是,在1967年新版序言中,卢卡奇认为当他最终读到马克思的早期手稿时,这"就完全动摇了那种构成《历史与阶级意识》特点的东西的理论基础"。《历史与阶级意识》德文版,第11—41页;英文版,第ix-xxxviii页。译文参见中文版,杜章智等译,商务印书馆1999年版(以下简称中文版),第35页。——译者注

自己研究结果的质疑。他们的还原论是自我破坏、自身回击和对其立足的基础的质疑。并且哲学家也被卷入这个过程中。当这样一个事实——一旦不同哲学家被适当地设置在他们归属的心理学、社会学和历史学框架中，他们不过是自身外部原因的表现——变得越来越清晰时，一个哲学家如何能够宣称他正在坚持真理？如果人文科学领域的研究表明，思维在任一环节都被外在地限定，而且哲学家一直在表现外在于他的历史条件，那么他如何能够区分真理和谬误？

人文科学的这个危机极大地凸显了马克思意识形态概念中的一个根本性难题。马克思认为，资产阶级意识形态歪曲了资本主义制度的现实，但他自己的理论却真正揭示了这个制度本身仅仅是可理解的历史过程中的一个暂时阶段。马克思这样来理解他所处时代的社会：在它之中，现实的虚假观念只能由其社会生活的矛盾造成。然而他又宣布最终揭露了这些歪曲的真相。这使他遇到无法圆满应对的以下困难：解释他何以可能摆脱这些欺瞒了其他人的歪曲所带来的影响。

因此，在1919年，马克思主义主要面临的问题是破除相对主义：不是忽略它，而是超越它。如果像胡塞尔所言，心理学趋于"心理主义"，社会学趋于"社会学主义"，历史学趋于"历史主义"，那么为何我们应当相信马克思主义只是另一种还原论？当然这正是马克斯·韦伯乃至正统马克思主义者解释这个问题的方式。在他们眼中，历史唯物主义意味着将历史还原为它的部门：一个从经济出发来推演整个历史文化的企图。然而，如果马克思主义被当作一个独立存在的哲学来拯救，那么它必须把意识融入历史中，不能使意识成为派生性的或单纯的附带现象。马克思主义需要一个能够阐明其对手的神秘化但又不会阻止马克思主义理论进入真相的意识理论。这就是卢卡奇通过将马克思再次设定在黑格尔视域所极力提供的东西。

二

卢卡奇首先从论证资本主义社会展现出一个根本的含混性开始。资本主义社会是有史以来第一个对生活在其中的人们的意识而言既潜在透明又在实际上模糊的社会结构。因此他相信,一旦这个根本的歧义性被把握,一切困扰他自己和同代人的主要困惑将会变得可以理解,将会被解决。

为什么资本主义社会是有史以来第一个潜在透明的社会呢?

在所有前资本主义社会中,社会作为一个统一性实体的形成其实并未发生。例如,在一个被划分为不同等级的社会中,社会被切割成很难归为同一个社会世界的众多部门。认为这些社会群体在其意识中忽视他们生活的经济基础,很容易让人产生误解——好像经济基础已经出现在那里,唯一缺失的东西便是让他们去发现它。产生这个问题的关键在于,在这种社会中人类关系的构架尚未在经济上被根本地构造。[1] 在一个等级社会或封建社会,人们并不首先把自己理解成共同生产劳作的伙伴。因为对这些共同体而言,商品交换仅仅发挥着次要的和偶发的作用,前资本主义社会与其后继者相比,远没有成为经济上的同质性实体。相反,在这些共同体中,经济和法律部门密不可分地交织在一起。因此,在一个前资本主义社会中缺乏认识社会关系之经济本质的立足点。个人的社会阶层同整个社会的关系在他们的意识中没有采取经济的形式。这种可能性是缺失的。当然,生活在这种社会中的人们也能够形成对作为一个整体的社会的观念。只不过这一"整体"事实上意味着过去社会中法定特权网络的确立。所以,就人们可以构想一个社会整体而言,特定社会阶层或等级首先认识到的是法律总体的

---

[1] 《历史与阶级意识》德文版,第 228—229、406、414—415 页;英文版,第 55—56、230、238 页。

存在。正是这个等级意识阻碍了阶级意识的产生。①

这种状况在资本主义制度下得到根本改变。它区别于前资本主义社会的事实在于：伴随着对非经济部门的强势入侵，其经济生活的模式日益控制整个社会。这是隐藏在马克思力图揭示他所处时代社会的"经济基础"、把国家当成经济权力更顺利行使的"工具"以及将资产阶级社会的"人体"视为"需要体系"背后的根据。因为资本主义社会的本质规定在于，它将所有生活于其中的人们都置于经济工作的共同特性之下。但是如果这是事实，那么对正发生在整个社会中的事物的评估现在首次至少在原则上是可能的，因为在这个社会中一切被生产和消费之物都可以被译为一个通用的语言：货币的语言。而且它还是一个能够破解商品—结构之谜的语言。因为商品问题不只是经济的基本问题，它是资本主义社会在所有方面的中心的、结构的问题；因此，一旦这个问题被理解，整体的统一图景便会首次变得清晰起来。② 同时，这还与一个进一步的转变密不可分。随着等级结构的破坏和一个纯粹在经济上根据商品交换的结构被组织起来的社会的产生，经济的阶级利益第一次极其清晰地作为历史变化的动力已成为可能。有关经济的阶级利益现在可能变得清晰，一个确切的阶级意识开始形成。③ 因此，社会冲突现在分成两方——试图揭露社会在本质上的阶级本质的一方和试图掩盖的一方——之间的斗争。

这是从前资本主义到资本主义社会的基本运动：它朝向一个更加统一的社会结构。④ 但是无论假设这个更加凝聚的社会是一个集体意识的产物，或者这种集体意识是这个社会的伴生物，都是完全不正确的。相反，正如马克思自己所言，资产阶级是他们自身所仅仅拥有的不

---

① 《历史与阶级意识》德文版，第230—232页；英文版，第56—58页。
② 《历史与阶级意识》德文版，第232—233页；英文版，第58—59页。
③ 《历史与阶级意识》德文版，第233页；英文版，第59页。
④ 《历史与阶级意识》德文版，第192—193、406—407页；英文版，第19、231—232页。

完整意识的转型的承担者;他们无意识地发挥其历史功能。① 所以,"客体"和社会本身先于"主体",即创造和再生产它的人。然而,社会由以被结合成一个更大统一体的这一过程是一个必不可少的前提,没有它,社会的总体对于生活和工作于其中的人们永远不会变得透明。这个客观条件先于这个新意识,并使它成为可能。

这个命题包含了一个重要的意义。人们从外在于他们的自然世界获取因果过程的那种认识,同他们在社会—历史过程获取自身意象活动的那种认识,存在着根本差别。历史认识的显著特征在于它是自我认识。但是这并不是全部:因为一个社会可能拥有与自身的不同关系。可以说,不是所有社会获得自我意识的程度都是相同的。正如一个依靠其行为的活的肌体,较之于一块石头,离它的意识更近,因而某些社会结构比其他事物更加容易提供社会认识——自我反思意识的有利环境。这是资本主义社会优于其前任的地方:历史唯物主义洞见所依赖的一个优势。作为一种历史理解模式的历史唯物主义自身,只有由于历史之先在的物质发展才有可能。它拥有一个能够充分把握事实上由资本主义社会所造就的那一经济总体的概念;它正是这个社会的自我反思,而不是别的什么东西。②

然而,什么才是阻碍资本主义社会的结构对创造它的人的意识变得真正透明之物?这与使它已经成为潜在透明的事实是一样的:商品生产的普遍模式。

现在,资本主义的市场经济既是普遍的,又是无秩序的。这个社会中被生产和消费的一切的确应译为通用的货币语言。但同时并不存在一个将商品的生产与消费连接起来的整体计划。人类生产的劳动产品不是直接用来使用,而是间接用于商品贸易。因此,它们借助其交换价

---

① 《历史与阶级意识》德文版,第193页;英文版,第19页。
② 《历史与阶级意识》德文版,第404—406、413—414页;英文版,第228—229、237页。

值——它们唯一的共同特性，它们的价格，以纯粹量化的方式联系在一起。这便意味着，独立工作的商品生产者之间的最重要交往是经由产品交换行为的间接交往。由于对资本主义生产过程是从个别资本家的立场出发来观察的，其历史的和社会的特征不能直接显露出来。让我们举一个简单的例子。例如我们说一双鞋值 5 英镑。此时这句话表达了整个人类网络以及养牛人、农场主、他的雇工、零售商、买鞋人和最后的消费者之间历史上不断变化的关系。但是这些都是不可见的。这些人大都不认识彼此，且一定会惊讶于将他们结合起来的纽带的存在。所有这些都表达在一个简单的"事实"中：一双鞋值 5 英镑。但它不是一个孤立的事实；它是资本主义社会的基本特征，在它之中，人类关系都以物之间的关系为形式得以表现。[1] 确实，卢卡奇写道，甚至可以说马克思的"《资本论》关于商品拜物教性质的一章隐含着全部历史唯物主义"。[2] 不可否认，人类关系依然存在：面包师烘焙面包，面包被修鞋匠吃掉，修鞋匠又缝补被面包师穿破的鞋子。然而，这些人类关系此时被人的意识所遮蔽，只能隐晦地运行。就这样，人们之间真实的历史关系表现在商品的交换中，但是它们同时又被商品的形式所掩盖。现象的网络——物之间的关系，掩盖了本质的结构——人之间的关系。这个特殊的混同，即现代资本主义的一个特有问题，[3] 也是马克思在《资本论》中力图揭示的对象。

卢卡奇认为，资产阶级无法摆脱这个"虚假意识"的捕获，因为他们受困于一个进退两难的困境。他们必须尽力使其世界变得能够理解；然而，对他们来说，因为他们的社会结构是一个仅仅为了少数人利益而运行的组织，所以彻底揭示它的运行方式无疑是一种自我毁灭。[4] 但是

---

[1] 《历史与阶级意识》德文版，第 257 页；英文版，第 83 页。
[2] 《历史与阶级意识》德文版，第 354 页；英文版，第 170 页。译文参见中文版，第 263 页。——译者注
[3] 《历史与阶级意识》德文版，第 258—259 页；英文版，第 84—85 页。
[4] 《历史与阶级意识》德文版，第 240—241、227 页；英文版，第 65—66、54 页。

卢卡奇想说的不止于此。资产阶级的意识不能被简单地视为维系生命的谎言,因为他们在生产过程中的地位具有以下的作用:他们"始终地和必然地从个别资本家的立场出发来观察经济生活"。[①] 在此,商品结构的效力向他们提供了援手。通过遗忘其社会历史的起源——一切物化都是遗忘——它提供了使那个历史统治结构合法化的方式,还强制实施这个结构。因此,资产阶级通常都诉诸这种权宜之计,即通过把其看成是一个根据自然科学规律类推的永恒的实体和过程的模式,力求使他们无序的世界得到理解。[②] 资本主义制度没有被看成它本质上之所是:人自己创造且可以改变的一个特殊的历史存在形式。它被认为是无序的,但普遍的商品交换又使它存在的一个客观结构,它的运行遵循着与主导物质世界之非意向性过程的规律类似的自主规律。[③] 这导致两个重要且相关的后果。

首先,人制造了一个实证论(empiricism)的拜物教。资本主义社会遭受着一个可以被称为精确性复合体的困扰。世界被孤立和被分离的部分呈现出现实性的特征。[④] 由于人类关系的潜在结构尚未显露出来,观察只能谨小慎微地停留在事物的表面。在疲倦的状态下,被分开的细节显示出与其不相称的、时常是过分的重要性。[⑤] 这反映在不断强化的学术分工之上:资本主义繁衍出德国观念论哲学、英国古典经济学、法学、社会学和历史调查等等;但是这些无序的部分同经济结构本身一样,不能结合成一个统一的整体。而且,甚至那些认识到其所处社会的非人化并公开反对它的人,如拉斯金(Ruskin)、卡莱尔(Carlyle)或西美尔,都只能以直接的和孤立的表现来诊断这一痼疾。所以他们同样无

---

① 《历史与阶级意识》德文版,第237—238页;英文版,第63页。
② 《历史与阶级意识》德文版,第176—177,181—182页;英文版,第6、10页。
③ 《历史与阶级意识》德文版,第186—187页;英文版,第14页。
④ 《历史与阶级意识》德文版,第370页;英文版,第184页。
⑤ 对卢卡奇论点的这个方面的有趣阐述可参见戈德曼《新小说与现实》,载《小说社会学》,巴黎,1964年。

法穿透这些表面现象或症状,触及问题的根源,即由市场资本主义培育的特定生产方式。① 人被囚禁在某种不能理解的直接性之中。

其次,人——作为集体的主体——沦落为社会世界的消极旁观者,被理解成一个整体的社会世界的过程,似乎展现出一种内在的合法性。人类主体(human agency)可能确实呈现了自身,但只是以一种严格受限的方式。人可以根据技术行事,或者可以遵循伦理行事。② 一方面,他们可以求助于技术,通过利用自然规律为自己谋求实际利益,来改变物质环境的某些方面。但是这些规律自身是不可改变的。另一方面,他们可以求助于伦理,通过退回作为可能的自由之唯一剩余领域的隐私之中,试图把自身变为个体。然而,仅仅部分地成为一个人,一个纯粹内向性(inwardness)的人,会使人类和社会的分裂、自我化为主体和物的分割变得永恒;在此,人作为主体和客体的双重性被内在化,且它无法被克服。因此,无论通过技术,还是通过伦理,都不能找到摆脱这个困境的出路。这两个方向都无法使人变成集体改造其社会世界之结构的历史主体(historical agents)。③

但是,卢卡奇认为,一旦商品—结构的原则被把握,还是有可能突破这个困境的;因为那时人具备了独有的制高点,借助它,整个社会的组织原则首次变得可以理解——而且是不断改变的。因此,为了超越资本主义,经济结构或个体意识的改变是不充分的;集体意识的改变才是必要前提。

这就是卢卡奇聚焦于现代哲学史的背景。按照他的(别具一格的)理解,资本主义时代的哲学特征具有两面性:一方面它推动了对社会的真正认识,另一方面却又极力回避它。在他的解释中,这个哲学不是它自身相信的那样,也不是人们通常认为的那样——是一个理智现象。

---

① 《历史与阶级意识》德文版,第 269—273 页;英文版,第 94—97 页。
② 《历史与阶级意识》德文版,第 211—212 页;英文版,第 38—39 页。
③ 《历史与阶级意识》德文版,第 192、315、377—378 页;英文版,第 19、135、191—192 页。

它是一个持续却又迷乱的努力,旨在理解自身被嵌入其中的那一历史过程。因而,它实为一个解答资本主义问题的尝试。但是它并未认识到这就是它在尽力做的事情;并且,正是由于它误解自身的程度,它才在这个尝试中失败了。从一开始,现代资产阶级哲学就把能够认识之物同能够创造之物等同;因为只有这样,我创造之物才能同时被我认识。在这个等同中,潜存着理论与实践相统一的要求。但是资产阶级哲学对这个统一的建构只是徒劳。它无法找到任何可以实现这个统一的具体主体,并且它还不得不制造虚假主体:康德的先验主体、费希特的绝对自我、席勒的审美自我、黑格尔的绝对精神。被这些虚构所掩盖的,正是在资产阶级社会框架中没有得到解决,却是由这个社会的历史发展造成的问题。这便是:在物化背景下,人性的悲惨结果和自我实现的限制如何能够避免?被物化废除的人性如何得到恢复?卢卡奇相信资产阶级社会是无法解决这个难题的。因此,资产阶级哲学只是把问题的症状表现出来,却无法理解和解决它。

我们可以再近一些观察这个努力。现代哲学从提出这个问题开始,就不认为世界产生于认识它的主体之外——例如通过上帝的创造,而是把它理解成我们自身的产物。笛卡尔、霍布斯、斯宾诺莎、莱布尼茨和维科等均持相同观点:认识的对象可以被我们认识,因为并且在一定程度上,它是被我们创造的。① 德国古典哲学要求"把每一种既定性把握为同一的主体—客体的产物,把每一个两重性把握为从这种原初统一中派生出来的特殊情况"。② 这当然是康德在宣布试图通过自诩的"哥白尼革命"把每一种既定性看成主体的产物,而不是将现实性理解为单纯的被给予之物时所揭示出的结果。他的结论是,尽管人当然不创造自然的秩序,但人类心智的范畴决定了自然被构想的方式。依照

---

① 《历史与阶级意识》德文版,第 288、294、301 页;英文版,第 111—112、117、123 页。
② 《历史与阶级意识》德文版,第 301 页;英文版,第 123 页。中译文参见中文版第 200 页。——译者注

他的观点,不可否认,人依然"沉思式地"把握了自然规律——正如卢卡奇所说——就自然环境不是被当成具体人类活动的产物而言。但是康德的伦理学不止于这一点。在他眼中,自然从属于因果性,因而遵循不可改变的规律;而道德生活就其自我决定而言则是自由的。自然现象已经经验地被给予;道德必须意欲地进入存在(has to be willed into existence)。因此,这表明双重性被带入主体自身内部:"连主体也被分裂为现象和本体,而自由和必然的未被解决的、不可解决的因此永恒化的分裂进入了主体最内在的结构之中。"① 黑格尔随后认为,他通过活动中的统一这个观点,找到了一个消除主体和客体之两重性的方式;而且,他相信他从在历史过程中自我生成的世界精神那里发现了这个活动的主体。卢卡奇指出,黑格尔将主体—客体问题重新定位在历史语境中确实是正确的;因为只有在一个一致的历史视野中,才有可能找到同时是生产者和产品的主体。在此,我们创造历史的观念去除了或多或少的虚构特征,因为我们无疑"自己创造了我们的历史。如果我们可以把全部现实看作为历史(即看作为**我们**的历史,因为别的历史是没有的),那么我们实际上使自己提高到这样一种立场,在这种立场上,现实可以被把握为我们的'行为'"。② 然而,黑格尔的主体—客体仍然存有虚构:它不是被嵌入到历史中的主体,而是一个超越历史的主体,一个形而上学的实体。从他的立场来看,在历史中实现其意图和激情的真正的人类主体,无论是个人、阶级或是国家,都被视为被超人类主体驱使的纯粹工具和木偶。③ 当必须"**具体地**指出这个是历史主体的'我们'"④ 的时候,黑格尔退回到一个概念神话,以使"行为对行为者本人来说就变

---

① 《历史与阶级意识》德文版,第 302—303 页;英文版,第 124 页。中译文参见中文版第 202 页。——译者注
② 《历史与阶级意识》德文版,第 327 页;英文版,第 145 页。中译文参见中文版第 230 页。——译者注
③ 《历史与阶级意识》德文版,第 188—189 页;英文版,第 16 页。
④ 《历史与阶级意识》德文版,第 327—328 页;英文版,第 145 页。中译文参见中文版第 231 页。——译者注

成先验的"。① 然而,黑格尔哲学构建了一个借由它可以获得自我超越的深刻见解。对康德而言的逻辑矛盾,被黑格尔解释成历史矛盾意识的表现;因此,对它们的解答只能在一个历史维度中来构想。马克思的"唯物主义"将这个建议转化为现实社会的术语。这使他相信,摆脱困扰德国观念论的困境,不能通过将它们消解在更加清晰的概念分析之中。这些矛盾在概念层面无法得到解决,因为它们表现了社会生活整体方式的不一致。所以,更清晰的思考也不足以克服它们;我们必须学会以一种新的方式来行动。卢卡奇试图告诉我们,任何纯粹反思的哲学都无法充分把握它想把握的对象,即人的历史存在,因为这种探讨方式本身就脱离了历史。

根据这个观点,德国观念论对问题的解答蕴含着革命的行动;而且,卢卡奇还认为,马克思最终确定了这一行动的主体:无产阶级。这个主体不再需要被人为地制造;历史的运动自身已经创造了它。只有无产阶级借助一个集体行动,才能克服历史过程中主体和客体之间的分裂。在这个历史过程中,人类意图的产物事实上获得了一个看似遵从自身规律的机制上的虚假"客观性"。的确,正是在无产阶级中,物化过程造成人格上的最根本分裂,即无产阶级把自身部分地构想成有人格的一个人和商品交换的一个对象。然而,正是因为这里的分裂是最根本的,它才被迫进入意识层面,但在其他地方,它仍然处在模糊状态。对作为无产阶级体验的劳动而言,它"具有一种赤裸裸的抽象的商品形式,而在其他劳动形式中,这种结构是隐藏在'脑力劳动'、'责任'等等假面具后面的"。② 这也是马克思指出如下情形时的心中所想:虽然无产阶级和资产阶级遭受相同的自我异化,但无产阶级的非人化才是显

---

① 《历史与阶级意识》德文版,第328页;英文版,第146页。中译文参见中文版第232页。——译者注
② 《历史与阶级意识》德文版,第356页;英文版,第172页。中译文参见中文版第265页。——译者注

而易见的,而资产阶级的非人化却是隐匿的和精神化的。①

卢卡奇跟随马克思的步伐,认为无产阶级在资本主义生产过程中的地位使其能够认识到它的境况和可能开启其行动。对资产阶级来说的合理性增长,在无产阶级那里有着完全不同的阶级意义。对后者来说,它意味着"消除孤立化"②,因此工人已认识到劳动的社会特征。理论与实践的统一有史以来首次变得可能。③ 首先,无产阶级只有在把握他们作为其中一部分的整体历史结构后,才能认识他们的阶级地位和利益;在他们看来,自我认识是有效行动的必要条件。④ 其次,他们的阶级意识从根本上区别于主体获取的知识。这个主体反思在他自身之外的对象,即对象本身远离他自己。无产阶级是由对象自身所实施的意识生成行动,因为这个对象同时也是一个在自身生活中承载和承受商品结构之畸形压力的历史主体。因此,"它的认识的产生和发展同它本身在历史进程中的产生和发展只是同一实际过程的两个不同的方面。"⑤这就是为什么会把无产阶级当作"**商品的自我意识**"⑥,从而也是对自身作为一个纯粹商品的超越的原因。它借由其集体的自我认识改变了自身。自我意识的觉醒就其本质而言,改变了无产阶级的实际存在,进而也改变了资本主义社会整体结构中的消极要素。⑦ 卢卡奇对历史唯物主义的理解同黑格尔哲学之间的极大相似性在此清晰地表露出来,因为他们都把理论视为"**现实的自我认识**"。⑧ 当然,它们之间也

---

① 《历史与阶级意识》德文版,第 356 页;英文版,第 172 页。
② 《历史与阶级意识》德文版,第 356 页;英文版,第 171 页。中译文参见中文版第 265 页。——译者注
③ 《历史与阶级意识》德文版,第 172—173 页;英文版,第 2—3 页。
④ 《历史与阶级意识》德文版,第 193 页;英文版,第 20 页。
⑤ 《历史与阶级意识》德文版,第 194—195 页;英文版,第 21 页。中译文参见中文版第 74 页。——译者注
⑥ 《历史与阶级意识》德文版,第 352 页;英文版,第 168 页。中译文参见中文版第 261 页。——译者注
⑦ 《历史与阶级意识》德文版,第 313、353 页;英文版,第 178、169 页。
⑧ 《历史与阶级意识》德文版,第 188 页;英文版,第 16 页。

存在着本质差别:在卢卡奇的版本中,无产阶级作为一个阶级的意识之形成是对立的解决,而黑格尔的世界精神则只是在一个虚构的世界中来克服它们。

三

卢卡奇发起了一场废除他所聚集的诸多虚假二元论的斗争。资本主义生产体系的整体结构依赖于一方面"一切个别现象中存在着严格合乎规律的必然性"和另一方面"总过程却具有相对的不合理性"之间的相互作用。① 因为他们无法理解历史,资产阶级的态度"分化为两个极端:一个是作为专横的历史创造者的'伟大的个人',一个是历史环境的'自然规律'"②。由于对资产阶级思想来说,历史依然是一个棘手的难题,它或者"必须完全摒弃历史过程,并把现存的组织形式看作永恒的自然规律,这种自然规律在过去——由于'神秘'的原因……只得到了不完全的贯彻,或根本就没有得到贯彻";或者,它"必须把一切有意义、有目标的东西从历史过程中排除出去",因而"不得不停留在历史时期的……纯粹'个别性'上"。③ 在所有资产阶级党派中,一个政党被划分为主动和被动两方,后者仅偶尔发挥作用,且只能听命于前者;与此相适应,"必然同时出现两种互为补充但同样错误的关于历史进程的观点:唯意志论地过高估计个人(领袖)的能动意义和宿命论地过低估计阶级(群众)的意义"④。但如果中欧和西欧的无产阶级认识到自身的历

---

① 《历史与阶级意识》德文版,第277页;英文版,第102页。中译文参见中文版第172页。——译者注
② 《历史与阶级意识》德文版,第344页;英文版,第158页。中译文参见中文版第248页。——译者注
③ 《历史与阶级意识》德文版,第220页;英文版,第48页。中译文参见中文版第105页。——译者注
④ 《历史与阶级意识》德文版,第496页;英文版,第318页。中译文参见中文版第424页。——译者注

史使命和统治的合法性,就必须要克服"坚持**不惜任何代价的**合法性"的机会主义和仍然受困于"**非法性的浪漫主义**"的乌托邦主义这两种危险;①无产阶级必须能够"既摆脱合法性的胆小病又摆脱非法性的浪漫主义"②。

在卢卡奇看来,当总体性这一根本的辩证范畴丧失时,上述这些和其他的二元概念配对——事实和应当、必然和自由、主体和客体的区分——都会出现。为了破除经验世界看似被给予的纯粹直接性,必须将客体理解成被卷入历史变化过程之整体情形的不同环节。③ 这个观点构成卢卡奇思想的核心:他认为,社会生活的局部环节和孤立现象只有与历史整体,与被视为一个全局实体的社会结构相联系,才能得到理解。的确,他主张,无产阶级的优越性仅在于他有能力将社会看成一个统一整体;④并且,他继续指出,"不是经济动机在历史解释中的首要地位,而是总体的观点,使马克思主义同资产阶级科学有决定性的区别"⑤。因此,"辩证方法的本质在于……全部的总体都包含在每一个被辩证地、正确地把握的环节之中,在于整个的方法可以从每一个环节发展而来"⑥。

这引发了以下问题:卢卡奇的讨论——它来自写于不同时期的论文,而且其后也没有为了该书出版而进行重大修改——本身是否构成一个统一的整体?

《历史与阶级意识》的强势和薄弱环节分别由标题的第一部分和第

---

① 《历史与阶级意识》德文版,第 432 页;英文版,第 256 页。中译文参见中文版第 355—356 页。——译者注
② 《历史与阶级意识》德文版,第 447 页;英文版,第 270 页。中译文参见中文版第 371 页。——译者注
③ 《历史与阶级意识》德文版,第 345—346、179、186—187 页;英文版,第 162、8、14 页。
④ 《历史与阶级意识》德文版,第 243—244 页;英文版,第 69 页。
⑤ 《历史与阶级意识》德文版,第 199 页;英文版,第 27 页。中译文参见中文版第 79 页。——译者注
⑥ 《历史与阶级意识》德文版,第 354 页;英文版,第 170 页。中译文参见中文版第 263 页。——译者注

二部分所表示。的确,历史在卢卡奇的论述中以某种方式扮演着一个纯粹幽灵般的角色。大部分的论文都很少涉及资本主义生产方式或工人阶级斗争的现实历史。资产阶级权力的整个制度上层建筑,如政党、改良主义的工会、报纸、学校和家庭,更是鲜有提及。卢卡奇关心的是方法问题。他的观点是,恩格斯在创建正统解释传统时误解了辩证法的本质:它意指人类创造历史过程中的主体和客体之间的关系;对外在于人的因果过程的认识同引导人集体地改变自身的自我认识有着本质区别。以此类推,人将历史过程把握为一个总体的可能性自身是历史过程的产物。① 因此,无产阶级的阶级意识的发展构成他分析的一个焦点。但卢卡奇随后又中止了阶级意识的阻碍问题。这提供了一个不只是强化正统马克思主义之反心理立场的观点;②它还意味着排除了无产阶级使命现在被迫沦落到单纯附属物——"主观因素"层面这个方面。最后,卢卡奇的历史唯物主义版本向我们呈现出一个必然不是真正的人的意识,而是屹立在他们头脑之上的"阶级意识"。所以,卢卡奇的思路终结于一个削弱其原初历史动力的运动。该书标题中的"与"标志着断裂的节点。通过《历史与阶级意识》中的"与",卢卡奇自称将不可调和的两个问题统一在他所谓的单一中心观点和连贯的组织原则之中。只有根据它,他才相信这些文章所说的一切具有意义。

　　这个困难起源于马克思的阶级概念。正当他开始着手界定阶级时,关于这项主要工作的手稿却被突然中断;《资本论》第3卷第52章只有一页多。但是,从分散在其著作中有关这一主题的论述来看,他在大多数情况下都具体地使用这个概念。构造阶级之物是在商品生产社会中与生产方式相关的共同的客观地位。如果一个阶级想要判定自身的命运,这个共同的社会地位必须获得认识,而且人必须本着这个自我认识来行动。

---

① 《历史与阶级意识》德文版,第195页;英文版,第22页。
② 尤其可参见霍恩《精神分析学——适应理论与主体批判理论》,载《法兰克福手册》1971年7月。

然而,在这里存在着一个相当复杂的问题。马克思用来揭露基于商品交换的社会之运行的概念不是描述性的,而是批判性的,因为这些概念本身包含着需要得到改变之状况的冲突。"人格面具"就是明证。作为一个批判性的概念,马克思非常明显地以直接反心理学的方式来思考它。它是指仅仅就阶级成员而言的历史主体;在那个生产商品的社会中,人们只是"经济关系的人格化……是作为这种关系的承担者而彼此对立着的"。[①] 因此,当马克思谈论"人格面具"时,他不是在使用像现代意义上的角色范畴一样的描述性概念。[②] 角色是指人类行动被规范调节的部分,但是"人格面具"则是对阶级个人的隐喻,它因而构造了他的整个社会历史的存在。此时如果"人格面具"是一个批判性的概念,那么它必须适用于任何阶级的成员,而非仅仅限于资本家。然而,当被压迫阶级的角色接受讨论时,它需要得到特别关注。为了帮助那个仅以商品生产之功能出现的历史主体在现实中成为社会主体(social agency)——后者却被资产阶级的社会和政治思想归结为现成被给予的东西而赋予历史主体,首先必须要揭露这个资产阶级的主体观念——其历史至少从笛卡尔延续到早期的萨特。这当然是马克思进行意识形态批判的必要步骤。但是,在上述反心理学的批判中隐藏着一个风险:使心理学或者任何被归入这个心理学范畴的事物非常简单地变得与历史无关的风险。"主观"和心理被当成一个新历史图景中的一个纯粹偶然因素。在这个历史图景的构架中,它只表现为一个烦人的多余之物。这就是会在卢卡奇身上发生的事。

卢卡奇认识到,像革命一样的历史事件充满着风险,因为它必然同时拥有意识和实践的维度。革命的力量不仅反对现存的社会关系和那些对将这些关系的具体结构变成自身所有物有直接兴趣的人,而且还

[①] 马克思:《资本论》第1卷,柏林,1957年,第90—91页。中译文参见《马克思恩格斯全集》第44卷,人民出版社2001年版,第104页。——译者注
[②] 参见马特兹纳(J. Matzner)《马克思的人格面具概念》,载《社会世界》第15期,1964年。

反对以其名义发起革命的阶级成员。卢卡奇认为,革命的命运依赖于无产阶级在意识形态上的成熟,依赖于它的阶级意识。他同样认为,人类行动是历史的真正动力。然而,他承认无产阶级"是在它内心仍然承认资产阶级社会制度是唯一真正合法制度的时候和精神状态下被迫夺取政权的"。[1] 他不否认"无产阶级在许多方面还受到资本主义的思维和感觉方式的严重束缚";[2]的确如此,他们"抱着篡夺者所特有的那种犹豫和仓促交错的心情。而且还是这样一个篡夺者,他在内心中,即在思想、感情和决心中预感到资本主义必然要复辟"的情况下,担负着社会变革的任务。[3] 因此,无产阶级"要从资本主义创造的生活方式的意识形态束缚下解放出来,只有在它学会了不让这些生活方式内在地影响它的行动的时候,才有可能做到"。[4] 但是,在《历史与阶级意识》中,这个有关"无产阶级的资产阶级化"的洞见在他进一步的反思中无果而终。他充分认识到无产阶级的经验意识和它的世界—历史地位之间存在不同,后者的实现并未得到保证。但他强制消除了这个差别。当他断言历史分析必须从一开始就建立"把阶级意识同经验实际的,从心理学的角度可以描述、解释的人们关于自己的生活状况的思想区别开来的差异"时,他在此迈出了决定性的一步;[5]因此,阶级意识"不是个别无产者的心理意识,或他们全体的群体心理意识,而是**变成为意识的对阶级历史地位的感觉**"。[6] 从这一点开始,主观因素的复杂作用成了他试

---

[1] 《历史与阶级意识》德文版,第442页;英文版,第266页。中译文参见中文版第366页。——译者注

[2] 《历史与阶级意识》德文版,第486页;英文版,第310页。中译文参见中文版第414页。——译者注

[3] 《历史与阶级意识》德文版,第444页;英文版,第268页。中译文参见中文版第369页。——译者注

[4] 《历史与阶级意识》德文版,第440—441页;英文版,第264页。中译文参见中文版第369页。——译者注

[5] 《历史与阶级意识》德文版,第224页;英文版,第51页。中译文参见中文版第109页。——译者注

[6] 《历史与阶级意识》德文版,第248页;英文版,第73页。中译文参见中文版第138页。——译者注

图忽视的东西。这并非意味着卢卡奇对主观性构成漠不关心；他不过是想讨论这个源于存在的问题。

为此，他求助于韦伯的"客观可能性"概念，并开始以虚拟语气来讨论。他告诉我们，无产阶级的正确意识是对整体社会结构的认识；"如果对这种状况……**能够**……**予以完全把握**"，它是"人们在特定生活状况中，可能具有的"那些思想。① 因此，阶级意识是"理性的适当反应，而这种反应则要归因于生产过程中的特殊的典型的地位"。② 并且他此时还主张，马克思主义的本质就在于"认识到历史的真正动力是独立于人对它的(心理学上的)意识的"，③以免我们误解了他的意思。由于不想等待自由王国的到来，他消除了他已清楚看到的无产阶级的"真正"意识和"必然"意识之间的差别。他为自己的理论问题找到了一个政治的答案：政党。这弥合了现实性和可能性之间的差距；作为"无产阶级历史使命的良知"，政党起着执行管理命令的最高上诉法院之作用。④ 在寓言的世界，几乎无法认识其历史角色且仍然固守资产阶级价值的无产阶级，被约定成历史的主体-客体。在现实的世界，政党承担着行使其阶级意识、保证尚未在经验上存在的主客体统一的职能。当主体和客体最终被暴力捆绑在一起时，受害者是"主观的"因素。据说，卢卡奇历史动力的中心点立刻变成了一只变色龙。就它适应于他的历史形而上学而言，它是历史的动力；就它同上述情况相违背而言，它又是纯粹的心理学。

20 世纪 30 年代的批判理论家，即从卢卡奇那里部分地获取动力并

---

① 《历史与阶级意识》德文版，第 223 页；英文版，第 51 页。中译文参见中文版第 109 页。——译者注
② 《历史与阶级意识》德文版，第 223 页；英文版，第 51 页。中译文参见中文版第 109 页。——译者注
③ 《历史与阶级意识》德文版，第 219 页；英文版，第 47 页。中译文参见中文版第 103 页。——译者注
④ 《历史与阶级意识》德文版，第 214—215 页；英文版，第 41—42 页。中译文参见中文版第 97 页。——译者注

超越他的"法兰克福学派",给予精神分析的社会心理学在法西斯主义理论中的关键地位,并非没有缘故。因为德国法西斯主义引人注意的东西表现为一个新维度在规定人类行为中的重要性:通过心理冲突的系统操控来实施统治。这个社会导向性的精神病理学以对民众的有组织欺骗为形式——瓦尔特·本雅明称之为"政治的审美化"——既不能借助纯粹经济的手段也不能通过卢卡奇的智识周旋(intellectual gyrations)加以解决。作为一个新的统治维度,它必须被纳入不寻常的社会解放战略。沿着这些线索被构想的批判的精神分析的社会心理学,①不是关于个人意志之权力的资产阶级幻想。它是力图对由特定的社会化过程所造成的社会无力感,即摧毁情感生活的社会操控效应,进行系统批判的尝试。

然而,卢卡奇退回到形而上学的死胡同,而不是向历史的社会心理学迈进。他已经因其"权力的精神化"而受到正确的批判。② 当然,正如布洛赫所言,不要寄希望于资本主义的乌鸦(the capitalist crow)啄瞎自己的眼睛。但是,宣告无产阶级是历史的主体—客体,正如卢卡奇所做的那样,落后于马克思的立场。在《神圣家族》中,马克思已经向卢卡奇表明,没有人由历史召唤而成,或被它杀死,或被它委以使命;"历史"既不设置问题,也不解决它们。③ 唯有真正的人类行动,才能消除阻碍,努力减轻一些人强加给另一些人的伤害。把"历史"变成实体本身会引发一种新的情感误置(pathetic fallacy)。这是卢卡奇更应受到尖锐批判的一步,因为他重新关注人类主体(human agency)的可能性,进而再

---

① 参见霍恩《精神分析学——适应理论与主体批判理论》,载《法兰克福手册》1971年7月。
② 斯特德曼·琼斯:《早期卢卡奇的马克思主义:一个评价》,载《新左派评论》第70期,1971年,第51—53页。
③ 但是当他指出"无产阶级则被历史赋予了**自觉地改造社会**的任务"(《历史与阶级意识》德文版,第246页;英文版,第71页。中译文参见中文版第135页。——译者注)时,或当他询问"有关的阶级在实行历史赋予它们的行动时'有意识地'和'无意识地'到什么程度"(《历史与阶级意识》德文版,第226页;英文版,第53页。中译文参见中文版第112页。——译者注)时,卢卡奇的问题在于仅仅采用神谕式的表达。

集体的历史主体:对卢卡奇《历史与阶级意识》的反思　103

一次取代它。卢卡奇指出,如果我们认为辩证法是严格意义上的历史一词——因为只有如此,它才适合于它的历史主体——那么我们必须得出进一步的结论:我们没有选择,只能承受历史的偶然性。我们无法相信,创造一个被理性地安排的社会是必要的。它在世界的形而上学结构中无法得到保证。通过在它之中观察一个必然逻辑的运作,力求消除世界的历史性,对我们来说是非法的。我们必须承认,一个事件,即便它是可能发生的,在任何时候也都有可能会流产;而且可以说,"历史"会直接拒绝沿着理论家为之预先规划的路线发展。如果我们明确放弃世界的理性基础之观念,将不会有历史的总体逻辑。而这正是卢卡奇力图掩盖的东西;在《历史与阶级意识》中,他拒绝在没有形而上学确定性的情况下去开展任何工作,因为这显然是他渴望已久的事情;正是在这个意义上,他的辩证法不再是历史的,而是先验的。所以,他最终重走了他和马克思共同批判的黑格尔的老路。他将绝对精神的逻辑转换成一个绝对阶级意识的逻辑。由此,他把唯物辩证法消解在唯心辩证法之中。[①] 他把观念论的主体—客体替换成另一个:以无产阶级的阶级意识为形式的世界—精神,取代了以黑格尔哲学为形式的世界—精神。

一个想把卢卡奇著作中的活的东西同死的东西区分开来的"批判的理论家",需要摒弃它的形而上学幽灵,阐明其历史动力。

(宋晓杰 译)

[①] 而在 1967 年新版序言中,卢卡奇认识到,作为真正人类历史之同一的主体—客体的无产阶级的观念,"并不是一种克服唯心主义体系的唯物主义实现",而是"一种相比黑格尔更加黑格尔的尝试"。《历史与阶级意识》德文版,第 25 页;英文版,第 xxiii 页。中译文参见中文版第 19 页。——译者注

卢卡奇的《历史与阶级意识》：
"物化"理论与浪漫主义的反资本主义*

[俄]谢尔盖·彼得洛维奇·波采鲁耶夫

  毫不夸张地讲，卢卡奇的名字能够在世界哲学史上占据一席之地，主要得益于他在 1923 年出版的《历史与阶级意识》一书。用法国著名哲学家梅洛-庞蒂的话说，这本书可以被视作"西方马克思主义的圣经"。然而，在我们的哲学史文献中，卢卡奇的这部作品同他的早期创作一样，没有得到足够的重视。在《物化和无产阶级意识》这篇文章里，直接讨论"物化"理论，它是《历史与阶级意识》哲学思想的核心。这一理论之后成为资本主义"文化批判"（或称"反资本主义"）在当代的多种形态的重要来源之一；如今，之所以要转向这类问题，除了合理的对历史的关注之外，还在于需要对那些反资本主义的思想做出公正的理解，而它们必然会在传统现实中的"俄国共产主义"的"西方化"背景下出现。

---

* 本文出处：С. П. Поцелуев, "История и классовое сознание", Д. Лукача: теория "овеществления" и романтический антикапитализм, in《Вопросы философии》, 1993. No 4. С. 54 – 72.

  谢尔盖·彼得洛维奇·波采鲁耶夫(1962—)，政治学博士，当代俄罗斯政治学者。在苏联科学院哲学研究所就读期间，于 1990 年赴匈牙利科学院卢卡奇档案馆进行研究实习工作，1992 年以《青年卢卡奇哲学中的异化问题》为题通过答辩，获哲学副博士学位。他翻译了卢卡奇的多部著作，如《小说理论》(1993)、《尾巴主义与辩证法》(2009)、《勃鲁姆提纲》(2012)。其研究重点关注卢卡奇的哲学和政治理论以及对当代左翼运动的影响等。

我们先简明扼要地交代一下当代哲学思想中对物化的不同理解，来开始对物化理论的研究。我们特别关注的是对卢卡奇的理论的评价，而不是单纯地分析其对之后哲学传统的客观影响（但这种影响也是十分重要的，且并非总是有意识发生的）。

当代人对卢卡奇"物化"理论的评价

对《历史与阶级意识》的第一波评论和反响在1923年该书出版不久之后便出现了。这里应该强调卢卡奇的朋友和同事们的评论（约瑟夫·雷瓦伊、卡尔·柯尔施、恩斯特·布洛赫等），对于他们而言，《历史与阶级意识》的哲学概念是黑格尔辩证法传统在马克思主义这里复兴的证据。匈牙利哲学家约瑟夫·雷瓦伊称卢卡奇的书是"在马克思主义哲学内部实现其黑格尔原则，即辩证法的第一次系统性尝试"[1]。

尽管"物化"理论为卢卡奇的哲学战友们所接受，但他们并未将其视作《历史与阶级意识》全部理论框架的哲学核心。正统马克思主义批评者们认为，卢卡奇的"物化"理论的作用小得多。例如，这种理论被苏联的马克思主义者德波林描述为"一种黑格尔主义思想的混合体并杂糅了拉斯克、柏格森、韦伯、李凯尔特……还有马克思和列宁的思想"[2]。卢卡奇的另一位著名的正统批评者——拉迪斯拉夫·鲁达什尽管认识到了"物化"理论是《历史与阶级意识》全部哲学概念的重中之重，但他也只将其看成"蜂巢式的哲学怪癖"和"波格丹诺夫主义"。[3]

这种情况与对卢卡奇的书的学术科学评价截然不同［主要指齐格

---

[1] J. Révai, Georg Lukács. Geschichte und Klassenbewußtsein//Filozófiai figyelö évkönyve/A 《Törtenelem és osztálytudat》a 20‑as évek vitáiban/‑Budapest: Lukács archivum és könyvtár, 1981‑I k. S. 36.

[2] А. М. Деборин, Г. Лукач и его критика марксизма // Filozófiai figyelö évkönyve…, I k. S. 161.

[3] Л. Рудаш, Преодоление капиталистического овеществления или диалектическая диалектика т. Лукача//Filozófiai figyelö évkönyve…, II k. S. 164, 184.

弗里德·马克、维尔纳·桑巴特、古斯塔夫·迈耶尔(Gustav Mayer)等]。我们在此重点介绍齐格弗里德·马克的一篇有趣的文章,他是新康德主义式的社会民主主义者。在这篇文章中,他对《历史与阶级意识》的哲学理论进行了深入分析。马克看到了卢卡奇辩证法的原创性(这也与"批判"的马克思主义者麦克斯·阿德勒和克兰诺德的辩证法版本有所不同)。匈牙利思想家的辩证法并不拘泥于社会学和政治经济学的方法论问题,而是关于现代文化危机的问题。马克指出,对于《历史与阶级意识》的作者而言,这场危机对全部文化生活进行了重新定义,使其成了万物之上(凌驾于人之上)的法则。① 马克指出,应注意卢卡奇物化理论独到的综合性,即综合了青年黑格尔和青年马克思的思想、德国浪漫主义传统、柏格森的时空观以及韦伯的"理想型"理论。

法兰克福学派几乎所有的杰出代表都对卢卡奇的物化理论给予了很高的评价,他们的哲学发展很大程度上依靠了早期卢卡奇的思想。这里首推阿多诺,他看到了卢卡奇早期作品的主要优点,是因为这些著作的作者"作为辩证唯物主义者首先将物化范畴应用于哲学问题之中"②。

审视《历史与阶级意识》的第二波浪潮是 20 世纪 60—70 年代,这是马克思主义和左翼思潮的"文艺复兴"时期。60 年代末至 70 年代初的左翼激进运动在卢卡奇对物化了的资产阶级世界的批判中率先开启。这是 20 世纪 20 年代"实践哲学"的人本主义基调的再现,也是将其同斯大林主义的遗产和新斯大林主义的马克思主义"道统"区分开来的标志。在这些年里,发表了大量有关《历史与阶级意识》的评论和研究成果,卢卡奇的书也被翻译成多种语言。然而,物化问题并非这一波

---

① S. Mark, *Dialektisches Denken in der Philosophie der Gegenwart*, Filozófiai figyelö évkönyve..., II k. S. 288.
② Th. W. Adorno, Erpresste Versöhnung//Lukács-recepcio Nyugat-Europaban (1956 - 1963). - MTA. -Filozófiai Intézet. -Lukács Archivum. -Budapest, 1964. -S. 23.

讨论的重点。但是,这并不能否认物化理论的研究在这一时期取得了诸多重要进展的事实。在已知的作品中,我们将作者书中的一组文章命名为《物化与阶级意识》(1975),其中对"异化""物化""商品拜物教"以及《历史与阶级意识》中其他的同马克思相似的概念之间的关联进行了严格的历史的区分。

20世纪50—60年代,著名的法国哲学家吕西安·戈德曼(Lucien Goldmann)发表了一系列令人感兴趣的文章,在存在主义哲学的问题背景下研究了青年卢卡奇作品中的异化和物化问题。戈德曼甚至提出了这样的论断,即海德格尔的《存在与时间》在某种意义上是同卢卡奇的《历史与阶级意识》进行了一场不由自主的争论(海德格尔本人对在《存在与时间》出版之前就已知晓《历史与阶级意识》一事持否定态度)。作为支持这个论断的主要依据之一,戈德曼援引了《存在与时间》开头和结尾处的"物化(Verdinglichung)意识"和"意识物化(verdinglichen)"。[1] 根据法国哲学家的说法,海德格尔在1927年著作中使用这些概念的时候,"物化"已经被广泛地看作《历史与阶级意识》的核心概念,这无疑表明了海德格尔和卢卡奇之间是存在着隐含争论的。[2]

1971年,《历史与阶级意识》的英译本出版,在英语世界掀起了评论的热潮。这些评论的特点是,不仅从历史哲学角度,即黑格尔辩证法和马克思早期的人本主义哲学的角度对卢卡奇的物化理论进行了重现,同时也涉及了现代哲学语境下极具现实意义的问题。在美国的迈克尔·哈灵顿(Michael Harrington)的评论中,突出了卢卡奇物化理论的实际意义,他认为,物化理论"作为公共生活各个领域逐渐合理化的进展,在社会的整体发展中缺乏一般意义;是在完全合理化的世界中的形

---

[1] M. Heidegger, *Sein und Zeit*, Tubingen, 1979. S. 46, 437.
[2] L. Goldmann, *Lukács und Heidegger. Nachgelassene Fragmente*. Darmstadt und Neuwied, 1975, S. 98.

而上学'荒野';具体的合理性和普遍的非理性之间的矛盾,当下表现为生态环境灾难的威胁"①。

1971年和1972年间,卢卡奇去世后,世界范围内的许多左翼刊物,专门为这位匈牙利思想家的哲学问题组织了专题。美国的安德鲁·阿拉托(Andrew Arato)在 Telos 杂志社旗下的一个刊物上专门撰文讨论了卢卡奇的物化理论,令他感到奇怪的是:"卢卡奇的敌对批评者们——无论是斯大林主义者还是资产阶级自身的评价,都没有注意他的物化理论,尽管卢卡奇的物化理论实际上是处于马克思主义传统的核心。但他始终都对斯大林主义和资产阶级物化持批判态度。"②

在"新左派"思想家那里,物化理论被给予了浓墨重彩的高度评价,而在保守主义者那里,却又受到了强烈的抨击。这方面的一个例证便是美国哲学家维克多·齐塔(Viktor Zita)1964年发表的《卢卡奇式的马克思主义:异化、辩证法和革命》一书。在齐塔看来,卢卡奇在《历史与阶级意识》中实际上是想说明:"马克思主义在整体上是异化概念的多种表达,是基于异化主题的一系列变体而构建的。"③同人的存在有关的异化(alienation)和物化(reification)概念,正如同《历史与阶级意识》中所呈现的那样,其实也如整个的马克思主义所言,但齐塔拒绝了这些概念,认为它们同"恐怖主义"和"神秘主义"有着密切的联系。

到了20世纪70年代中期,明显可见的左翼激进主义危机导致了对马克思主义及其异化问题兴趣的衰退。难以置信的是,这并没有使研究人员对卢卡奇物化理论的兴趣受到太大的影响,这种兴趣甚至还有所增加。如果说20世纪20年代和60年代对物化理论的讨论中,首

---

① M. Harrington, "G. Lukács. History and Class Consciousness," in *The Nation*, 1971, vol. 213, N 22. pp. 694 – 695.
② A. Arato, "Lukács's Theory of Reification," in *The Philosophical Forum*, 1972, vol. III, N 3 – 4, p. 31.
③ V. Zita, *Georg Lukács's Marxism: Alienation, Dialectics, Revolution*. Hague, 1964, p. 129.

先是在社会政治层面讨论物化理论,其次是其同正统马克思主义的匹配程度,这主要指黑格尔的辩证法,那么现在,研究重心已然转向了阐明异化和物化理论的最新的哲学缘由。

在当代非马克思主义的有关《历史与阶级意识》的研究中,有尤尔根·哈贝马斯的一本名为《交往行为理论》的书。其中的一章名为"从卢卡奇到阿多诺:作为物化的合理化",在这一章中,哈贝马斯对卢卡奇的理论进行了详细的分析,将韦伯的合理化概念同阿多诺、霍克海默等西方马克思主义者的具体化概念联系了起来。哈贝马斯认为,卢卡奇使用"物化"这一范畴,首先是为了"把韦伯对于社会合理化的分析同它的文化理论框架分离开来,并且和经济系统中的类似过程联系起来"[①]。哈贝马斯认为,卢卡奇将物化和具体化视作单一进程的两个方面,这正是基于韦伯的关于将理性的形而上学意义上的统一分解为独立的价值领域的观点。同时,卢卡奇将马克思对现代科学的评价做出了实质性修正,实证主义的狭隘的科学观念是卢卡奇所批判的一般物化趋势的一种特殊表现形式。[②]

结构主义马克思主义阵营的路易·阿尔都塞对20世纪70年代的异化和物化问题研究提出过尖锐的批评。阿尔都塞认为,异化问题是仅在所谓的人本主义马克思主义者那里才有的特殊含义,是缘起于对第二国际修正主义的批判以及对战争和资本主义的完全拒斥。他进而指出,青年卢卡奇正是在这种氛围之下宣布转向了黑格尔,转向了他的异化理论。阿尔都塞从马克思的思维方式与黑格尔存在本质不同的这一事实出发,认为"人本主义"的马克思主义异化问题只是一种"为政治情绪所提供的理论依据罢了"。

如今,他的学生和追随者们正在用另一种途径发展青年卢卡奇的异化和物化理论。我们认为,这一现象的代表例证就是德国哲学家吕

[①] 哈贝马斯:《交往行为理论》第一卷,曹卫东译,上海人民出版社2018年版,第442—443页。
[②] 参见哈贝马斯《交往行为理论》第一卷,曹卫东译,上海人民出版社2018年版,第457页。

迪格·丹内曼在 1987 年写的一本名为《物化原理》的有趣的书。该书首次对卢卡奇的《历史与阶级意识》中的物化理论进行了专门的历史哲学的分析。就卢卡奇的这一理论,丹内曼突出强调要注意以黑格尔和马克思的"异化"问题为基础并与西美尔和韦伯的文化社会学相结合的独到结论。但令人奇怪的是,丹内曼表示,迄今为止还没有进行认真的尝试来论证韦伯和西美尔思想对卢卡奇的"决定性"影响及其与黑格尔主义的明确界限。①

尽管《历史与阶级意识》与韦伯和西美尔哲学思想之间的关系问题在有关卢卡奇的研究文献中并不陌生,但现在人们对该问题仍旧给予了相当大的关注。因此,在 1987 年的论文集《格奥尔格·卢卡奇:文化、政治、本体论》中,专辟一章讨论"韦伯与卢卡奇"问题。② 1985 年,德国哲学家昆特·拜尔斯道尔弗(Kurt Beiersdörfer)的《马克斯·韦伯与格奥尔格·卢卡奇:论社会学观点与西方马克思主义之间的关系》③也涉及了这一主题。

在苏联的哲学史文献中,米·安·赫维希的《第二国际哲学教条批判史》首次对卢卡奇的物化概念进行了实质性分析。书中指出:"在 20 世纪 20 年代,《历史与阶级意识》是作为一部将资本主义的革命性批判视作异化问题的消除而进入哲学史中的著作。对物化、异化……的分析,居于卢卡奇式的马克思主义阐释的核心地位。"在赫维希的著作中,她既研究了卢卡奇的黑格尔式的马克思主义的理论基调,也研究了韦伯思想对卢卡奇产生的影响。赫维希进而指出:"在《历史与阶级意识》中,马克斯·韦伯的资本主义合理化概念同马克思的商品拜物教概念

---

① Rüdiger Dannemenn,*Das Prinzip Verdinglichung*,Frankfurt/Main,1987,S. 55,116.
② Georg Lukács,*Kultur-Politik-Ontologia*,Opladen,1987,S. 97 ff.
③ Kurt Beiersdörfer,*Max Weber und Georg Lukács. Über die Beziehungen von verstehender Soziologie und westlichem Marxismus*,Frankfurt/Main,1985.

相结合,共同构成了卢卡奇对资本主义社会进行批判的基础。"[1]

别索诺夫和纳尔斯基在他们的书《卢卡奇》中指出,卢卡奇是"第一个从马克思主义的立场上提请研究人员注意异化问题解决方案的人"[2]。同时,该书亦强调了卢卡奇的物化理论由于受韦伯和西美尔思想的"不可抗拒"的影响而导致的"非正统马克思主义"的性质。

根据达维多夫的观点,《历史与阶级意识》哲学概念的核心是对"总体性"范畴的历史主义理解。卢卡奇的这一范畴不单局限于宇宙本体论的统一性,还包括了社会性。达维多夫总结道:"正是由于这个原因,在《历史与阶级意识》一书中,客观呈现出了作为结果的人与人之间的互动,并且,'凝固''物化''异化'三者是作为上述相互关系的结果。"达维多夫认为,来自"总体的"作为"演绎的"物化理论的具体概念是来自《历史与阶级意识》中的"商品"范畴;最后,达维多夫将其视作社会学版本的黑格尔泛逻辑主义。[3]

根据我们对卢卡奇书中"物化"和"异化"问题的研究文献的简单分析,可以得出两点主要结论:第一,作者书中物化理论的经典内涵(黑格尔-马克思主义)与其意欲实现的非古典的现代哲学精神相矛盾;第二,物化理论独创性地综合了古典哲学和非古典哲学思想。

物化:经济物化的总体性

本着正统的马克思主义的精神,卢卡奇从现代资本主义经济的根源开始了对物化现象的分析。然而,如果经济物化现象本身对整个社会和个人都没有"决定性意义"的话,那它压根就不可能成为专门的哲

---

[1] М. А. Хевеши, Из истории критики философских догм II Интернационала, 1977, С. 98, 179 - 180.
[2] Б. Н. Бессонов, И. С. Нарский, Дьердь Лукач, 1989, С. 12.
[3] Ю. Н. Давыдов, Критика немарксистских концепций диалектики 20 века, 1988, С. 296 - 297.

学分析对象。问题在于,现代社会中的商品交换,不只与传统非市场的人的交往方式简单相对,而是关于资本主义的自身发展在这一时期所取得的成就,对传统非市场占据了优势,使商品形式变成了"整个社会的真正的主导形式",变成了"一切社会存在的包罗万象的体系"。卢卡奇将商品形式的全部统治视作现代资本主义独有的标志,他认为这并不是马克思所描绘的资产阶级社会的变体,而是这种社会形态自身的真正成熟,其本质更加显而易见罢了。

如果说物化的原因在于资产阶级经济的商品形式,那这种商品形式的本质又是什么呢?卢卡奇为此写道:"人与人之间的关系获得物的性质,并从而获得一种'幽灵般的对象性',这种对象性以其严格的、仿佛十全十美和合理的自律性(Eigengesetzlichkeit)掩盖着它的基本本质,即人与人之间关系的所有痕迹。"[①]如果我们谨记上述内容并仔细研究商品形式的本质定义的话,我们就能够发现,在"物化"和"商品形式"概念之间出现了一系列与众不同的概念。确实,一方面,根据卢卡奇的观点,物化的基础是商品形式;另一方面,商品形式的本质恰恰是通过"物化"才得以确定的。出现在《历史与阶级意识》中的该系列概念的第三重要素是"幽灵般的对象性"或"商品拜物教"。后者与"物化"一道,被理解为作为商品形式的"本质";商品作为资本主义社会的"直观形式",恰好是《资本论》第一卷的形式,而对于《历史与阶级意识》的作者来说,商品拜物教的出现是我们所处的现代资本主义时代的具体问题。

但是,也无需将上述所提的概念范围定义为"错误",对于卢卡奇而言,他表达了黑格尔-马克思主义传统中已知的前提条件和发展结果之间的辩证联系的情况。例如,在卢卡奇看来,商品形式既是社会关系逐步完善的前提,也是这一完善的结果。但另一方面,《历史与阶级意识》中的这些范畴根本不能同马克思在《资本论》中的使用相提并论,但它

[①] 卢卡奇:《历史与阶级意识》,杜章智等译,商务印书馆2017年版,第130—131页。

的作者无条件地将其奉为理论权威。马克思只是把物化视作商品本质的体现,而非商品的本质,这种物化体现了资本主义劳动的双重(抽象和具体)性质。换言之,对马克思来说,物化虽然是资本主义条件下社会关系扭曲的重要事实,但这并不意味着社会关系就沦为了这种扭曲的具体表现。马克思认为,物化在简单的商品交换层面使"物"代替并取代了社会关系,进而隐藏了其本质。但是,马克思认为,这种取代不是以"代替者"的形式出现,而是作为一种瞬时的行为来调节商品交易发展的中介,最终演变为社会生活进程的全部。

卢卡奇在抽象范畴的帮助下,进一步将物化的概念具体化,即一种形式上的平等劳动。这也与商品形式概念形成了一种与众不同的概念圈,其普遍性一方面决定了对以商品为对象的人类劳动的抽象,另一方面,它自身也是形式上的平等劳动的结果。但即便如此,这里的首要基本概念仍然是"劳动"而非"商品",最重要的是劳动内容的历史演变,即,随着其特定的抽象性的发展,卢卡奇将资本主义商品关系的进展联系了起来:"抽象的、相同的、可比较的劳动,即按社会必要劳动时间可以越来越精确测量的劳动,同时作为资本主义生产的产物和前提的资本主义分工的劳动,只是在自己的发展过程中才产生的;因此,它只是在这种发展的过程中才成为一个这样的社会范畴,这个社会范畴对这样形成的社会的客体和主体的对象性形式,对主体同自然界关系的对象性形式,对人相互之间在这种社会中可能有的关系的对象性形式,有决定性的影响。"[1]

从《历史与阶级意识》的立场来看,商品凸显了各种客观性的原型和现代社会存在的普遍范畴,但这仍旧无法推论出卢卡奇"物化"概念规定的原创思想。不可能的原因有二:首先,由于"商品"和"物化"之间的概念,是无法将后者定义为商品形式一般原则的特定结果的,却也不

---

[1] 卢卡奇:《历史与阶级意识》,杜章智等译,商务印书馆 2017 年版,第 135 页。

妨碍被视作"资产阶级社会的结构在这里也被确定为一般社会的普遍形式"①。其次,不可能在物化了的总体性的事实上看到其特定的本质;后者仅仅是对《历史与阶级意思》的读者揭示出的一种同资本主义劳动的"抽象性"相关,而这种"抽象性"是商品及其固有的物化属性的基础。

卢卡奇认为,"抽象劳动"不仅是为了解释商品交易事实的理论抽象,也是"商品关系中各种不同对象所归结为的共同因素,而且成为支配商品实际生产过程的现实原则"②。卢卡奇将商品生产平等这一原则同劳动力转变为失去个性的、特征固定的部分专门劳动以及在此基础上产生的资本主义的纯理性主义的劳动相联系。"在对所有应达到的结果作越来越精确的预先计算这种意义上,只有通过把任何一个整体最准确地分解成它的各个组成部分,通过研究它们生产的特殊局部规律,合理化才是可以达到的。因此,它必须同根据传统劳动经验对整个产品进行有机生产的方式决裂:没有专门化,合理化是不可思议的。统一的产品不再是劳动过程的对象。这一过程变成合理化的局部系统的客观组合,这些局部系统的统一性纯粹是由计算决定的,因而,它们相互之间的联系必定显得是偶然的。对劳动过程的合理—计算的分析,消除了相互联系起来的和在产品中结合成统一体的各种局部操作的有机必然性。"③

在整个合理化过程中,最重要的是,卢卡奇认为其倾向于社会生产对象的全部有机的非理性的、自然特性的计算和估算。在卢卡奇看来,由"质量"向"数量"的回归使得劳动产品变成了"商品",但《历史与阶级意识》的作者将这种回归称为"物化"是不无原因的,卢卡奇写道:"当各种使用价值都毫无例外地表现为商品时,它们就获得一种新的客观性,即一种新的物性——它仅仅在它们偶然进行交换的时代才不具有,它

---

① 卢卡奇:《历史与阶级意识》,杜章智等译,商务印书馆 2017 年版,第 56 页。
② 卢卡奇:《历史与阶级意识》,杜章智等译,商务印书馆 2017 年版,第 135 页。
③ 卢卡奇:《历史与阶级意识》,杜章智等译,商务印书馆 2017 年版,第 136 页。

消灭了它们原来的、真正的物性。"①因此,存在一种"自在之物","在这种立场中,自在之物非理性的两个主要因素,即个别内容的具体性和总体性表现为积极地转向统一"②。

由于抽象劳动的扁平化效应,资本主义经济出现了卢卡奇所说的"第二自然"现象。一方面,与"第一自然"的区别在于,"第二自然"创建了一种"新的物性";另一方面,其"社会自然规律"的自发性和无意识性和"第一自然"完全相同。"社会的这些'自然规律'(尽管当它们的'合理性'被认识到的时候,而且那时的确还最厉害)像'盲目的'力量一样统治着人们的生活,它们具有使自然界服从于社会化范畴的功能,而且在历史过程中也做到了这一点。"③

卢卡奇"第二自然"概念的独创性排除了全部的马克思主义的正统性。的确,马克思描绘的图景,是资本主义生产过程中由于物化所造成的社会关系的扭曲。这同卢卡奇的"第二自然"有很大的不同。根据马克思的观点,尽管物化假定了人被物所取代,但这并不能说明人被彻底地消解以及生活的主观性从生产的过程中消失。在马克思这里,劳动虽然从属于资本,但这并没有使死劳动完全代替活劳动,而统治和从属的关系,也并没有蜕变成单纯的成本核算和量化限定(这些概念在卢卡奇这里受到的重视往往要比马克思多)。

但是,在作为马克思主义和黑格尔主义的《历史与阶级意识》中,最"非正统"的因素是对"反思"逻辑原理的排斥。众所周知,在黑格尔这里,正是这一原理构成了客观辩证法的"现实性"基础。这一原理同样也被马克思用于印证商品所包含的劳动二重属性的概念。在马克思这里,商品交易的本质不在于抽象劳动本身,而在于其中所体现的抽象劳动与具体劳动无意识的统一性,这意味着对保持和发展商品形式的抽

---

① 卢卡奇:《历史与阶级意识》,杜章智等译,商务印书馆2017年版,第140页。
② 卢卡奇:《历史与阶级意识》,杜章智等译,商务印书馆2017年版,第200页。
③ 卢卡奇:《历史与阶级意识》,杜章智等译,商务印书馆2017年版,第283页。

象和具体特征的平等的需要。不难看出,"物化"现象完全基于《历史与阶级意识》的分解,而非基于价值和使用价值有意识的统一。这种分解的前提是,相对于商品的自然属性(主体、机体),远离辩证互动的价值具有了"侵略性"。在物化背景下的使用价值只得将其盲目地归入价值之下,然后加以掩盖和替换,这使使用价值变成了与其概念相反的东西,变成了一种"非理性形式"(使用马克思主义术语),也就是说,这种价值,成了全面主导的抽象劳动的化身之一。

在对待卢卡奇关于马克思的概念的非正统阐释中,只是简单地将其视作对马克思的内容的随意歪曲是失之偏颇的。要知道,卢卡奇已经注意到了一种特别的新型资本主义现象的到来:生产和消费的大众化——一方面,对现有需求呈现出前所未有的标准化;另一方面,人为地创造新的需求。其结果极大地改变了传统的生产和消费结构,并真正创造了"新物化"。这种情形稍后在《启蒙辩证法》中亦进行了描述,阿多诺和霍克海默指出:在"晚期"资本主义条件下,卢卡奇的《历史与阶级意识》中开始提出"新的物性"的时候,是直接从他的老师马克斯·韦伯和西美尔的思想出发的。特别是卢卡奇在他的书中提到了西美尔的《货币哲学》关于将质降低为量以及消除个体和特殊差异的观点,以此道出了现代货币经济的基本特征。韦伯的资本主义合理化概念对卢卡奇的物化理论的影响则更加明显。诚然,韦伯的合理化概念不包括马克思的政治经济学的"价值"和"商品拜物教"的基本概念(范畴)。卢卡奇将这些概念向韦伯的思想上靠拢,进而在物化概念中发现了马克思和韦伯思想之间的原始互补性。这一发现被之后衍生出的西方马克思主义诸多学派奉为圭臬。

但这不仅是从主观上对黑格尔和马克思的误解,也是在《历史与阶级意识》中否定了反思逻辑原则,背后极其重要的作用在于捍卫了归纳逻辑和定量逻辑。但是,卢卡奇同物化的物一道,从字面上掩盖了社会生活中那些有机的自反性的相互联系——这构成了黑格尔和马克思辩证方法的实质核心。《历史与阶级意识》中出现的物化的资本主义现实,是一种作为无中介条件下的标准化的、量化的物质,以其形式上的系统性、合法性和合理性掩盖了其"事实上"的内在无意义和非连贯性。物化的物隐藏了它们的起源和发展的每一个痕迹,被同一事物的无意义的再生产所取代,陷入了无限的恶性发展之中。

但是,"物化的物"这一事实,即使被视为"使物的个性异化"①,仍未提及这种矛盾对人的本质而言是悲剧的。这就构成了物化问题的哲学含义。确切地说,在物化了的纯粹经济现象中,到底有什么可以激发哲学的物性呢?卢卡奇认为,"物化的物"将对人的自身存在构成威胁。事实上,这种威胁来自经济物化的特定总体性:"资本主义生产的'自然规律'遍及社会生活的所有表现;在人类历史上第一次使整个社会(至少按照趋势)隶属于一个统一的经济过程。"②这意味着,资本固有的"物化的物"使人自身卷入其中,成为人的"宿命"。这种情况下的物化,首先,它对人来说是危险的,因为它正以越来越大的规模在社会生产对象的自然基底上施加"新物性"。物化对人类的肉体存在的破坏是无法预测的。其次,物化通过将人的存在纳入整个资本主义生产的合理体系之中。它不仅能威胁到人的生产潜力,还能威胁其精神和内心生活中最本真的表现,使之成为"行尸走肉"。

严格来讲,由于社会经济规则的全面支配,物化了的经济观成为物化的唯一视角。因此,在主观人性的方面,后者可以说是精神的悲剧,是资产阶级经济的一个必需的甚至是自然发生的时刻。那么,在《历史与阶级意识》中,卢卡奇始终对物化了的经济观进行不断的研究并将其同物化意识相统一,同时也为自己所接受,这不是偶然的。它不仅是资本主义经济分析的主题,而且也是"掘墓人"的墓地,它秉承着哲学精神,来凝聚和活跃其"零散成员"。

---

① 卢卡奇:《历史与阶级意识》,杜章智等译,商务印书馆2017年版,第140页。
② 卢卡奇:《历史与阶级意识》,杜章智等译,商务印书馆2017年版,第139页。

人的物化：物化的个性化存在方面

这样一来，人便陷入了经济物化的具体的总体之中，在政治经济学和资本主义社会学的平淡无奇的领域中操心传统的浪漫主义形而上学。现代劳动的合理化和机械化使得工人的劳动内容和劳动结果与自己不再有关，并且正如卢卡奇所言："分工像在实行泰罗制时侵入'心灵领域'一样，这里侵入了'伦理领域'。"[1]"合理计算的本质最终是——不依赖于个人的'任性'——以认识到和计算出一定事情的必然的有规律的过程为基础的。"[2]

卢卡奇将通过物化来捕捉一个人的全部个性视为不争的事实，这不仅适用于无产阶级，而且适用于资本主义社会的所有人，因为他们全都以各种方式扮演了资产阶级经济推动者的角色。在这一点上，卢卡奇通过韦伯的官僚主义分析将马克思具体化，强调物化了的官僚"个性"已然扩展到了道德领域，就像泰罗的体系一样，扩展到了精神领域。

工人完全参与合理化的生产过程导致了这样一个事实，即人在劳动中不再是自己的"代表者"。也就是说，不再作为主体代表这项工作和作为此目的而展开。人只是"作为机械系统内部的零部件而存在"，他"自发地加入了它的其中"。工人在劳动过程中的这种自发性，使活动成为一种特殊的"消极行为"，即"人格在这里也只能作为旁观者，无所作为地看着他自己的现存在成为孤立的分子，被加到异己的系统中去"[3]。

卢卡奇在解释其自相矛盾的"无为性"概念时，引用了马克思《哲学的贫困》的观点，即在资本主义过程中，时间成为一切，人只是陪衬而

---

[1] 卢卡奇：《历史与阶级意识》，杜章智等译，商务印书馆 2017 年版，第 147—148 页。——译者注
[2] 卢卡奇：《历史与阶级意识》，杜章智等译，商务印书馆 2017 年版，第 146 页。
[3] 卢卡奇：《历史与阶级意识》，杜章智等译，商务印书馆 2017 年版，第 138 页。

已。即,"现在已经不用再谈质量了,只有数量决定一切"①。那么,卢卡奇又是如何解释马克思主义的这些含义的呢? 如果在《哲学的贫困》中,劳动的个人(质的)差异的空间被缩小为抽象的时间节奏(数量)的话,那么在卢卡奇这里,时间则被"缩小为空间的水平","这样,时间就失去了它的质的、可变的、流动的性质:它凝固成一个精确划定界限的、在量上可测定的、由在量上可测定的一些'物'(工人的物化的、机械地客体化的、同人的整个人格完全分离开的'成果')充满的连续统一体,即凝固成一个空间。"②因此,如果对于马克思来说,"时间"是劳动的社会学表征中的物理范畴;那么在卢卡奇这里,它具有特殊的心理学内涵,部分地类似于柏格森的关于意识的思想。

柏格森在《创造的进化》中将意识区分为"智力"和针对"创造进化"的意识。他将"智力"称为"制造人造物的能力"。在他看来,"智力"的"工厂"属性对应于"物"的"空间"组织。在这里,所有的事物均是一成不变的,同时也反映了对事物采取的可能的行动方案。根据柏格森的看法,针对"绵延"抑或"生命进化"的特定时间性的意识与智力的空间物质活动完全相反。它直接参与了过去的持续性发展,还吸纳了未来。

尽管在《历史与阶级意识》中,卢卡奇与柏格森关于"生命进化"论的形而上学相去甚远,但他在资本主义劳动的现代组织中发现了柏格森对智力的物性的批判的真正基础。但是,如果在《创造的进化》中,这种批评是从人类主体性消解的"绵延"的角度来进行的,那么在卢卡奇这里,这一"时间"范畴恰恰相反地表现为主观-个人自我意识的创新性。《历史与阶级意识》在这种意义上指出了在"这种抽象的、可以准确测定的、变成物理空间的时间里,劳动主体也必然相应地被合理地分割开来"③。

---

① 卢卡奇:《历史与阶级意识》,杜章智等译,商务印书馆 2017 年版,第 136 页。
② 卢卡奇:《历史与阶级意识》,杜章智等译,商务印书馆 2017 年版,第 137 页。
③ 卢卡奇:《历史与阶级意识》,杜章智等译,商务印书馆 2017 年版,第 137 页。

然而,人类主体性的物化不单是发生在资本主义的劳动过程之中,而是已经普遍地成了资本主义社会中人的"第二性",即"新物性"。卢卡奇写道:"它在人的整个意识上留下它的印记:他的特性和能力不再同人的有机统一相联系,而是表现为人'占有'和'出卖'的一些'物',像外部世界的各种不同对象一样。"①令人惊讶的是,卢卡奇在这里不知不觉地几乎逐字重复了马克思《巴黎笔记》的深刻立场,即资本主义下的"占有感"是一种异化的存在方式,适用于所有的人类情感。

卢卡奇认为,作为资本主义机制的作用对象,所有人的关系都获得了一种抽象量化的自然法则的"客观形式"。因此,作为社会过程的"人",越来越故意制造一种"纯粹的旁观者"姿态——只得屈服于"第二自然"法则的力量。人的自主活动只能依靠于某些合乎规律性的法则来实现其利己主义目标;然而,卢卡奇认为,在这种情况下,人类活动依旧是一个客体,而不是正在发生的事情的主体。

事实也证明了这一点,即,现代人的所有存在形式,包括其即时的生活环境,都被完全物化了。他们受到充分的监视和计算,没有为一个人的独特的、非理性的自我表现留下任何的空间。人格实际上与隐藏在社会经验事实背后的资本主义劳动产品的自然基础一样,成了"自在之物"。卢卡奇写道:"人们相互关系的任何形式,人使他的肉体和心灵的特性发挥作用的任何能力,越来越屈从于这种物化形式。"②

作为个体的人的完全物化使其自由呈现了一种难以置信的反常情况。事实上,资本主义的合理化使得传统的"有机"社会原子化,它第一次为每个人的个人自由的实现创造了先决条件。然而,资本主义所导致的个体自身的孤立和原子化,同时也一并将传统社会的纽带消解掉了。因此,资本主义的合理化破坏了它首次为个人自由所提供的机会。在合理化的绝对支配下,这种自由也被证明为是形式的和形式化的:它

---

① 卢卡奇:《历史与阶级意识》,杜章智等译,商务印书馆2017年版,第148页。
② 卢卡奇:《历史与阶级意识》,杜章智等译,商务印书馆2017年版,第148页。

的所有表现最初独立于人的个性之外,是由普遍成本估价的匿名机制严格决定的。在这里,个人自由的形式主义所表达的不是其"不完备"的程度,而是其荒谬的本质,即在"个人"的幌子下实现与它直接对立的"社会自然法则"的绝对支配。

因此,卢卡奇得出结论,在现代资本主义条件下,物化会成为个体的一切客体化的归宿,商品关系的非人性和非人性化性质使人的功能变成商品(Zur-Ware-Werden)。

物化观:作为理性的物化结构

物化意识是卢卡奇的哲学旨趣中最直接、最引人瞩目的话题。根据卢卡奇的说法,总的来说,现代思维的具体化集中在对世界上所有物质财富的差异的准确计算,都在渴望自然和社会的"合理化存在"。卢卡奇认为,"一方面这种普遍计算的基础只能是确信,只有这些概念所包裹的现实才能真正被我们掌握。另一方面,看来,即使假设这种普遍的数学可以完全彻底地应用,对现实的这种'掌握'也只能是对由这些关系和比例的抽象结合——必然地,不受我们干预地——产生出来的东西的客观正确的直观"[1]。因此,作为支配现实的工具的普遍数学化(算法)及其虚幻本质,表现为一个人从他的"奴役"对象中进行消极的自我消解,这便是物化的主要特征,也是卢卡奇特有的思维类型。

卢卡奇认为,这种思维方式在现代科学中得到了最纯粹的表达。《历史与阶级意识》的作者相当实质性地纠正了马克思对自然科学在社会发展过程中所起作用的评价。尽管马克思认为科学是一种为资本服务而与活劳动相异化的力量,但他从来不是现代意义上的反科学主义者。相反,正是随着科学的进步,马克思才能在除却其他条件之后,将

---

[1] 卢卡奇:《历史与阶级意识》,杜章智等译,商务印书馆2017年版,第182页。

劳动解放的前景与"自由王国"的出现联系起来。但卢卡奇却肯定采取了反科学主义的立场(但众所周知,这也不能说就是在宣扬蒙昧主义和野蛮主义)。科学首先是自然科学,它在《历史与阶级意识》中不是以商品生产的物化受害者形象出现,而是物化的重要(即使不是主要的)原因。毕竟,正是科学原理在资本主义技术中的体现才使物化成为资本主义社会真正的整体现象。

现代科学的基本原理也是现实的可计算性(合理化)原理。卢卡奇认为:"被提炼得十分纯净的认识对象的形式概念,数学的关系、自然规律的必然性,这一切作为认识的理想越来越使认识变为对那些纯粹形式上的联系、那些在客观现实中、没有主体介入而发生作用的'规律'的完全有意识的直观。但是,这样一来,把一切非理性的和内容的东西排除出去的企图就不仅是针对着客体的,而且也日益明确地是针对着主体的。对直观的批判性解释越来越热衷于要把一切主观的和非理性的因素,一切拟人化的东西,干净彻底地从它自己的态度中清除出去;要把认识的主体和'人'分离开来,并把认识者变为纯粹的即纯粹形式的主体。"[1]

《历史与阶级意识》中的一个极其重要的边界是关于将自然的非理性内容从认知的对象和主体中排除在科学之外的。这与韦伯关于世界的"合理化"和"无神的"世界的概念十分贴合,尽管卢卡奇实质上是使韦伯对异化科学的诊断变得更加激进。在《历史与阶级意识》中,它不再是关于科学的生存危机,而是关于随着资本主义物化进程的推进而导致的本质上的灾难性变化。卢卡奇并没有简单地陈述先前所指出的科学已经失去其活动着的人类的意义的事实,他试图揭示出科学的这种"无意义"的真正基础。但这种基础绝不是科学知识的客观性(去拟人化),因为过去的伟大人物正是在客观真理的实现中看到了他们科学追

---

[1] 卢卡奇:《历史与阶级意识》,杜章智等译,商务印书馆 2017 年版,第 180 页。

求的深刻的个人含义。这不是科学与人的异化及其对象和主体的数学化的真正原因,更重要的是这种数学化展开的目标——对自然的统治。

事实上,随着现代科学越来越多地决定社会存在,人类认识物体客观真理的个人愿望、它们的真实而非合理化的存在已经消失了。或者,对卢卡奇的"物的本身"来说,这是说的同一件事,这一切本质上意味着所有现代文化的灾难。这样一来,他与第二国际的马克思主义理论家(主要指考茨基)就相去甚远了,后者依旧将科学技术的发展视为人类进步的主要来源和保证之一。但对卢卡奇来说,恰恰相反,科学和技术理性使现代社会的物化如此彻底,以至于无法谈论这个社会的任何演变或发展。物化的存在方式是灾难性的,因此它的理解逻辑便不可能是作为有机整体的辩证逻辑。相反,这种逻辑是"整体失灵"和"全面危机"的逻辑,是灾祸和启示(录)的逻辑。

通过成本核算的方式征服现实的愿望,在科学中以形形色色的沉默不语姿态流露出,卢卡奇最先称其为实验。在他看来,对科学知识的沉默不语并不意味着不可避免地缺乏对该主题的实际处理。相反,科学积极地改变着它的对象,但这正是为什么真正的"对象本身"对科学是隐藏的,因为科学从客观性的先决条件出发,改变了对象。因此,根据《历史与阶级意识》的作者所言,实验是一种纯粹的沉思行动方式,这与现代科学之父的宣言正好相反。"实验者创造了一种人为抽象的环境,以便排除主体方面和客体方面的一切起妨碍作用的不合理因素,从而有可能顺利地观察到被观察规律不受干扰地发挥的作用。他力求把他的观察的物质基础尽可能地归结为纯理性的'产品',归结为数学的'理念的'材料。"[1]

至于卢卡奇对科学实验方法的批评:他有机地改编了韦伯关于人类活动的一切形式的"专业化"概念。在物化理论的背景下,这种专业

---

[1] 卢卡奇:《历史与阶级意识》,杜章智等译,商务印书馆2017年版,第185—186页。

化呈现出比韦伯的社会学更具戏剧性的形式。《历史与阶级意识》的作者将精神的两个根本上的重要"损失"与现代科学的专业化联系起来,以获得真正的整体性和对象性的真实存在。

就其本身而言,将知识的主体从整体拆分为部分并无所谓,但对卢卡奇而言就意味着科学思想的物化。后者源于这种狭隘的方法论延续,当科学最终失去了对主体完整性的绝对必要(即使在专业化条件下)性时,科学就已经正式变成了一个有着特殊法则的封闭系统。卢卡奇指出,科学尽管可以构建起其对象的完整性的理性"替代品",但这种建构却仍然是一种真实的和非理性化之外的整体。

如果在科学中仍然需要整体的替代物,那么它的主体的存在就会被越来越遗忘。卢卡奇写道:"现代科学越发展,它在方法论上对自己本身的认识越清楚,它就越坚决地抛开自己领域的各种存在问题,它就越坚决地不得不把这些问题从由它可以理解的领域里排除出去。它越发展,越科学,就越多地变成一种具有局部特殊规律的形式上的封闭系统。"①

现代科学背离其主体的整体性和存在性,完全着眼于"事实",这些"事实"是它的普遍替代品,等同于主体的真实存在和内容的完整性。与"法律"相比,卢卡奇认为,科学"事实"尤其狡猾在于,在科学中,甚至连人类活动的一丝痕迹都消失"在'事实'中,已经变成了和人异在的、僵化的、不可能渗透的东西的资本主义发展的本质就以这样一种方式具体化了:这种方式就是把这种异化、这种僵化变为现实性和世界观的最理所当然的、最不容置疑的基础"②。

已经被资本主义现实本身抽象化了的并与存在的真实整体相异化的"事实",最终在物化意识中变成了一个不可知的"自在之物"、不可分解的"原子"或物化思想的"单子"的随机集合。现实的单一"结构"分解

---

① 卢卡奇:《历史与阶级意识》,杜章智等译,商务印书馆2017年版,第152—153页。
② 卢卡奇:《历史与阶级意识》,杜章智等译,商务印书馆2017年版,第244页。

为两对类型的"自在之物":"价值"和"事实"、"存在"和"应该"。伴随着卢卡奇思想的,是被完全遗忘的伟大德国经典所称的"发展"和精神的"形成"。卢卡奇断定,由于现代"资产阶级"思想只考察了实际给定形式的"可能性条件",就资产阶级自身而言,"它们的次序倒是由它们在现代资产阶级社会中的相互关系决定的,这种关系同看起来是它们的合乎自然的次序或者符合历史发展次序的东西恰好相反"[1]。

卢卡奇认为,现代理性主义(从笛卡尔开始)的现象是资本主义物化的哲学反映,他把这种反映定义为一种"不能上升为一种超越(社会)存在内在性的尝试,如果说这种错误的超越本不应该再次用哲学升华的方式使经验的直接性及其一切不可解决的问题固定下来和永恒起来"[2]。与其独创性(作为精神的一种形式)相反,哲学以一种完全不变的形式,本身就承载着资本主义工业的基本原则:计算(成本核算)客观给定的原则。因此,卢卡奇很清楚——为什么所有现代哲学的发展都与精密科学的发展以及后者的进步(与不断合理化的技术和生产)直接联系在一起。

计算原理在现代哲学中以一种固有的态度进行表达,即"恰恰是应该通过中介而产生和才能理解的东西变成了解释一切现象的原则,这个原则不但被接受,而且甚至被抬高为价值"[3]。主体的这种"产生"是由现代理性主义运用数学和数学物理学的方法进行的,即基于一般客观性的正式先决条件之下的作为主体的生产。诚然,我们对自身的知识对象的生产,需要开启通往认识理性智慧的大门——这种具体的整体已经成为现代理性主义的一个显著特征,它经笛卡尔和霍布斯,而后通过斯宾诺莎和莱布尼茨发展到了德国古典哲学。卢卡奇强调,现代理性主义试图将所有存在的现象合理化(计算),包括人类存在的那些

---

[1] 卢卡奇:《历史与阶级意识》,杜章智等译,商务印书馆2017年版,第217页。
[2] 卢卡奇:《历史与阶级意识》,杜章智等译,商务印书馆2017年版,第220页。
[3] 卢卡奇:《历史与阶级意识》,杜章智等译,商务印书馆2017年版,第214页。

"最终的"问题。旧的理性主义在此之前已经毕恭毕敬地停止,转向了非理性主义领域。

正是新理性主义的极权主义主张导致卢卡奇提出了无法解决的问题。当然,在他看来,这是存在本身的问题,但事实上它们只是他自己建构出的结果而已。在卢卡奇看来,这便是康德"自在之物"的本质。《历史与阶级意识》的作者用新康德主义者埃米尔·拉斯克的精神诠释了其不可知性——作为一个问题,即在其事实性中的经验事实是否被视为"数据",或者它们的这种给定性是否被解析为理性形式,从而允许人们认为自己是由"我们的"理性所生产的。在第一和第二种情形中,卢卡奇都抓住了现代理性主义的根本局限性,这种局限性使它不可避免地滑向了非理性主义。其中第一个变体揭示了与计算器形式的理性相关的感性内容的"给定的"或"在那里如此这般存在(Da und Sosein)"的非理性(或理性的无解性)。此外,卢卡奇认为,"最新的"(新康德式的)理性主义要么完全忽视这种作为"给定的"物质基础的非理性,要么将其转化成一种数学结构,进而进入无休止的"任务",进入"可理解的"物质的非理性。

它们的物质在"生产"的事实之下完全地溶解在了理性的系统中;然而,这导致了系统性原则的内部分解:因为根据卢卡奇的说法,系统意味着它的各个部分从属于那些"生产"、"预见"和计算它的"原则"。"系统"始终是现代理性主义意义上的系统,而"非理性主义的系统"则成了无稽之谈。将"给定"完全引入"系统",将后者变成了所有相同的"事实"的简单标记,即使这种"系统"的要素形式仍然是理性的产物,但它们之间的联系早已不再是理性的和系统的了。此时,卢卡奇批判了"物象化"了的胡塞尔现象学方法,与对整个新康德传统的批判一道,体现在了《历史与阶级意识》中,并与自己青年时期的哲学做出了清算。

从后来的哲学传统来看,卢卡奇的优点无疑在于,他在《历史与阶级意识》中最关注现代文化的危机状态。卢卡奇如何看待这场危机也无疑是很重要的:根据《历史与阶级意识》作者的说法,文化的灾难不一定是"血肉之躯"和野蛮人的喧嚣袭击。现在这场灾难表现为精神上无声的自我毁灭,表现为理性在完全合理化的世界中的自相矛盾的悲剧性"过时"……当在社会生活的"混乱"中看到"理性"的愿望变得越来越困难——最重要的是,这种愿望是不必须的。

那么,对于"西方马克思主义"的哲学传统,尤其是它的"法兰克福"流派来说,卢卡奇分析思想的物化形式的意义再怎么高估也不为过。这需要进行一次特殊的且长期的对话,但这已经超出了本文的范围。我们对此只注意到了阿多诺和霍克海默在《启蒙辩证法》中对现代文化的诊断——在《历史与阶级意识》出版二十年后,它与卢卡奇对物化思维的批判出人意料地一致。在《启蒙辩证法》中,作者指出:"文化完全变成了商品,并且像信息一样到处传播,它不再能够弥漫在需要它的个人之间。思想也很气短,仅仅限于对孤立事实的探索。概念之间的联系常常被看作无趣和无用之功而遭到拒绝。思想中的发展因素,即原始的活力,也或是被遗忘了,或是被贬低为一种赤裸裸的外在因素。今天生活秩序不再为自我得出的精神结论留有余地。"[①]

我们这个时代有影响力的哲学家如海德格尔和胡塞尔对文化的诊断同卢卡奇物化理论的相关性也同样重要。尤其令人好奇的是,海德格尔最初发展的技术哲学,尤其是他的战后著作中,与卢卡奇的《历史与阶级意识》中对物化思维的分析有许多相似之处。例如,海德格尔在现时代对待世界的具体方法中,或在"座架"(Gestell)中看到了技术的本质。后者接近了卢卡奇的"物化",它意味着"遮蔽"了人的真正本质(获得了通往存在的可能)和对象本身的存在。事实证明,这些同它们对消费者的"供给"相比都是次要的。象征着海德格尔的座架概念在这里再次与《历史与阶级意识》有了明显的相似之处——更确切地说,现

---

① 马克斯·霍克海默、西奥多·阿多诺:《启蒙辩证法》,上海人民出版社2006年版,第182页。

代技术同科学和哲学的本质联系(如果是非同一性的话)是由《历史与阶级意识》的作者所指出的——客体只有在产生认知主体本身的范围内才能被认知。海德格尔认为,这种"生产"的主要手段是"计算"或"重述",这与卢卡奇是一致的。《历史与阶级意识》中物化意识的结构与《存在与时间》中对日常和形而上学"存在遗忘"的描述之间的类比也很重要。吕西安·戈德曼指出:"两位思想家都拒绝作为虚假本体论哲学,而是从主客体对立出发,提出总体论或存在论。"①

相对很久以前,卢卡奇的物化意识理论与胡塞尔在《欧洲科学危机和超验现象学》中对"生活世界"的数学合理化批评之间的相似之处也被注意到。② 胡塞尔在"伽利略之自然的数学化"中看到了现代科学危机的最后一个原因,因此"现实本身成了一个数学变体"。世界,根据胡塞尔的说法,原本是"理性的",但理性是建立在新的数学意义上。哲学作为世界的普遍科学是以统一的理性理论形式建立的,更多表现为几何学。胡塞尔注意到了数学化的科学,因此他已经非常接近卢卡奇的"物化"概念。在胡塞尔看来,"科学危机"应追溯到"伽利略对大自然的几何化、数学化",因此"在数学实在论中,物理实在是数学的化身"。胡塞尔和卢卡奇一样,在这样一个"物化"的世界中看到了现代性文化危机的现象,因为物化与对技术行为方式排斥的原始人类意义有关,用胡塞尔的话来说,这将导致"生活世界"会被作为一门"思维活动的基础"的自然科学来遗忘。在胡塞尔看来,形式理性主义向人类文化的所有领域的扩展导致了对理性的古典理想的怀疑和遗忘——欧洲人民从中汲取了生活、历史和自由的意义的绝对理性。

---

① L. Goldmann, *Lukács und Heidegger. Nachgelassene Fragmente*, Darmstadt und Neuwied, 1975, S. 127.
② M. Vajda, Lukács and Husserl's Critique of Science, in *Telos*, 1978—1979, N. 38, pp. 104 - 118. (另见:米哈伊·瓦伊达《卢卡奇和胡塞尔》,载《马克思主义研究资料》第36卷,中央编译出版社2015年版,第87—110页;阿格妮丝·赫勒《卢卡奇再评价》,衣俊卿等译,黑龙江大学出版社2011年版,第142—164页。——译者注。)

如前所见,晚年胡塞尔对这个时代的非马克思主义诊断——在卢卡奇的"马克思主义辩证法研究"(即《历史与阶级意识》的副标题)出现十年之后,同卢卡奇的物化理论一样,他的结论同样激进和富有戏剧化。显然,这应该被视作匈牙利哲学家对现代西方文化进行深度分析和预言的一大证据。

卢卡奇反资本主义的神秘主义浪漫视角

按卢卡奇所说,物化是现代文明的主要疾病,那么它的治疗方法是什么?按照其在《历史与阶级意识》中所言,"哲学辩证意义上的实践"应当成为物化精神的主治医师。但这种实践与正统的马克思主义理解正好相反——科学、工业和人类的日常活动是对立的。实践无法用传统的(物化—理性的)手段来表达。因此只能通过向对象直接施加影响来实现。哲学辩证意义上的实践必须切入具体的、物质的行动基质。只有这样,它才能影响这个基质。在这里,重要的不是向对象施加影响的物本身,而是能够使对象获得不受理性主义对其总体性的分割。

这在《历史与阶级意识》中被称为总体性范畴,它不仅是实践的"哲学(哲理)性"的同义词,也是"辩证性"的同义词。总体性是辩证扬弃了已经分解了的物化碎片的直观性结果。这种辩证法的出发点不是思维与存在、主体与客体的对立统一,而是它们的灾难性断裂。物化的世界完结于它的自我瓦解和扭曲之中;这是一个"完全有罪"的世界,正如卢卡奇在他早期的一部作品①中所说的那样。因此,辩证地祛除物化——世界总体性的获得——不仅仅是日常的反思性工作,相反,它表现为文化从物化的"罪恶"中获得英雄般的救赎。

卢卡奇对"实践"辩证性的预设并不充分,他与黑格尔和马克思的

---

① 指《小说理论》。——译者注

辩证法的区别在于,他将主体和客体二者在形式上相对化为无意识的相互依存。在《历史与阶级意识》中,它是一个实践问题,它是一切事物的"彻底程序化"。即,关于"对象本身的直观构架"向"不断变化过程"的转变——这只有在实践活动中才会发生——为自己设定唯一的目标,去思考并实现这种由充满意识的运动所构成的这些形式的内在趋势。卢卡奇也将这种辩证实践称为"历史化"或"彻底人性化"的事实和事物。

正如我们所见,卢卡奇否认了科学和工业能够在事实上存在克服物化的可能性,因此便不可避免地将这个责任推卸到了自我意识的领域。但是,如果人类精神的所有对象化都只用具体的语言来描述的话,那么意识从何而来呢?人们只能期待奇迹。事实上,正如卢卡奇在《历史与阶级意识》1967年序言中承认的那样:"这种'被赋予的'意识在我的表述中竟变成为革命的实践,从客观上说,只能使人感到不可思议。"[①]的确,卢卡奇的"实践",作为一种"行动中的哲学",具有直接将思想物质化和物质精神化的奇妙而神秘的能力。然而,这种对人类理解的超越并不意味着它的非自然——类似地,根据卢卡奇的说法,在艺术中,我们有一个"可能在方法论上具有超越形式理性主义,和通过对非理性问题(即形式对内容的关系)的合理解决,把被思维的世界建立为一个完美的、具体的、充满意义的、由我们'创造的',在我们自身中达到自我意识阶段的体系"[②]。哲学辩证实践通过模仿艺术,在整个社会层面上消除了物化,从"具体的总体"中使存在产生解体。无产阶级的阶级意识在《历史与阶级意识》中就是这样一个主题。但在继续描述它之前,我们要阐明两点:第一,《历史与阶级意识》中的第一个弥赛亚不是无产阶级或其阶级意识,而是"哲学辩证意义上的实践"——哲学的精神,从物化的碎片中复兴文化。第二,用新柏拉图主义精神解释的话,

---

① 卢卡奇:《历史与阶级意识》,杜章智等译,商务印书馆2017年版,第11—12页。
② 卢卡奇:《历史与阶级意识》,杜章智等译,商务印书馆2017年版,第192页。

这种实践的神秘主义被《历史与阶级意识》的作者理解为理性的神秘胜利,而不是作为精神在生物界外的生存之源。与许多现代哲学家不同的是,卢卡奇并没有从对市民(社会)的理性主义的批评中得出非理性的结论。他将后者同维柯的关于"人是他自己历史的创造者"的深刻的理性主义思想进行了对比。在这方面,这位匈牙利思想家的社会和哲学理念远远走在了那个时代的前列——人类日常生活处于合理化的情况之下,而非在最近反启蒙的审美神话中所说的"荣誉与血缘"的非理性因素之中。

因此,它是"哲学辩证意义上的实践"(或称"历史的同一主体-客体",即"具体的-总体的主体")的真正的历史承载者,是卢卡奇所称的"无产阶级的阶级意识"。后者是历史本身所要求的,为的是结束资本主义的物化压迫,进而开辟通往自由的真正道路。这样一来,无产阶级的自我意识以客观历史逻辑的名义来保证其完成使命,这很容易让人联想到黑格尔的精神。然而,另一方面,这也赋予了无产阶级意识些许前卫的色彩,这与卢卡奇早期观点中普遍存在的浪漫主义的反资本主义相一致——后者与其说是"发展了"现代社会的逻辑,倒不如说是意识到了之后进而对它的"极大排斥"。

然而,为什么是无产阶级?或者更确切地说,是无产阶级的阶级意识,使得《历史与阶级意识》的作者成了现代弥赛亚?卢卡奇的前提是无产阶级的劳动以其纯粹的形式揭示了商品形式的抽象性,而这一点也被其资本主义制度之下的其他部分的"精神劳动""责任"等表象所覆盖。在他看来,无产阶级必须经历向商品的转变过程,其自身作为过程的对象被还原为纯粹的数量。但这也正是无产阶级能够超越这种状态的直接原因。与马克思主义经典作家将无产阶级的革命潜力与其绝对物质贫困的情形相联系有所不同的是,《历史与阶级意识》的作者从无产阶级的阶级意识最大限度地被物化的趋势、从无产阶级的阶级意识的威胁(也可以说"精神空虚")中推断出了革命的潜力。

卢卡奇救世主思想的独创性还在于，在"无产者"的名义下，他不仅谈到了一个普通且虚构的工人阶级的代表，而且还谈到了一个在生命最绝望的时候失去了存在感的"人"。"存在"，揭示了思想和存在深层次的绝对同一性，而这也使"无产者"的痛苦变得毫无意义。根据卢卡奇的说法，物化成了工人的直接问题，即"他作为一个主体、作为一个人的存在"直接等同于一个事物。这种痛苦和荒谬的立场导致了无产阶级对资本主义的反抗，但反抗只是让我们注意到了他的自我意识，这种意识却不能视作非理性的意志。

由于无产阶级物化的特殊残酷性，这种自我意识的救赎尤其体现在无产阶级身上。正是无产阶级反抗了人的物化，才将其演变为解放全人类的革命的热潮。正是无产阶级的精神贫困揭示了其自我意识的救世潜力，仿佛也证实了福音的智慧："精神贫困的人有福了，因为他们统治了天国。"但是，无产阶级的自我意识真的有机会实际履行其救世主的角色吗？卢卡奇认为，这是当然的。不仅因为无产阶级得到了历史理性的保证——这让我们想起，对于卢卡奇而言，无产阶级正是"哲学辩证法意义上的实践"的承载者。在这种实践中，理解一个对象的行为奇迹般地与它的物质转化行为相吻合，同时也相应地发生了"无产阶级的自觉行动"。

除了无产阶级对物的基础的自我意识这一实际意图之外，卢卡奇还假定了其对世界的整体视角具有特殊的取向。首先，这表现在，只有无产阶级具有自我意识的总体性而非个体灵魂的"点状性"之后才能转向历史进程的总体视角，进而采取与此相关的实际立场。卢卡奇还宣布了无产阶级的特殊阶级道德——拒绝主体伦理而以社群团结取而代之。毫无疑问，卢卡奇拒绝惯常的职责伦理和普通的议会民主，这就预设了他对无产阶级和共产党的神话和精英主义的阐释。

但是，应当记住，无产阶级在《历史与阶级意识》中的"卓越性"是不可以在尼采的精神（即"从社会健康的角度"）中理解的。无产阶级由于其奴隶地位,被迫比社会其他阶级更早地获得自由的自我意识。无产阶级自我意识的革命实践旨在将整个社会从物化的压迫中拯救出来,因此名声在外的"阶级立场"并不是《历史与阶级意识》作者所要达到的目的。

为了从历史上正确理解青年卢卡奇反资本主义观点的含义,就应该彻底摒弃"无产阶级""共产党"等概念的现代内容。并且要明确一个矛盾的事实,即这位匈牙利哲学家的共产主义与其说是从《共产党宣言》中获得的,倒不如说是从《卡拉马佐夫兄弟》中接受的,从卢卡奇在1915—1916年间未完成的关于陀思妥耶夫斯基的手稿中可以清楚地证明这一点。在这些手稿中,卢卡奇将俄国的"村社"视为所谓的"第二伦理"的承载者,他反对"第一伦理",即康德的责任伦理,并且"第二伦理"拒绝康德的"市民"伦理框架内的道德责任的"狭隘性",它肯定了每个人对地球上所犯的一切罪恶都负有绝对的罪责。至于道德行为的标准,"第二伦理"(又名"革命")考虑的不是要遵守正式的义务,而是同理心、牺牲和共情的能力。在这方面,"第二伦理"如果以为了实现一个伟大目标的名义而犯下罪行的话,则犯罪就是正当的,罪犯便会为此而在"第一伦理"的怀抱中牺牲其精神的舒适。这一点对于理解早期卢卡奇的反资本主义的伦理意义是极其重要的,他的想法是陀思妥耶夫斯基的"好人"道德(阿列克谢·卡拉马佐夫、索妮娅、梅诗金公爵)。按照这种道德自身的假设发展起来,其结果必然会导致革命实践。总的来说,"第二伦理"以克尔凯郭尔和陀思妥耶夫斯基的"俄国宗教性"和"俄国恐怖主义"的伦理观为基调,以极其复杂交织的形式出现在了卢卡奇关于陀思妥耶夫斯基的手稿中。卢卡奇甚至在之后的《历史与阶级意识》中仍然以共产主义道德的名义对其早期思想中的这一内容进行了复刻。

当然,在今天已不难看出青年卢卡奇反资本主义倾向的弱点。但应当记住的是,这些倾向并不是由抽象的意志所支配,而是由知识分子对"客观事物的文化"缺乏思想性和墨守成规的反对提出的深刻抗议。无论历史的讽刺有多么辛辣,卢卡奇的反资本主义都带有那种"向着自由突破"的精神魅力。没有这种精神魅力,《历史与阶级意识》所发展起来的全部物化了的人的概念就会失掉本真的含义。

(孙叔文 译)

从《历史与阶级意识》到《启蒙辩证法》再回到《历史与阶级意识》[*]

[斯洛文尼亚]斯拉沃热·齐泽克

1923 年,卢卡奇《历史与阶级意识》的出版是马克思主义发展历史上为数不多的真正事件之一。今天,我们被迫将这本书作为已逝时代的遗迹加以体验。我们甚至难以想象它的出现对后来的马克思主义者所产生的真正创伤性影响。卢卡奇本人在其转型时期(从 20 世纪 30 年代初开始)拼命试图与之保持距离。他将这本书的写作仅仅视为一时的历史兴趣。直到 1967 年,卢卡奇才勉强同意将其再版。为此,他还重新撰写了长篇的序言,并在其中进行了自我批判。在这次官方再版之前,这本书就仿佛地下不死的幽灵,以盗版的形式在 20 世纪 60 年代流传于德国学生之间。其间,翻译的版本很少,典型的代表是带有传奇色彩的 1959 年的法语版。在我的祖国南斯拉夫,引用《历史与阶级意识》被视为整个批判式马克思主义学术圈的象征性标志。这个圈子围绕《实践》杂志而开展活动。《历史与阶级意识》对于恩格斯"自然辩

---

[*] 本文出处:Slavoj Žižek, "From History and Class Consciousness to the Dialectic of Enlightenment... and Back," in *New German Critique*, No. 81, Autumn, 2000, pp. 107-123.

斯拉沃热·齐泽克(1949—),斯洛文尼亚卢布尔雅那大学社会学和哲学研究所高级研究员,兼任纽约大学全球特聘教授、欧洲研究生院教授,专长于拉康精神分析理论、黑格尔哲学和马克思主义政治经济学解析社会文化现象。其学术著作有 50 余种,代表作包括《意识形态的崇高客体》《视差之见》《敏感的主体》等。

证法"概念的攻击,对拒斥"反映论"式的认识论至关重要。后者是"辩证唯物主义"的核心教条。这本书的影响不仅仅局限于马克思主义圈子内部,甚至海德格尔也明显受到了《历史与阶级意识》的影响,这一点我们可以在《存在与时间》中找到不少确切的依据。在《存在与时间》最后的段落中,海德格尔提出的问题明显是在回应卢卡奇的物化批判:"人们早知道,古代存在论用'物的概念'进行研究,而其危险在于使'意识物化'。然而物化意味着什么?它源自何处?……'意识'与'物'的'区别'究竟够不够?"①

或许只有《保卫马克思》的创伤性影响能与《历史与阶级意识》相当。有趣的是,《保卫马克思》的作者阿尔都塞是卢卡奇后来的对手,他是一位伟大的反黑格尔主义思想家。② 那么,《历史与阶级意识》作为一本神秘的禁书,是如何获得如此神圣的地位?我们首先想到的答案当然是,《历史与阶级意识》是整个西方黑格尔式马克思主义的奠基性文本。这本书结合了积极的革命立场和理论主题,其中的一些理论主题[如"商品拜物教"(作为整个社会生活的结构性特质)、"物化"、"工具理性"等]后来被不同的流派进一步发展,这些流派包括批判理论乃至今天的文化研究。然而,若进一步研究,事情又有些许不同。卢卡奇《历史与阶级意识》等文本与后来的西方马克思主义传统之间存在着彻底的断裂。这些文本主要是卢卡奇 1915 年至 1930 年前后的作品,包括他 1925 年所写的《列宁》,以及这一时期所写的一系列短文,这些短文

---

① 海德格尔:《存在与时间》,陈嘉映、王庆节译,生活·读书·新知三联书店 2006 年版,第 493 页。
② 反常的是,阿尔都塞和卢卡奇这两位马克思主义者,从各自角度出发,都认为对方才是典型的斯大林主义者。对阿尔都塞及后阿尔都塞主义者而言,卢卡奇通过指认共产党是准黑格尔式主体,为斯大林主义提供了合法性证明;而对卢卡奇的追随者而言,阿尔都塞结构主义"理论的反人道主义",以及他对整个异化和物化问题式的拒斥,正为斯大林主义忽视人类自由脱罪。在此,我们不对这场争论展开详细的讨论。不过,通过这场争论,我们可以看到两位马克思主义者如何从相反的视域提出了关键的问题。对于阿尔都塞而言,问题的关键是意识形态物质实存的意识形态国家机器;而对于卢卡奇而言,问题的关键在于历史行动。当然,要对这两种相互排斥的观点进行综合并不容易。对此,我们或许需要借助西方马克思主义另一位伟大创始人安东尼奥·葛兰西的观点加以说明。

在20世纪60年代底以《伦理学与政治学》为题出版。

在西方"后政治"视角下，《历史与阶级意识》的悖论在于：一方面，它是一部极为成熟的哲学著作，一部足以与同时期马克思主义思想以外的最高成就相媲美的作品；另一方面，它是一部充分扎根当时政治斗争以及充分反映作者激进的列宁主义政治立场的作品。值得注意的是，1919年，卢卡奇曾任短命的匈牙利共产主义政府的文化部长。相比于法兰克福学派"标准的"西方马克思主义，《历史与阶级意识》一方面具有更公开的政治立场，另一方面具有更思辨化、更黑格尔化的哲学样态（比如作为历史主—客体的无产阶级概念，法兰克福学派成员总是不安地与之保持距离）。这无疑是个悖论。如果说，曾经有一位列宁主义或列宁主义政党的哲学家，那么这个人最有可能就是早期马克思主义者卢卡奇。为此，卢卡奇甚至坚定捍卫苏联政权第一年的"非民主"政策，并反对罗莎·卢森堡对后者的批判。卢卡奇认为，罗莎·卢森堡陷入对形式民主的"盲目崇拜"，她没有看到，在一个具体的革命态势下，形式民主仅仅是一种可供取舍的策略。我们今天恰恰不可忽视卢卡奇的这一面。我们不能仅仅将卢卡奇视为中产阶级化的、没有政治立场的文化批评家，从而认为他只是提醒人们注意"物化""工具理性"等问题，否则，我们就会像保守主义者一样将卢卡奇的相关理论仅仅用作"消费社会"批判。

作为西方马克思主义的开山之作，《历史与阶级意识》是西方马克思主义的一个例外。这一点也恰恰确证了谢林所说的"开端是对以之为开端之物的否定"。那么，这个例外位置是如何奠定的？在20世纪20年代中期，阿兰·巴迪欧（Alain Badiou）所谓的"1917事件"，在影响上已经式微，它的发展经历了一次重大转折。随着1917年革命的退潮（巴迪欧语），像卢卡奇《历史与阶级意识》一样直接具有理论和政治介入性的著作再也不可能出现了。社会主义运动由此分裂为社会民主党的修正主义议会政治和新斯大林主义的正统制度。对此，西方马克思主义避免公开支持任何一方,并放弃了直接的政治干预,从而变成了既有学术体制的一部分。这一传统开始于早期法兰克福学派,一直延续到今天的文化研究。这正是20世纪20年代的卢卡奇与后来的西方马克思主义传统的重大差异。另一方面,苏联哲学逐渐将"辩证唯物主义"构建为"现实存在的社会主义"的意识形态合法形式。苏联正统哲学兴起的标志之一是其对卢卡奇及其学术同伴柯尔施的恶意攻击。柯尔施的《马克思主义与哲学》与《历史与阶级意识》在同一年出版,二者具有同样的学术旨向。

这一发展历程的转折点是1924年召开的共产国际第五次代表大会。这是列宁去世后的第一次代表大会,也是欧洲革命已经终结、社会主义不得不在俄国独自存在这一格局尘埃落定后的第一次代表大会。在这次代表大会上,季诺维也夫对卢卡奇、柯尔施和其他"教授"展开了攻击,认为他们代表着一种"极左"的背叛。这种攻击具有蛊惑人心和反智主义的倾向。他赞同卢卡奇在匈牙利共产党的同僚拉茨洛·鲁达斯,后者严肃批判了卢卡奇的"修正主义"。之后,对卢卡奇和柯尔施的主要批判来自德波林及其哲学学派。这个学派在当时的苏联是主流学派,后来却被冠以"唯心主义黑格尔主义者"的名号而被清洗。他们是第一批体系化地将马克思主义哲学发展为普遍的辩证方法论的学者。马克思主义哲学被他们打造成普遍的规律,用以解释自然和社会现象。由此,马克思主义辩证法失去了直接介入革命实践的属性,转而成了揭示自然科学普遍规律的一般认识论。正如柯尔施在这些辩论后指出的,无论是来自共产国际的批判,还是来自"修正主义"社会民主党圈子的批判(二者名义上是敌人),它们基本上都是在重复对卢卡奇和柯尔施的反驳。他们指责了卢卡奇和柯尔施理论中的"主观主义"属性(包括马克思主义理论的实践性、干预性特质等)。当马克思主义变成了国家意识形态,卢卡奇和柯尔施的立场无疑成了异端。在那个时期,马克思主义的最终目的是以非历史的(所谓"普遍的")、辩证法规律的形式,为政党的决定提供合法性论证。具有征兆性意义的是,辩证唯物主义突然又成了工人阶级的"世界观"。对卢卡奇、柯尔施乃至马克思而言,"世界观"按其定义指涉的是一种反思性的意识形态立场,这种立场恰恰是马克思主义实践性理论必须反对的对象。

茨维尔德(Evert van der Zweerde)①详细地阐发了苏联哲学中作为"工人阶级科学世界观"的辩证唯物主义的意识形态功能。尽管它自称为一种意识形态,但它却并非其所宣称的意识形态。它并不动员政治行动,而是将政治行动合法化。它并不被相信,而是被仪式性地颁布。它被称为"科学的意识形态",因而是对社会环境的"正确反映"。它排除了"一般的"意识形态在苏联存在的可能性,后者以"错误的"方式"反映"社会现实。如果我们将著名的"辩证唯物主义"视为哲学体系,我们将错失问题的关键。它是被仪式性地颁布的权力合法化工具,因而处于权力关系的复杂网络之中。关于这一点,伊利因科夫和洛谢夫的不同命运可谓具有象征意义。他们代表着社会主义制度下俄国哲学的两种类型。洛谢夫是最后一本在苏联出版的公开反对马克思主义的著作(1929年)的作者。在书中,他认为辩证唯物主义"明显没有废话"。然而,在经历了短暂的狱中生活后,他就被允许继续他的学术生涯。在第二次世界大战期间,他甚至被允许继续授课。他的学术生涯得以延续的奥秘是,他退回到哲学(美学)史的专业学科研究领域中,专门研究古代希腊和罗马的思想家。他译介了一些古代思想家的作品,特别是普罗提诺和其他新柏拉图主义者的著作。以此作为伪装,他在译作中"走私"自己的唯灵论的神秘主义观点。与此同时,在这些著作的导论中,他又在一两处引用赫鲁晓夫或勃列日涅夫的话,以讨好官方意识形态。以这种方式,洛谢夫在苏联社会主义的起起伏伏中存活下来,并活着看到了苏联的红旗落地。他还被尊为真正俄国精神遗产的

---

① 参见 Evert van der Zweerde, *Soviet Historiography of Philosophy*, Dordrecht: Kluwer, 1997.

伟大继承者。相反,伊利因科夫这位辩证法大师和黑格尔专家,在当时却是为当局所惧怕的真诚的马克思主义列宁主义者。正是因为这个原因(即,他凭借自身的热情,致力于把马克思主义理论打造为一种严肃的哲学,而不仅是一套具有合法性的仪式性公式①),他逐渐被排挤并最终被逼自杀。这难道不是完美诠释了意识形态是如何有效运转的吗?

20世纪30年代早期,卢卡奇以个人的姿态退出政治领域,并转向更专业化的马克思主义美学和文学理论研究,以黑格尔式的对"优美灵魂"的批判来证明他对斯大林主义政治的公开支持。苏联以及它所面对的所有未曾料到的困难都是十月革命的结果。所以,我们不应站在"优美灵魂"的立场上谴责苏联,以确保自身的纯粹性,而应该敢于在"当下的十字架中认出核心"(黑格尔关于后革命式和解的公式)。在这一点上,阿多诺确实有理由讽刺卢卡奇。阿多诺认为,卢卡奇此时把他身上锁链的咔啦声误认作世界精神胜利的进行曲。因为卢卡奇赞赏东欧共产主义国家中个人和社会之间矛盾的扭曲和解。②

卢卡奇的命运使我们遭遇了由斯大林主义的出现而产生的难题。我们很容易将"1917事件"中真诚的革命热忱与之后的斯大林主义相对立。真正的问题在于,"我们是如何从前者走向后者的?"正如阿兰·巴迪欧所强调的,今天的重要任务是思考从列宁主义走向斯大林主义的必然性。然而,这一思考的前提是,不否认十月革命的巨大解放潜力,不陷入自由主义的虚假言论(后者断言,激进解放政治具有"极权主义"的种子,因此每一次革命都会带来比旧社会统治秩序更可怕的压迫)。

---

① 典型事件是,伊利因科夫在20世纪60年代中期拟参加美国举办的一个世界哲学会议,却未能成行。在伊利因科夫行程被取消的时候,他其实已经获得了签证并且乘机。他事先向党的意识形态机构提交了备案,"从列宁主义的观点来看",这份备案在文字上引起了意识形态机构的不满,但这不是因为备案的内容(内容完全可以接受),而仅仅是因为备案的写作风格和写作方式。实际上,备案的开头("这是我的个人观点……")就已经引起了意识形态机构的不满。
② Theodor W. Adorno, „Erpresste Versöhnung", in Noten zur Literatur, Frankfurt/Main: Suhrkamp, 1974, S. 278.

即使我们承认斯大林主义的崛起是列宁主义革命逻辑的内在结果，而不是某些外部腐蚀的结果（如"俄国的落后性"或其大众的"亚洲"意识形态立场），我们也必须坚持对政治进程的逻辑进行具体分析，必须不惜一切代价地避免让理论依赖于"工具理性"等一些直接的准人类学或哲学的一般概念，从而进行抽象研究。否则，斯大林主义就丧失了它的独特性、它的独特的政治动力，而仅仅变成这些一般概念的又一个案例。在此，海德格尔在《形而上学导论》中的著名评论是抽象研究的典型代表，其中他认为，在划时代的历史视角下，俄国共产主义和美国精神"在形而上学意义上是一致的"。

在西方马克思主义阵营，当然是阿多诺和霍克海默的《启蒙辩证法》以及霍克海默后期关于"工具理性批判"的大量文章，完成了这个从具体的社会政治分析到哲学人类学抽象研究的重大转向。在这次转向之后，具有物化功能的"工具理性"不再根植于具体的资本主义社会关系，而是在不知不觉中变成了后者的准先验"原则"或"基础"。与这次转向紧密相关的是，在法兰克福学派的传统中，其理论几乎没有批判斯大林主义。这与他们对法西斯主义反犹主义的持续批判形成了鲜明对比。其中一个"例外"是弗朗茨·诺依曼（Franz Neumann）的《比希莫》。这是一部关于国家社会主义的研究专著。它以在20世纪30年代后期和40年代特别流行的风格，指认了三种主要的世界体系。这三种世界体系是当时正在涌现的资本主义新政、法西斯主义和斯大林主义。它们共同朝着官僚化、全球性组织化和"管理化"的社会发展。《苏联的马克思主义》无疑是赫伯特·马尔库塞最消极、最差劲的一部著作。他在书中对苏联意识形态展开了一种非常奇怪的中立性分析，并没有展现出清晰的立场。最后，一些哈贝马斯主义者们也进行了新尝试。他们对持不同政见者不断涌现的现象进行了反思，并致力于把公民社会打造成抵抗共产主义政权的据点。这些方案有一定的政治新意，但针对斯大林主义的"极权主义"的特征，却没有给出一个令人满意的完整理论。对于这方面的缺失,标准的理由是,法兰克福学派的经典作家们不想公开反对共产主义,因为如果他们这么做,就会沦为他们国内支持资本主义的冷战鼓吹者们的帮凶。这个理由显然是不充分的。有人说,他们之所以担心被反共主义者利用,是因为他们是共产主义的秘密支持者。这一点是不成立的。如果他们真的要在冷战中站队,他们肯定早就选择了西方自由民主(正如霍克海默在他的一些后期作品中明确提到的)。他们羞于公开承认的是,当西方价值体系真正受到威胁的时候,当民主德国的反社会主义阵营批判共产党的原则时,他们与西方价值体系保持一致;但当社会主义体系真正受到严重威胁时,他们(1953年东柏林工人①的游行中的布莱希特,1968年"布拉格之春"中的克里斯塔·伍尔夫)则公开支持社会主义体系。因此,"斯大林主义"(即"现实存在的社会主义")对于法兰克福学派而言,是一个创伤性的话题。对此,他们不得不保持沉默。对他们而言,如果他们既要保持对西方自由民主的秘密认同,又不想丢掉其"激进"左翼批判的公开面具,保持沉默是唯一的路径。因为如果他们公开承认其对西方自由民主体系的认同,他们将会失去"激进"的光环,进而成为冷战中反共左翼自由派的一支;而如果他们对"现实存在的社会主义"表现出太多的同情,他们又担心会背叛他们所认同的西方价值体系。

尽管解释斯大林主义的兴起远远超出了本文的范围,但我还是忍不住想就这个问题做一些简短的基本评论。每一个马克思主义者都记得列宁在《哲学笔记》中的断言:不钻研和不理解黑格尔的全部逻辑学,就不能完全理解马克思的《资本论》。以同样的方式,我们也可以说,不钻研和不理解黑格尔的逻辑学中关于"判断"和"三段论"的章节,就不能完全理解斯大林主义的产生。也就是说,我们可以将斯大林主义产生的逻辑,理解为三种形式的三段论的延续,后者与马克思主义—列宁

---

① 参见 Andrew Arrato, Jean L. Cohen, *Civil Society and Political Theory*, Cambridge: MIT, 1994。

主义—斯大林主义三元结构大致相符。在此,三个中介概念(普遍性、特殊性、个别性)分别是历史(全球历史运动)、无产阶级(一个与普遍性存在优先关系的特殊阶级)和共产党(个别的主体)。在第一个环节上,按照经典的马克思主义形式,政党是历史与无产阶级之间的中介。政党的行动使"经验层面"上的工人阶级开始意识到历史任务。后者内嵌于其社会地位之中,并成为其行动的依据。这个任务就是成为革命主体。在此,重点在于无产阶级的"自发"革命立场:政党只扮演助产的角色,它使无产阶级从自在阶级到自为阶级的纯粹形式性转变成为可能。然而,正如在黑格尔那里总能看到的,这个中介的"真理"是,其出发点作为被预设的同一性,在运动过程中被证伪。在第一种形式中,被预设的是无产阶级和历史之间的同一性。也就是说,普遍解放的革命任务是内嵌于作为"普遍阶级"的无产阶级的客观社会条件之中。无产阶级作为一个特殊的阶级,其特殊利益与人类普遍利益是一致的。作为第三项的政党只是特殊性中的普遍性潜能得以实现的一个执行者。在实际的中介过程中,越来越清楚的是,无产阶级只能"自发地"达到工联主义和修正主义的觉悟。因此我们可以得出一个列宁主义的结论:只有当党内知识分子认识到历史进程的内在逻辑,并以此来"教育"无产阶级时,革命主体才有可能形成。在第二种形式中,无产阶级沦为历史(全球性历史进程)与科学知识(关于政党)之间的中介。在认识到历史进程的逻辑之后,政党就可"教育"工人,使之成为实现历史目标的自愿性工具。在第二种形式中,被预设的同一性,是普遍性与个别性之间的同一性,历史与政党之间的同一性。在此同一性下,政党作为"集体知识分子"拥有关于历史进程的有效知识。这一预设可以在"主体"和"客体"的重叠处得到最好的实现。在概念上,历史是一个由必然规律所支配的客观进程;同时,它又与作为主体的党内知识分子密不可分。这个主体所具有的关于客观历史进程的知识和洞见,使其能够对历史进程进行干预和指导。正如所料,该预设在第二种中介过程中被证明是错误的。于是,它把我们带向了第三种中介形式,即"斯大林主义"形式。它是整个运动过程的"真理"。其中,普遍性(历史本身)是无产阶级和政党之间的中介。简单地说,政党只是利用历史作为其依据。这个依据来自斯大林主义政党的教条"辩证唯物主义和历史唯物主义"。由此政党体现了它对"历史进步的必然规律"的把握。通过这种方式,政党为其统治和剥削工人阶级提供了合法性依据,进而为其机会主义和实用主义的决议提供一种"本体论上的掩护"。我们可以用黑格尔辩证法(对立面在思辨中统一,或最高和最低在"无限判断"中统一)来思考以下事实:苏联工人每天清早都被高音喇叭播放的《国际歌》叫醒。于是,《国际歌》的第一句"起来,饥寒交迫的奴隶"就有了一种深刻的讽刺意味,因为乏味的歌词原意转变成了纯粹字面上的意思,用以叫醒疲惫的工人:"起来,奴隶们! 开始为我们工作,为党的干部们工作!"

按照三段论分析,在历史、无产阶级和政党之间的中介关系中,每一种中介形式都是前一种中介形式的"真理"。依此,如果政党把自己的目标建立在对历史发展逻辑的洞见之上,并将工人阶级作为实现其目标的工具,那么,它就是以下政党概念的"真理":政党只是使无产阶级开始意识到它的历史使命、使工人阶级能够发现自己的"真实利益"的机构。而如果政党对工人阶级进行无情的盘剥,它则是以下政党概念的"真理":政党只是通过工人们来实现它对于历史逻辑的深刻洞见的机构。这是否意味着这个发展过程是不可逆的? 是否意味着我们面对的是一种铁的逻辑? 按照这个逻辑,一旦我们接受了"无产阶级因其社会地位而潜在地是'普遍阶级'"这个出发点,我们就会在残忍的强制下,卷入最终通往集中营的道路。如果真是如此,那么《历史与阶级意识》则将成为斯大林主义的奠基之作,尽管(或:恰恰因为)《历史与阶级意识》闪烁着智慧的光辉。如果真的如此,以下两种观点将被意外地证实:第一,按照标准的后现代主义的观点,该著作是黑格尔本质主义的最终产物;第二,按照阿尔都塞的观点,黑格尔主义是斯大林主义的隐秘哲学内核。按照这些观点,整个历史发展过程蕴含着一种目的论意义上的必然性,它最终通往无产阶级革命。后者是最伟大的转折点,由此,无产阶级作为历史主体-客体,作为被政党启蒙了的"普遍阶级",将认识到内在于其客观社会地位的使命,因而将自觉完成解放运动。"辩证唯物主义"的信徒对《历史与阶级意识》的强烈反对意见,可被看作吕西安·戈德曼所发现规律的印证。这个规律是,占统治地位的意识形态必然会否定其基本前提。由此观之,卢卡奇狂妄的黑格尔主义理论把列宁主义的政党看作绝对精神的化身,看作(作为历史绝对主体—客体的)无产阶级"集体的知识分子";而这恰恰是其对立面的隐秘"真理"。这个对立面是斯大林主义对于革命行动的"客观主义的"解释。这种解释在表面上更温和,它认为革命行动源自一个由普遍辩证规律支配的整体性和本体性的过程。当然,人们很容易用这个历史主体—客体来反对解构主义的基本前提。根据这一前提,主体性仅仅当"存在的大厦"出现"裂缝",当宇宙出现"脱轨""脱节"的时候,才存在。简而言之,不仅永远都不会有主体的充分实现,而且那被卢卡奇所驳斥的有缺陷的主体性或受挫的主体才正是主体本身。由此,斯大林主义的"客观主义"解释因严格意义上的哲学理由而成为《历史与阶级意识》的"真理"。因为主体按照定义是不存在的,所以它(作为历史的主体—客体)的充分实现也必然导致其自我取消,从而沦为历史工具的自我对象化。而且,为打破黑格尔主义—斯大林主义的僵局,人们很容易支持拉克劳式后现代主义的彻底偶然性立场,将后者视为政治主体性的领域。在此视域下,政治的普遍性是"空无"的。它们与特殊内容之间的关联赋予它们以霸权,这在彻底偶然的意识形态斗争中是真正重要的。换言之,没有政治主体的普遍使命是内嵌于其"客观"社会处境中的。

然而,这是否是《历史与阶级意识》的真实内涵?卢卡奇是否持有伪黑格尔主义的判断,认为无产阶级是历史的绝对主体-客体?我们是否就要因此拒斥卢卡奇?让我们回到《历史与阶级意识》写作时候的具体政治背景。当时,卢卡奇在以十足的革命者身份言说。简单地说,在资产阶级无法完成民主革命的困难状况下,1917年的俄国革命者不得不面临下述抉择。一方面,当时存在着孟什维克的立场。这种立场主张服从"发展的客观阶段"的逻辑:先进行民主革命,再进行无产阶级革命。他们认为,在1917年的政治旋涡中,与其利用国家机器的逐渐解体趋势和民众对临时政府普遍的不满和抵制态度,所有激进政党更应该抵制将政治运动推进得太远的诱惑,应该为了先实现民主革命而与民主资产阶级分子联合起来,耐心等待"成熟的"革命形势。按照这一观点,1917年,在条件还不"成熟"的时候,直接建立社会主义政权,将会导致社会向原始的恐怖状态倒退。虽然这种恐惧(担心"不成熟"的起义会导致灾难性的恐怖主义结果)似乎预示了斯大林主义的阴霾,但斯大林主义的意识形态无疑标志着向关于"发展的必要阶段"的"客观主义"逻辑的回归。另一方面,列宁主义的策略,是要采取某种跳跃,将自己投入社会形势的矛盾中,抓住机会进行干预,即便形势条件"尚未成熟",也要笃定这种"不成熟"的干预将会彻底改变各种力量之间的"客观"关系。也是由此,这些"客观"关系中的原初条件才显得是"不成熟"的。换言之,这种干预将直接破坏"成熟"的标准本身,正是这些标准告诉我们,革命条件还"不成熟"。

在此,我们必须小心不要错失重点:并不是说,不同于孟什维克和布尔什维克中的怀疑论者,列宁考虑到,1917年的复杂形势(即广大群众对临时政府犹豫不决的政策愈发不满)为"跳过"一个阶段(资产阶级民主革命阶段)或把两个连续的阶段(资产阶级民主革命阶段和无产阶级革命阶段)"合二为一"提供了一个独特的机会。这种理解仍然认可"发展的必然阶段",后者是客观主义的基本"物化"逻辑。它仅仅允许在不同具体状况下,出现其过程之中的不同节奏(即,在一些国家中,第二阶段可以直接跟着第一阶段)。列宁的观点远远更强硬。他认为,在根本上,并不存在"发展的必然阶段"的客观逻辑,因为"困难"总是会让事物的发展脱离直接的进程。这些"困难"产生于具体情况的复杂机制,产生于由"主观"干预导致的不可预料的结果。列宁敏锐地观察到,在亚非拉地区,殖民主义盛行,群众受到残酷剥削;这一事实彻底影响和"转移"了发达资本主义国家内部的"直接"阶级斗争。如果不考虑殖民主义,那么关于"阶级斗争"的讨论就成了空洞的抽象。如果将其转化为实践政治,那么它只会导致人们被迫接受殖民主义的"文明"功能。因此,通过将亚洲群众的反殖民斗争归属于西方发达国家的"真正"阶级斗争,资产阶级实际上定义了阶级斗争。(我们可以又一次在此意外地遭遇阿尔都塞的"过度决定"概念。并不存在最终的规则,人们总是会遇到不可测度的"例外"。在实际的历史中,只有例外总是存在。)我们不妨借助拉康的术语来阐述。在对形势的把握中,真正重要的是意识到"大他者"的(非)存在。孟什维克依赖于历史发展的实证性逻辑,以此为涵盖一切的基础,而布尔什维克(至少列宁)则意识到"大他者不存在"。一个政治干预并不发生在一些基础性母体的坐标中,因为它起到的效果正是对这个整体性的母体"重新洗牌"。这正是卢卡奇对列宁如此钦佩的原因。在卢卡奇看来,列宁处于俄国社会民主党分裂为孟什维克和布尔什维克的态势下。当时,两派为党纲所定义的党员身份展开了论战。此时,列宁写道:"有时,党纲中的一两个字就能决定未来数年内整个工人阶级运动的命运。"而当列宁在1917年年末看到有机会接管革命时,他说道:"如果我们错过了这次机会,历史将永远不会原谅我们!"更宏观地看,资本主义的历史是一段漫长的历史,在其中,通过清除异端,支配性的意识形态-政治框架总能适应看似威胁到它生存的运动和需求。比如,长久以来,性解放思潮认为,一夫一妻的性压抑是资本主义生存的必要条件。现在我们知道,资本主义不仅许可,而且甚至主动煽动和利用"倒错"的性行为,性愉悦上的放纵则更是不在话下。然而,由此得出的结论并不是资本主义有无尽的能力用以整合和销蚀所有特殊需求,相反,结论是:抓住时机、"把握当下"至关重要。在特定时刻,特定需求具有影响全局的爆炸力,它以全体革命的隐喻的方式运作。如果我们对此无条件地坚持,整个体系将会爆炸。然而,如果我们等待太久,特定需求和全局颠覆之间的隐喻式短路就会消融。对此,体系会轻蔑、伪善、志得意满地回应:"你想要这个?好,现在就给你!"而后,没有任何真正激进的事情发生。卢卡奇所说的"时机"涉及把握正确时刻的艺术。在此时刻上,存在着干预性行动所需要的开放性条件。这种艺术,可以在体系充分缓解社会对抗之前,适时激化社会对抗。在此,不同于陈见,卢卡奇更具葛兰西主义,更倾向于偶然性。出乎意料的是,卢卡奇的"时机"概念与今天巴迪欧构建的"事件"概念意义相近:我们无法用预先存在的"客观条件"来解释干预的发生。卢卡奇论证的关键在于,他反对将行动还原为"历史条件"的产物。在他看来,并不存在中立的"客观条件"。或用黑格尔的话来说,所有预设都总已被设置。

例如,卢卡奇曾分析"客观主义"解释路径的问题。按照这种解释路径,1919年匈牙利革命委员会专政失败的原因,在于军官的背叛、外部封锁引发的饥荒等。虽然这些都是无法置疑的事实,它们也很大程度上导致了革命的失败,但这种解释路径在方法论上依然是错误的。因为它看到的仅仅是直接事实,而没有思考这些直接事实是如何被特定的"主观"政治力量所建构的。按照这种解释路径,我们无法解释,为什么在面对更严密的封锁时,苏联却没有屈服于帝国主义和反革命的猛攻。苏联之所以没有屈服,是因为布尔什维克让群众意识到封锁是国内外反革命力量造成的。然而,在匈牙利,党在意识形态上的力量还不够强,工人群众相信了反共宣传。这些宣传声称,封锁是其政权的"反民主"性质所造成的。于是,有人提出:"让我们回到'民主',这样外国救援将开始涌入。"军官叛变?是的,它确实存在,但为什么同样的叛变在苏联没有引起同样的灾难性后果?而且,当叛徒被发现,为什么不能让可靠的干部取代他们?因为匈牙利共产党不够强大和机动。相反,苏联布尔什维克动员了士兵,他们已经准备好为保护革命斗争到底。

当然，也有人说，匈牙利共产党的软弱性也是社会形势的一个"客观"成分。然而，在这个"现实"背后，还存在其他主观的决策和行动。因此，我们永远无法触及纯粹"客观"的事态。最根本的不是客观性，而是社会的"总体性"。后者是主客两方面的"中介"过程。换言之，行动永远不能被还原为客观条件的产物。

我们可以看看不同领域的例子。关于纳粹意识形态在20世纪20年代在德国被广泛接受这一事实，有一种标准（虚假）的解释。在这种解释中，我们可以清楚地看到意识形态"设置自身预设"的运作。这种解释认为，纳粹熟练地操纵了中产阶级人民因经济危机和社会快速变迁而产生的恐惧和焦虑。这种解释的问题在于，它忽视了在此起作用的自我指称循环。是的，纳粹的确操纵了人民的恐惧和焦虑。然而，这些恐惧和焦虑已经是特定意识形态观点的产物，不仅仅是前意识形态的事实。换言之，纳粹意识形态本身也制造了"焦虑和恐惧"，但它反过来又将自己打扮成克服这些"焦虑和恐惧"的解决方案。

现在，我们可以再次回到我们的三重"三段论"，并准确指出其错误所在：它的错误在于其前两个形式之间的直接对立。卢卡奇当然反对陷于"自发性"的意识形态。这种意识形态主张工人群众自发建立基层自治组织，进而对抗政党官僚从外部强加的"独裁统治"。同时，他也反对伪列宁主义（实际上是考茨基的）理念。按照这种理念，"经验层面上的"工人阶级自己只能达到工联主义改革的层次。工人阶级要变成革命主体，唯一的路径是先让独立的知识分子"科学"而中立地认识到，资本主义向社会主义过渡具有"客观"必然性。然后，知识分子再把这种知识灌输给"经验层面上的"工人阶级，"教育"他们，从而让他们认识到内嵌于他们客观社会地位中的革命使命。然而，恰恰在此，我们遭遇到了最纯粹的辩证"对立统一"。这种对立的问题，并不在于对立的两极过于分裂。同时，问题也不在于真理存在于两极之间和"辩证中介"过程之中。（后一种观点认为，阶级意识是工人阶级自发的自我意识和党的教育活动相互作用的结果。)相反,问题在于:如果说工人阶级具有达到真正革命性阶级意识的内在潜力(党仅扮演一个谦逊的助产者角色,使工人实现这一潜力),那么,这种理念使政党具有对工人实行独裁的合法性。因为按照这种理念,政党能正确地认识工人的真正内在潜力和真正长期利益。简言之,在对待"自发性"和政党外部统治之间的虚假对立问题上,卢卡奇套用了黑格尔所说的个体的"内在潜能"和外在压力(由它的教育者施加)之间的"思辨同一"加以说明。说一个人拥有成为伟大音乐家的"内在潜能",就等于说这些潜能必须已经存在于教育者身上,后者将通过施加外在压力,迫使人实现其潜能。所以,悖论在于,我们越坚持认为革命立场直接反映了工人阶级的"内在本性",我们就越向"经验层面上的"工人阶级施加外在压力,让他们实现其内在潜能。换言之,对前两个形式而言,对立面的直接统一所产生的"真理"是第三种形式,即作为中项的斯大林主义。为什么?因为这个直接的同一性阻碍了任何恰当行动的空间。如果阶级意识是"自发地"生成的,是工人阶级客观地位的内在潜能的实现,那么就不存在真实的行动,存在的只有从自在到自为的纯粹形式转化。这只是将已经存在的东西呈现出来的姿态。如果正确的革命阶级意识是由政党"灌输"的,那么就存在"中立的"知识分子,他们具有关于历史必然性的客观洞见,但他们没有干预历史进程。他们以工具性和操纵性的方式利用工人阶级,将后者作为实现历史必然性的手段。这种必然性已经铭刻在工人阶级的客观位置中。它同样没有给工人阶级留下恰当的行动空间。今天,当民主的理念在世界范围内大获全胜(当然,也存在巴迪欧这类反对者),没有政治左翼敢于质疑民主政治的前提。因此,我们今天更应该牢记卢卡奇的教益。卢卡奇反对罗莎·卢森堡对于列宁的批判。卢卡奇认为,列宁将真正的革命性立场理解为对于"时机"的激进偶然性的把握,同时他也没有以对立的视角看待"民主"和"专制"的关系。如果我们要瓦解自由民主普世价值与民族宗教原教旨主义之间的二元对立（后者也是今天大众媒体关注的焦点），那么我们首先要了解今天所谓的"民主原教旨主义"，这种思潮将民主本体化，将民主视为去政治化的普遍性框架，认为它与政治意识形态的霸权斗争无关。

  民主作为国家政治的形式，它在本质上是"波普尔式"的。民主的根本标准在于，政权是"可证伪的"。换言之，一个具有明确定义的公共程序（公众投票）应该具有如下权力：宣布该政权不再合法，且必须被另一政治力量取代。重点不在于这一程序是"公正"的，而在于所有党派必须预先明确地就此达成一致，而无须考虑该程序的"正义性"。按照意识形态骗局的标准程序，国家民主的捍卫者声称，一旦我们抛弃了这一特质，我们就进入了"极权主义"的领域。在此领域中，政权是"不可证伪"的。换言之，它永远拒绝坠入"被证伪"的处境。无论发生什么，即使有成千上万的人公然反对政权，政权也会继续坚持捍卫自身的合法性，坚称它代表着人民的真正利益，"真正的"人民依然支持着它……在此，我们应该拒绝这一骗局（如同卢卡奇对罗莎·卢森堡所做的）。并不存在先验上人们不能违反的"民主（程序）规则"。革命政治不是"意见"的问题，而是真理问题。为了真理，人们总是被迫忽视"大多数人的意见"，被迫用革命意志来压抑后者。

  所以，今天左派的主要任务是从相反的方向重复《历史与阶级意识》向《启蒙辩证法》的过渡（即从《启蒙辩证法》回到《历史与阶级意识》）。问题不在于根据新的时代需求"进一步发展"卢卡奇。一直到新工党建立，后者也一直是所有机会主义的修正主义的座右铭。真正的问题在于在新的条件下重复事件。当"修正主义叛徒"这类术语不再是斯大林主义符咒的一部分，而是干预性立场的真正表现，我们是否还能想象自己是历史的一个环节？换言之，在早期马克思主义者卢卡奇的独特事件上，我们今天真正要问的不是："在今天的结构下，他的作品是否还立得住？""他的作品是否还具有生命力？"相反，我们可以套用阿多诺对于克罗齐历史主义问题("什么是黑格尔辩证法中死的东西和活的东西?")的颠倒性表达①:如果卢卡奇还活着,在卢卡奇眼中,今天,我们应该继承卢卡奇的什么成果?我们是否还能投入卢卡奇所描述的恰当行动中?今天,哪一个社会主体会因其彻底的失位而能够完成这一行动?

(黄玮杰 译)

---

① 这也是阿多诺著作中的一个章节标题,参见 Adorno, *Drei Studien zu Hegel*, Frankfurt: Suhrkamp, 1963, S. 13。

卢卡奇《历史与阶级意识》对马克思主义意识形态学说的重构和阿多诺对非教条马克思主义来源的"背叛"*

［德］萨比娜·多伊

本研究尝试重建一种特定类型的马克思主义理论结构，这一理论结构由卢卡奇于1923年出版的论文集所创造，①它在此之后很久才被真正了解并取得成果，其重要性远远超出了马克思主义内部的争论。该理论形式的核心是合理性（Rationalität）与物化（Verdinglichung）之间的内在联系，这种联系体现在思想意识现象上。

合理性可以被理解为我们称为现代性的现代时期的核心概念。**物化**概念表明了失败的、被误导的合理化的结果——黑格尔首先用分裂（Entzweiung）概念表达了这一思想：对于黑格尔来说，分裂是现代性的标志，它关系到自觉的主体性原则，而这种原则的承载者是理解（Verstand）；因此，分裂催生出一种哲学，这种哲学将理解变为理性（Ver-

---

* 本文出处：Sabine Doyé, „Rationalität und Verdinglichung: Georg Lukács' *Geschichte und Klassenbewusstsein*, die Rekonstruktion der Marxschen Ideologienlehre und Adornos" Verrat „an den Quellen eines undogmatischen Marxismus", in *Lukács-Jahrbuch 2005*, Bielefeld: Aisthesis Verlag, 2005, S. 121 – 148.
  萨比娜·多伊，德国女性主义哲学学者。
① 同年发表的卡尔·柯尔施的《马克思主义与哲学》的著作就在此语境中，尽管正如柯尔施本人在1930年新版序言中所指出的那样，此书在哲学上的发展不如卢卡奇的研究广泛。Karl Korsch, *Marxismus und Philosophie*, hg. von Erich Gerlach. Frankfurt am. Main/Köln, 1966.

nunft),从而处于和解这一核心概念之下。①

在唯心主义语境中,我们可以看到,虽然意识领域是物化显现的地方,但并不像卢卡奇认为的那样是物化的根源。这种意识维度固定在**意识形态**的概念中——今天,特别是在日常政治语言中,它是一个语义内容模糊的概念:本文旨在阐明卢卡奇通过追溯马克思政治经济学的核心范畴而赋予它的意义。

上述意义被置于一个当时不寻常的视角中,即黑格尔的辩证法概念的视域中:黑格尔的方法概念将范畴的预先确定性(kategoriale Vorentscheidungen)带入政治经济分析中,这也是卢卡奇解释物化概念的方法。他首先在核心章节《物化和无产阶级意识》中卓有成效地指出,马克思在《资本论》第二版跋中清楚地承认,他(马克思)将自己视为黑格尔的学生,并希望在清除黑格尔神秘主义的前提下,将黑格尔的方法作为政治经济学批判的指导方针。②

正是这种以黑格尔方法论为标志的视角,使卢卡奇的计划成为一个超越了理论史意义的方案:他推进了一种理论类型的发展,这一理论类型形成于对所谓西方马克思主义,即不受党派约束的、非教条的马克思主义的争论中,并由法兰克福学派进一步丰富发展了。最重要的是阿多诺的著作为战后时期批判理论赋予了独一无二的形象。③

---

① G. W. F. Hegel, *Differenz des Fichteschen und Schellingschen Systems der Philosophie* (1801), in Werke in zwanzig Bänden (Theorie Werkausgabe Suhrkamp), Bd. 2, Frankfurt am Main, 1970, S. 20.
② Karl Marx, *Das Kapital*. Bd. I. Nachwort zur zweiten Auflage, in MEW 23, Berlin, 1972, S. 27. 中译文详见《马克思恩格斯全集》第 44 卷,人民出版社 2001 年版,第 22 页。——译者注
③ 哈贝马斯将卢卡奇归入批判理论史中;我在一些关键点上与其有争论。Jürgen Habermas, *Theorie des kommunikativen Handelns*, Bd. 1; IV: Von Lukács zu Adorno: Rationalisierung als Verdinglichung, Frankfurt am Main, 1981.

一、主流学术概念以及对马克思的当代解读

20世纪20年代的卢卡奇首先是在马克思主义内部政治哲学辩论的背景下发声的,而听众是接受第二国际正统马克思主义理解的代表们。[①]

这种正统观念的盛行只能在经验主义科学概念的背景下进行解释。自19世纪中叶以来,马克思主义面临的基本问题可以粗略地概括如下:一种理论形式如何在主流的科学理解中自处?理论的特殊性在于使自己的理论身份变得多余,换句话说,理论在多大程度上实现了其实践—解放性的内容?

科学的有效性在很大程度得益于背离黑格尔[②]思辨的科学概念而转向实证科学的模式,后者借助自然科学演绎法成功得以施行。所谓的精神科学形成了一个对立的模式,其中心是在生命哲学意义上的已经被中和的客观精神概念,以及为此量身定制的认知力。如果我们用狄尔泰的方式将马克思的理论内容理解为"人类—历史—社会的世界",那么马克思的理论就也属于这个科学群体。然而,对于一个以实践为目的而设计的理论,它的认知模型是完全不合适的:当代历史学的生命哲学—历史学基本取向中没有干预实践的思想。相比之下,实证科学模型则能够体现出理论与实践的关系,当然它的代价是实践概念在技术上被简化了——实证科学的客观主义也只允许出于方法论的原因在技术上对实践概念进行简化。技术适用性是理论实证特征的最重

[①] 关于第二国际对科学的实证主义理解,请参见 Iring Fetscher, *Karl Marx und der Marxismus. Von der Philosophie des Proletariats zur proletarischen Weltanschauung*, München, 1967, S. 45 - 122。

[②] 正如马克思所说:"就像莱辛时代善良的摩西·门德尔松对待斯宾诺莎一样,黑格尔也被视为'死狗'"。Karl Marx, *Das Kapital*. Bd. I. *Nachw. zur zweiten Auflage*, in MEW 23, Berlin, 1972, S. 2.

要证明；理论假设现象之间存在规律性联系，这一规律性只有在下列条件下才能被验证，即它除了提供了一种理论的说明外，还必须具有做出预测的能力，并且能够以技术应用的形式验证它所做出的预测。

用康德的话说，像外在于人的自然一样，事物的定在，只要它是根据一般规律所确定的，就应该根据其规律性的联系被审视分析。作为人类行为之源头的存在之物以及人类的世界也是如此，这种审视是为了让对这些联系的认知更好地服务于人类的目的。

第二国际最重要的代表卡尔·考茨基[①]认为，马克思和恩格斯已经证明，最终决定人类历史世界的规律是经济规律；对这些规律的了解可以预测现有的资本主义社会将灭亡，而社会主义社会将取而代之。介入性的实践就是带来适当的边界条件，从而加速那些可以独立于人类实践的过程。在这种被合理描述为"科学社会主义"的命题体系的可验证性背景下出现的实际问题，实际上是技术应用的问题。

这种在技术上被简化的理论与实践的关系阻碍了对决定性事实的认知。将自然科学方法论应用于历史—社会世界研究的前提条件是社会本身的真正缺陷，而对这些缺陷进行结构性分析，便是政治经济学的主题。政治经济学就是将科学的客观性理想转移到人类行为的关系中，它根据客观可证明的规律对其进行解释，这一解释不仅是方法论意义上的，也是真实历史可证的，它能够揭示对于资本主义社会来说至关重要的错误和颠倒。

考茨基的反对者爱德华·伯恩斯坦（Eduard Bernstein），将应然的领域与经济上可确定的事实的领域相对立，伦理学就成为补充历史唯物主义的附加学科[②]，从而使这种事态的结构特征变得无法辨认。诚然，这种方法并没有以任何方式修改历史唯物主义对科学的客观主义

[①] Karl Kautsky, *Ethik und materialistische Geschichtsauffassung*, Stuttgart, 1910.
[②] Eduard Bernstein, *Die Voraussetzungen des Sozialismus und die Aufgaben der Sozialdemokratie*, Reinbek bei Hamburg, 1969.

理解：正是因为伯恩斯坦坚持实证科学模型，因此他发现基本的经济预测是错误的。但既然他仍然期望社会主义的最终目标，就需要额外的权威来给这个愿望提供合理基础。对伯恩斯坦来说，新康德主义的伦理学恰恰可以为作为行动目标的社会主义的人道主义价值提供证明。①

对当代理论发展的还原论特征的洞察，并没有使卢卡奇重拾哲学—历史的方法。② 相反，他通过借助于马克斯·韦伯关于西方社会合理性生成的分析来阐释物化现象。③

二、马克斯·韦伯的合理性概念

马克斯·韦伯分析了两种关键的合理化推动力，它们分别表现在文化和社会领域。其中，合理性以范式的方式被呈现为合理化过程的结果④。在韦伯看来，合理化首先是关于对神话思维的祛魅和对宗教和形而上学世界观的批判；这导致了现代意识结构的出现，这些结构以特定的文化合理化形式展开。其次，合理化是关于这些现代意识结构的制度化体现，即它涉及文化向社会合理化的实施过程。

卢卡奇主要关注的是社会合理化领域。根据韦伯的说法，这体现在两个互补制度的形成过程中：它们是资本主义企业和国家官僚制度。

---

① 赫尔穆特·霍尔茨海介绍了当今从马克思主义和政治经济分析中提炼出来的社会主义理论：伦理社会主义。Helmut Holzhey (hg.), *Ethischer Sozialismus. Zur politischen Philosophie des Neukantianismus*, Frankfurt am Main, 1994, S. 8; H. J. Sandkühler und R. de la Vega (hg.), *Marxismus und Ethik*, Frankfurt am Main, 1970; Kurt Lenk, *Marx in der Wissenssoziologie*, Neuwied/Berlin, 1972, S. 168 – 184.
② 关于西美尔对《历史与阶级意识》的广泛影响，请参见 Rüdiger Dannemann, *Das Prinzip Verdinglichung. Studie zur Philosophie Georg Lukács'*, Frankfurt am Main, 1987, S. 61ff. 这份重要的工作，只有在完成我的论文的核心部分后才能够展现，与这里介绍的研究相比，由于研究范围有限，丹内曼的研究具有彻底的典范性和哲学的严谨性。
③ 关于马克斯·韦伯的合理化概念，参见 Jürgen Habermas, *Theorie des kommunikativen Handelns*, Bd. 1; IV: Von Lukács zu Adorno: Rationalisierung als Verdinglichung, Frankfurt am Main, 1981.
④ Max Weber, *Gesammelte Aufsätze zur Religionssoziologie*, Bd. 1, Tübingen, 1963 (5. Aufl.).

两种制度形式都应被理解为这样一种制度形式,它标志着始于现代性的社会与国家的分离,以及经济领域和政治领域的区别。随着经济领域从国家统治中解放出来,资产阶级社会呈现为一个商品生产者社会,商品生产者作为自由平等的私法主体而相互联系,其交往受到以强制法为主的国家垄断力量的保护。以行动理论为基础的社会学家韦伯从国家活动官僚化的制度化以及生产领域资本主义化的制度化中辨别出,一种特定的行动类型即合目的理性的(zweckrational)的行为正在逐渐解放出来。韦伯认为,将这种类型的行动从前现代特征的价值和行动取向的支配地位中解放出来的过程与合理化是分不开的。在这个分离过程中,现代性的合理性特征在于,按照纯粹合目的理性的行为开始自动化,因此,基于意志和意识而行动的主体似乎是可有可无的。也就是说,随着合目的的理性行动在国家行政管理和私人经济中日益制度化,这种行为在行为主体的人格结构中失去了动机基础。①

对韦伯来说,这是一种基于原则的道德——这些原则在形式上是康德的义务伦理学,实质上也可以被理解为价值伦理——它塑造了与实践相关的意识结构的特定合理性,从这个意义上说,它使得一种有条不紊的生活方式成为可能。在经济和国家的合目的理性行动的制度化过程中,动机基础是多余的,其特征是现代意识结构的道德实践理性,它消除了行动(Handeln)和行为(Verhalten)之间的区别;也就是说,所有决定行动与行为差异性的意向性要素和相关的理性正当性已经失效了。两种形式的制度化——正如帕森斯当时所说的那样②——自我巩固为合目的理性行动的子系统。对行动的个体来说,系统的独立性使理性化的过程以一种特殊的方式变得自相矛盾:人类的主体性似乎解放了属于人类的所有理性力量和能力,但其结果却是消灭了这种力量

---

① 在"没有灵魂的专家"和"没有心肝的纵欲者"的形象中,韦伯看到了那些助长国家和经济中独裁或克里斯马型领袖形象出现的社会性格。
② Talcott Parsons, *The Social System*, New York, 1951.

和能力,并最终也会消灭主体性自身。

在这种合理化结果中,现代系统论看到了无主体科学构想的基础,而卢卡奇则将合理化悖论固定在物化概念中,从而在方法上为霍克海默和阿多诺的思考奠定了基础。

三、卢卡奇的物化概念

在霍克海默和阿多诺看来,工具理性是导致物化的理性化载体:工具就是理性,它把通过合理设定目的来决定人类意志的能力转变为为实现任意目的提供手段的能力,理性以此实现它的全面统治。科学和技术本身因此成为社会压制的媒介。

这种批判的激进化特征是古典批判理论先驱者所特有的,它根源于卢卡奇的物化概念所体现的总体化特性。事实上,卢卡奇用物化概念总概的现象,就是韦伯视为社会和文化合理化的结果,卢卡奇分别对两者做了论述。就某个方面而言,文化合理化的结果具有非常明确的进步意义:这意味着科学的自主性。文化合理化将文化价值领域区分为科学、法律、道德和艺术的自治领域,这些领域都遵循自己的逻辑。这种根据自身规律而产生的文化价值领域的分离,使得理性的实质统一性观点被局限于前现代领域。这种统一性被三种独立的心智能力所取代:认识能力、欲求能力以及愉快和不愉快的感觉,它们各自有不同的应用领域,即自然、自由和艺术,也遵循不同的先验原则。对于韦伯来说,这种区分是不可逆转的明确的合理化过程所导致的结果,特别是韦伯将科学的自主性,即从前现代世界图景和形而上学中解放出来的认知模式,描述为积极进步的明确标志。[1]

与韦伯不同,对卢卡奇来说,科学恰恰是物化意识的实现形式。对

---

[1] Max Weber, *Wirtschaft und Gesellschaft. Grundriß der verstehenden Soziologie*, 5. revidierte Aufl. Tübingen, 1972, S. 688ff.

于现代科学知识的客体领域来说,范畴的预先确定性是极为重要的,只有回溯到社会合理化本身以及合理化的最重要结果,即商品生产的经济领域的独立,才能理解这一范畴的预先确定性。卢卡奇将韦伯分别加以分析的社会和文化合理化的两个领域之间建立起了结构性联系,其方式是,卢卡奇在社会结构和意识结构、在商品形式和思想形式①之间建立起联系,同时将合理性的概念从行动理论中解放出来,从而使其摆脱了韦伯理论的限制。这给予卢卡奇一个新的启示,让他能够将马克思对黑格尔方法的借用与黑格尔对康德理论的批判联系起来。

卢卡奇的观点是:作为"对象性形式"②固定下来的科学认识,其对象领域的预先确定过程,可以追溯到对商品生产社会具有决定性作用的物化,马克思将其概括为商品拜物教特征。

纯粹以概念的方式、不依赖于政治经济学范畴来描述物化现象是有意义的。"物化"一词显然表明了一种范畴性的转变和扩展(kategoriale Verschiebung und Erweiterung):事物的存在采用了另一种方式。用唯心主义的术语来说就是:作为客体、非我的意义上的事物,即对于一个认知和行动主体来说的对象,开始获得自己的生命,并可以——自相矛盾地——作为物来行动,它刺激能动的主体,使主体忘记了自我认识、活动和自我意识是属于他自己的,是他自身的存在形式,由此,主体便忽略了自身与他者的区别。主体认识到事物不是主体自身建构的,事物的物性似乎是自然而然生成的:它的存在方式仿佛自然就是一个存在着的、完成了的、没有历史的东西。对偶然事实性的原因进行追寻,是没有意义的。因此,事物及其关系表现为"独立于个人意志之外";由于其过程符合"必然规律",事物及其关系便是可计算的,因此,有形的表现形式可以被认作为"根据计算即可计算性来加以调节的合

---

① 下文会详述阿尔弗雷德·索恩-雷特尔(Alfred Sohn-Rethel)对阿多诺"物化"概念的影响。
② 卢卡奇:《历史与阶级意识》,杜章智等译,商务印书馆1996年版,第62页。

理化的原则"①。

用抽象方式描绘出的物化现象有助于把握具体的事实,卢卡奇认为,这一事实就是马克思对劳动产品的商品形式进行经济分析所得出的结果。

四、马克思的商品分析

政治经济学分析是通过一个关键的视角转换进行的,即跳出简单的主客体关系,关注主体之间以及主体与客体之间的联系。主客关系在唯物主义视角下就是人与自然的关系,因为它一直是以人类劳动作为中介;物质生产以及占有自然时的具体活动代替思想的意识的构成活动。这种活动即劳动,是具体的,因为它生产使用价值,并且是人与自然之间物质变换的一般条件,不以人类生活的任何形式为转移,是人类生活的永恒的自然条件。②

物化现象只有在将人与自然的关系扩大到生产主体及其相互联系的三位关系时才出现;社会生活联系范畴,构成了马克思主义物化学说的理论背景,这种社会联系只有在自然中并通过对自然的占有才能形成,并且无法摆脱经济基本结构的制约。社会和经济两个因素的分离催生出相互独立的社会学和经济学,它们相互独立、相互补充,也各自存在缺陷。③ 因此,我们必须研究人们在占有外部自然时所建立的关系。这些关系随着对自然的占有程度而变化,并构成了由历史决定的

---

① 卢卡奇:《历史与阶级意识》,杜章智等译,商务印书馆1996年版,第149页。卢卡奇认为马克思的商品分析对物化现象的发掘是不充分的,因为在西美尔的影响下,他认为交换过程中只存在"量化还原"的原则。丹内曼的研究已经证明了这一点,参见 Rüdiger Dannemann, *Das Prinzip Verdinglichung. Studie zur Philosophie Georg Lukács*, Frankfurt am Main, 1987, S. 78ff. 我将在下文中忽略这一缺陷,并尝试在思想上而不是在文字上对卢卡奇进行分析。
② 《马克思恩格斯全集》第44卷,人民出版社2001年版,第215页。
③ Georg Lukács, *Die Zerstörung der Vernunft*. Bd. 3. Irrationalismus und Soziologie, Darmstadt/Neuwied, 1974, S. 46.

社会形态的特点。

这便是分析人类历史发展逻辑的切入点：只能通过把握经济社会形态的特点，我们才能对人类历史的各个时代加以区分，才能对进步这一概念有具体的理解。现代时代，即商品生产的资产阶级社会时代，在某个方面的确标志着我们所知道的最高水平的进步：这个发展阶段回顾了人类历史总的发展逻辑。如果可以成功解剖资产阶级社会结构，那么就获得了对前资产阶级社会形态的理论理解，而对后者的分析反过来又能将资产阶级现代性视为人类历史上发展的最高阶段，从而把握物化现象。

在马克思看来，商品形式的特性是什么？一旦劳动产品采取商品形式，就会出现一种奇怪的转变：它不再只是一种在具体劳动中生产出来的满足人类需要的感性的、有用的东西；它获得了第二个特征：它变成了感性—抽象的东西，它获得了客观性，马克思称之为"幽灵"，因为它既不是感性的，也不是纯粹的观念。商品形式[①]的奥秘就在于这种二重性。这种二重性只出现在商品交换关系中。在商品交换关系中，它们以一定的比例相等价，并成为彼此的等价物，即体现着它们共同的价值实体。更准确地说，在感官上无法达及的价值对象性只能通过感性所能达及的商品实体或使用价值表现出来。价值形式的发展和价值的出现，最终导致货币形式的形成。这里很清楚，因为所有的商品，即商品世界，都用一个单一的商品表达它们的价值，而这个单一的商品本身被排除在价值表达之外，就变成了一般等价物。商品世界总是在已经被排除的商品实体中发现它的价值表现，它本身似乎是一种价值表现；它没有获得等价形式，因为所有其他商品都在它们的商品实体中代表了它们自己的价值；相反，它们这样做是因为这种商品具有内在的整合价值，即作为商品实体的货币。"中介运动在它本身的结果中消失了，

[①] "商品的拜物教性质及其秘密"是马克思总结商品分析的第四节的标题。《马克思恩格斯全集》第44卷，人民出版社2001年版。

而且没有留下任何痕迹。商品没有出什么力就发现一个在它们之外、与它们并存的商品体是它们自身的现成的价值形态。"①

那么,商品的拜物教特征就在于:人们将他们自己作为生产者而彼此形成的社会关系看作是劳动产品的客观特征,看作是这些社会物的自然属性。这种颠倒的原因在于劳动的特殊社会性质:这些劳动是作为独立的私人劳动进行的,而个体劳动力并没有作为整个社会劳动的有意识的部分。由于人们不是在通过劳动产生联系,那么他们所完成的产品就承担了社会交往的功能。

生产者与总劳动的关系表现为一种外在于他们的、表现为物的关系;这种关系决定了商品中包含的价值实体是否以及在多大程度上是社会总劳动的一部分,生产者是否以及在多大程度上合理地,即以对社会有用的形式消耗了他的劳动。由于商品自身的流通,即当市场成为决定性力量时,商品所有者的活动就被简化为将商品运送到市场并以"体现在这些物中的人彼此发生关系,因此,一方只有符合另一方的意志,就是说每一方只有通过双方共同一致的意志行为,才能让渡自己的商品,占有别人的商品。可见,他们必须彼此承认对方是私有者"②。

五、意识形态概念

促使向意识形态概念转变的决定性问题是:意识如何把握这个过程,或者换一个正确的表述,意识如何反映这个颠倒过程?回答是:它如实反映了这个过程,意识之镜如实地显示了颠倒的结果,即物由于其社会的自然属性而相互建立关系。因此,它准确地反映了错误的社会实践。意识的物化就根源于此。

---

① 《马克思恩格斯全集》第 44 卷,人民出版社 2001 年版,第 112 页。卢卡奇之所以受到西美尔"物化"概念的影响,在我看来,是因为卢卡奇很大程度上忽略了马克思的价值形式分析。
② 《马克思恩格斯全集》第 44 卷,人民出版社 2001 年版,第 103 页。

意识成为看似自在存在的现实的纯粹反映,它完全以意识形态的方式成为社会的错误意识。在以使用价值和自我直接需求为主导、以人的依赖性关系为基础的社会关系中,这种意识的物化是不可想象的;在这样的社会中,即前资产阶级社会形式中,资产阶级自由平等的规范会使其统治关系的非法性凸显出来。资产阶级社会的进步在于消除一切人的依赖性关系。当然,这种进步的代价是,所获得的自由不是表现在人与人之间的关系上,而是颠倒为物的社会关系。

现在这种颠倒塑造了资产阶级科学的标准:一方面,"人的所有关系(作为社会行为的客体)越来越多地获得了自然科学概念结构的抽象因素的对象性形式,即自然规律抽象基础的对象性形式,另一方面,这个'行为'的主体同样越来越对这些——人为地抽象了的——过程采取纯观察员,纯试验员的态度"[①]。从这个意义上说,意识变成了客观主义的,它被简化为单纯的影像和反映功能;它仅专注于事物的完善的客观性,它没有认识到它已经成为什么,而是在其纯粹的事实性中承认它。

对资产阶级思想而言,最具决定性的"对象性形式"就存在于意识的物化中,卢卡奇以黑格尔批判康德的精神对之展开了批判。在黑格尔看来,康德主观批判唯心主义的基本特征,在于将理性限制在有限形式上。作为一种完美的知性哲学,它揭示了理性的认知力量的界限,它满足于确定主观性和客观性之间的对立:与客观领域,与物之间无关紧要地并列、分离的有限领域相对的是主观纯粹无限的自我同一性。思辨思维认识到,对立面并不是僵硬对立的;关于对立的双方,即主观纯粹的内在存在和客观的外在存在,我们无法脱离一方来理解另一方。要在这种相互转化的运动中发现活生生的也即具体的同一性的基本规定,就需要理性。因此,"扬弃这些固化的对立"是"理性的唯一志趣"。

---

① 卢卡奇:《历史与阶级意识》,杜章智等译,商务印书馆1996年版,第204页。试验员试图努力发现"辩证的和哲学意义上的"实践,卢卡奇证明了"'恩格斯'最深的误解"。

卢卡奇这段对差异性的论述①是向黑格尔辩证法的致敬；然而，与此同时，卢卡奇也指出黑格尔辩证法的唯心主义特征，并由此点明了历史唯物主义超越黑格尔的方法。

黑格尔将反思哲学的范畴视作片面的而加以拒绝，但同时从辩证法的观点来看，思辨思维是必不可少的。但是，根据卢卡奇的说法，这些知性思维规定适用于但不限于哲学历史观，它们构成了认知理性发展的必要阶段；换句话说，重要的是知性的"对象性形式""不是把反思规定看作是把握现实的一个'永恒的'阶段，而看作是资产阶级社会的必然的生存形式和思维形式，是存在和思想的物化的形式，马克思主义就这样在历史本身中发现了辩证法"②。卢卡奇的核心观点是，当物的形式变得完整时，即劳动力占据主导地位时，主体关系向物的关系的颠倒就达到了它的最终形式。如果不是生产完成的产品，而是生产能力本身，即劳动力被拿到商品市场上出售，等价交换的公平性不会受到损害，商品交换领域——正如马克思所说——是"天赋人权的真正伊甸园。那里占统治地位的只是自由、平等、所有权和边沁。自由！因为商品例如劳动力的买者和卖者，只取决于自己的自由意志。他们是作为自由的、在法律上平等的人缔结契约的。契约是他们的意志借以得到共同的法律表现的最后结果。平等！因为他们彼此只是作为商品占有者发生关系，用等价物交换等价物。所有权！因为每一个人都只支配自己的东西。边沁！因为双方都只顾自己。使他们连在一起并发生关系的唯一力量，是他们的利己心，是他们的特殊利益，是他们的私人利益"③。

这段讽刺的文字说明意识形态化的意识只是一种映像，可以说是对社会状况的盲目确认：与资产阶级社会的经济结构及其法律形式（自

---

① 卢卡奇：《历史与阶级意识》，杜章智等译，商务印书馆1996年版，第218页。
② 卢卡奇：《历史与阶级意识》，杜章智等译，商务印书馆1996年版，第263页。
③ 《马克思恩格斯全集》第44卷，人民出版社2001年版，第204页。

由、平等、财产)相对应的社会政治制度,将社会意识描述为与生产关系相适应的上层建筑。只要资产阶级财产关系还是进步的发展形式,那么为这些上层建筑的合法化服务的意识形态就是多余的。只有当适应关系变得脆弱,即财产关系成为生产力发展的桎梏时,当意识为现有的关系进行辩护时,意识才会变成意识形态。

只有在社会存在与意识关系发展到这个阶段,才能出现一门新的科学;这门新科学认识到,在事物的完成形式中是无法发现它们形成的隐藏历史的,换言之,是无法看透物化过程的,无法理解物化不过是基于事实的意识形态意识的忠实表达。"如果事物的表现形式和事物的本质直接合二为一,那一切科学都会成为多余的了。"①这一见解构成了"政治经济学批判"。庸俗经济学服务于特定的统治利益,并认为自己的任务是"对于局限在资产阶级生产关系中的生产当事人的观念,教条式地加以解释、系统化和辩护"②,而政治经济学批判则希望揭示资产阶级经济范畴自身是什么:揭示隐藏在物的外壳下的社会关系。

意识因此获得了将自己从其作为图像功能中解脱出来的机会,就像看到镜子后面那样回头追溯它自己的物化。通过这种方式,唯心主义赋予意识一种不以时间为转移的荣誉,即摆脱被物所决定的特性。因此,意识成了具有活动潜能的、从实践上改变现存社会关系的意识。对卢卡奇来说,这种意识的形成与生产者在生产过程中的客观功能相一致,即获得无产阶级的阶级意识。这个阶级因此在某一方面比统治阶级具有优势:对于生产资料所有者来说,劳动力只是商品的一种,而对于无产阶级来说,它是客观上最极端的物化形式。现在"资本主义生产方式的神秘化……物的人格化和生产关系的物化"③已经完成。

卢卡奇在这种极端的物化形式中看到了转折的真正可能性:工人

---

① 《马克思恩格斯全集》第 46 卷,人民出版社 2003 年版,第 925 页。
② 《马克思恩格斯全集》第 46 卷,人民出版社 2003 年版,第 925 页。
③ 《马克思恩格斯全集》第 46 卷,人民出版社 2003 年版,第 940 页。

关于他的社会存在的意识是他作为商品的自我认知,即在工人的意识中"商品结构的拜物教形式也就开始崩溃了……他的意识就是商品的自我意识"①。商品物的特性在工人的自我意识中并通过自我意识被扬弃:"意识这一行为就(彻底改变了)它的客体的对象性形式。"②

在最纯粹的黑格尔的意义上,这一决定性的考虑无疑是唯心主义的,它因此超越了科学自身的批判界限。关键在于这种思辨的信念,即主体的主体性在于,能将物性的东西,即对主体来说自在地、在意识之外存在的东西,视作自为的存在,主体将物性之物观念化,将物性之物变成自觉的自为存在,这样最终一切差异性都被扬弃了,而且在绝对知识的意义上,真理等同于确定性。黑格尔将其理解为向观念即客观精神的最后阶段——世界精神——的汇聚过程,而其理性和必然的展开过程就是世界历史。

因此,卢卡奇将无产阶级在世界历史中的作用与无产阶级的自我认识结合起来。通过这样一个意识过程,他扬弃了那种将人类历史置于史前水平的腐朽论调:让人类主体成为模糊客观规律的执行者的历史,都只是史前史,是必然性的王国。当客观事件归因于以意志和意识行动的主体时,人类的历史才开始:当无产阶级成为历史的主客体时,人类的历史才有机会开始。

现在无产阶级的经验意识没有和无产阶级在世界历史中的角色融为一体;将革命的阶级任务作为行动指导原则的先锋队即党,对工人阶级进行指导和领导是必要的。③ 这些反思使卢卡奇十分接近列宁的政

---

① 卢卡奇:《历史与阶级意识》,杜章智等译,商务印书馆1996年版,第252页。
② 卢卡奇:《历史与阶级意识》,杜章智等译,商务印书馆1996年版,第264页。
③ 卢卡奇对伦理学的定义:"这种阶级意识是无产阶级的'伦理学',是无产阶级的理论和实践的统一,是无产阶级解放斗争的经济必然性辩证地变为自由的地方。……党成为战斗无产阶级伦理学的支柱。"(卢卡奇:《历史与阶级意识》,杜章智等译,商务印书馆1996年版,第95页。)卢卡奇对伦理的定义是对黑格尔思想体系特征的批判,因为黑格尔没有明确论述伦理学。当然,人们可以将这种由理论与实践的统一、自我意识与意志的统一所决定的黑格尔世界精神的运动称为他的"伦理学"。卢卡奇并不像黑格尔那样提供实践哲学框架内独立学科意义上的"伦理学"。

党理论,这是由于卢卡奇对黑格尔的解读,超出了马克思在承认黑格尔方法论典范性的同时所认识到的局限性。在《历史与阶级意识》1968年版的序言中,卢卡奇收回了对无产阶级的这种唯心主义的称颂,并将其描述为"比黑格尔主义还黑格尔主义"。

霍克海默和阿多诺大约二十年后才摆脱这一界限跨越的影响。对他们来说,鉴于真正存在的晚期资本主义以及平息的阶级冲突,工具理性的统治已经变得全面。"借助包揽着一切关系和感情这一总体社会的中介,人们再一次变成了与社会进化规律和自我原则相对立的东西,变成了单纯的类存在。"①因此,推动思想的不再是革命性的实践理念;相反,哲学的唯一任务是无情地证明进步已经变成了"重新野蛮化"②。众所周知,阿多诺以最坚决的方式对"启蒙辩证法"的基本主题进行了深入思考。

六、阿多诺的《否定的辩证法》

卢卡奇在自我批评中所做的对唯物辩证法基本见解的回顾,与支撑阿多诺否定辩证法的思想主题非常兼容:"正是由于转向客体的优先地位,辩证法才变成了唯物主义的。"客体的概念是"非同一性的肯定性表现"③;超越否定的辩证法的唯物辩证法应如何思考,依赖于向客体优先性的转变,假如这个转变成功了,非同一概念就将解开它与同一概念的联系。

如果想在这条道路上跟随阿多诺,首先必须澄清主体的优先性以何种方式与同一性概念相关联。用卢卡奇的话来说,是"对象性形式"

---

① 马克斯·霍克海默、西奥多·阿多诺:《启蒙辩证法》,渠敬东、曹卫东译,上海人民出版社2006年版,第29页。
② 马克斯·霍克海默、西奥多·阿多诺:《启蒙辩证法》,渠敬东、曹卫东译,上海人民出版社2006年版,第5页。
③ 西奥多·阿多诺:《否定的辩证法》,张峰译,重庆出版社1993年版,第190页。

让主体的优先性与同一性概念联系起来——卢卡奇用这一范畴性基本概念建立了分析商品生产社会的理论框架,这一概念还需进一步阐明,它可以追溯到由同一性概念塑造的思维的特定结构。赋予这一基本任务以批判的重要性是众所周知的:以同一性概念为中介的思维否认唯心主义主体的优先地位;同一性的逻辑不是来源于自身,而是基于一种现实性,这一现实将思想法则的内在性设想揭露为表象。唯心主义无法把握这一现实,正是主体的自然历史维度赋予了这一现实以效力,并赋予思想法则以强制性法则的特征。

这里需要说明,阿多诺的批判性解释以何种方式超越了卢卡奇的方法:在马克斯·韦伯的合理化概念语境中,我们可以将卢卡奇的方法描述为一种"去差异化"的方法。韦伯对社会和文化合理化过程的不同分析和评估,在卢卡奇理论中被融合成合理性的概念,卢卡奇认为合理化的缺陷源自商品生产的经济规律;通过这种方式,对象性形式的概念与物化的形式融合在一起,成为资产阶级社会的标志。对于阿多诺来说,这种在现代的共时维度中完成的解释的激进化只有在同一自我的形成和理性主体化的基础上才是经得起考验的,而自我的形成以及理性的主体化又必须发生在人类历史的历时进程中。因此,"早期卢卡奇渴望重新到来的有意义的时代正如他后来证明它只是资产阶级的时代一样,也是物化、非人制度的产物"[1]。

在这种背景下,如何获得不被物化的形式,阿多诺是这样论述的,他首先拒绝了海德格尔批判唯心主义时提出的基础本体论的疑问:它"求助于一种不能丧失的起源",求助于"不惜一切代价成为一物的……的存在"[2],这一求助的基础是时代精神对"危害性智力"和"西方思想的进步的合理性"[3]的反对。海德格尔没有意识到,他的物化批判将那些

---

[1] 西奥多·阿多诺:《否定的辩证法》,张峰译,重庆出版社 1993 年版,第 189 页。
[2] 西奥多·阿多诺:《否定的辩证法》,张峰译,重庆出版社 1993 年版,第 87 页。
[3] 西奥多·阿多诺:《否定的辩证法》,张峰译,重庆出版社 1993 年版,第 87—88 页。

源于现实的东西附加在"思索的和理解的智性"之上,"尽管这种智性本身和它的经验世界一起被现实所物化"。① 海德格尔将"概念的批判劳动指责成一种堕落的历史"②,这源于他忽视了思维的强迫性特征:"精神所干坏事"的责任不在它的"傲慢的好奇心",精神只是"宣判了现实的联系迫使它宣判的东西,而在现实的联系中它不过是一个要素"。③ 只有通过概念思维的手段,客体才能获得优先地位,海德格尔没有意识到这一点,而是跳入了"复古的深渊,而在这种深渊中一切就是一切并能意指一切"④。海德格尔以自足的、哲学内在的方式对前柏拉图思想的衰落史进行重建,这一方法缺乏阿多诺否定辩证法的批判—规范性基础,阿多诺正是在这一基础之上得以坚持一种解放性的理性概念,正如它在《启蒙辩证法》序言中所说:对启蒙的批判,目的是想"准备好一种实证的启蒙概念"⑤。

阿多诺围绕启蒙理性概念进行阐释,第一步是探讨主体至上论最重要的先驱——黑格尔哲学。黑格尔的体系是建立在"对概念中的非概念物的基本特性的洞见"⑥的基础上的。非概念物不仅作为否定的东西属于概念物,而且必须隐藏在"同一性和肯定性"的一致性思考中。如阿多诺所说,当同一化概念作为思维的器官被投射到一个与唯心主义思维格格不入的地方,即被投射到自然史维度中时,这种被唯心主义视为理所当然的一致性就失去了根基。在自然史维度中,不仅同一性思维的强迫性特征显现出来,某种自我反思的能力也显现出来了,借助这种能力,思维主体可以认识到这种强迫性特征。

阿多诺这样阐述主体的原初历史概念:对黑格尔来说,精神优先性

---

① 西奥多·阿多诺:《否定的辩证法》,张峰译,重庆出版社1993年版,第88页。
② 西奥多·阿多诺:《否定的辩证法》,张峰译,重庆出版社1993年版,第116页。
③ 西奥多·阿多诺:《否定的辩证法》,张峰译,重庆出版社1993年版,第88页。
④ 西奥多·阿多诺:《否定的辩证法》,张峰译,重庆出版社1993年版,第117页。
⑤ 马克斯·霍克海默、西奥多·阿多诺:《启蒙辩证法》,渠敬东、曹卫东译,上海人民出版社2006年版,第4页。
⑥ 西奥多·阿多诺:《否定的辩证法》,张峰译,重庆出版社1993年版,第11页。

的基准归功于一条自然法则,即理性动物遵守自我保存法则。"(狂怒的唯心主义)使至高无上的精神自以为被美化的体系,在类的前精神的、动物的生活中有其原初的历史。"①这种洞察最初是在《启蒙辩证法》中发展起来的,它构成了否定辩证法的范畴基础及其发展框架;阿多诺将卢卡奇的物化分析纳入了这一框架,并从人类历史的系统生成维度对其进行阐释。在弗洛伊德精神分析理论的指导下,阿多诺将卢卡奇在商品形式的经济分析中所展开的内容理解为理性动物(animal rationale)的合理性。这一合理性存在于"合理化"过程之中,它无力自我反思,因而是束缚精神的"魔咒"。理性动物"已经幸运地有了一种超自我",他不能简单地屈从于"寻找一个对手"的冲动。"他的行动愈完全遵循自我保存的法则,他也就愈不怎么承认这一法则对他自身和别人的首要意义。"②动物的冲动不能源于生物的欲望,而欲望变成了"对牺牲品的狂怒",因为"邪恶"通常是"劣等的",它会引发自身的毁灭。唯心主义哲学的系统特征正源于这种合理化过程。

阿多诺尖锐地指出:"体系是搅乱心智的胃口,狂怒是每一种唯心主义的标志。"③费希特的理论特别适合用来展示这样一种思维狂热:"非我以及一切最终在我看来属于自然的东西"都是劣等的,"所以自我保存思想的统一体可以毫无顾忌地去吞没它们"。④ 在阿多诺那里,这种似乎按照尼采精神的表达,显然摆脱了那种在尼采理性批判中赞扬反启蒙的讥讽意味。恐惧是精神的唯心主义自我提升的一种未被承认的动力,它虽然是兽性的,但它如果被知晓、被坦白出来,便不再是兽性的,这样的信念是唯心主义的基本冲动。这种信念是辩证地展开的:理性"是自然的一个要素但又是某种别的东西"。"作为为了自我保存的

---

① 西奥多·阿多诺:《否定的辩证法》,张峰译,重庆出版社 1993 年版,第 21 页。
② 西奥多·阿多诺:《否定的辩证法》,张峰译,重庆出版社 1993 年版,第 21 页。
③ 西奥多·阿多诺:《否定的辩证法》,张峰译,重庆出版社 1993 年版,第 22 页。
④ 西奥多·阿多诺:《否定的辩证法》,张峰译,重庆出版社 1993 年版,第 21 页。

目的而分裂的心理力量,理性是自然的。"①但在对立中,作为"同自然相对照,它又成了自然的他者"②。"否定辩证法的铰链"在于如何理解这种具有双重特征的他者:理性凭借自我反思的能力而与自然相对,它可以把它变成一种自我保存的工具,即支配外在的自然,同时在这种支配中不可避免地忘记了"自在的"自然。在坚持自己的盲目意志中,"理性就会成为粗野的自我保存并倒退回自然"③。然而,在这种倒退中,理性并没有破坏其自我反省的能力;它仍然是一种意识到自己倒退并打破自我保存魔咒的力量:如果它抓住了这种可能性,它就不仅是自然之外的东西,而且是"超自然的"。

如果将理性从蒙昧关系中真正解放出来后,又陷入理性凭借自我反省而获得的强权之中,那便是倒退回唯心主义。认识到蒙昧关系是理性自身的产物,并不能消除蒙昧的影响。历史现实是,理性并没有解除魔咒,而是不断地服务于这个魔咒,并继续致力于增强蒙昧。

因此,哲学的任务是回溯这个蒙昧加重的过程。正是认识论的基本假设可以揭示被统治者成为统治者的颠倒过程:在主体为了巩固自身同一性而将异质物质为我所用的过程中,同一性的首要地位变成了事物的确定性,变成了它的自在:"它必须把对它发生的事情呈现为它的'内在'"④,它本身又成为认识主体的相适性对象。意识形态是一种同一化思维,因为它证实了"非我最终是我的论断是决不会兑现的:自我越是把握思想,自我就越完全发现自身被贬值为一种客体。同一性成了一种调整学说的权力机关,在这种学说中,客体——主体被认为与之并驾齐驱——报答了主体为它做的事情"⑤。

与实证主义相适应的真理符合论认为,对事物的想象需与事物相

---

① 西奥多·阿多诺:《否定的辩证法》,张峰译,重庆出版社1993年版,第287页。
② 西奥多·阿多诺:《否定的辩证法》,张峰译,重庆出版社1993年版,第287页。
③ 西奥多·阿多诺:《否定的辩证法》,张峰译,重庆出版社1993年版,第287页。
④ 西奥多·阿多诺:《否定的辩证法》,张峰译,重庆出版社1993年版,第145页。
⑤ 西奥多·阿多诺:《否定的辩证法》,张峰译,重庆出版社1993年版,第145页。

平衡,因此,精神会屈服于它认为是事实的东西。精神否认其自身的自然性,理念的结果以其肯定的事实性被精神视为是应接受的自在。在这种"对死亡的模仿"①中,同一化的精神是"第二自然","是和靠否认这种精神而起作用的盲目自然的魔法相等同的"②。

在对黑格尔第一自然和第二自然之关系的分析中,阿多诺直截了当地指出:黑格尔的第二自然概念是指"从内部产生的精神世界"③,指"中介一切自然的直接性"④,其中不仅包括直接涉及的法律领域,而且还包括历史领域。阿多诺表明,黑格尔将宪法纳入国家的定义中,这意味着,历史领域实际上在黑格尔那里仅被理解为自然:建立在个人契约联盟基础上的国家意志只是一个没有超越市民社会的纯粹知性国家(Verstandesstaat);因此,国家宪法不只是契约意志实体的现实性,也不能被认为是"纯粹制造的东西";"更确切地说,它是自在自为的实存,因此被视为神圣的和持久的,并且高于被造物的范围"⑤。在对宪法的这种解释中,第二自然,即中介领域和"历史世界"的缩影,被定义为(第一)自然。历史"获得了非历史的性质"。正如阿多诺总结的那样,"在历史中,黑格尔站在了历史的不变要素一边,站在了过程的永远如一的同一性一边"⑥。

黑格尔强调,将每一个存在者从单纯物质定在中解放出来,其方式是:思维将存在者把握为生成的结果,但黑格尔的这一理论最终只会将存在者整合到系统的整体联系中,而整体环境的总体性正来源于同一性思维的强制性特征。意识不能自行扬弃其物化,将客体视为"要求自

---

① 马克斯·霍克海默、西奥多·阿多诺:《启蒙辩证法》,渠敬东、曹卫东译,上海人民出版社 2006 年版,第 46 页。
② 西奥多·阿多诺:《否定的辩证法》,张峰译,重庆出版社 1993 年版,第 358 页。
③ G. W. F. Hegel, Grundlinien der Philosophie des Rechts, in *Werke in zwanzig Bänden* (*Theorie Werkausgabe Suhrkamp*), Bd. 7, Frankfurt am Main, 1970, S. 46.
④ 西奥多·阿多诺:《否定的辩证法》,张峰译,重庆出版社 1993 年版,第 357 页。
⑤ G. W. F. Hegel, Grundlinien der Philosophie des Rechts, in *Werke in zwanzig Bänden* (*Theorie Werkausgabe Suhrkamp*), Bd. 7, Frankfurt am Main, 1970, S. 439.
⑥ 西奥多·阿多诺:《否定的辩证法》,张峰译,重庆出版社 1993 年版,第 357—358 页。

己彻底恢复"的精神经验,需要自我反思来修正。但自我反思作为一种纯粹的意识行为仍然是无力的,因为"精神经验的对象是一个自在的、非常现实的、对抗性体系,不能和它在其中重新发现自身的认识主体相调停……唯心主义向主体和精神领域投射的实在性强制状态必须从这个领域中找到它的本原"①。

在认识论层面上对统治与被统治的颠倒进行范例性重构,让我们又回到了这样的观点,即物化的意识不是社会物化的"组成部分",而是"物化(是)在已经构成的社会中"②。

回到上述观点,这不仅是黑格尔思辨唯心主义的要求,而且也是康德批判先验哲学的要求。阿多诺基于阿尔弗雷德·索恩-雷特尔(Alfred Sohn-Rethel)的研究得出了这一结论。③ 索恩-雷特尔首次尝试将先验主体解读为对自身"无意识的社会"的密码。关键的信息是:这个主体作为所有建构性认知成果的非经验承担者,之所以能产生这些成果,是因为他的知识先验地回到了先前的社会真实构成。因此,只有回溯主体,才能回答客观认知的可能性问题:不是像哲学家所假设的那样是因为主体从自身获得建构性成果,而是因为这些所谓的自发成果可以被证明是有条件的。"先验主体的一般性是社会机能联系的一般性,即一个总体的一般性。这种总体是由个别的自发性和特质结合而成的,但又靠平均主义的交换原则来定界这些自发性和特质,最终把它们当作无望地依赖于总体的东西而删除掉。"④在社会的整体功能中,有意识的个体的自发性必须不留痕迹,因为社会整体的功能排除了自由的、

---

① 西奥多·阿多诺:《否定的辩证法》,张峰译,重庆出版社1993年版,第8—9页。译文有改动。——译者注
② 西奥多·阿多诺:《否定的辩证法》,张峰译,重庆出版社1993年版,第189页。
③ Alfred Sohn-Rethel, *Geistige und körperliche Arbeit. Zur Theorie der gesellschaftlichen Synthesis*, Frankfurt am Main, 1972. 在第90页,索恩-雷特尔回忆了1936年至1939年间阿多诺、本雅明和他本人之间的讨论。
④ 西奥多·阿多诺:《否定的辩证法》,张峰译,重庆出版社1993年版,第176页。译文有改动。——译者注

有自我意识的主体的联系。

在《论主体与客体》中,阿多诺总结道:"先验的主体学说忠实地揭示了种种抽象的、合乎理性的关系的先验性——这些关系是从人类个体及其环境关系中抽离出来的,交换关系是这些关系的模板。如果交换形式是社会的标准结构,那么交换的合理性就构成了人:至于他们自己是什么样子的,他们认为他们自己是什么,则是完全次要的。一开始就被机械论扭曲了的人又在哲学上被美化为先验的主体。"①上述翻转讽刺地肯定了阿多诺关于社会科学方法论基础的"实证争论"观点,其反对者认为应采用自然科学的模式建立"理解的"的社会学:在"理解的基质,一致的和合理的人类行为……被自己的纯粹的反应所替代"的地方,那些记录人类被降低为客体的方法理论并"不是亵渎"②。但实证社会学却无法实现研究方法与研究对象的一致:"现实与思想的对等(adaequatio rei atque cogitationis)(需要)自我反思能力,这样它才能是真的",实证社会学家没有看到"他们的权力仅仅是批判"③,正如哈贝马斯说的,尽管他们遵循了一种正确的研究实践,但他们却是以实证的方式进行解释的,因而这一研究实践没有界限:"错误的意识会对正确的行动起反作用。"④

错误意识以类似的方式在传统哲学中起着作用,它通过先验主体的强大禀赋补偿经验个体主体的权力丧失。阿多诺在《论主体与客体》中这样描述道:"个体越是和体制发生关联,从而实际上被贬低为社会总体的功能,纯粹的人、作为原理的人就越是被吹捧为具有创造力、绝

---

① Theodor W. Adorno, *Stichworte. Kritische Modelle 2*, Frankfurt am Main, 1969, S. 155. 中译文参见夏凡编译《阿多尔诺基础读本》,浙江大学出版社 2020 年版,第 469—470 页。
② Theodor W. Adorno, *Soziologie und empirische Forschung*, in *Gesammelte Schriften 8*, Frankfurt am Main, 1970, S. 202f.
③ Theodor W. Adorno, *Soziologie und empirische Forschung*, in *Gesammelte Schriften 8*, Frankfurt am Main, 1970, S. 203.
④ Jürgen Habermas, *Die Neue Unübersichtlichkeit. Kleine Politische Schriften V*, Frankfurt am Main, 1985, S. 172.

对统治力和精神等等属性的人。"①

但是,偏偏是康德从他的道德角度否认了这种辩解性提升的尝试,这是对连贯思想实践进行错误阐释的又一例证。阿多诺的论证如下:只要关于智性特点及其先验自由的学说对义务伦理来说是根本的,那么义务伦理学就有着"惊人败笔,即智性特点的难以捉摸的抽象特点有一点偶像禁令的真理性"。作为主体的可能性,诸如自由这样的智性特点"是一种开始形成的东西而不是一种现存的东西。一旦人们靠描述、甚至靠最谨慎的播述把它并入存在物,它便被出卖了"②。这一扩及一切实证性概念上的偶像禁令是指,禁止将尚在可能状态的东西在思想层面引入到现实中,并将其理解为"实证的"和"正确的状态"。"对未调和的东西"进行调和,这就是"作为意识形态家的唯心主义者"③的标志。唯一可以肯定的是存在一种关于意识的未调和的"错误的状况",即"作为魔法,物化的意识成了总体的"④。意识只有在自我反思的道路上才能打破总体性,从而认识到自己是错误的,才可以说:"它作为一种虚假意识的事实许诺它将有可能避免虚假——它并不总是这样,虚假的意识肯定不可避免地要超越自身,这是不能作出定论的。"⑤

卢卡奇成功地从唯心主义哲学的基本定理中提供了解放实践的观点,如果按照卢卡奇的观点,阿多诺所拼接出的思想必然是对它的两个源头,即德国古典哲学和马克思主义的背叛。这种对传统语境的切断恰恰催生出"否定哲学的任务",它拒绝提及任何类型的"社会

---

① Theodor W. Adorno, *Stichworte. Kritische Modelle 2*, Frankfurt am Main, 1969, S. 155. 中译文参见夏凡编译《阿多尔诺基础读本》,浙江大学出版社 2020 年版,第 469—470 页。
② 西奥多·阿多诺:《否定的辩证法》,张峰译,重庆出版社 1993 年版,第 296 页。
③ 西奥多·阿多诺:《否定的辩证法》,张峰译,重庆出版社 1993 年版,第 390 页。
④ 西奥多·阿多诺:《否定的辩证法》,张峰译,重庆出版社 1993 年版,第 346 页。
⑤ 西奥多·阿多诺:《否定的辩证法》,张峰译,重庆出版社 1993 年版,第 346 页。

条件分析"①。但事实上,要对现代性哲学的这一基本形式进行重构,卢卡奇是必不可少的,批判理论者所做的诸多研究已经证明了这一点。②

(王一惠 译,刘健、李乾坤 校)

---

① Jürgen Habermas, *Die Neue Unübersichtlichkeit. Kleine Politische Schriften V*, Frankfurt am Main, 1985, S. 172.
② 在这方面,"废除马克思主义"一词是有限适用的(参见 Frank Benseler, Werner Jung, Editorial, in *Lukács-Jahrbuch 2004*, Bielefeld, 2004),本泽勒在此指涉的是奥斯卡·内格特。在 2003 年召开的阿多诺会议上,霍耐特做了题为《作为资本主义分析的社会理论:阿多诺对资本主义社会生活方式的解读》的报告。在这一报告中,他广泛发展了卢卡奇的妥协理论。由霍耐特主编的会议论文集《自由的辩证法》即将出版。

论《历史与阶级意识》中物化理论与《启蒙辩证法》中身体哲学的关系[*]

[德]乌多·蒂兹,[德]沃尔克·卡萨

一

有的著作似乎具有永恒的特性,即使在问世很久之后,它们仍旧充满生命力,瓦尔特·本雅明曾如此评价《历史与阶级意识》。[①] 其原因在于,格奥尔格·卢卡奇抓住了被第二国际的社会民主党理论家完全忽视的两个复杂问题,即总体性与异化问题,卢卡奇差不多是在马克思的早期著作变得为人熟知的十年之前就重新发现了这两个问题。因此,卢卡奇关于他的马克思主义起源的左翼激进代表作总是被西方马克思主义者(因而也被批判理论的奠基人)视作他本人的代表作,尽管卢卡奇本人于1967年这部著作新版问世时提出了反驳,并提到了他的《关

---

[*] 本文出处:Udo Tietz and Volker Caysa, „Falsche Verdinglichungsphilosophie und verkehrte Leiberinnerung. Zum Verhältnis von Verdinglichungstheorie in *Geschichte und Klassenbewußtsein* und Leibphilosophie in der *Dialektik der Aufklärung*", in Lukács 2005, *Jahrbuch der Internationalen Lukács-Gesellschaft*, Bielefeld: Aisthesis Verlag, 2005, S. 93 - 120.
乌多·蒂兹(1953—),德国斯图加特大学社会科学系研究员。
沃尔克·卡萨(1957—2017),德国哲学家。曾求学于民主德国莱比锡卡尔马克思大学,1988年获得博士学位,2003年后担任莱比锡大学教授。主要从事身体人类学研究。

[①] Walter Benjamin, „Bücher die lebendig geblieben sind", in ders., *Gesammelte Schriften*, Band III. Frankfurt am Main 1972, S. 169f.

于社会存在的本体论》。① 尽管如此,《历史与阶级意识》在其体系中的地位仍然是理解卢卡奇整体著作的基础。

在《历史与阶级意识》中,格奥尔格·卢卡奇总结并展望了无产阶级在市民—资本主义社会的生活形式中,不仅仅争取实现自身组织化,更重要的是实现自身思想与哲学—文化的解放与独立的斗争。这本书讲的是一个先锋的意识形态的形成,这一先锋有意识地主张实现无产阶级的权力意志。然而事实上,与之相关的精英马克思主义被证明是大资产阶级—帝国主义权力意志向无产阶级—国际主义权力意志的颠倒,正如列宁所做的那样。在号称是真实的马克思背后,总是闪现尼采的身影。由卢卡奇刻画的、精英化了的阶级意识是一种绝对的,但在战术上机智的权力意志的表达,同时也是以无产阶级形式出现的年轻的、充满力量的政治根本反对派的实践的有效性申明的理论基础:"因为无产阶级是用迫使资产阶级社会去自我认识的方法来同资本主义进行斗争的,这种自我认识必然会使这个社会以不可避免的结果从内部显得成了问题。**为社会意识而斗争,是与经济斗争同时进行的。而社会有了意识,等于领导社会有了可能**。无产阶级不仅在政权领域,而且同时在这一为社会意识的斗争中,都在取得阶级斗争中的胜利。因为无产阶级在最近五六十年以来越来越有效地瓦解资产阶级意识形态,并把自己的意识发展成为现在唯一起决定性作用的社会意识。"

"在这场为了意识,为了社会领导权的斗争中,最重要的武器就是历史唯物主义。因此,历史唯物主义像所有其他意识形态一样,具有使资本主义社会发展和瓦解的功能。"②对卢卡奇而言,历史唯物主义就意味着一种市民社会的批判理论,同时也是资本主义社会的自我认知(包

---

① Georg Lukács, *Geschichte und Klassenbewußtsein. Studien über marxistische Dialektik*, Neuwied und Berlin: Luchterhand, 1970, S. 15. 中译文参见卢卡奇《历史与阶级意识》,杜章智、任立、燕宏远译,商务印书馆1996年版,下同。
② 卢卡奇:《历史与阶级意识》,杜章智、任立、燕宏远译,商务印书馆1996年版,第311页。

括对其扬弃的趋势的认识)。这一主张是《历史与阶级意识》的主题与基础。

这部现代的、正统的、极端激进的马克思主义经典著作试图通过追溯**历史与阶级意识**来澄清革命运动的理论问题。一无所有的人,起初只具有其作为阶级的社群意识,据此他们能够根本改变其生活。唯有将作用于普世阶级文化意识与国家文化意识之间、政治国际主义与文化区域主义之间的张力领域的历史记忆理解为知识分子的历史使命,无产阶级阶级意识中所企盼的总体性的形成才有可能。

对于卢卡奇而言,世界历史的终极目标、人类的救赎,毫无疑问是与富有成效的世界革命中无产阶级的解放相一致的,这对他来说是与一场文化革命密不可分的,但这一文化革命恰好包含了对正在沉沦的市民—现代生活形式的保存,就如托马斯·曼(Thomas Mann)的作品所描绘的那样。就此而言,卢卡奇的革命哲学并非简单的只是一种历史与意识哲学,它还基于一种文化哲学,这一文化哲学不仅来自保守主义,还经由保守主义而变得激进。

卢卡奇基于总体性的分析以及对市民生活形式进行批判的出发点是,在资本主义社会发达商品生产条件之下,(事物化的)物化已成为一种普遍适用的现象。通过参照马克思对价值形式的分析,更准确地说是参照《资本论》的"商品的拜物教特征"部分——对他而言这一部分"隐含着全部历史唯物主义,隐含着无产阶级的全部自我认识,也就是对资本主义社会的认识(和对以前的社会的认识,以前的社会都是通向这一社会的阶梯)"[①],卢卡奇试图对这一现象进行更为准确的界定。卢卡奇试图从马克思的经济理论中得出哲学结论,他认为,可以通过商品拜物教这一模型,来解释以交换价值中介的资本主义经济与生活世界的畸变、物化之间的共同关联。这在他看来是可能的,因为他相信在

---

① 卢卡奇:《历史与阶级意识》,杜章智、任立、燕宏远译,商务印书馆1996年版,第254页。

"商品关系结构中",可以发现"资本主义社会一切对象性形式和与此相适应的一切主体性形式的原形"。① 但最重要的是,"只有当工人意识到他自己是商品时,他才能意识到他的社会存在。他的直接的存在使他作为一个纯粹的、赤裸裸的客体进入生产过程。由于这种直接性表明自己是形形色色的中介的结果,由于一切都是以这种直接性为前提的,这一点开始变得清楚明白,商品结构的拜物教形式也就开始崩溃了:工人认识了自身,认识了在商品中他自己和资本的关系。只要他实际上还不能够使自己超过这种客体地位,他的意识就是**商品的自我意识**;或者换言之,就是建立在商品生产、商品交换基础上的资本主义社会的自我认识、自我揭露。"②

随着现代资本主义的发展,商品形式已然发展为整体社会的实际统治形式。在这一意义上,整体社会展现为受制于一个统一的经济过程,至少从这一趋势来看正是如此。因此,卢卡奇认为,商品可以被理解为"整体社会存在的普遍范畴",同时这也按其"没有被歪曲的本质被理解"。③ 但就卢卡奇而言,物化正是基于商品关系,或者如他所说,是基于"商品结构的本质"。据此便使得"人与人之间的关系获得物性的性质,并从而获得一种'幽灵般的对象性'……这种对象性以其严格的、仿佛十全十美和合理的自律性掩盖着它的基本本质,即人与人之间关系的所有痕迹。"④ 在市民社会中,生产者自身劳动的社会特征反映为物的社会自然属性。根据这一事实,卢卡奇得出结论:"人自己的活动,人自己的劳动,作为某种客观的东西,某种不依赖于人的东西,某种通过异于人的自律性来控制人的东西,同人相对立。更确切地说,这种情况既发生在客观方面,也发生在主观方面。在客观方面是产生出一个由

---

① 卢卡奇:《历史与阶级意识》,杜章智、任立、燕宏远译,商务印书馆1996年版,第143页。
② 卢卡奇:《历史与阶级意识》,杜章智、任立、燕宏远译,商务印书馆1996年版,第252页。
③ 卢卡奇:《历史与阶级意识》,杜章智、任立、燕宏远译,商务印书馆1996年版,第146页。
④ 卢卡奇:《历史与阶级意识》,杜章智、任立、燕宏远译,商务印书馆1996年版,第144页。

现成的物以及物与物之间关系构成的世界(即商品及其在市场上的运动的世界),它的规律虽然逐渐被人们所认识,但是即使在这种情况下还是作为无法制服的、由自身发生作用的力量同人们相对立。因此,虽然个人能为自己的利益而利用对这种规律的认识,但他也不能通过自己的活动改变现实过程本身。在主观方面——在商品经济充分发展的地方,人的活动同人本身相对立地被客体化,变成一种商品,这种商品服从社会的自然规律的异于人的客观性,它正如变为商品的任何消费品一样,必然不依赖于人而进行自己的活动。"[1]

不同类型的要素以各种方式参与到卢卡奇的物化理论的前提之中,其中首先和现代的、批判的,毫无疑问就是和"西方马克思主义的"代表联系在一起,《启蒙辩证法》无疑属于其中的经典作品,但这并非对于马克思对象化及物化理论历史性的精确重构,而更应说是对其所处时期的形而上学式的实体化,这导致了末世中形而上学的具体主义(Konkretismus)。马克思在《资本论》第一章,包括在"商品的拜物教性质及其秘密"一节中研究的不是商品结构自身的本质,而是商品或价值形式,更确切地说是其"神秘性"。马克思的意图也不是在商品关系结构中发现一切对象性形式及与之相应的主体性形式的原形。从价值形式分析中,马克思也没有发现"整个"历史唯物主义,而是阐明了为何国民经济学未能成功洞悉商品或者说商品生产的本质。在此情况下,马克思对于虚假意识生产的种类和方式进行了一些基本论述,但《资本论》这一章的重要意义并非简单地对市民意识进行分析,而在于对商品关系及其副作用的分析。尽管卢卡奇物化理论的意图主要在于,将物化定义为"经验的物质存在的一成不变",不停留于表象的"直接性",而是揭示中介的多重环节,从而在理论上瓦解"逻辑的概念的一成不变"[2]、本体论事实的认识论关联,以及与之相关的表象中对于本质的神

---

[1] 卢卡奇:《历史与阶级意识》,杜章智、任立、燕宏远译,商务印书馆1996年版,第147—148页。
[2] 卢卡奇:《历史与阶级意识》,杜章智、任立、燕宏远译,商务印书馆1996年版,第296页。

秘化与颠倒,这一意图并未实现。虽然卢卡奇领会到:"在表面上呈现出来的经济关系的完成形态,在这种关系的现实存在中,从而在这种关系的承担者和代理人试图借以说明这种关系的观念中,是和这种关系的内在的、本质的、但是隐蔽着的核心形态以及与之相适应的概念大不相同的,并且事实上是颠倒的和相反的。"①他也理解,表象并非"人随意思考的产物"②,而是由市民的生产和交换关系客观决定的。但他仍未能完成对社会的表象形式进行批判的消解。因为他无法在其同一与差异中,即在其辩证矛盾性中,用他在涉及社会现实性时拒绝调和的方法来思考生产关系的"物质的"和社会—社会性的、形式的—本体论的和真实的—本体论的规定性,这一方法将其区分为二元对立的两方("简单的""经验的"一方与"更高级的""真实的现实性的"一方)。

因而卢卡奇采取的形而上学的划分,确切地说是自然规定性与社会规定性之间的等同,也是他不对人类自身特定的社会关系进行批判的原因,这一关系采取了事物化的和拜物化的物的关系的幻象形式,而劳动在人的直接活动的产品中与人对立地客体化、对象化,人自身的劳动生产了某种物性的客观的东西,这一产品成为与人对立的独立的力量,并且通过生产者作为拜物教化了的事物的物性存在的类型与方式来对生产者进行统治。卢卡奇对于马克思对象化理论的印象规定,人在其劳动中物性地对象化,同时这一劳动在特定的社会关系中自我展现为事物性地异化的,从而对象化与物化、物化与事物化、事物化与商品拜物教,以及以上诸种与资本主义异化展现为同一的。③

卢卡奇认为,物化不仅取决于商品流通内部的瓦解效应,同时还取决于与之关联的合理化,这一合理化导致"工人的质的特性,即人的一

---

① 《马克思恩格斯文集》第7卷,人民出版社2009年版,第231页。
② 《马克思恩格斯文集》第5卷,人民出版社2009年版,第111页。
③ 参见卢卡奇《历史与阶级意识》,杜章智、任立、燕宏远译,商务印书馆1996年版,第1—37页。

个个体的特性越来越被消除"。①一方面,"劳动过程越来越被分解为一些抽象合理的局部操作,以至于工人同作为整体的产品的联系被切断,他的工作也被简化为一种机械性重复的专门职能。另一方面,在这种合理化中,而且也由于这种合理化,社会必要劳动时间,即合理计算的基础,最初是作为仅仅从经验上可把握的、平均的劳动时间,后来是由于劳动过程的机械化和合理化越来越加强而作为可以按客观计算的劳动定额(它以现成的和独立的客观性同工人相对立),都被提出来了"②。

因此,卢卡奇对物化的分析展示了三个方面:第一,主体间关系的物化被理解为劳动过程合理化的反面,因而合理化与事物性的物化成了同一枚硬币的两面,并展现为同一的。第二,卢卡奇将资本主义的发展理解为对之前共同体传统的、有机的—非理性的、以质量决定的、以使用价值为导向的生活过程的(非人道的)解体过程③,而对资本主义发展的阐释展示出简单商品生产的浪漫主义和谐。由于在对前工业生产以及工业生产过程进行描述时所做的术语选择,我们不可能将资本主义大生产的影响和发展理解为一种质的全新的生产方式的起源,而是至多在赤裸裸的否定的—文化批判的意义上,将其理解为对于原先有机统一体以及以多愁善感的方式设定的"整个人格"的破坏:"法律、国家、管理等等形式上的合理化,在客观上和实际上意味着把所有的社会职能类似地分成它的各个组成部分,意味着类似地寻找这些准确相互分离开的局部系统合理的和正式的规律,与此相适应,在主观上也意味着劳动同劳动者的个人能力和需要相分离产生意识上的类似结果,意

---

① 与这一物化相关的"资本主义的意识的物化使人既过分个体化又机械地对象化。不是基于人的本性的分工一方面使得人们在自己的活动中僵化,把他们变成工作中的自动机,并且使他们成为陈规旧套的奴隶。另一方面,这种分工又过分提高他们的个人意识,由于不可能在工作中得到满足和充分发挥个性,这种个人意识本来已经成为空洞抽象的东西,现在又变为贪求名利的野蛮的利己主义"。卢卡奇:《历史与阶级意识》,杜章智、任立、燕宏远译,商务印书馆1996年版,第429页。
② 卢卡奇:《历史与阶级意识》,杜章智、任立、燕宏远译,商务印书馆1996年版,第149页。
③ 卢卡奇:《历史与阶级意识》,杜章智、任立、燕宏远译,商务印书馆1996年版,第149—150页。

味着产生合理的和非人性的类似分工,如我们在企业的技术—机器方面所看到的那样。"①

根据卢卡奇的观点,这种形式合理化作为现代化对应于一种抽象分析的合理性,首先表现为,在所有科学和生活领域中自然科学的概念形成方式占据主导地位:"要紧的只是要说明,一方面,人的所有关系(作为社会行为的客体)越来越多地获得了自然科学概念结构的抽象因素的客观形式,即自然规律抽象基础的客观形式,另一方面,这个'行为'的主体同样越来越对这些——人为抽象了的——过程采取纯观察员、纯实验员的态度。"②

根据卢卡奇的说法,这一物化合理性的主导地位最终将系统性地殖民我们的生活世界。卢卡奇认为,这一解放的、启蒙的认知理性的传播最终导致了自由被管理,解放受到纪律严明的理性赤裸裸的压制,而独立的生活形式则受到普遍主义的(经济)理性赤裸裸的压制。③

第三,在日益合理化的背景下,物化仅仅是从生产者与其活动产品分离的角度来被思考的,然而这种分离在劳动和财产方面的物质原因

---

① 卢卡奇:《历史与阶级意识》,杜章智、任立、燕宏远译,商务印书馆1996年版,第162页。
② 卢卡奇:《历史与阶级意识》,杜章智、任立、燕宏远译,商务印书馆1996年版,第204页。
③ 这也解释了为什么即使是写作《关于社会存在的本体论》的晚期卢卡奇也未能克服他对维特根斯坦于现代哲学所进行的语言学转向的概念上的厌恶。因为根据《历史与阶级意识》的合理化理论,哲学上的分析转向就表现为一种物化,即哲学与其建立学术的一分工的组织化哲学机构相应的最初要求之间的异化。虽然分析哲学通过形式的合理性保证了哲学机构借助于形式的方法论的专业科学的管理,在此之前人人平等,在此之后人人被平等地评定。这就有疑问,不顾所有基层民众的激情,卢卡奇的精英马克思主义是否也会遵循这种平等主义。从管理技术上来看,分析哲学是对世界范围内高度专业化的哲学机构的适当回应。唯一清楚的是,在卢卡奇的这一语境中,物质的、具体的、综合的辩证法必须成为形式的、抽象的、分析的辩证法,这仅限于元方法论,并把对中心的存在领域的研究留给了个别科学,因而卢卡奇重新放弃了他在《历史与阶级意识》中建立的整体性的主张。
在阿多诺那里可以发现一种作为乌托邦批判的语言批判,而在卢卡奇那里我们则发现了一种作为意识形态批判的对于哲学语言批判的浪漫主义拒绝——两者都在生命哲学方面基于《历史与阶级意识》中的物化理论,虽然二者可以被理性地区分,但转向了两种思想形式的相互融合。阿多诺与霍克海默还将哲学、分工与科学之间的关系称为"精神的泰勒制"(Max Horkheimer, Th. W. Adorno, *Dialektik der Aufklärung*, Leipzig, 1989, S. 267)。阿多诺曾将"专业科学、物化与对人类的漠视"之间进行无差别的等同。参见 Th. W. Adorno, „Ad Lukács", in ders., *Gesammelte Schriften*, Band 20/1, Frankfurt am Main, 1986, S. 254。

尚未以政治经济学的方法得到进一步的说明。① 因而似乎只有"根据计算、即可计算性来加以调节的合理化原则"②才是劳动者与整体的产品之间关系破裂的原因。这即是说,无论其应用的形式,只有机器的合理化才应该对人类异化负责。为了推导出物化现象,卢卡奇只重点分析了商品关系,直到它在概念上被社会合理化所涵盖。

然而现在不仅是生产的主体与客体间的关系破裂了,生产的主体与客体本身也破裂了。一方面,客体被纯粹由可计算性规定的统一体所取代,对卢卡奇而言,相对的机器体系即主体,劳动过程的实际承担者便消失了。因而其结论是:"随着劳动过程越来越合理化和机械化,工人的活动越来越多地失去自己的主动性,成为一种直观的态度,从而越来越失去意志。面对不依赖于意识的、不可能受人的活动影响而产生的,即作为现代的系统而表现出来的一个机械的、有规律的过程,直观态度也改变人对世界的直接态度的各种基本范畴:这种态度把空间和时间看成是共同的东西,把时间降到空间的水平上。"③

---

① 根据这一情况,值得注意的是卢卡奇在其首部巨著《现代戏剧发展史》(1909)中便已经认识到"资本主义经济的主要趋势"以及与之紧密相关的"生活的物化",而维尔纳·桑巴特在"生产的合理化"与"生产的客体化"趋势中,准确地说认识了与之相关的"生产者个性生产的解决方法"。参见 Lukács, *Die Entwicklungsgeschichte des modernen Dramas*, in ders., *Werke*, Band 15, Darmstadt und Neuwied, 1981, S. 94ff.
然而在 1920 年,卢卡奇在其《新旧文化》一文中依然坚持其投射于过去的非异化社会乌托邦的观点,认为真正意义上的文化只有在这一分离被废除之后才能存在,对此,只有实现了主客体同一性的艺术生产,或者说为艺术作品提供了模式与原型,到那时,价值实现的王国将是以政治的方式而非美学的方式决定,而美学的价值实现将为政治的所取代。参见 Th. W. Adorno, „Ad Lukács", in ders., *Gesammelte Schriften*, Band 20/1, Frankfurt am Main 1986, S. 254。
② 卢卡奇:《历史与阶级意识》,杜章智、任立、燕宏远译,商务印书馆 1996 年版,第 149 页。
③ 卢卡奇:《历史与阶级意识》,杜章智、任立、燕宏远译,商务印书馆 1996 年版,第 151 页。这一与社会生活的量化相联系的资本主义的合理化,导致时间被还原为钟表时间,并统治着一切:"这样,时间就失去了它的质的、可变的、流动的性质:它凝固成一个精确划定界限的、在量上可测定的、由在量上可测定的一些'物'(工人的物化的、机械地客体化的、同人的整个人格完全分离开的'成果')充满的连续统一体,即凝固成一个空间。在这种抽象的、可以准确测定的、变成物理空间的时间里(它作为环境,同时既是科学—机械地被分割开的专门化的劳动客体产生的前提,又是它的结果),劳动主体也必然相应地被合理地分割开来。"参见卢卡奇《历史与阶级意识》,杜章智、任立、燕宏远译,商务印书馆 1996 年版,第 151—152 页。

然而这一结论几乎无法理解。因为随着科学与技术的不断发展，人越发地从直接生产过程中抽离出来，这不仅意味着人越来越受到异化的束缚，即使他显然能够在自由时间中摆脱异化，也意味着，正因为这一表象是对象性的，他同时实际上（至少根据可能性而言）获得了更多的用于休闲和自主活动的时间。依靠《资本论》，依靠《资本论》中"机器和大工业"中的"工厂"的卢卡奇，似乎完全没有认识这一部分的意义。马克思在这里区分了不同的机器，准确地说，即作为人与自然新陈代谢过程的对象化前提的大工业，与作为"庞大的自动机"的机器，所有的人类活动都"服从于"这一体系的"动力"。在马克思看来，这一区分是基于机器体系与工业应用的特定类型。工厂或机器作为一种手段服从于人，社会的总体工人是其中生产过程的主体，不同于人只是这一过程的客体的情况，在这种情况下活劳动受制于死劳动。"在前一种说法中，结合总体工人或社会劳动体表现为积极行动的主体，而机械自动机则表现为客体；在后一种说法中，自动机本身是主体，而工人只是作为有意识的器官与自动机的无意识的器官并列，而且和后者一同从属于中心动力。第一种说法适用于机器体系的一切可能的大规模应用，第二种说法表明了机器体系的资本主义应用，从而表明了现代工厂制度的特征。"①

只有当劳动过程同时也是资本的价值化过程时，它才将客观的生产条件、生产手段转变为与人异化的力量，将自动体系转变为独裁者。然而这两个不同的规定在卢卡奇看来是相同的，并在其合理化概念中融为一体。因而他对某种劳动及与之相关的合理化的特定形式的批判彻底转变为一种对于作为劳动的劳动的批判。然而正如1938年有关黑格尔的著作（《青年黑格尔与资本主义社会问题》）中对对象化与事物化的、拜物教化的物化的设定，事实上这一《关于社会存在的本体论》的

---

① 《马克思恩格斯文集》第5卷，人民出版社2009年版，第483页。

基础被撤销了。①

"劳动的平等化或均等化的趋势",死劳动对活劳动的涵盖,被马克思视作市民生产方式的具体特征。"不是工人使用劳动条件,相反地,而是劳动条件使用工人"②,马克思描述的这一真相也被视作资本主义生产过程社会规则的讽刺画,因而只适用于工业资本条件下的劳动。就此而言,"资本主义生产方式使劳动条件和劳动产品具有的与工人相独立和相异化的形态,随着机器的发展而发展成为完全的独立。因此,随着机器的出现,才第一次发生工人对劳动资料的粗暴的反抗。劳动资料扼杀工人。当然,这种直接的对立,在新采用的机器同传统的手工业或工场手工业生产发生竞争时,表现得最明显。但在大工业本身内,机器的不断改良和自动体系的发展也发生类似的作用"③。

另一方面,在卢卡奇看来,作为理性原则的机器(以及技术和一般工艺学)本身就是异化和物化的原因。根据其表述,这一结论显然在马克思那里缺乏根据。马克思还进一步写到卢卡奇在概念上未加考虑的东西:"同机器的资本主义应用不可分离的矛盾和对抗是不存在的,因为这些矛盾和对抗不是从机器本身产生的,而是从机器的资本主义应用产生的!因为机器就其本身来说缩短劳动时间,而它的资本主义应用延长工作日;因为机器本身减轻劳动,而它的资本主义应用提高劳动强度;因为机器本身是人对自然力的胜利,而它的资本主义应用使人受自然力奴役;因为机器本身增加生产者的财富,而它的资本主义应用使生产者变成需要救济的贫民,如此等等,所以资产阶级经济学家就简单

---

① 因此,必须假设卢卡奇的著作《青年黑格尔》才达到了马克思《经济学哲学手稿》中异化理论及其差异的高度。因此《青年黑格尔》而非《历史与阶级意识》才应被视为其最重要的马克思主义代表作。——这是整个西方马克思主义以及与之相关的批判哲学几乎乃至完全忽视了的事实。这导致了阿多诺与卢卡奇相反,在其思想中从未批判地脱离《历史与阶级意识》中所理解的物化概念,这一概念始终是其整个文化工业批判的基础,另外还导致了他对于现代音乐文化的致命误判。
② 《马克思恩格斯文集》第5卷,人民出版社2009年版,第487页。
③ 《马克思恩格斯文集》第5卷,人民出版社2009年版,第497页。

地宣称,对机器本身的考察确切地证明,所有这些显而易见的矛盾都不过是平凡现实的假象,而就这些矛盾本身来说,因而从理论上来说,都是根本不存在的。于是,他们就用不着再动脑筋了,并且还指责他们的反对者愚蠢,说这些人不是反对机器的资本主义应用,而是反对机器本身。"①卢卡奇在无差别的文化批判中,无意间站到了"资产阶级经济学家"的立场之上,并进一步得出结论认为"机器除了资本主义的应用以外"不可能存在:"因此,在他们看来,机器使用工人和工人使用机器是一回事。"②然而这导致了浪漫主义的技术敌意,在《启蒙辩证法》中也可以发现这一点,它无法区分工具的本质以及为了特殊目的的工具化的本质。

与此相适应的是对一切工具使用的抽象否定,因为任何工具使用从一开始便被怀疑为滥用。但并非所有的使用皆为滥用。如果将使用和滥用潜在等同起来,正如阿多诺和霍克海默的工具理性概念所暗示的那样,那么如果想要避免滥用,除了停止任何行动之外别无选择,因为如果不将我们自己(至少是我们的身体)作为一种手段进行使用,我们就无法采取行动,此外我们将不得不停止思考,因为为此需要我们的身体作为我们可用的首要和基本手段。(人们不禁获得这样一种印象,即部分《启蒙辩证法》身体哲学的拥护者极其严肃地对待这一哲学,从而,他们不知道自己在写什么这一点还不足够,事实上他们在写作的时候也不再思考。)

至此我们已经看到,卢卡奇从机器的—资本主义的合理化过程以及相关的复合体分解为其要素的过程中,推导出了人际关系的物化,包括人的意识的物化。因此,卢卡奇首先将物化与资本主义中工业生产的合理化、机器化,准确地说专业化联系起来;其次,资本主义关系之下的工人活动被转化为一种(拜物化的)商品。

---

① 《马克思恩格斯文集》第5卷,人民出版社2009年版,第508页。
② 《马克思恩格斯文集》第5卷,人民出版社2009年版,第508页。

现在可以看到,马克思并未简单地界定工人活动向商品的转化,而是分析了劳动力这一特殊商品,这一商品区别于所有其他商品。因此,卢卡奇并未遵循马克思,因为他探究的是"工人作为商品""商品的自我意识""劳动变为商品"①,简而言之是劳动商品而非劳动力商品。很明显,卢卡奇夷平了劳动商品和劳动力商品之间的根本区别! 在市民社会只有等价物可进行交换的前提下,这便意味着,剩余价值的形成只能通过商品的使用价值(作为"劳动能力"的特殊劳动力商品,相对于作为价值形成的现实性的劳动)而非价值来获得解释,这一使用价值产生新的、大于自身的并作为其自身的交换价值,这便是说:通过一种从劳动商品出发的理论方法,不可能将资本主义剥削理解为一种价值化过程与价值创造过程的统一体,正如剩余价值规律与由此产生的资本主义根本矛盾。

对于马克思而言,劳动者不是商品,因为劳动者不是自由的商品占有者,而是奴隶。在资本主义条件之下,工人把自己当作人而非商品,他就"必须总是把自己的劳动力当做自己的财产,从而当做自己的商品。而要做到这一点,他必须始终让买者只是在一定期限内暂时支配他的劳动力,消费他的劳动力,就是说,他在让渡自己的劳动力时不放弃自己对它的所有权"②。

所以,"资本主义时代的特点是,对工人本身来说,劳动力是归他所有的一种商品的形式,因而他的劳动具有雇佣劳动的形式。另一方面,正是从这时起,劳动产品的商品形式才普遍化"③。与之相反,由于卢卡奇将劳动力商品等同于劳动的价值产品,因此表达社会关系的价值在他看来最终是劳动产品的物——事物的属性,它本身就是价值。然而根据马克思的观点,"劳动"仅仅是"价值的实体和内在尺度,但是它本身

---

① 卢卡奇:《历史与阶级意识》,杜章智、任立、燕宏远译,商务印书馆1996年版,第252、268页。
② 《马克思恩格斯文集》第5卷,人民出版社2009年版,第195—196页。
③ 《马克思恩格斯文集》第5卷,人民出版社2009年版,第198页,注41。

没有价值"①。因此，在商品市场上面对资本的是劳动者而非劳动。劳动者出售的是他的劳动力。他的劳动一旦开始便不再属于他，从而也无法再由他出售。卢卡奇在使用"劳动商品"这一表述时的轻率，以及他对"劳动商品"与"劳动力商品"之间默认的等同清楚地表明，他无法领会马克思对劳动的内容与经济形式之间所做的明确区分，从而也就无法在马克思主义的意义上确定资本主义商品生产或物化的具体特征，因而他也就未能理解资本主义现代性对于基于个人依赖与农奴制的前现代性的决定性的文明进步，这也是为什么他无法抵抗一种原始的、集体主义的、否定个性的共产主义的影响。资本主义现代性的进步在于它使得越来越多的人的个人自治成为可能。但个人生活的自治的根本前提在于，人不是商品，而"只有"人的劳动力才是商品。在现代社会，每个人都能获得商品，但他自身不能作为商品被获得。我们可以说，这件商品是我的，但我们绝对不可以说"你是我的"。

但尽管如此，为了能够批判资本主义关系，卢卡奇被迫对手段、劳动本身及其对象进行批判，而未能将劳动过程的简单环节追溯至经济的结构以及市民生产方式的本质。

卢卡奇的物化理论与同样试图将物化界定为市民社会结构形成原则的西美尔相反，想要从价值形式中推导出一种客观结论，正如所有被置于唯心主义嫌疑之下的理论一样，他对于"物化"概念的使用导致这里所有的生命体都被机械地僵化了。通过在生命与形式近乎悲剧的运动规则中推导出物化现象，即通过如下事实，通过自身的结构与强化，生命从自身产生了形式，一方面作为客观的生命、客观的精神，而另一方面与生命相对立地赢得了独立性，西美尔将物化的"空洞表现形式"同其"资本主义的自然基础"分离，从而不仅将物化超历史化，还使之成为生命的本质特征。尽管卢卡奇认识到了这一点，但并不能阻止他重

---

① 《马克思恩格斯文集》第5卷，人民出版社2009年版，第615页。

新提出自身的理论方法,只是他没有像西美尔那样从"生命的回旋"中推导出"交换条件"(Quidproquo)。正如斯蒂凡·格奥尔格(Stefan George)在《海波里恩诗 2》中所说的"生命死于生命",从价值形式中,或者说从政治—经济的原则之中并未进一步详细说明交换或者说理性原则。

与之相反,马克思将作为异化的顶点的"物化"与作为"在自身中反映的生产关系"[①]的资本的规定相联系,或者说与三位一体公式相联系。马克思说:"在资本—利润(或者,更恰当地说是资本—利息),土地—地租,劳动—工资中,在这个表示价值和财富一般的各个组成部分同其各种源泉的联系的经济三位一体中,资本主义生产方式的神秘化,社会关系的物化,物质的生产关系和它们的历史社会规定性的直接融合已经完成:这是一个着了魔的、颠倒的、倒立着的世界。在这个世界里,资本先生和土地太太,作为社会的人物,同时又直接作为单纯的物,在兴妖作怪。"[②]马克思在这里将物化理解为一个过程,这一过程总是将物的—对象性的社会关系表现为事物化的和拜物化的物的属性,从而这一关系表现为对象性的社会的自然属性。然而,事物化的物性条件下对关系规定的取代已预先发生。也就是说,这一关系是"自在决定的",从而它"通过扬弃的中介"将自身展现为"在手的、本质的直接物"。[③] 所以,当物的—对象性的关系规定自我颠倒为事物的—拜物化的属性规定时,当作为对象彼此区分的规定性的物的属性非历史地、先验地成为事物的、拜物化的,而物"自在地"表现为一种历史的—具体的关系的代表时,我们谈论的正是物化。社会生产领域中主体间关联的这一**事物化的与拜物化的物化**(或者对自身非异化物的拜物化的事物化)显现为资本主义合理化的反面,反之亦然。

---

① 《马克思恩格斯全集》第 30 卷,人民出版社 1995 年版,第 268 页。
② 《马克思恩格斯文集》第 7 卷,人民出版社 2009 年版,第 940 页。
③ G. W. F Hegel, *Wissenschaft der Logik*, II. Teil, Leipzig, 1948, S. 106.

通过对《历史与阶级意识》所固有的基本错误的分析可见,从资本主义合理性的末世妖魔化及其机械的合理化中产生了一种关于对象化和物化特征的错误意识,其真正的资本主义的发展与之可能的非资本主义扬弃形式,其中存在着完全未异化的,即超越任何物的对象性并与合理化的分工相关的可能性的坏的—乌托邦的意识形态,创造了透明的、有机的、共产主义的与最终的浪漫主义的社会。有了这一浪漫主义的—卢梭式的意识形态,虽然奴隶至少在某一时期可以攫取以往主人的统治,但同时这只是解放乌托邦成为统治意识形态的先决条件,这只作为相反政治预兆之下对同一事物的同一统治而出现。但对镇压纯粹的颠倒也是镇压。如果奴隶只是占据主人的位置,虽然他不再是奴隶,但他成了主人,而从一切剥削和压迫中、从一切统治中解放出来的观念并未实现,而其美丽的幻觉有助于实现其他形式的剥削和压迫以及其他形式的统治——确切地说,现在通过奴隶自身,反过来毁坏了本质地塑造并支撑其权力的解放观念,并且他自己否定了自身权力的本质条件。结果是通过幻想的、浪漫主义的权力与统治意识,奴隶的真实统治实现了自我摧毁,奴隶想要实现其统治,但他必须放弃希求重新赢回永久的权力。

二

对本雅明而言,《历史与阶级意识》的超时间的魅力同样存在于《启蒙辩证法》中。其中的一个原因在于,阿多诺与霍克海默在《启蒙辩证法》中以现代大众社会的问题域为主题,其中以卢卡奇为代表的正统马克思主义并不存在,其核心乃是将现代性文化置于其作用方式之中进行理解。身体的"伟大理性"的命运正属于这一问题域,并且随着1968年的学生反抗而成为政治事件。

实际上,1968年的启蒙运动的真正座右铭是:"勇于运用你自己的身体!"在学生反抗中,对于身体享乐主义—酒神式的使用是对于身体反本能规训的反抗手段,是反抗为了生产过程而压抑娱乐的训练,以及通过消费文化过分使用感性的手段。与其直接的政治—阶级斗争的一翼相反,1968年性革命积极的内在身体的启蒙运动所依据的并非《历史与阶级意识》的物化理论,而是《启蒙辩证法》的身体哲学。

但这在一个关键的点上是自相矛盾的。因为《启蒙辩证法》探讨的是,在现代性文明中,解放身体的主张如何变成了极权主义的统治和对身体的使用,对身体解放的渴望反而成了对身体的否定,对身体的统治反而成了对身体的痴迷,通过使身体工具化从而遗忘身体,否定身体。因此,《启蒙辩证法》并没有像人们在1968年性反抗中所理解的那样积极地忆及身体,而是首先关注作为身体遗忘的现代性身体痴迷的阴暗面。虽然通过对身体统治的否定性的分析隐约地包含了身体记忆的肯定主题,但《启蒙辩证法》并未形成一种明确的、肯定的身体哲学,而是停留于在身体遗忘中对于身体统治的否定性的辩证法分析,最终将身体的工具化分析为资本主义—法西斯式的身体使用,并且事实上在"身体的死亡"中将肯定的身体哲学解释为不可能的。①

然而造成这一情况的本质原因是,人们将工具化的身体理解为早期卢卡奇意义上的物化的身体,这导致了使用等同于滥用、利用等同于过度利用、工具化等同于物化、身体工具化等同于身体物化、身体技术等同于身体技术化、身体技术化等同于身体工业化、身体功能化等同于身体经济化、身体经济化等同于身体资本化、身体应用等同于身体毁灭,就像在《历史与阶级意识》中,对象化=物化=事物化=异化。因此,《启蒙辩证法》中对于身体技术化去差异的批判便是对卢卡奇在《历

---

① 虽然阿多诺拒绝了任何肯定的批判观念,因为在"负责任的批判"这一术语之下,他(有理由)拒绝批判观念的工具化,他的身体哲学的方法使得肯定的身体哲学变得不可能,因为这对他而言会立即成为一种辩解嫌疑。参见 Th. W. Adorno, „Kritik", in ders., *Gesammelte Schriften*, Band 10/2, Frankfurt am Main, 1977, S. 788ff.

史与阶级意识》中对于资本主义现代性去差异化的理性批判的翻版。正如卢卡奇将劳动力的商品化分析为商品化以及最终人的死亡,阿多诺与霍克海默将身体合理化不仅导向身体交往的物化,还将其导向身体的死亡。正如卢卡奇一样,结果是一个灾难预言,而现在在涉及身体交往时导致了身体的末世,其趋势就是在民族社会主义集中营中的身体过度利用。①

卢卡奇的思想展现出普遍的身体遗忘,与之相反,阿多诺与霍克海默物化理论的还原论的积极面在于,人们能够在现代性中具体探讨身体文明的阴暗面,并回忆起"解放身体"的历史任务。因为当涉及这一未实现的承诺的记忆,阿多诺与霍克海默也首先指责了将身体囚禁起来的普遍理性。由此产生了自治的格言。

第二个典型的指控是,理性主义的"培育"使得身体遭受永久性的身心疾病:"古斯塔夫·福楼拜综合征"。这就产生了身体健康的格言。

第三,理性被指责不仅将身体囚禁,还在不同形式的被囚身体之间作出不合理的区分。有些被接受为"正常的",而有些特殊的激情则被谴责为"反常的"。这一指控暗示了准则,即有义务不加区分地承认所有的身体类型与身体欲望。

最后的典型指控是,理性倾向于抽象的普遍化,通过将身体归入"身体的"普遍概念,即归入一种抽象,取消了身体的独特性与唯一性。相应的格言便要求必需的"对于身体'差异性'的尊重"②。这种主题化与批判性的潜力,也包含在《启蒙辩证法》中,更应该被视为其持续的、积极的成就。但分析的尖锐性也有代价,这使得它的积极成就本身成了问题:一种基于物化理论的还原论的身体技术还原论。

《启蒙辩证法》中的身体哲学基本上是否定的,身体工具化的任何一种形式,无论是身体技术化、身体工艺化、身体工业化或身体生态化,

---

① Max Horkheimer, Th. W. Adorno, *Dialektik der Aufklärung*, a. a. O., S. 255 - 256, 260.
② Ferenz Fehér, Agnes Heller, *Biopolitik*, Frankfurt am Main/New York, 1995, S. 54.

作为物化的形式,都只被理解为同一种身体异化的变体。① 但由此,现代身体文化只有在其资本主义应用的与末世的可能性中才可理解。然而人们不再理解,这些真正的危险在积极的可能性方面产生了什么。

当然,阿多诺和霍克海默是最早提到人的身体的自然史不能与其技术的再生产的历史分开的人之一,身体的自然性在身体的技术化与工业化中被扬弃,在通过身体工艺化对身体异化的生产的理解中,身体异化的谜团被解开。但他们在作为人的法西斯式的原料化的帝国主义—极权主义趋势中,具体地、最终地理解了身体工艺化。在这一趋势中,资本主义社会的物化(＝异化)达到顶峰。现代性身体合理化的任何形式,无论是作为身体工艺化、身体工业化或身体生态化,都被这样看作单维度的资本衰落的,在任何一种身体工具化的形式之中,人的尊严及其身体都遭到忽视和摧毁。身体技术自身因此不再被视作一种积极的自我力量,而仅仅被视作极权主义权力意志的一种表达。无论这是一种政治意愿还是技术发展与科学化的终极目标,总是一种纯粹的破坏逻辑在起作用,总是生产技术的力量,往往等同于压迫性统治以及与之相连的残暴②,只有他律而绝无可能自律。根据这一方法,任何讨论身体工艺化积极的自我力量潜力的人都被视作末世的剥削逻辑的辩护人,利用自我力量表面的幻觉,他们不仅对异化统治进行美化,并且使之更为有效、更为强化,正是因为异化统治被积极肯定性地解释为自我统治。在对这种肯定性批判所进行的否定性批判背后,是一种权力理论的具体主义,它将权力等同于统治,将统治等同于压迫。哪里有控制,哪里就有压抑,就如身体之爱是身体之恨的升华。

在阿多诺和霍克海默那里,通过这种极端批判的具体主义,精心计算的、理性的,但也是技巧的、自力的、自律的身体处理,成了资本主

---

① Max Horkheimer, Th. W. Adorno, *Dialektik der Aufklärung*, a. a. O. , S. 258 - 260.
② Max Horkheimer, Th. W. Adorno, *Dialektik der Aufklärung*, a. a. O. , S. 257.

义—帝国的、外部决定的、他律的对身体的统治关系的纯粹特征,它始终主导生活的所有领域,其影响无人能逃、无远弗届。①

因此,阿多诺与霍克海默遵循了卢卡奇在《历史与阶级意识》中对于现代社会计算本质的立场,而卢卡奇又是从马克斯·韦伯那里借用了这一概念。

遵循将资本主义企业作为资本主义经济组织核心的韦伯式定义,并将其对这个问题的看法理解为对其自身表述的适当总结,卢卡奇引用马克斯·韦伯的话说:"'像他们一样,工人、职员、技术员、科教人员以及国家官员和士兵的不同程度的依赖性也有一个完全稳定的基础'",他们都被剥夺了对劳动工具的"控制权"。马克斯·韦伯还"十分正确地补充了关于这种现象的原因和社会意义的分析:'现代资本主义企业在内部首先建立在计算的基础上。为了它的生存,它需要一种法律机构和管理系统,它们的职能至少在原则上能够根据固定的一般规律被合理地计算出来,像人们计算某一架机器大概可能的功率一样。'"②

现在很清楚,上层或下层的特定形式是任何社会劳动在组织技术方面的必要性,因而必须将上下级关系纳入其社会之中。令人惊讶的是,卢卡奇只是抽象地做到了这一点,上下级关系的形式完全没有得到进一步的分析,只是被抽象地归为市民的生产方式。因为"现代资本主义企业在内部首先建立在计算的基础上"这一规定是必要的,却不是将工厂确证为资本主义工厂的充分规定。毕竟衡量劳动成果的社会目标与调节商品交换的比例可能完全不同。因此,这一规定并未说明商品生产的特殊性,更不必说现代资本主义工厂了。为了推导资本主义与计算之间的关联,韦伯和卢卡奇所付出的代价是,计算成了资本主义的本质特征,同时任何一种对于身体的计算处理都被视为资本主义化的

---

① Max Horkheimer, Th. W. Adorno, *Dialektik der Aufklärung*, a. a. O., S. 256-257.
② 卢卡奇:《历史与阶级意识》,杜章智、任立、燕宏远译,商务印书馆1996年版,第158—159页。

身体关系。①

其结果是在《启蒙辩证法》中对现代身体文化进行了还原论的倾向分析，这使得生物技术时代的基本问题只能够在非常有限的程度上得到回答，而这一问题是从左右两方进入世界的，并携带着血腥和肮脏：在技术可复制的时代，对于身体将会发生什么积极的和消极的事情？形而上学家关于身体主权的古老梦想最终会在身体工艺化中实现吗？如果会，那么如何以及由何实现？

为了回答这一问题，需要视角的补充，也就是说，必须转换在现代社会中考察身体工艺化的视角。换言之，对身体工艺化的影响的分析，必须辅之以对现代性中通过工艺学实现的跨身体生产的分析。因为身体工艺化的影响只在如下的情况下是可以理解的：人们基本上将其理解为生产与再生产，理解为一种不仅带来征服与毁灭，同时还进行生产并产生积极影响的力量。因而不仅是关于分析，就像在《启蒙辩证法》中那样，我们通过身体工艺化越发异化于自然的、原初的身体存在，严格说来，已无法言说什么是原初的、真正的、现实的、自然的、真实的个人的身体，首先更重要的是要表明，对于身体的异化与占有的过程是我们自己创造的身体工艺化的结果，是我们对身体进行的工作的结果，是人类自我创造的结果，它并非单纯摧毁了人类及其身体，还很有可能将两者重新积极地创造出来。②

---

① 对卢卡奇而言也是"渗进了人的肉体和心灵的最深处"，表面上完全使得"商品关系变为一种具有'幽灵般的对象性'"的物，这不会停止在满足需要的各种对象向商品的转化上。它在人的整个意识上留下了它的印记：他的特性和能力不再同人的有机统一相联系，而是表现为人'占有'和'出卖'一些'物'，像外部世界的各种不同对象一样。根据自然规律，人们相互关系的任何形式，人使他的肉体和心灵的特性发挥作用的任何能力，越来越屈从于这种物化形式。就此而言，我们仅仅想一下婚姻吧！在这方面没有必要指明十九世纪的发展，因为康德以伟大思想家的朴实的愤世嫉俗的坦率态度清楚地说出了这种事实情况。他说：'性的共同体就是一个人和另外一个人相互利用对方性器官和能力……婚姻……就是异性的两个人的结合，为了相互占有对方的性特性，达到传种接代之目的'"（卢卡奇：《历史与阶级意识》，杜章智、任立、燕宏远译，商务印书馆 1996 年版，第 164 页）。Max Horkheimer, Th. W. Adorno, *Dialektik der Aufklärung*, a. a. O., 194−195, S. 256, 260.

② Max Horkheimer, Th. W. Adorno, *Dialektik der Aufklärung*, a. a. O., S. 258.

另一方面,阿多诺与霍克海默系统性地忽略了一个事实:并非所有的劳动都与身体相异化或造成了身体自身的异化,尤其是在作为人类自治的重要组成部分的资本主义条件之下,其并非对于身体使用的自我权力的分离。① 自我生命的自我赋权始于自我占有、自我决定、通过自身身体的劳动以及对自己身体进行的劳动一起工作并在自己的身体上自我赋权,这确立了对自己身体的自我占有,但只有当自身身体的自我占有被公开承认时,才真正构成自我占有。

但只有占有自己的身体,个体才占有自我。没有个体的身体利用,个体的自治是不可能的。正如身体的劳动成果不仅是个人自由不可分割的部分,更是构成了个人的自由,对个人身体的占有也同样构成了个人的自由。借助于通过身体进行的劳动以及对自身身体进行的劳动,个体被确保合法地获得对其他商品以及对自身的权力。因此,个体的、自由的、熟练的身体利用与身体治理有助于确保个体的自治与自我权力,同时将这一权利确立为人格。

现代对于自我身体的自我力量、自我权力与赋权、自我拥有、自我占有,本质上是通过身体技术与身体工艺化而成为可能,同时毫无疑问也伴随着甚至捆绑着身体市场化与身体资本化,但也与之相区别。但正如并非所有的身体物化都与身体事物化或身体拜物教等同,也并非所有的身体工具化就已然是一种身体市场化或身体剥削,也并非所有的身体工艺化就已然是一种身体工业化。

并非所有的身体的市场化以及身体功能与身体部位的货币化都意味着对自由的奴役与威胁,现代社会中身体使用的货币化本身便是个体自由可能性的一个条件,这也设定了身体工具化边界的前提条件。

如果我将我的身体作为达到目的的手段,那么它还不是一种商品,

---

① 当然,他们承认"希腊领主"和封建领主身体自治的自我权力作为其统治的基础。参见 Max Horkheimer, Th. W. Adorno, *Dialektik der Aufklärung*, a. a. O., S. 257-258。正如尼采所说,"高贵"奠基于身体自治可能性的伦理。现代的自治观念"只是"将这一伦理世俗化、平等化。

因为它必须不仅对我有使用价值,而且对其他人而言也具有使用价值和交换价值。即使我对我的身体或通过我的身体进行劳动,那么这一劳动过程也并不等同于使用过程,正如对身体愉悦的自我控制并不简单地意味着对身体欲望的压制。

尤其是涉及身体,有必要将身体区分为为我的使用价值和为他人的使用价值,作为个体的和社会的使用价值,作为为我并由我使用的物,作为由他人使用并为他人的物。正如并非每一种物化都是事物化,并非每一种身体工具化与身体使用都可以理解为人的异化与外化。① 在体育与性的方面尤其如此,人们可以体验到,被他人为了某物而当作某物使用并不一定是纯粹的坏事,在特定的情况下甚至可以是妙不可言的。② 并非每一次奉献都是一种放弃,并非对他人的每一次利用都意味着过度使用。

但这仅是现实的启蒙辩证法的肯定的辩证法主题,对《启蒙辩证法》的否定辩证法而言并无论述。《启蒙辩证法》包含了一种否定的身体哲学,这一哲学试图澄清对身体的遗忘,但本身却对现代性身体工艺化中的身体复活的可能性知之甚少,因而本身就是对身体的遗忘。身体的"伟大理性"在这一否定的身体哲学中也仅仅是以理性的纯粹摧毁的形式获得描述,这在其犬儒主义的启示中必须同时也是浪漫主义的,因而身体理性的自我毁灭逻辑的描述必须将标准假定为不经伪饰的、未被破坏的以及未被异化的身体性,以期能够对所谓真实的异化进行描述。但阿波罗式的阿多诺与霍克海默事实上只能在狄奥尼索斯式的野蛮的无法解释的狂欢中发现这一标准,就像在"希腊领主们"那里一

---

① 在这一意义上,玛莎·C.努斯鲍姆谈到了"物化"。参见 M. C. Nussbaum, *Konstruktion der Liebe, des Begehrens und der Fürsorge*, Stuttgart, 2002, S. 101ff。她与卢卡奇、阿多诺即霍克海默一样,并未对"物"与"事物"进行明确区分,这在《资本论》中也可发现,在谈论物化时,市场意味着(异化的)事物化。

② 参见 M. C. Nussbaum, *Konstruktion der Liebe, des Begehrens und der Fürsorge*, Stuttgart, 2002, S. 92ff。

样。因为根据他们的理解,第一个声称这是我的身体且我将以之做我想做的事的人摧毁了未异化的、未工具化的以及整体性的身体性的自然状态。与卢梭所展现的一样,值得怀疑的是,这种(身体的)自然状态是否曾经存在过,或者依据浪漫主义观念的标准对(身体)启蒙的毁灭逻辑所进行的批判本身是否并非我们文明的一种建构。

(李亚熙　译,刘健　校)

科学认识与政治行动：
论《历史与阶级意识》中卢卡奇思想的二律背反*

[阿根廷]圭多·斯塔罗斯塔

引言

卢卡奇的《历史与阶级意识》是对20世纪马克思主义社会理论的最大贡献之一。正如阿拉托与布莱内斯（Breines）指出的，这一著作"被批评者和支持者都认为是马克思主义和资产阶级思想史上的一个重要事件"[1]。而且，此书的影响力超越了其自身的时代，构成了整个非正统马克思主义，即渐渐被熟知为"西方马克思主义"[2]传统的基石。然而，尽管此书的重要性被广泛承认，但是我们也很难说《历史与阶级意识》目前在批判性社会思想中占据有影响力的地位。随着各种形式的"后马克思主义"占据主导地位，卢卡奇的著作或者被遗忘，或者最多也就

---

* 本文出处：Guido Strarosta, "Scientific Knowledge and Political Action: On the Antinomies of Lukács' Thought in 'History and Class Consciousness'," in *Science and Society*, No. 1, 203, pp. 39–67。

圭多·斯塔罗斯塔，阿根廷国立基尔姆斯大学经济思想史教授和科学技术研究委员会兼职研究员，主要从事马克思政治经济学批判的价值理论、方法和主体性问题研究。

[1] Andrew Arato, Paul Breines, *The Young Lukács and the Origins Western Marxism*, London: Pluto Press, 1979, p. ix.

[2] Maurice Merleau-Ponty, *Adventures of the Dialectic*, London: Heinemann, 1974.

是被人通过选择其中被认为是有价值的方面而消解了其革命意图。因此,卢卡奇关于美学理论的著作比《历史与阶级意识》更受关注,因为《历史与阶级意识》将革命的阶级意识问题作为研究的中心。

但是,除了激进的学术劳动外表之外——《历史与阶级意识》本身就是当时资本积累形式的一种表现,具体形成于工人阶级的政治退却中——还有其他原因导致人们对《历史与阶级意识》的冷淡。最为根本的是很久以前一些评论家已经正确指出的有关这本著作的缺陷(包括1967年卢卡奇本人自我批判式的前言)。特别是大部分作者都强调卢卡奇挪用黑格尔式辩证法的唯心主义形式是其缺陷的根源。①

尽管我同意这些批判的大体要点,但是我认为卢卡奇探讨的问题(即使是错误回答的)对于政治经济学批判仍然是关键性的,并且那些提出反对观点的人并没有解决这些问题。总的来说,卢卡奇重新挪用黑格尔是为了强调辩证法的重要性。② 具体来说,卢卡奇认为马克思的科学事业在方法论上的独特性赋予了它作为无产阶级科学的革命性特征。③ 因此,强调方法不是抽象的学术讨论,而是直接与工人阶级的政治行动相关。这是建立"意识和行动之间真正和必要的联系"④的问题。我认为这是卢卡奇的核心信息——是作为实践的资本批判的主要任务必须加以恢复的。

---

① 因此,正如马丁·杰伊所指出的,"在卢卡奇的立场中隐含着将主体性还原为意识"(Martin Jay, *Marxism and Totality*, Cambridge, Massachusetts: Polity Press, 1984, p. 115)。关于从结构主义和康德主义角度批判卢卡奇的唯心主义,分别参见 Gareth Stedman Jones, "The Marxism of the Early Lukács: An Evaluation", in *New Left Review*, I. 70, 1971, pp. 27 - 64; Lucio Colletti, *Marxism and Hegel*, London: New Left Books, 1973。一种更为复杂和全面的批判可以参见 Paul Piccone, "Dialectic and Materialism in Lukács," in *Telos*, 11 (Spring), 1972, pp. 105 - 133。尽管卢卡奇进行了自我批判,但是基尔敏斯特(Kilminster)提供了一种解读,否认《历史与阶级意识》中存在唯心主义倾向。
② 参见 Georg Lukács, *History and Class Consciousness. Studies in Marxist Dialectics*, London: Merlin Press, 1971, p. 1。
③ 参见 Georg Lukács, *History and Class Consciousness. Studies in Marxist Dialectics*, London: Merlin Press, 1971, p. 27。
④ Georg Lukács, *History and Class Consciousness. Studies in Marxist Dialectics*, London: Merlin Press, 1971, p. 2.

因此,批判不应聚焦于黑格尔对卢卡奇的影响。相反,我试图证明卢卡奇的缺陷存在于大部分评论者倾向于认为的他对于马克思主义辩证社会理论最重要的贡献:他的物化概念及其动力。我认为对卢卡奇思想最富有成效的批判应该针对这个层面。从根本上说,卢卡奇物化理论的二律背反在于他认为物化的根源在于劳动对资本的实际从属,而消除物化的基础在于劳动对资本的形式从属。这两个环节之间的外在性使得中介的尝试注定失败。我将进一步论证,这种二律背反源于卢卡奇对资本主义劳动过程的有缺陷的分析,而这又源于他挪用韦伯的资本主义合理化理论。

物化与资产阶级社会

任何对于卢卡奇在《历史与阶级意识》中展开的物化概念的严肃批判首先应承认这一理论表现出极为重要的深刻见解,使得卢卡奇的方法区别于其他马克思主义者,包括"西方马克思主义者"。一般来说,工人阶级的革命行动被视为受一种自由意识支配,它是从属于资本的工人阶级主体性的完全对立面。换言之,工人阶级的意识本质上是自由的,但是却受外在于其自身的东西压迫——例如,资产阶级的权力垄断了生产资料所有权,因而限制了对无产阶级本质自由的肯定。《历史与阶级意识》的价值之一是展开了这一深刻见解,即正是无产阶级的社会存在决定了其物化的意识。因此解放问题取得一种比传统马克思主义解释更为深刻的内涵。一方面,正如普殊同指出,这蕴含了资本统治的特性,"比基于私有财产的剥削体系更为深刻而广泛"①。同时,这也意味着对超越资本主义的一种更为广泛而深刻的理解。因为与传统马克思主义的理解不同,对于卢卡奇而言,这不仅是"经济崩溃"的问题,而

---

① Moishe Postone, *Time, Labor and Social Domination*, Cambridge, England: Cambridge University Press, 1993, p. 73.

且是人的主体性的转变。①

因此,要研究的问题是这种物化意识是否在自身中将其发展转化为对其自身的克服。就理论而言,我认为卢卡奇的方法是朝着正确的方向推进的。然而,他的物化概念的缺陷阻碍了这一深刻原创见解的具体化,并且最终产生了他无法解决的二律背反。因而有必要对这一概念进行仔细研究。

物化的对象性与劳动过程

卢卡奇分析"物化现象"的起点是马克思的商品拜物教理论,这一理论阐述了人与人之间的关系表现为物与物之间的关系。卢卡奇在这里试图延续马克思的观点,即研究资产阶级社会的社会形式必须从商品开始,因为现代社会的所有矛盾都追溯至商品结构。② 因此,这一结构构成了卢卡奇"资本主义社会一切对象性形式和与此相适应的一切主体性形式的原型"③。所以,卢卡奇认为商品是资本主义社会特有的一切对象性和主体性形式的基础。

卢卡奇接着论述,商品结构的拜物教本质表现为对象性形式和主体性形式。对象性方面对应于劳动产品的自主运动,似乎拥有了自己的生命,构成受规律支配的"第二自然"。卢卡奇认为,这一假象建立在黑格尔的表象概念基础之上,它不是一种主观错觉,相反,它是一种社会对象性形式。这个层面的拜物教实际上内在于劳动产品的商品形

---

① 仍然值得注意的是,卢卡奇并未与传统理解完全决裂,他在评论中赞同传统理解,只是试图进行补充。参见 Georg Lukács, *History and Class Consciousness. Studies in Marxist Dialectics*, London: Merlin Press, 1971, p. 173。
② 参见 Robert Fine, *Political Investigations. Hegel, Marx, Arendt*, London: Routledge, 2001, pp. 95 - 96。
③ Georg Lukács, *History and Class Consciousness. Studies in Marxist Dialectics*, London: Merlin Press, 1971, p. 83。

式。然而,当卢卡奇论述这一物化初始阶段的主体性方面时,他未经中介地引入了一项实际上对应于资本形式的规定——作为劳动力商品形式结果的劳动者的活动的异化,这是由于劳动者与劳动的客观条件相分离。卢卡奇认为,在资本主义社会,个体的劳动力"必须像任何消费品一样,必须不依赖于人而进行自己的运动"[1]。

尽管如此,物化的这两个方面并没有完全表述其规定性。相反,对于卢卡奇而言,它们只是构成它们的基础的深层过程的表现而已。因此,他转向论述这些深层过程。正是在这里,卢卡奇物化概念的韦伯式倾向显现出来。[2] 卢卡奇认为,这种物化的对象性形式的基础内在于商品形式,存在于资本主义劳动过程的物质性中,这一过程服从于"现实的抽象过程"[3]。一方面,这种劳动的抽象被理解为一个过程,通过这一过程,工人被简化为集体工人的局部器官,专门从事单个极其简单的工作。在这个意义上,卢卡奇完全延续马克思关于资本主义生产特有的劳动技术分工的分析,这种分工导致在直接生产过程中进行直接劳动的劳动者的生产主体性的单向度发展。[4] 而且,这一过程必然随着大工业的出现得到强化。[5] 另一方面,提及资本主义劳动过程是为了说明卢卡奇真正的志趣:强调"在这里起作用的原则是计算、即可计算性的原则"[6]。因此,卢卡奇转向韦伯是为了展开他所认为的资本主义社会的趋势,即使社会生活的方方面面都服从于可量化和可计算性的形式或

---

[1] Georg Lukács, *History and Class Consciousness. Studies in Marxist Dialectics*, London: Merlin Press, 1971, p. 87.

[2] 参见 Simon Clarke, *Marx, Marginalism and Modern Sociology*, London: Macmillan, 1991, pp. 315-316。

[3] Georg Lukács, *History and Class Consciousness. Studies in Marxist Dialectics*, London: Merlin Press, 1971, pp. 87-90.

[4] 参见 Karl Marx, *Capital. A Critique of Political Economy*, Volume I, Harmondsworth: Penguin, 1976, p. 486。

[5] 参见 Karl Marx, *Capital. A Critique of Political Economy*, Volume I, Harmondsworth: Penguin, 1976, pp. 547-548。

[6] Georg Lukács, *History and Class Consciousness. Studies in Marxist Dialectics*, London: Merlin Press, 1971, p. 88.

工具理性的统治。这是将每一项活动分析地、机械地分成各组成部分的基础。于是,这使得经济表现为一种自主的存在,受客观的、似自然规律的支配。此外,这种虚假的对象性形式延伸至整个社会,将社会建构成一个由不同子系统——政治、文化、私人生活等组成的系统。[1] 因此,卢卡奇的物化概念获得了一个发展了的(韦伯式)含义。它现在指的是人的个性的区分,忽略社会过程总体性的作用。对于现代个体来说,唯一重要的是计算达到给定的一般目标的可供使用手段的形式充分性。

现在我们可以看到卢卡奇的论证如何逐步导向这种物化的社会存在所产生的主体性形式领域。事实上,他的论述结构要求他对物化的主体性进行更深入的研究。实际上《历史与阶级意识》接下来的内容也是朝着这个方向推进的。但是,在重新建构卢卡奇物化的主体性理论之前,有必要对他关于物化的对象性的分析进行批判性的评价。

卢卡奇关于资本主义劳动过程观点中的局限性

应当指出,基本上卢卡奇物化概念有两个主要的局限。第一,在他对资本主义劳动过程的分析中,所有都是颠倒的。在《巴黎手稿》中,马克思已经在异化劳动中发现了资本主义社会的特殊性,即由于主体的类能力转化为客体的属性,主体与客体之间发生了实际的颠倒。[2] 此时,社会生活的这种形式规定属于劳动对资本的形式从属,因而适用于任何特殊物质形式的劳动过程。[3] 事实上,人的一切能力在自我扩张的

---

[1] 参见 Jay Bernstein, *The Philosophy of the Novel. Lukács, Marxism and the Dialectics of Form*, Sussex, England: Harvester Press,1984, p. 10。
[2] 参见 Karl Marx, *Economic and Philosophic Manuscripts of 1844*, in Karl Marx and Frederick Engels, *Collected Works*, London: Lawrence and Wishart,1975, p. 272。
[3] 参见 Karl Marx, *Capital. A Critique of Political Economy*, Volume I, Harmondsworth: Penguin,1976, p. 548。

自主运动中都转化为他们物质化的一般社会关系的能力,这是作为价值自我增殖的资本的最一般的规定性。当然,马克思的观点是当资本占有直接生产过程且逐渐改变其物质性,直至形成大工业的形式时,这种颠倒甚至在物质上以劳动过程本身的特殊形式表现出来。换言之,对于仍然从事直接体力劳动的工人来说,资本主义生产特有的主客体颠倒在劳动过程的物质性中获得了"技术上的显而易见的现实性":直接生产过程的物质主体不是工人而是机器体系。这也是为什么马克思指出在大工业的具体形式中相对剩余价值的生产是通过将劳动工具转变为机器而实现的原因,"劳动资料就其使用价值来说,也就是就其物质存在来说,转化为一种与固定资本和资本一般相适合的存在"[1]。简而言之,劳动条件转化为生产过程的物质主体是异化劳动的一种具体形式,而非相反。

但是卢卡奇的观点完全不同。他认为劳动过程本身的物质性构成了资产阶级社会特有的主客体颠倒的基础。而且,他将劳动过程的转变置于韦伯式的分析方法中,即囊括一切的资本主义合理化过程。因而,从卢卡奇的理解中必然可以推出,资本主义社会的特殊性不再存在于劳动产品向异化的人类生活主体的转化中,而是存在于劳动过程的合理化之中。因此,尽管卢卡奇当然有自己的意图,但是他最终还是和资产阶级政治经济学家一样,将资本等同于其物质存在形式。[2]

第二,卢卡奇所认为的物化的这一决定因素实际上是生产过程的具体物质形式的片面绝对化;而且,随着资本实现其历史价值,这一因素也会逐渐消失。要阐明这一点,有必要简要讨论大工业生产过程的规定性。

---

[1] Karl Marx, *Grundrisse. Foundations of the Critique of Political Economy*, Harmondsworth: Penguin, 1973, p. 692.
[2] 马尔库什在1982年针对卢卡奇关于资本主义劳动过程的分析提出了相似的异议。然而,他认为这一缺陷的基础在于融合了马克思两个不同的概念,即异化和物化。

特殊的大工业生产过程的统一包含三个基本时刻：1）生产有意识地管理集体工人劳动过程的能力，例如科学；2）将这一能力运用于直接生产过程的实际组织中；3）直接生产过程本身中的直接劳动。生产过程中的这些物质变化必然导致雇佣劳动者主体性的转变。大工业中集体工人的新形象通过反映生产过程不同环节的复杂内在差异而达到统一。①

对于在直接生产过程中仍然从事必要体力劳动的那部分工人来说，他们生产主体性的转变具体表现为其主体性的丧失。作为集体，工人局部器官的劳动因而被简化为日益简单的操作。尽管就劳动过程的物质性而言，单一操作在技术必要性上不再需要劳动者的专业化，但是在悲惨的资本主义范围内，相较于手工业中的工人，前者以一种更为可怕的方式摧毁工人的个人生产主体性。②生产的对抗性被确定为资本增殖过程，使工厂中的劳动分工永久化，使工人依附于专门的机器，并且使他/她成为劳动工具的活的附属物。此外，正如伊尼戈·卡雷拉（Juan Iñigo Carrera）指出，相对剩余价值生产的这一具体形式的本质迫使资本不断地变革机器体系的技术基础，从而将全部这种类型的工人驱逐出直接生产过程。③随着劳动生产力发展的每一次飞跃，在劳动过程中介入他们的特殊能力也就愈显多余，因为他们已经被对象化在机器中的功能取代。然而，就这一运动没有完全取消手工业工人某些主体性专业技能的必要性而言，"它为在劳动能力物质性的进一步去技

---

① 关于这一点可参考 Juan Iñigo Carrera, "Estado intervencionista y estado neoliberal: dos formas concretas de la misma especificidad dei proceso argentino de acumulación de capital," in *Centro para la Investigación como Crítica Práctica*, working paper, 2000; Juan Iñigo Carrera, "La razón histórica de existir del modo de producción capitalista y la determinación de la clase obrera como el sujeto revolucionario," in *Centro para la Investigación como Crítica Práctica*, working paper, clacso. edu. ar/~jinigo, 2000。

② 参见 Karl Marx, *Capital. A Critique of Political Economy*, Volume I, Harmondsworth: Penguin, 1976, pp. 546-547。

③ 参见 Juan Iñigo Carrera, "La razón histórica de existir del modo de producción capitalista y la determinación de Ia clase obrera como el sujeto revolucionario," in *Centro para Ia Investigación como Crítica Práctica*, working paper, clacso. edu. ar/~jinigo, 2000。

能化的基础上剥削活劳动创造了广阔的新空间"①。

现在已经清楚了,当卢卡奇讨论由资本主义劳动过程的结构引起的物化时,他无意中指的是丧失了生产主体性的集体劳动者的这一局部器官。很明显,这是为什么聚焦于"物化的直接性"而工人无法在物化的社会存在中找到出路的原因。因此,资本主义生产的物质性并没有体现任何使工人掌握自觉的社会生活组织的潜能。资本主义形式的社会劳动生产力的发展不仅没有朝向消除作为社会劳动物质产品属性的人的能力的异化,而且似乎迫使工人无限地再生产异化的普遍社会关系。所以,卢卡奇不得不得出这样的结论,就劳动对资本的实际从属而言,"矛盾不但得不到解决,而且会在更高的层次上,用不同的形态,更加强烈地由发展的辩证动力再生产出来"②。我们将会看到,这也是为什么他错误地转向劳动对资本的形式从属以寻找革命主体性来源的原因。

然而,只有当我们忽略了上述大工业生产过程的统一性,并且将只是一个正在消亡的环节的构成物绝对化时,这种情形才会出现。牢记这一统一性及其矛盾的历史发展,不同的图景就会呈现。

首先,只要资本家的主体性无法将如今受他/她的资本直接统治的社会劳动的自觉组织人格化③,从事直接生产过程的劳动者的日益去技能化的另一面必然是扩大负责其余生产环节的劳动者的生产主体性:发展和运用科学能力自觉地组织生产过程。④ 由此,集体劳动者的存在超越了"厂墙"的界限。不必说,作为资本积累的一种具体形式,工人主

---

① 参见 Juan Iñigo Carrera,"La razón histórica de existir del modo de producción capitalista y la determinación de la clase obrera como el sujeto revolucionario," in *Centro para la Investigación como Crítica Práctica*, working paper, clacso. edu. ar/~jinigo, 2000。
② Georg Lukács, *History and Class Consciousness. Studies in Marxist Dialectics*, London: Merlin Press, 1971, p. 197.
③ 生产过程的规模及其组织必然具有的科学性使资本家的主观能力无法自觉地管理劳动过程。参见 Karl Marx, *Capital. A Critique of Political Economy*, Volume I, Harmondsworth: Penguin, 1976, p. 1024。
④ 实际上,大工业的发展通过生产相对于资本剥削所需的过剩人口,构成了第三种类型的主体性。尽管这是关键的一个方面,我也无法在这里论述它给工人阶级的革命行动带来的影响。

体性的这种发展只会作为社会劳动产品所承载的敌对的、异化的权力与他们相对立。然而，正如我接下来将要论述的，当扩大的主体性的不断发展与异化的资本主义生产的社会关系施加的限制相冲突，历史运动将会达到一个点，使得后者"炸上天"。

其次，这种残忍而毁灭性的方式——这种方式也在资本主义发展的过程中趋向于分裂工人阶级——这一规定本身就蕴含了消除人手直接介入直接生产过程的需要的解放潜能，因而使卢卡奇物化的根源也消失了。正如马克思在《政治经济学批判大纲》中论述的，"劳动时间——单纯的劳动量——在怎样的程度上被资本确立为唯一的决定要素，直接劳动及其数量作为生产即创造使用价值的决定要素就在怎样的程度上失去作用；而且，如果说直接劳动在量的方面降到微不足道的比例，那么它在质的方面，虽然也是不可缺少的，但一方面同一般科学劳动相比，同自然科学在工艺上的应用相比，另一方面同产生于总生产中的社会组织的、并表现为社会劳动的自然赐予（虽然是历史的产物）的一般生产力相比，却变成一种从属的要素。于是，资本也就促使自身这一统治生产的形式发生解体"[1]。

卢卡奇对于劳动对资本的实际从属的错误理解，使他没有认识到内在于异化的人类能力的发展模式中的基本矛盾。因此，他也没有认识到这一矛盾的历史运动如何通过赋予工人超越他们异化的意识的潜能而使资本走向自身的解体。对于他来说，科学地由机器体系组织起来的劳动过程的物质性的发展，只能永久地使劳动从属于资本。

物化的主体性、直观与科学方法

到目前为止，我们批判性地重建了卢卡奇的物化概念及其对象性

---

[1] Karl Marx, *Grundrisse. Foundations of the Critique of Political Economy*, Harmondsworth: Penguin, 1973, p. 700.

形式。然而,卢卡奇理论的显著特点在于,除此之外,他还关注物化的社会生活所产生的主体性形式。我们现在将要转向对它的分析。

我们看到了卢卡奇是如何将物化的对象性存在置于资本主义劳动过程的合理化之中的。根据他的理解,劳动者与自觉的劳动过程组织相分离,并且成为合理化的共同工作过程的局部器官,他/她面对的是作为先在的、自足的对象性的工作过程。而且,对分解为组成部分的劳动客观条件的机械分析也影响了工人的个性,因为"生产的客体被分成许多部分这种情况,必然意味着它的主体也被分成许多部分"①。因此,物化的社会存在必然也会对主体性的程度产生影响,因为所有社会生活形式都会产生相应的意识形式,作为对其对象性形式的必要补充。所以,在这种情况下,一种物化意识出现了,它即刻延伸至资产阶级社会的每个个体,包括无产阶级。这种物化意识的规定性包括两个相互联系的方面。

第一,资本主义社会中个体的直接意识使他们以直观的形式与对象性形式相联系。因为主体由于专业化而分裂,以至于不可能把握整体,工人所面对的大工业劳动过程,是"不依赖于意识的、不可能受人的活动影响而产生的、即作为现代的系统而表现出来的一个机械—有规律的过程……(这)也改变人对世界的直观态度的各种基本范畴"②的过程。工人从属于机器体系的自动化运动使得主体及其对现实直观的态度丧失活力。因此,人类行动被限制在以"技术的"形式介入世界,而人类实践被简化为朝向现实,这种现实被视为异化的对象性,从属于超越人类控制的正式法律和规律③。这种形式的"非主动行为"只能再生产

---

① Georg Lukács, *History and Class Consciousness. Studies in Marxist Dialectics*, London: Merlin Press, 1971, p. 89.
② Georg Lukács, *History and Class Consciousness. Studies in Marxist Dialectics*, London: Merlin Press, 1971, p. 89.
③ 参见 Andrew Feenberg, "Reification and the Antinomies of Socialist Thought," in *Telos*, 10 (Winter), 1971, p. 110。

物化的社会存在,而不能实现卢卡奇所认为的最深刻意义上的现实的实际转变。后者只能是卢卡奇所说的实践的产物。

我认为,从对现实直观态度的角度描述物化意识是有问题的;它表现了卢卡奇物化概念的浪漫主义倾向,进而构成他方法中某些"极左派"倾向的萌芽。① 卢卡奇的物化意识概念没有强调在资本主义社会中人类生命—活动是异化的形式这一事实,而是倾向于在主动性和被动性之间形成一种抽象的、错误的对立。因此,这个观点有可能在每一次阶级斗争的激化中都看到"革命浪潮",因为任何似乎超越经济要求且因而似乎针对资产阶级社会"总体"的工人阶级集体抵抗形式都倾向于被等同为主动性(即物化意识的否定)。相反,相对"遵循规律的"剩余价值的生产被等同为被动性。这样,问题就简化为仅仅在斗争范围和强度上的量的差别,革命也被简化为一个抽象的命令:主动起来!在现实中,这两个方面都是人类生命—活动的异化形式(即资本积累)的矛盾存在的具体形式。②

更有意思的是物化意识的第二个方面,卢卡奇是从理论表达的角度进行讨论的。因为在这里,问题的提出并不是以可能导致将物化的主体性形式的超越性简化为"敌对程度"问题的方式,正如在主动性与被动性之间或实践与直观之间的具有误导性的抽象对立。在讨论物化意识的第二个方面时,卢卡奇将无法超越物化的各种意识的确定形式与确实能够克服物化的形式进行质的区分。这里讨论的是科学方法的历史性及其与人类行为的变革力量的关系。我认为卢卡奇讨论的第二

---

① 参见 Simon Clarke, *Marx, Marginalism and Modern Sociology*, London: Macmillan, 1991, p. 318。
② 分析阶级斗争作为资本积累的一种具体形式,而非作为其抽象否定的特殊规定性,参见 Juan Iñigo Carrera, "La razón histórica de existir del modo de producción capitalista y la determinación de la clase obrera como el sujeto revolucionario," in *Centro para Ia Investigación como Crítica Práctica*, working paper, clacso. edu. ar/~jinigo, 2000; Moishe Postone, *Time, Labor and Social Domination*, Cambridge, England: Cambridge University Press, 1993, pp. 314-324。

个方面对第一个方面进行了具体说明,这样能够避免缺陷。

根据卢卡奇的观点,物化的科学思想在表面上不加批判地再现了物化的直接性,形成了受似自然规律统治的社会的表象。物化思想的程序因而屈从于社会生活的直接真实性,并且仅仅试图在"残酷的既定事实"及其量化的规律性与重复性的基础上构建似规律的普遍性。物化的社会科学片面地关注在"事物"中建立可量化的关系,完全不关注社会形式的质的规定性,因而无法发现它们之间的"内在联系"。正是由于它的本质,它不可能消除"把客体错误地分离开来的做法(以及依靠抽象的反思规定而把它们更加错误地联系起来的做法)"①。尽管我认为他将这种深刻见解建立在由机器体系导致的"主体的分裂"的基础上是具有误导性的,但是通过对物化思想的批判,卢卡奇触及了工人阶级革命实践的一个极其重要的方面。为了坚定地实现世界的根本性变革,无产阶级的科学认识必须超越科学作为资本再生产具体形式的历史规定性,从而超越无法超越自身异化的异化意识。这种历史规定性表现为对现实的科学认识过程的形式,即方法。② 在这里,卢卡奇思想中另一个重要方面开始发挥作用。在下一章中,我将讨论卢卡奇对于辩证法的深刻理解。

辩证法与革命行动

卢卡奇认识到形式思维是异化的资本主义社会关系所特有的科学

---

① Georg Lukács, *History and Class Consciousness. Studies in Marxist Dialectics*, London: Merlin Press, 1971, p. 163.

② 索恩-雷特尔以更为清晰和深刻的方式提出这个问题,通过明确地将表象思维追溯至商品形式的规定性,从而避免了卢卡奇的韦伯式解释。然而,索恩-雷特尔未经中介地将脑力劳动等同于占有性的劳动是具有误导性的。关于资本主义社会关系的异化形式与作为表象思维的科学形式之间的"内在联系"的另一种论述,参见 Juan Inigo Carrera, "Capital's Development into Conscious Revolutionary Action. Critique of Scientific Theory," in *Centro para la Investigación como Crítica Práctica*, working paper, clacso. edu. ar/~jinigo, 1993。

意识的必要形式,因而能够把握必然的认识决定形式,这种认识超越了科学作为资本再生产具体形式的规定性,即辩证认识。① 与表象思维不同,当辩证法试图在思维中占有对象的规定性时,它不遵循任何逻辑。相反,它的形式在于在思维中再现关键认识对象的生命的内在发展,也就是说,它在于通过遵循矛盾运动而"在思维中再现现实"②。卢卡奇认为,通过这种方式,认识能够超越资产阶级社会直接的拜物教表象,并且将每一种现实的形式都作为具体总体性的决定性时刻加以把握。在思维中辩证地再现社会生活的规定性绝不是一种简单而直接的脑力活动,需要"复杂的中介过程,这一中介过程的目标是把社会认识为历史的总体"③。因此,我们得出两个相互联系的概念——根据一位重要的评论家的观点,这两个概念在卢卡奇关于辩证法的讨论中起着核心的作用④——"总体性"和"中介"概念。卢卡奇认为,这两个概念的结合赋予辩证法以批判性和革命性的本质。只有通过辩证认识,无产阶级才能够在各种规定的总体性中认识到革命行动的必要性,也就是超越任何表象。只有这样,科学和人类行动才能超越异化的分离,在能够消除资本主义社会关系的工人阶级的革命实践中联合起来。换言之,科学只有在辩证的形式中才能等同于实践批判。

至少在这个一般层面,我认为卢卡奇的论证充满了有意思的深刻见解且方向是正确的。然而,正如我接下来将论述的,由于卢卡奇以特殊的方式推进"理论—实践"关系的这些抽象方面的具体化,一些困难就出现了。尤其是卢卡奇无法解释他的论证结构中需要回答的两个问

---

① 参见 Jay Bernstein, *The Philosophy of the Novel. Lukács, Marxism and the Dialectics of Form*, Sussex, England: Harvester Press, 1984; Andrew Feenberg, "Reification and the Antinomies of Socialist Thought," in *Telos*, 10 (Winter), 1971, p. 93; Lucien Goldmann, *Lukács and Heidegger. Towards a New Philosophy*, London: Routledge & Kegan Paul, 1977, pp. 18-24。
② Georg Lukács, *History and Class Consciousness. Studies in Marxist Dialectics*, London: Merlin Press, 1971, p. 9.
③ Georg Lukács, *History and Class Consciousness. Studies in Marxist Dialectics*, London: Merlin Press, 1971, p. 169.
④ 参见 Istvan Mészáros, *Lukács' Concept of the Dialectic*, London: Merlin Press, 1972, p. 61。

题。第一,卢卡奇必须解释作为实践批判的科学(即辩证法)的主体是无产阶级这一观点。到目前为止,他只是陈述了这一观点,而没有加以论证。第二,由于卢卡奇认为意识的物化达及资产阶级社会的每个个体,所以有必要对资本主义社会的规定性作出解释,使无产阶级能够实现将自己提升至辩证的观点的潜能。为了解答这些问题,我们将继续研究卢卡奇是如何具体展开"直接性和中介的辩证法"的。

物化的历史趋势与无产阶级的观点

卢卡奇在《历史与阶级意识》中强调,至少就直接性而言,无产阶级与资产阶级的观点并无区别,都是物化的意识,因而无法超越资本主义社会的直接表象而彻底变革它。[1]

然而,这一观点似乎与卢卡奇批判德国古典哲学的结论是相矛盾的。根据卢卡奇的批判,无产阶级必须是辩证认识的主体,只有这样,才能实际地解决资产阶级思想的矛盾。[2] 关键在于,这种物化意识的否定只是潜在的,并且对应于卢卡奇所说的被赋予的阶级意识——在这里他指的是一个阶级根据其社会存在所能达到的对其社会规定的认识程度。[3] 但是无产阶级直接的经验意识与"真正的"革命意识并不必然一致,事实上也不可能一致。[4] 因此,要解决的问题是:是什么样的社会生活规定性赋予了工人阶级超越其作为异化意识承担者的规定性的潜能,从而消除了经验的阶级意识与被赋予的阶级意识之间的距离?在

---

[1] 参见 Georg Lukács, *History and Class Consciousness. Studies in Marxist Dialectics*, London: Merlin Press, 1971, p. 150。
[2] 参见 Georg Lukács, *History and Class Consciousness. Studies in Marxist Dialectics*, London: Merlin Press, 1971, pp. 148–149。
[3] 参见 Georg Lukács, *History and Class Consciousness. Studies in Marxist Dialectics*, London: Merlin Press, 1971, p. 51。
[4] 参见 Stephen Perkins, *Marxism and the Proletariat. A Lukácsian Perspective*, London: Pluto Press, 1993, pp. 170–172。

《历史与阶级意识》的论证中,这种潜能是以作为商品的劳动力的社会存在中的一种内在"客观可能性"而存在的。这种商品结构包含了量与质的辩证法,产生了所谓的革命阶级意识的"客观可能性"。① 简而言之,以劳动者的主体性角度而言,这种辩证法存在于资本积累过程的量的规定性转向直接生产者生活经验的质的规定性的过程中。在卢卡奇的论述中,这一"量到质的转变"是革命阶级意识发展的第一阶段。② 但是,这只是去物化过程的开始,尽管"商品结构的拜物教形式开始崩溃了"③。卢卡奇认为,从这最初的规定性开始,一种辩证的"复杂的中介过程"开始展开,从初步的自我意识走向在思维中重建"作为历史总体性的社会"④,也就是获得辩证认识。简言之,内在于劳动对资本的形式从属中的规定性,开启了充分了解无产阶级社会状况的过程。

那么获得了具体总体性观点的意识发现了什么隐藏的内容呢?卢卡奇认为,这一过程揭示了无产阶级作为具体主体在具有自主对象性的社会表象背后的行动。⑤ 尤其当我们进入生产领域,确定工人是剩余价值的来源,且因而是资本再生产的"活的基础"时,这一本质事实就展现出来了。这一发现导致了"行动对象的客观属性的变化"⑥,因为通过工人自身的劳动,现在所有"事物"都融入"过程的各个方面"。此外,由于"这种表现形式决不是纯粹思想的形式",而是"当代资产阶级社会的对象性形式",它们的消除只能是思想转化为革命行动的结果。⑦ 因而,

---

① 参见 Georg Lukács, *History and Class Consciousness. Studies in Marxist Dialectics*, London: Merlin Press, 1971, p. 166。
② 参见 Andrew Arato, "Lukács' Theory of Reiflcation," in *Telos*, 11 (Spring), 1972, p. 58。
③ Georg Lukács, *History and Class Consciousness. Studies in Marxist Dialectics*, London: Merlin Press, 1971, p. 168。
④ Georg Lukács, *History and Class Consciousness. Studies in Marxist Dialectics*, London: Merlin Press, 1971, p. 169.
⑤ 参见 Andrew Arato, "Lukács' Theory of Reiflcation," in *Telos*, 11 (Spring), 1972, p. 61。
⑥ Georg Lukács, *History and Class Consciousness. Studies in Marxist Dialectics*, London: Merlin Press, 1971, p. 175。
⑦ 参见 Georg Lukács, *History and Class Consciousness. Studies in Marxist Dialectics*, London: Merlin Press, 1971, p. 177。

这种革命实践"不能脱离认识"①,它只能具有辩证认识的形式,因为它表现了超越直接性(即中介)的社会过程,且因而本身是一种辩证的社会过程。并且,由于这种认识意味着将社会视为"具体的总体",它不可能是孤立个体的属性,只能是集体的阶级主体的属性,其构造活动再生产了社会,也就是无产阶级。

形式从属和阶级意识:卢卡奇从辩证法退向逻辑表示

不出所料,《历史与阶级意识》的主要缺陷是卢卡奇认为工人阶级的革命主体性仅仅来源于劳动对资本的形式从属。在这个观点中基本上可以发现以下问题。

暂且不管卢卡奇特殊的论证形式,应当指出,它剥夺了资本(及其替代物)所有的基于人类物质发展的历史必然性,作为人类劳动物质产品的属性的劳动生产力的异化因此被归结为人类历史上一次偶然的悲剧。资本被认为只是剥削人类劳动的另一种社会形式,其特殊性只能从直接生产者表面上自由的角度在形式上加以把握,只能存在于在量上无限地榨取剩余劳动的表象中。② 因此,从唯物主义的角度看,资本的意义即它存在的理由就被排除在外了。这意味着无视如下事实,即这种颠倒的人类生活存在方式是必要的形式,通过这种形式才可能由自觉相联系的个人组成社会。

第二,正如普殊同所指出的③,最坏的情况是,暗含在仅仅作为商品

---

① 参见 Georg Lukács, *History and Class Consciousness. Studies in Marxist Dialectics*, London: Merlin Press, 1971, p. 177。
② 参见 Juan Iñigo Carrera, "La razón histórica de existir del modo de producción capitalista y la determinación de la clase obrera como el sujeto revolucionario," in *Centro para la Investigación como Crítica Práctica*, working paper, clacso. edu. ar/~jinigo, 2000。
③ 参见 Moishe Postone, "Necessity, Labor and Time," in *Social Research*, 45 (Winter), 1978, p. 781。

的劳动力存在中的规定性可能导致"工会"意识的发展。最好的情况是,它们可以发展为工人作为剩余价值生产者的自我认知,并因而发展为"分配的共产主义"(即以国家财产形式绝对地集中资本)。但是劳动的形式从属永远不可能使工人产生一种意识,即充分意识到其所有的社会规定性,并因此认识到自身异化的本质和以颠倒的形式获得的历史社会潜能。事实上,卢卡奇自己关于革命意识规定性内容的讨论证实了刚才所说的。必须回顾的是,对于卢卡奇而言,构成革命意识的关键在于通过分析资本再生产发现资本增殖来源于剥削劳动生产力。这一发现将向工人阶级揭示隐藏在物化的资本主义表象世界之下的本质事实——"事实上",工人是历史过程的主体。[1]

然而,我认为仔细分析资本主义再生产过程会得出恰恰相反的"本质事实"。"将资本的物化分解为连续的生产和再生产过程"只能说明,社会资本作为人类生活再生产过程总体的异化的具体主体的规定性是如何获得其充分性的。社会资本不仅成为社会财富生产和流通过程的具体主体;它甚至占据了社会消费过程。因此,正是社会资本自主的再生产运动,生产和再生产了作为其对立的人格化(资本家和工人)的人类本身。而且,在作为自由人(也因此具有自由意识和自由意志)的具体表象下,工人为社会资本进行强制劳动;也就是将他们社会权力的异化存在方式人格化。[2] 最后,卢卡奇克服异化的观念在表象上突然停止。用卢卡奇的术语来说,资本主义社会以"物化的表象"和"物化的本质"为特征。相反,卢卡奇将物化的表象和自由的本质(社会财富在其"真实"现实中的直接生产过程)外在地对立起来。我之前同意卢卡奇将无产阶级的意识不是自由的而是物化的这一深刻见解作为他的出发

---

[1] 参见 Georg Lukács, *History and Class Consciousness. Studies in Marxist Dialectics*, London: Merlin Press,1971, pp. 180 – 181。
[2] 参见 Karl Marx, *Capital. A Critique of Political Economy*, Volume Ⅰ. Harmondsworth: Penguin,1976, pp. 716 – 724。

点。不幸的是,当他试图从"物化的直接性"转向其更中介的规定性时,他放弃了这个有力的观点,最后将工人阶级意识的概念作为物化的一极(其作为资本主义再生产对象的直接表象)和自由的一极(其作为真实的具体主体的中介本质)之间的"相互渗透"。由于这一"辩证的"逻辑用两种对立直接肯定的统一表示矛盾运动(即通过自我否定的肯定)①,卢卡奇没有发现革命主体性的出现是异化意识历史运动的内在结果。相反,正如克拉克(Clarke)的评论,为了"找到克服物化的基础",卢卡奇不得不诉诸"仅存的没有物化痕迹的工人的'人性和他的灵魂'"。② 因此,对于卢卡奇来说,工人阶级的革命意识不是一种意识到自身异化的异化意识(因而是对异化的资本社会关系的绝对否定),而是一种抽象的自由意识,它在资本主义压迫的外衣背后发现了其本质的自由(因而是对资本主义异化的抽象否定)。③ 这样,他不得不作出如下结论,"这一改造本身却只能是无产阶级自身的**自由**的行动"④。此外,卢卡奇过于笼统和模糊的"直接性和中介的辩证法"没有提示我们无产阶级存在的真实社会规定性,而它可以使其被赋予的抽象可能性具体化。经验的和被赋予的阶级意识之间的差距仍然存在,从一种阶级意识转向另一种阶级意识只能通过突然的、无中介的飞跃来实现。因此,卢卡奇最终在随后的文章中为这一困境提供了一种列宁主义的解决方案也就不足为奇了。阶级意识不再被视为无产阶级所有成员都

---

① 参见 Juan Iñigo Carrera,"Capital's Development into Conscious Revolutionary Action. Critique of Scientific Theory," in *Centro para Ia Investigación como Crítica Práctica*, working paper, clacso. edu. ar/~jinigo, Juan. 1993。
② 参见 Simon Clarke,*Marx*,*Marginalism and Modern Sociology*,London:Macmillan,1991, p. 318。
③ 关于卢卡奇所得出的无产阶级既在社会之中又在社会之外的结论,参见 James Schmidt,"The Concrete Totality and Lukács' Concept of Proletarian Bildung," in *Telos*, 24 (Summer), 1975, p. 34。
④ Georg Lukács, *History and Class Consciousness. Studies in Marxist Dialectics*, London:Merlin Press, 1971, p. 209. 黑体为本文作者所加。——译者注

具有的属性,而是一种抽象的、无实体的集体意识。① 通过一个魔幻般的转折,他使政党成为具有真正阶级意识的主体。② 这样,构成卢卡奇工人阶级意识概念的对立的两极(物化和自由)被分配给了两种不同的社会成员:无产阶级,其本身不能实现它的客观可能性,并且仍然陷于物化之中;政党领导人,没有解释就被宣称为辩证认识的承担者,因而也是自由的承担者。③④ 革命现在被视为"阶级和政党"这两极"辩证的相互关系"的产物。⑤

彻底批判卢卡奇的列宁主义需要另写一篇论文。我只能在这里提出两个主要缺陷。就历史的角度而言,正如费德里奇(Federici)所指出的,卢卡奇"不加批判地接受了列宁主义的政党……是在这种政党正在失去其政治关联之时"⑥。更为根本的是,仅凭无产阶级自觉革命行动的一般内容,就足以理解为什么它绝对不可能表现为自觉的行动组织与其执行相分离的制度化。这不仅仅是在抽象道德层面社会组织的激进民主形式优于等级制形式的问题。它只不过是关键性社会变革的物质性的结果,即生产关于人类变革行动作为再生产人类生活的普遍社会关系的社会特征的意识。换言之,它是这种集体的社会变革过程必

---

① 参见 Georg Lukács, *History and Class Consciousness. Studies in Marxist Dialectics*, London: Merlin Press, 1971, pp. 317 - 318。
② 参见 Georg Lukács, *History and Class Consciousness. Studies in Marxist Dialectics*, London: Merlin Press, 1971, p. 315。
③ 参见 Georg Lukács, *History and Class Consciousness. Studies in Marxist Dialectics*, London: Merlin Press, 1971, p. 320。
④ 胡迪斯(Peter Hudis, "The Dialectic and 'The Party': Lukács' History and Class Consciousness Reconsidered," in *News and Letters*, June, 2001; newsandletters.org/1.06essay.htm)尖锐地批判了卢卡奇的列宁主义。洛维(Michael Löwy, *Georg Lukács. From Romanticism to Bolshevism*, London: New Left Books, 1979)给出了一个更为同情的解释,他试图将卢卡奇的一般观点作为对当时共产党的辩护。他的基本观点是,卢卡奇指的是一种"理想型"的共产党,而不是任何真实存在的组织。应当指出,除了这种解释具有方法论的缺陷以外,卢卡奇的政党概念即使接受这些限制条件,也还是有缺陷的。
⑤ 参见 Georg Lukács, *History and Class Consciousness. Studies in Marxist Dialectics*, London: Merlin Press, 1971, p. 322。
⑥ Silvia Federici, "Notes on Lukács' Aesthetics," in *Telos*, 11 (Spring), 1972, p. 144.

然具有的自觉性质的结果,这一过程正是每个个体自觉变革实践的有机统一。只有这样,这种行动才能获得充分的变革力量。某些个体(比如"知识分子")垄断自觉的社会行动组织只能表明一件事——社会其他成员在无意识地行动,不加批判地接受未来的领导人确实正在自觉行动的表象,无论两极之间的中介多么民主或领导人多么倾向于向大众的自发运动"学习"。① 当马克思说共产主义是个体的自觉联合时,他是认真的。并且,这不是"想要"与他人联合或在外部环境的压力下本能地这样做的问题(更不是道德责任的问题),而是充分认识到在全部规定性中联合的社会必要性的问题。另一方面,这就是为什么在思想上对完成了人类新陈代谢整个过程(辩证法)的政治行动之社会规定性的再现,就其本质而言必须是集体阶级的产物,其生产涉及所有相关个人。② 换言之,只有这样,辩证法才能建立起"意识与行动的真正纽带"。为了坚持列宁的政党理论,卢卡奇不得不割断这一纽带。

重新恢复阶级意识的规定性

简而言之,我认为可以将卢卡奇的《历史与阶级意识》对社会理论的贡献(包括价值和局限),简要且合理地描述为尝试为毫无生机的正统机械唯物主义的马克思主义补充一种主体性理论。如上所述,卢卡奇的脑力事业在于一种反思,旨在补充正统的解释,后一种解释中作为革命的经济"客观条件"发展的准确分析几乎未被触及。因此,卢卡奇

---

① 关于挽救列宁政党理论的一次创新但无效的尝试,参见 Alan Shandro, "'Consciousness from Without': Marxism, Lenin and the Proletariat," in *Science & Society*, 3 Fall, 1995, pp. 268-297。

② 因此,正是辩证认识的本质要求在思想中再现存在于每个个体行为独特性中的人类目的性活动的社会规定性。这就是为什么辩证认识就其形式而言是内在自我批判的。此外,这有助于解释为什么马克思作为个体(尽管是极其聪明的个体)——其生活的时代远早于出现现实革命变革的物质条件的时代——只能发现工人阶级革命行动最一般的规定性。关于它更具体的形式,马克思一贯拒绝为未来社会描绘任何"蓝图"(当然,对于创造未来社会的革命行动组织也是如此)。

决定将意识问题作为他研究的中心,并且将马克思主义视为对资本特有的对象性形式和主体性形式的反思。与将资本主义社会对象性形式运动拜物教式地绝对化的那种马克思主义相比,这无疑是重要的发展。然而,正是在卢卡奇这种尝试的出发点中就蕴含了其之后失败的萌芽。因为以独立论述主体性规定来补充对革命"客观条件"的传统分析这一观点,使得这样理解的资本主义社会形式的两个维度之间的外在性变得明显。[1] 这种外在性由于卢卡奇回答这个问题的特殊方式而更加明显。虽然我们可以理解为,卢卡奇关于客观条件的观点的所有反思一般指的是劳动对资本的实际从属的规定性,但是他的革命阶级意识理论仅指形式从属的规定性。

避免卢卡奇这种误导性阐述缺陷的关键在于,从唯物主义的角度看,革命的客观条件和主观条件的规定性不能分开发展。否则,只会导致实际上不可分割的东西的分离。因为消除资本的"客观条件"和"主观条件"是同一物质条件的两面,这一物质条件是结束人类异化存在的革命性转变的必然性基础。正如马克思所说,"使个人在他们的生活的再生产中,在他们的生活过程中处于上述状况(作为充分发展的社会的单个的人)的那些条件,只有通过历史性的经济过程本身才能创造出来;**这些条件既有客观的条件,也有主观的条件,它们只不过是同一些条件的两种不同的形式**"[2]。

因此,我们需要对"历史性的经济过程本身"的运动,也就是异化劳动(即资本)的历史运动进行真正辩证的论述。详细分析人的异化的主体性的发展显然超出了本文的范围。接下来我将概述我认为应当成为替代性方案的一般方面和原则。

---

[1] 未能联系政治经济学批判的这两个必要时刻,这可能是进入西方马克思主义传统的理论家选择性地挪用卢卡奇上述著作的基础。一旦对于对象性形式与主体性形式的分析相分离,那么距离以文化批判的形式将后者的理论自主化就只差一步了。

[2] Karl Marx, *Grundrisse. Foundations of the Critique of Political Economy*, Harmondsworth: Penguin, 1973, p. 832. 黑体为本文作者所加。——译者注

首先,关于试图从唯物主义角度把握异化意识问题的这种批判方法的真正意义,有必要重新回到马克思的深刻见解,即人类发展(及其意识的发展)的关键在于"他们是什么样的……这同他们的生产是一致的,既和他们生产什么一致,又和他们怎样生产一致。因而,个人是什么样的,这取决于他们进行生产的物质条件"①。换言之,它是关于人的生产主体性的发展。

这第一个前提将我们引向替代性思路的第二个核心要素:资本的特殊性不仅在于它的形式规定,也体现于一种特殊的物质规定。具体地说,资本将自由的个人劳动生产力转化为直接和自觉组织的社会劳动生产力。当然,这两个方面——物质和形式——不一定被视为处于外在的相互关系中。需要把握的是形式和内容之间的"内在联系"以及内在于其中的矛盾。卢卡奇正是在这里失败了。

因此,尽管资本是直接社会劳动力的历史生产者,但它的实现是通过使这种自觉的组织从属于异化为劳动物质产品属性的社会生活的自主运动,即通过相对剩余价值的生产。资本主义的基本矛盾需要在其历史展开中分析,以研究工人阶级异化主体性的不同存在形式以及这种包含了其超越的必然性的存在的规定性。遗憾的是,《历史与阶级意识》没有辩证地分析形成工人阶级革命主体性的必然性的物质条件,后者根源于劳动对资本的实际从属。

一些作者将这种阐述解释(并接受)为卢卡奇非决定性的理论特征。② 这种观点认为,革命意识的出现不仅是"资本主义发展客观规律"的机械结果,而且是向工人的生活经验"开放"。实际上,革命意识的发展只能是工人主体生活经验的结果(意识作为人的生产主体性的表现,

---

① Marx, Engels, *The German Ideology*, in Robert Tucker, ed., *The Marx-Engels Reader*, New York: W. W. Norton, 1978, p. 150.
② Andrew Arato, "Lukács' Theory of Reiflcation," in *Telos*, 11 (Spring), 1972, pp. 25–66; Andrew Feenberg, *Lukács, Marx and the Sources of Critical Theory*, Oxford, England: Martin Robertson, 1981.

还能在哪里得到发展呢?)。但关键在于工人的主体经验并不缺乏社会规定性,而是他们再生产自然生活的特殊方式的具体形式,即由历史决定的社会生产关系的具体形式。

这些社会关系在资本主义社会中往往表现为异化的形式,人类因而被确定为它们的人格化(即它们意识的承担者)。所以,借用马克思的论述,他们自己的生产主体性(并因而他们的意识)的发展是在"生产者的背后"发生的,因此表现为控制和生产他们的自主"决定性"过程,而不是他们自觉地支配他们的类存在的实现。所以,不论喜欢与否,工人阶级通过政治行动将权力人格化,这种权力现在属于异化的普遍社会关系,即资本积累。① 在工人的政治行动过程中出现的性质不同的意识形式因而成为主体性的必要形式,这种主体性始于作为在工人阶级斗争中以具体形式出现的社会资本再生产规定性的人格化。依赖于阶级斗争在社会资本中的特殊作用,一种停留在更直接或更中介的表象上的意识趋于形成。因此,工人阶级斗争甚至可能表现为对阶级行动本身的否定(女权主义、民权运动)。更多意识的中介形式可能逐渐意识到他们的阶级特征,甚至变得高度激进,以表现为"革命的"(并因而将其余的工人阶级视为协助的"内部敌人")。然而,这些主体性形式不能超越它们作为异化意识的具体形式,不能为了在资本主义生产方式的全部规定性中解释它们自身的异化而超越资本主义生产方式中的任何表象。因而,与此相关的是坚持抽象自由的表象却从属于某种形式的外在压迫的异化意识形式,与意识到自身异化本质的异化意识形式之间的区别。无论工人阶级的政治行动范围多么广泛,强度多么激烈,

---

① 这里我指的是形成作为异化的社会生活主体的资本。在整个资本主义发展进程中,这种异化的过程包含了相应的对象性形式和主体性形式的统一。就对象性而言,它表现为客观的"经济力量"和明显具有超越性的国家权力。就主体性而言,它作为异化的主体性存在,表现为具有自由意识和自由意志,与那些社会对象性模式对自由确认的明显外在强制性相冲突。正如我们看到的,在论述革命意识最终陷入这种神秘化时,卢卡奇的表述与之相近。

它都不能被确定为革命的,除非它是作为后者的一种表现。① 这意味着工人阶级的主体性从它所有异化存在的痕迹中解放出来,其本身就是这种异化的一种具体形式。

那么,是什么异化的社会生活条件产生了通过工人阶级斗争而革命性地消除自身的历史必然性? 如前所述,这个问题的答案必须在相对剩余价值生产的历史运动中寻找。通过劳动物质条件的不断革命,资本按照一种确定的趋势不断改变工人的主体性:他们最终成为一般劳动者,即一个共同主体的器官,这个共同主体能够自觉支配他们的生活过程,因为他们有能力科学地组织任何机器体系以及任何社会合作形式的生产过程。② 他们的生产属性的变化,是使劳动者通过作为工人的自我消除以及建构个人的自由联合而成为真正的社会个人的必要前提。③

在这种情况下,社会物质生产力的进一步发展与生产关系相冲突。翻译成我们的表达方式,这一经典的马克思主义观点只是包括以下含义。人作为生产主体被生产出来,他/她充分认识个人能力和活动的社

---

① 只有辩证认识蕴含着发现这种社会规定性的批判性力量。
② 似乎我是在用脑力劳动者代替体力劳动者作为革命主体。恰恰相反,我的观点是,关键不在于抽象地将脑力劳动与直接体力劳动相对立,以使一种劳动优于另一种劳动,而在于抓住资本历史地发展这两个劳动过程必要时刻的矛盾形式。正是通过加剧二者的分离,资本倾向性地消除体力劳动在社会生活再生产过程中质和量上的权重。因此,资本对劳动过程的改造最终达到一点,即脑力劳动与体力劳动之间的分离不能在物质上取得作为组织人类生活过程的一种形式。所以,脑力劳动和体力劳动在如今的直接社会生产体的每个局部器官的个人主体性中重新结合,但是前者表现为对象化的社会认识(即科学),而不是劳动者直接的主体生产经验的产物(如前资本主义社会形式中的情况)。而且,从已有论证的角度出发,应该清楚,这一过程也包含了科学方法的转变,使认识具有辩证认识的形式。在《资本论》中,这一过程是暗含的,只是作为一种抽象可能性被附带提及。参见 Karl Marx, *Capital. A Critique of Political Economy*, Volume I, Harmondsworth: Penguin, 1976, pp. 616-619。这个问题在《政治经济学批判大纲》中得到更清晰的阐述。参见 Karl Marx, *Grundrisse. Foundations of the Critique of Political Economy*, Harmondsworth: Penguin, 1973, pp. 690-712。
③ 在卢卡奇的著作中,充分发展人类个体的观念是存在的。但是,它却被唯心主义地展开为一个伦理问题,而不是关于生产主体性问题。参见 Robert Lanning, "Ethics and Self-Mastery: Revolution and the Fully Developed Person in the Work of Georg Lukács," in *Science & Society*, 3 Fall, 2001, pp. 327-349。

会规定性。因此,他/她不再将社会视为一种统治他/她的异化的、敌对的力量。相反,他/她将社会生活(即生产性合作)作为他/她的个性充分发展的必要条件。但是这种形式的人的主体性必然与一种社会形式(资本)相冲突,这种社会形式将人作为私人的独立个体生产出来,结果他们将普遍的社会依赖性及其历史发展视为一种由社会劳动产品所承担的异化的、敌对的力量。只有当人类生产主体性发展的这些物质规定性出现在历史发展进程中时,无产阶级才能获得必要的社会权力以消除他们普遍异化的社会关系。因此,这一思路表明,工人阶级的革命政治意识只是它们生产意识的具体表现。

结论

现在,在哈特(Michael Hardt)和奈格里(Antonio Negri)《帝国》①的奇幻世界之外,只要匆匆一瞥当前无产阶级生产主体性的形式就足以认识到,理论与实践的统一远不是组织"充分发展的社会个人"的生活过程的普遍社会关系。恰恰相反,它目前的存在方式显然是其对立面:不统一。此外,正如雅各比(Jacoby)正确指出的,这种分离既不可能被魔咒消除也不可能因愿望消失。② 因此,工人仍然需要经历多年的斗争,"不仅为了改变现存条件,而且为了改变自己本身"③,为了发展社会力量,结束这种颠倒的社会存在。这并不是因为这些斗争本身能发展工人的革命意识,而是因为这些斗争迫使资本变革社会生活的

---

① Michael Hardt, Antonio Negri, *Empire*, Cambridge, Massachusetts: Harvard University Press, 2000.
② Russell Jacoby, "Lenin and Luxemburg: Negation in Theory and Praxis," *Radical America*, 6 (September-October), 1970, p. 21.
③ Karl Marx, "Revelations Concerning the Communist Trial in Cologne," in Marx, Engels, *Collected Works*. I. London: Lawrence and Wishart, 1979, p. 403.

物质条件,从而变革工人的意识和意志,直至确定他们是革命的。①

作为阶级斗争的一个必然时期,负责生产资本主义社会形式的批判性科学认识的集体劳动者的局部器官(即共产主义脑力劳动者)面临一项最紧迫的任务。需要辩证地研究工人生产主体性——这一主体性朝向充分发展的普遍性,通过它自身的否定而实现自身——的异化发展在当前的具体形式。② 换言之,通过分割集体劳动者的不同局部器官,并且保持劳动者的生产属性(即使他们在脑力劳动者的情况下发展),劳动者悲惨地成为生产剩余价值的物质形式所需。

毋庸置疑,这不是抽象的理论兴趣,而是发现政治行动形式的必要方法,这种政治行动可以中介工人的直接需要与"整个无产阶级的历史利益",即全球集体工人生产主体性的发展。19 世纪 40 年代,马克思和恩格斯在《共产党宣言》的政治纲领中提出加速社会转型过程所必需的政治行动形式:社会资本作为国家财产革命性的集中化。③ 因此,他们可以提出,工人解放的进程在实质上是国际性的,但在形式上是民族国

---

① 因此,正如勒波维茨指出,这不是工人革命意识发展的两个不同基础的问题:一个是劳动过程,另一个是阶级斗争。确切地说,这是通过他们的政治行动来发展他们表现为具体形式的生产主体性。参见 Michael Lebowitz, *Beyond Capital: Marx's Political Economy of the Working Class*, London: Macmillan, 1992, p. 143;"Michael Lebowitz, Review of The Incomplete Marx," (Felton Shortall), in *Historical Materialism*, 3 Fall, 1998, p. 174。

② 奈格里和哈特"非物质劳动者"理论的缺陷之一,正是他们将充分发展的社会个人的规定性外在地强加于仍然代表着对它的否定的当代集体劳动者。只有这样他们才能宣称这时我们(终于!)到了资本的最后阶段。从物质的角度,资本已经被视为社会寄生虫,我们现在必须等待大众最后的"政治重组"。暂且不管他们后现代的说辞,难道他们没有回到革命的客观条件和主观条件的传统分离中吗?

③ 因此,传统的改革与革命之间的对立没有抓住重点。对这两个概念的一般理解是,它们属于资本主义向个人自由联合的逐步转变的不同时刻在意识形态上的表现,这种转变表现为工人阶级政治行动的不同形式,当我们将这些转变从它的具体规定性中抽象出来时,它就会出现。正如查托帕德亚(Chattopadhyay, "The Ecnomic Content of Socialism: Marx Vs. Lenin," *Review of Radical Political Economics*, 1992,24;3&4, p. 94)深刻指出的,"在这种深刻的辩证意义上,资本主义本身是向社会主义的过渡。因此,即使'无产阶级专政'也不直接包含对资本的超越,而是后者充分发挥作为它自身异化属性的社会生产力的历史潜能之下最发达的形式(同上书,p. 95)。另一方面,正因为如此,它才是旨在变革资本主义社会的工人阶级政治行动的一个必然时期。

家性的。① 然而我认为,在所谓的资本"全球化"时代,政治纲领的更新应该从修改这种表述开始。今天,阶级的政治行动在实质上和形式上都必须是国际性的。为内在于当前全球资本积累形式中的当代无产阶级的国际行动找到合适的具体政治形式是一项必要的集体事业,这是紧迫而不可避免的任务。

(钱梦旦 译)

---

① 参见 Marx, Engels, "Manifesto of the Communist Party," in *Selected Works*, 1. Moscow: Progress Publishers, 1989, p. 123。

物化——一个现实的概念？*

［德］拉尔·耶吉

　　物化原则仍然是流行的吗？它是否像吕迪格·丹内曼所表述的那样，"是迄今为止对我们世界状况最可信的描述之一"？初看起来，支持此观点的证据似乎不多。这个词的吸引力——可以说理论上的性魅力——似乎接近零。目前的物化诊断，既没有在哲学讨论中也没有在社会学的时代诊断或政治运动中扮演重要的角色。正如文献研究表明的那样，物化在20世纪70年代最后一次真正地流行，但与高跟鞋相反，它未再度复兴。此外，在事物的发展过程中，物化理论"被驳斥少于被取代"也是有可能的。反过来说，物化概念本身就依赖现实的经济发展趋势。它的现实性及其暂时的流俗化运用绝不仅仅基于分析的精神，也总是带有唤醒感情的成分。由此可见，如果今天这个概念的社会哲学解释力似乎耗竭了的话，那么，不再有物化了吗，或者仅仅不再有它的概念了吗？如果我们放弃将其作为关于社会批判性交流的媒介，那么我们将会失去什么？如果物化理论能够证明它展示了那些其他我

---

* 本文出处：Rahel Jäggi, "Verdinglichung-Ein aktueller Begriff," in *Jahrbuch der Internationalen Lukács-Gesellschaft 1998/1999*, Paderborn: Institut für Sozialwissenschaften-Lukács-Institut, 1999。

拉尔·耶吉(1967—)，柏林洪堡大学哲学系教授。主要从事社会哲学、政治哲学、伦理学、哲学人类学、社会本体论和批判理论研究。

们没有充分理解的现象,那么它就是现实的。

但是,什么是"同感谬误现象"?最初的直觉表明了一种多样性的混合:从有偿"代孕"到公共空间商品化的"商业化"最新发展,信息技术化和现实的"调节",官僚化、社会冷漠以及工具理解性社会关系的增加;重点是从众行为、"非真实性"和社会角色行为。并且人们可能会隐约地产生一种印象,即社会的主流情绪是由一种"无力感"塑造的,这与物化的经典阐释相对应,即"将人转化为对象"(以色列),这个对象被动地成为其行为的观察者。① 也许这个概念的隐喻丰富性一直认同一个前提,即在物化诊断中的全部批判和所有的不适——生活在资本主义社会中尤其像生活在现代世界中一样——都能联系起来。但即使是这样,也很难认识到这些现象的共同点。

物化概念诱发了一种误判的类型。某些东西并不是物但却被视为物。这导致了一种后果。人可以支配事物,例如事物可以被让渡或出售。事物没有目的,而作为我们支配的手段。同时事物也是可被人使用和工具化的对象。事物是无生命的,不是独立性的存在也没有自由意志。并且,我们与纯粹性事物的关系,如果不再度使其"人格化",则是冷漠的和客观的。另一方面,从独立性意义上说,事物正是以它的不可用性来突出的。作为一个对象它是独立的,这是不可动摇的给予的东西。所有这些时候,一方面是工具化、能力退化和事物化(被贬低为无生命的和贫困的);另一方面是真实的社会事件的归化和独立,让我们把上述现象理解为物化。诚然,很容易看出,物化意味着不同的东西,可能是在这里事物性被列举的发生时刻,也可能本身就关涉人、人的本质、活动、社会关系及实践或者事物。并且,一方面,将所有这些层面结合在一起的思考使该概念具有吸引力;另一方面,也需要澄清一种关系。同样,物化实践中到底存在哪些规范化问题?是什么导致物化存在缺陷?这些问题是尚未被回

---

① 所有这些都发生于个人责任及其动机假定的社会氛围,选择范围的扩大和真实性的复归以及进入管理手册内部的"整体性"之中,这些情况对物化诊断来说顶多是"错误的自我意识"。

答的。事实证明,这种在作为"范畴缺陷"的物化观察中的描述性和规范性成分的混淆,是让人困惑的。尤其是在由此产生的问题上,必须进行概念的重构。"人"作为"物"被对待,将其视为可用的对象而不是一个人。在这里,物化是一种违背了绝对命令的工具化形式。但是,只要针对人的本质和活动,物化的诊断和批判争议更大。是否清楚人有哪些自我的部分不能被让渡而无法被物化?并且一定有些什么是危险的,比如当女性的生育能力市场化:她们的自决权或者她们的道德人格是否完整?甚至"情感的商业化"也很容易追溯到真实性的基本概念。在越来越多的关于生活领域"商品化"的讨论中,特别是在那些批判交锋的领域中,它们习惯于被作为人们个人的、非工具化的、被市场排除的领域来观察,也就是说这将触及广泛而缓慢的直觉。但这些并非无可置疑的。事实证明,这都是建立在那些确实是争论不休的对自我实现和个人认同的理解基础上的极其复杂的伦理学问题,人们不会追溯到对"人类存在"的宗教或传统理解。物化诊断的其他方面也表明是有问题的。如果社会(以前是个人的)关系的事物化被批判为物化,这会否认一种矛盾心理:毕竟物化以及随之而来的冷漠的疯长,正如西美尔那令人印象深刻的阐述一般,意味着总是能获得自由。但是,冷漠和一种破坏团结的形式的界限——这种形式可以被作为社会关系(在其中,除了社会实践的破坏之外,也会导致个人认同基本条件的削弱)工具化来批判——需要更进一步来明确。

  首先那些概念的运用是相当困难的,这种运用将能力退化的动机视为间接性和人为性。如果这里将新媒体的涌现理解为物化和真实经历的"异化",这是以一种直接的表象、直观性的美化和无法保持的原始丰富经验为基础的。例如,为什么关系在网络中比它在乡村小酒馆中更加物化(或者异化)呢?就像消费批判的某些形式(最喜欢的例子就是十分常见的麦当劳)那样,这些文化批判转向的分析性范畴太少,而不足以对"成功经验"及其关系的条件进行论述。将物化描述为一个独立的方式,丝毫不会减少问题。隐喻地说,社会进程以及制度获得了不依赖于其创造者的独立性存在,就人类的造物而言,它看起来像是准自然的,显得是强制的和不可改变的。那么,物化意味着一种事物化统治的关系和个人权力的消解。这不仅在"必然区别"的暗示(和制度的"释压")上,也在基本的主体理解、人类作为其世界的"生产者"的必胜论以及批判所基于的可预见性概念上,都是存在疑问的。透明性和可认识性也都成了问题。那么,物化概念的重构就必须以行为结果的无效性以及世界自治关系和他治关系中的张力作为理论主题。

这里概述的问题可能表明,物化理论的衰落不仅是被排挤的结果,而且也是对在物化概念中本身论证的不足做出的反应,以至于物化概念的"复兴"不得不对变化了的理论前提("主体哲学"的批判、历史哲学争论的过时、"本质论"问题以及人类学论证)做出反应,正如对变化了的社会条件做出反应。因此,不仅物化批判基本的背景理念及其所隐含的伦理观需要被公开,而且批判标准本身在这里也存在争议。

此外,还可以揭示物化概念的潜力。如果物化导致"个体不能重新找到自己的行为"(哈贝马斯),那么物化批判则展示了它在这方面的优势,即对意义缺乏和自由丧失、冷漠以及权力消解进行联动考察。同样,为了能够将自身视为"自己行为的创作者",需要两个方面的内容:自我确证的能力;同时也需要有意义地提及世界的可能性,这个世界证明了一种可能的行为空间。主题是对自我确证而言的超个人的条件,像"自我实现"和个人存在维度一般,其发展需要以非工具化的关系存在为前提。如果物化批判考虑到了生活形式的内在强制性,而没有对"美好生活"提出很实质性的(和潜在的文化批判性的)设想,那么它可能会重新回到在政治自由主义氛围中被抛弃的领域。或许"物化原则"不再是针对所有困扰问题的万能钥匙,但是,这开放了一种"伦理批判"的可能性,这种批判可以抵制公共中立和个人浪漫主义中的不良分歧。

(吴婷　译,李乾坤　校)

重思物化[*]

[美]汉娜·菲尼切尔·皮特金

> 老鼠说:"啊,世界每天越变越小。起初世界大到让我害怕,我一直不停不停地跑,最后看见右边和左边那远远的墙,我高兴极了;但这些长长的墙快速窄缩,我已只能待在最后一间小室,室内角落摆着我必须跑进去的陷阱。"
>
> "你只需要改变自己的方向就行了。"猫这样说,并把老鼠吃掉。[①]
>
> ——弗兰兹·卡夫卡:《一则小寓言》

卡夫卡噩梦般的寓言和物化概念存在于同样的经验领域中。两者都涉及了一个谜,即我们拥有着无穷的科学先进性和技术能力,我们怎么还使自己无助地被自己的行动困住?或者可以说,怎么使自己感到如此无助地被困,或者我们被困是因为我们感到被困?

---

[*] 本文出处:Hanna Fenichel Pitkin, "Rethinking Reification," in *Theory and Society*, 16 (2), 1987, pp. 263-293。

汉娜·菲尼切尔·皮特金(1931—),美国加州大学伯克利分校政治学系荣休教授。

[①] Franz Kafka, "A Little Fable," in Franz Kafka, *The Complete Stories*, ed. by Na-hum N. Glazer, New York: Schocken, 1983, p. 445. 我非常感激 Carolyn Porter、Michael P. Rogin、John H. Schaar、George Shulman、Sara M. Shumer 和 Paul Thomas 阅读了这篇文章的草稿,并提出了批评性意见。

"物化"并不是一个日常用词。它考察的内容是复杂的,甚至有些乏味,只有专业人员对此感兴趣。然而,如果说它很重要,是因为如下这些大量且紧迫的问题。最根本的问题是,我们将要引爆这个世界吗?我们必须要引爆这个世界吗?和其他专业研究人员一样,我曾经也认为我知道什么是物化。因此,在最近的一本书中,我没有对这个问题进行过多的思考,我写道,"……物化:作为'既定'的和不可避免的而被认为是理所当然的,事实上是人类行动的产物"[1],从那之后,我开始对这个问题进行一些思考,结果是我不再确定物化是什么,或者说我用"物化"来指什么。

这个术语在词源学上并不难以理解。它起源于拉丁文 res,是一个有广泛含义的名词,可以被翻译为多种英文:"物"(thing)、"物体"(object)、"事情"(matter)、"关心的事"(concern)、"事件"(affair)、"事务"(business)、"财产"(property)、"法律(案例)"[case(in law)]。物化就是把东西转变为物(res)。但是这里恰恰就是困难之处。是什么类型的东西?又是如何转变的?

在思索这些问题的答案时,我希望不仅仅是分享我的困惑。在探索这个晦涩概念的内在不一致性的过程中,可以更好地了解我们所处的社会和政治现实、我们理解现实和我们自身的方式以及我们的能力和我们的无助。人们已经知道物化概念原本设法解决的重要问题以及它是如何失败的。我想要证明的最重要的是,这个概念试图诊断我们的自我陷阱从而赋予我们力量,它失败了是因为它压制了而非阐明了包括有效的公共行动在内的现实政治问题。本文的讨论始于卢卡奇和马克思,接着转向社会学以及(简单地说)转到词典,结束于政治、理论和我们自身。

---

[1] Hanna Fenichel Pitkin, *Fortune is a Woman*: *Gender and Politics in the Thought of Niccolo Machiavelli*, Berkeley, Los Angeles, and London: University of California Press, 1984, p. 277.

卢卡奇的物化

"物化"在马克思主义思想中得到了最大的关注,因而从此处开始。但是,除了在一个偶然的段落中,马克思自己从来没有使用过这个词,黑格尔也没有使用过。① 这个词是由卢卡奇开创性的论文《物化和无产阶级意识》而引入马克思主义的。② 事实上,卢卡奇使用的是德语单词Verdinglichung,字面上可能更应被翻译成英语"物化"(thingification)[从德语词 Ding 而来,"物"(thing)]。但是这个拉丁词在英语中是可以找到的,我们不应该挑剔译者使用它的决定。res 一词在含义上已经足够接近 Ding 和 thing 了。

尽管马克思几乎没有使用过这一术语,但是卢卡奇声称物化观念是马克思思想的核心。而且在相同的一般概念范围中,马克思的确使用了一些术语,例如"对象化"(objectification)、"疏远"(estrangement)、"异化"(alienation)、"意识形态"(ideology)、"神秘化"(mystification)以及"拜物教"(fetishism)。还有恩格斯(但不是马克思)所谓的"虚假的意识"③。卢卡奇聚焦于拜物教,声称在《资本论》开头附近的关于商品

---

① 参见 Tom Bottomore, ed., *A Dictionary of Marxist Thought*, Cambridge: Harvard University Press, 1983, p. 411。这一个例外的段落在《资本论》第三卷第 48 章,马克思将"社会关系的物化"(Verdinglichung)称为"神秘化",经济学家"三位一体公式"中的要素——资本、土地和劳动——在一个"着了魔的、颠倒的世界"中"独立化和硬化"。遗憾的是,在卢卡奇的论文中,马克思所谓的这种特殊的神秘化(并且是马克思唯一使用"物化"一词之处)"溶解"了,而不是"古典经济学家"强加的或举例说明的。

② 参见 Georg Lukács, "Die Verdinglichung und das Bewusstsein des Proletariats," in *Geschichte und Klassenbewusstsein*, Neuwied and Berlin: Hermann Luchterhand, 1968, pp. 170 - 355; "Reification and the Consciousness of the Proletariat," in *History and Class Consciousness*, trans. by Rodney Livingstone, London: Merlin Press, 1971, pp. 83 - 222。卢卡奇的该篇论文写于 1922 年。引用段落大部分来自我自己的翻译,但是为了方便读者,参考文献提供了德文版(以下简称"Verdinglichung")和利文斯通的翻译版(以下简称"Reification")。——译者注

③ Friedrich Engels, "letter to Franz Mehring, 14 July 1893," in *The Marx-Engels Reader*, ed. by Robert C. Tucker, second edn., New York and London: W. W. Norton & Co., 1978, p. 76.

拜物教的那一节是整本书和马克思所有著作的关键,因为"商品结构之谜……(是)资本主义社会生活各个方面的核心的、结构的问题",也因此是"对于每一个生活在资本主义社会中的人来说是必然的直接的现实"①。卢卡奇在这一广泛的意义上将商品拜物教等同于物化,例如他讨论这个问题的章节的标题所显示的。② 他认为其实质是:"人与人的关系获得物的性质,并从而获得一种'幽灵般的对象性',这种对象性以其严格的,仿佛十全十美和合理的自律性掩盖着它的基本本质,即人与人之间关系的所有痕迹。"③

人与人之间的关系被当作物。④ 这意味着本质的东西被隐藏起来了,被误认为是幽灵。这进一步意味着人的能力还没有实现,实际上属于人的能力的东西似乎获得了自主性,并且对人施行权力。根据卢卡奇,在商品拜物教中被物化的主要是人的生产性劳动或劳动(Arbeit)。⑤ 人们的生产性活动是现实的、"具体的"、"一定的",并且需要现实的劳动关系。在商品拜物教中,那些从事这种劳动的人对劳动和他们自身的理解只是通过歪曲的或"虚幻"的形式。⑥ 他们将自己的活动和能力仅仅理解为隐藏在其物质产品中,将这些产品仅仅理解为商品,受制于市场的客观权力——通货膨胀、市场萧条、供求法则等。因此生产者以受制于这种客观权力的方式体验自身,感到无能为力。

---

① Lukács, "Verdinglichung," pp. 171, 338, 297-298; "Reification," pp. 83, 197, 170.
② 参见 Lukács, "Verdinglichung," pp. 171, 174; "Reification," pp. 83, 86。
③ Lukács, "Verdinglichung," pp. 170-171; "Reification," p. 83.
④ 相反,卢卡奇有时坚持认为被物化的是过程,或者他将关系等同于过程,或者他声称只有过程才是现实的,这时他都假设客体和事实才是过程或"过程的方面";其他时候他将过程观念本身作为人类活动的物化。参见 Lukács, "Verdinglichung," pp. 179, 311-313, 317, 319, 347-348; "Reification," pp. 89, 179-181, 183-184, 203-204。
⑤ 汉娜·阿伦特主张 Arbeit(劳动)译为"labor"更合适,而不是"work",并且相应地得出结论,马克思在根本上将人类视为劳动的动物(animal laborans)。我认为这是存疑的,既是由于 Arbeit 一词的现代翻译(即使在词源学上可能是有效的),又是由于马克思的思想。这一德语术语在概念范围内根本不能整齐地与英语对应。参见 Hannah Arendt, *The Human Condition*, Chicago and London: University of Chicago Press, 1958, esp. pp. 79-93.
⑥ 参见 Lukács, "Verdinglichung," pp. 195, 175; "Reification," pp. 101, 86。后两个术语是卢卡奇引用自马克思的。

但是卢卡奇提出,在发达资本主义社会中,这种拜物教从工厂工人和资产阶级政治经济学家延伸至每个人生活的方方面面:人们意识不到自己具有能动性。卢卡奇说,这里最重要的是,在物化中,"人自己的活动,人自己的劳动,作为某种客观的东西,某种不依赖于人的东西,某种通过异于人的自律性来控制人的东西,同人相对立"①。

那么,物化就是一种对世界的错误理解,一种"意识形态的现象",在其中,现实是"虚伪的"或隐藏在欺骗性的"外表"(或"外衣")中,必须被揭开的。② 卢卡奇说,《资本论》中"方法论的基本思想"是消除这种物化,"经济对象从事物变回到具体的人与人的关系",能够通过人的选择和行动来改变。③

然而,这不是卢卡奇的概念的全部内容。物化不仅仅是一种对现实的错误理解,因为商品和市场及其规则"决不是纯粹思想的形式"。相反,"是当代资产阶级社会的对象性形式",它们的约束是现实的。④ 随着资本主义的发展,"在客观方面是产生出一个由现成的物以及物与物之间关系构成的世界(即商品及其在市场上的运动的世界),它的规律虽然逐渐被人们所认识,但是即使在这种情况下还是作为无法制服的,由自身发生作用的力量同人们相对立"⑤。这个世界以及它的力量不是幽灵,这也是为什么消除资本主义"不能是一场简单的思想运动,而必须提高为是对它们作为社会生活形式的实际消除"⑥。

很明显,把人和人的关系错误地理解为物只是卢卡奇物化概念的一个方面,另一个方面是现实的、运行中的市场资本主义世界的发展。从某种程度上说,这并不奇怪,因为在马克思主义中,社会现实与其思

---

① Lukács,"Verdinglichung," p. 175;"Reification," p. 87.
② 参见 Lukács,"Verdinglichung," pp. 186, 174, 296;"Reification," pp. 94, 86, 169。
③ 参见 Lukács,"Verdinglichung," p. 317;"Reification," p. 183。
④ 参见 Lukács,"Verdinglichung," p. 308;"Reification," p. 177。
⑤ Lukács,"Verdinglichung," p. 175;"Reification," p. 87.
⑥ Lukács,"Verdinglichung," p. 308;"Reification," p. 177.

想上的表现的确是一致的,尽管是以一种歪曲的或颠倒的方式。卢卡奇明确地说"劳动本身的物化过程,从而工人意识的物化过程"是同时的。① 但是在这一点上"物化"的含义是什么? 如果这是正确的用词,那么它的两个方面是怎么联系起来的? 如果它意味着把一些东西错误地理解为物,那么市场资本主义的现实发展何以成为物化? 如果商品和市场不是幽灵而是拥有现实的力量,那么将它们视为现实的和强大的怎么反而是一种错误理解?

在寻找这些问题的答案时,一种方法是找出卢卡奇明确提到物化有两个方面的特定段落:一方面是"客观的",另一方面是"主观的"。但是这些段落实际上是含义模糊的,并且没有任何帮助。

其中的一个段落指出,商品的"拜物教性质"一方面作为"对象性形式"(Gegenständlichkeitsform,对象的形式? 在对象中的形式?),另一方面又作为"主体"(Subjektsverhalten,即个人)的行为(态度?)方式。后者与前者"相适应"。② 第二个段落补充道,在物化中,当人自身的活动作为独立的力量与人相对立,"这既发生在主观方面,也发生在客观方面"。③ 客观方面是已经引用过的段落,即关于一个商品和市场的现实世界的形成。主观方面似乎是主体(即个人)和他们特有的像人一样的活动也被商品化了,并且事实上在市场上被买卖。于是这些段落并不是将物化的客观方面与作为对现实错误理解的物化区别开来,而是与人的真实的行为方式或他们真实的商品化区别开来。所以这些段落并没有回答我们的问题。④

---

① 参见 Lukács, "Verdinglichung," p. 181; "Reification," p. 91。
② 参见 Lukács, "Verdinglichung," p. 171; "Reification," p. 84。
③ 参见 Lukács, "Verdinglichung," p. 175; "Reification," p. 87。
④ 参见 Lukács, "Verdinglichung," pp. 175, 176, 178; "Reification," pp. 87, 88, 89。在这里解释卢卡奇的含义变得更为困难,由于他所引用的马克思的段落的大致意思是,劳动力对工人自身来说成为一种商品,暗示"主观的"是在由于个人偏见导致的特异的、不准确的意义上的。但这不是卢卡奇在这里所指的"主观的"含义。参见 Lukács, "Verdinglichung," pp. 174 - 175; "Reification," pp. 86 - 87; Karl Marx, *Capital*, I, Moscow: Foreign Language Publishing House, 1961 - 1962, pp. 72, 170。

就好像所有这些都还不够令人困惑,卢卡奇有时还提到"物化心理"(reified mind)、"物化意识"(reified consciousness)或"物化意识结构"(reified structure of consciousness)作为现代资本主义的特征。① 结合上下文,这些段落很明显指的是那种倾向于物化、将关系错误地理解为物的意识。但是卢卡奇没有将其称为"使物化的意识"②。他选择使用动词形式透露出他的假设,即每一种社会经济形态决定了意识形式的特征,这在马克思主义中是非常正常的。但是物化是资本主义的特征,所以卢卡奇的"物化"一定隐含着这样一层意思:这一过程是资本主义特有的,应有一个特殊的名称。很明显,在这里这个术语的含义不是将关系作为物,或任何其他已经讨论过的含义。

卢卡奇的物化概念至少包含五个方面的含义:1. 将关系错误地理解为物;2. 资本主义商品世界和市场的形成,其运行规则有着不可阻挡的力量;3. 人的"对应于"2. 的行为方式;4. 人及其特有的人类活动的商品化;5. 倾向于 1. 的那种意识的形成。在每个方面物化的含义似乎都不同。有一些含义与其他含义相对接近且相容,但是有些含义似乎是完全不同的,并且有些含义仍然不清楚究竟它们为什么会被称为"物化"。

卢卡奇和马克思:物化和对象化

卢卡奇只是困惑吗?他自己后来也是这样坚持的。1933 年,在匈牙利共产党的压力之下,卢卡奇放弃了在这篇论文中表达的一些观点。后来在晚年,处于限制较少的状况中,他重新回顾了整件事情,并将其

---

① 参见 Lukács,"Verdinglichung," pp. 185, 193, 331;"Reification," pp. 93, 99, 192.
② 相较于卢卡奇("Verdinglichung," p. 293;"Reification," p. 166),后者在其中提到,数量化是一种隐藏现实的"已物化的和物化着的外表"或"外衣"。

重思物化　241

作为一本收录了这篇原文的论文集的序言。① 这一公开改变观点的焦点在于卢卡奇是否将黑格尔的唯心主义重新引入马克思的思想。尤其在涉及物化概念时,卢卡奇在回顾中判断道,他将物化既混同于马克思所谓的对象化(objectification),又混同于马克思和黑格尔所谓的异化(estrangement,Entfremdung,有时但并不总是被翻译为alienation)。② 卢卡奇将后一个混用视为一个小过失,因为两个术语联系紧密,尽管"无论在社会中还是在概念上,两者都不尽相同"③。但是他认为将物化混同于马克思的对象化更为严重。因为这暗示了在共产主义革命之后,劳动以及生产我们生计的需要将会与阶级剥削一同消失,正如所有精神和物质的对立都被证明是幻象。④ 那的确是黑格尔主义的思想而不是马克思主义的思想,肯定不是卢卡奇所希望的。

然而,即使是在回顾中,卢卡奇也从来没有放弃物化的思想。那么,如果有人可以解开他年轻时的困惑并且去除马克思的对象化,也许

---

① 关于卢卡奇的自传,请参阅 G. H. R. Parkinson, *Georg Lukács*, London, Henley, and Boston: Routledge and Kegan Paul, 1977; T. Hanak, *Lukács war anders*, Meisenheim: Anton Hain, 1973; Evá Fekete, Evá Karadi, *György Lukács: His Life in Pictures and Documents*, Budapest: Corvina Kiddo, 1981.

② 参见 Georg Lukács, "Vorwort (1967)," in *Geschichte und Klassenbewusstsein*, pp. 25, 27; Georg Lukács, "Preface to the New Edition (1967)," in *History and Class Consciousness*, pp. xxiv-xxv. 实际上,卢卡奇把自己的思想与马克思和黑格尔的思想联系在一起,并且与他们的三个概念而非仅仅两个概念联系在一起:外化(Entäusserung)、异化(Entfremdung)和对象化(Vergegenständlichung)。其中,第三个概念毫无疑问可以翻译为"对象化"(objectification),前两个概念存在翻译问题。有些译者用"异化"(alienation)表示第一个德语概念,有些译者也用来表示另一个德语概念,两者都有充分的理由。Entäusserung 与 aussen 有关,aussen 的意思是外在的;所以它的意思是"外化"、外在化、投射。Entfremdung 与 fremd 有关,fremd 的意思是异质的或陌生的;所以它的意思是"异质化"、疏远。但是前者在德语中指财产的转让,后者在德语中指感情的转移。黑格尔和马克思都使用这三个词,并且都将 Entfremdung(指一种令人痛苦的状况)区别于另外两个词(指人的创造能力)。黑格尔在大多数情况下将 Entfremdung 与 Entäusserung 并列使用;马克思在大多数情况下将 Entfremdung 与 Vergegenständlichung 并列使用。关于这些翻译问题的细致讨论,参见 Karl Marx, *Economic and Philosophical Manuscripts of 1844*, trans. by Martin Milligan, Moscow: Foreign Languages Publishing House, no date given, pp. 10-13。

③ Lukács, "Vorwort," p. 27; "Preface," pp. xxiv-xxv.

④ 参见 Lukács, "Vorwort," p. 25; "Preface," p. xxiv。

他真实的含义会呈现出来。这蕴含着什么呢？

马克思说，人类区别于其他动物之处在于，我们的劳动作用于物质世界来生产我们生活所需；并且我们这样做不是以不变的、本能规定的方式，如蜜蜂建造蜂房和鸟儿建造鸟巢那样，而是有创造性的。"自由的有意识的活动恰恰就是人的类特性"①，因为劳动是我们天然的自我表达形式，我们甚至超越必然性的压力而劳动，所以我们生产的一部分不是立即被消费的。在人类生产的耐用物品中，最重要的是工具和其他生产手段，因为它们成为后来人类劳动环境的一部分，并且因此决定了人类。这就是马克思所说的对象化。

从词源上来讲，有人倾向于在相对字面的意义上称其为一种物化，即人类是制造者，是制造物的类。汉娜·阿伦特（Hannah Arendt），尽管她肯定不是马克思主义者，正是在这个意义上使用这个词的。她说，物化的意思是"制作，即技艺人的工作"②。例如木匠制作桌子，当然他不是一无所有地把物创造出来的，他利用已经存在的对象和材料。根据阿伦特的说法，木匠物化的不是已经是物的材料，而是他关于一张桌子的想法、他的意图、他的"精神影像"。③ 动物，甚至是植物，都会改变物质对象。④ 正是有意图的人类活动的参与，使得木头到桌子的转变成为一种物化而不是某些生长或衰败的自然过程。物化是人类意图在物质世界的实现。

被表现在物质世界，这种物化对阿伦特来说无疑是最高的能力。尽管高于劳动（即生产和消费维持生命所必需的），但它仍内在于行动

---

① Karl Marx, "Economic and Philosophic Manuscripts of 1844," in *Marx-Engels Reader*, ed. by Pobert C. Tucker, second edn., New York and London: W. W. Norton & Co., 1978, p. 76.
② Arendt, *The Human Condition*, pp. 139, 95, 187; Hannah Arendt, *Between Past and Future*, Cleveland and New York: World Publishing, 1968, p. 153.
③ 参见 Arendt, *The Human Condition*, pp. 140-141。
④ 相应地，只有能够"在外部世界表现出来的"才是"可以（经历）物化的"，所以精神影像可以被物化而感觉不可以。参见 Arendt, *The Human Condition*, p. 141。

中,其改变的不是物质对象而是人与人的关系。然而,马克思认为后者与物质生产密不可分,所以在作用于这个世界的过程中,我们绝不仅仅生产对象。人们生产他们的生产资料,也生产新的社会组织形式来适应这些生产资料,生产新的字符形式和符号表达来适应新的社会形式和工具。人类由他们为了生活而必须生产的条件塑造。简而言之,人类生产技术、科学、艺术、道德、文明和他们自身。①

对于马克思来说,这个过程是(辩证地)累积性的。在发达资本主义中,人们生产生活资料所处的环境是高度人工化的,有无数复杂的技术以及劳动分工。我们几乎完全独立于原生态的自然,尤其相比于原始的狩猎采集或农业社会来说。然而在某种程度上,我们比先前任何社会都更具依赖性,尽管我们很少意识到我们的依赖性。比如,相对于一个原始部落面临最具灾难性的自然灾害,如果没有供水,如果停止城市的食物供应,如果金钱不再充当法定货币,曼哈顿的居民会感到更加无助。我们更具依赖性,但不是依赖于自然;我们依赖于人工制造并维持的环境,我们依赖于彼此。我们越来越多的问题来自我们自己所制造的。

如果人类这样的自我塑造是马克思意义上的对象化,青年卢卡奇是怎么会将其与他另外一个意义上的物化混淆起来的呢?阿伦特说明了在"造物"这个字面意义上,类似于马克思的对象化是如何可能被称为物化的。是这样的观念造成了卢卡奇的混乱,使他将真实的客体与关系的生产混合进物化概念中,成为一种错误理解?于是前者成为他的概念的客观维度。这样思考的话,解开卢卡奇的混乱就只需要去除客观的物化,从而令人烦恼的难题,即如何将事实上是客观的东西错误地理解为客观的,就迎刃而解了。

---

① "人(der Mensch,即人类)生产人——他自己和别人",所以"整个所谓世界历史不外是人通过人的劳动(Arbeit)而诞生的过程"。参见 Karl Marx, *Economic and Philosophic Manuscripts*, trans. by Maotin Millgaa, Moscou: Foreign Languages Publishing Hause, no date given, p. 157。

不幸的是，这并不可行。首先，卢卡奇客观的物化应该随着资本主义一起终结，而马克思的对象化当然继续胜利。资本主义的现实世界最多是马克思对象化的一个产物，而不能等同于马克思的对象化。① 但是也许这种差异是卢卡奇混乱的一部分。更麻烦的是，即使卢卡奇不再将市场和商品称为客观的物化，他仍然想坚持认为市场和商品及其力量是客观现实的。所以这个难题仍然存在。

除了卢卡奇自己回顾性的判断，在他的物化概念中遇到的问题不是缘于他在某种程度上不忠实于马克思，而是源于或至少类似于马克思自己的思想。② 因为尽管马克思使用如"神秘化""拜物教"这样的术语意指对现实的错误理解，像费尔巴哈批判宗教信仰一样，他也强调了他的工作如何不同于费尔巴哈，以及政治经济学批判如何不同于宗教学批判，不同之处在于：上帝不是现实的，但市场是现实的。所以马克思似乎与卢卡奇一样，同时深深地投入于现实权力和商品结构的虚妄本质。③ 但是在马克思那里，这明显的悖论更容易研究。

如果商品和市场客观地存在，并且拥有实际权力来限制我们的生活，那么马克思认为的被资产阶级政治经济学家所拜物教化的或神秘化的是什么呢？马克思说，神秘化存在于他们将概念和范畴作为永恒的和普遍的，而非具体地是资本主义所特有的。错误理解的不是商品和市场客观存在或它们拥有权力，而是它们将会且必须永远存在，它们不能被改变，我们不能改变它们。马克思说，对于资产阶级政治经济学家来说，他的概念和公式似乎"竟像生产劳动本身一样，成了不言而喻

---

① 卢卡奇客观的物化是令人困惑的，还因为它既包括物质对象（当然会继续存在于共产主义社会，除非在革命中被破坏了），也包括类似于商品和市场这些会同资本主义一起消失的实体。
② 因此，卢卡奇能够从《资本论》中引证段落，和他的论点非常类似。例如 Lukács, "Verdinglichung," pp. 174-175; "Reification," p. 86.
③ 安德鲁·阿拉托［参见 Andrew Arato, "Lukács's Theory of Reification," in Telos, No. 11 (Spring 1972) 25-60, at 32 n］强调的假象（Schein I illusion）和表象（Erscheinung I appearance）之间的区别在这里也不起作用，因为问题成了表象的含义是什么：市场是否客观存在？市场规律是否制约人？如果是这样，那么表象如何区别于"本质"，尤其对于马克思主义者来说？

重思物化　245

的自然必然性"①。将商品交换视为永恒的是一种错误理解。将其视为人类行为所不能改变的,在历史上某些特定时期——当资本主义经济已经充分发展,从而使成功的共产主义革命成为可能——成为一种错误理解。在那之前,结束资本主义还不在人类能力范围之内,所以将其视为人类所不能改变的就是单纯的现实主义。②

所以,也许卢卡奇最初意义上的物化中所包含的错误理解正是类似于马克思的拜物教:不是商品结构或其权力的现实性,而是其永恒的必然性。然而,这还不能完全解释卢卡奇的物化,既是因为将可以改变的误认为永恒的并不是将任何东西都误认为物,又是因为卢卡奇其他意义上的物化仍然是不清楚的。

基于这种理解,卢卡奇作为一种错误理解的物化只是一个短暂的现象。将商品结构视为人类所不可改变的,只是在资本主义发展的相当后期才成为一种错误理解。同样,只有当马克思的对象化到了极晚期,卢卡奇的物化才有意义。它意味着人的能力的神秘化。早期社会可能将他们活动的各个方面神秘化,但他们不可能将人的能力非常广泛地神秘化,因为人的能力还不是非常广泛。只有当人的能力和选择充分发展了,才会有可以物化的东西。物化存在于我们的现实能力与我们关于现实能力的观念之间的差异中。这就是为什么卢卡奇坚持这是发达资本主义所"特有"的情况,只有在商品交换成为社会的"基本形式"或"社会构造的普遍形式""整个社会存在的普遍范畴"时才会出现的原因。③ 卢卡奇说,在原始社会,一些商品的交换以及人类很多的剥削已经存在,但是它们仍然是偶然的、次要的或孤立的现象。只有当它

---

① Karl Marx, *Capital*, I, in Tucker, ed., *The Marx-Engels Reader*, p. 327.
② 马克思说:"只有当社会生活过程即物质生产过程的形态,作为自由联合的人的产物,处于人的有意识有计划的控制之下的时候,它才会把自己的神秘的纱幕揭掉。但是,这需要有一定的社会物质基础或一系列物质生存条件,而这些条件本身又是长期的、痛苦的发展史的自然产物。"(Karl Marx, *Capital*, I, in Tucker, ed., *The Marx-Engels Reader*, p. 327.)
③ 参见 Lukács, "Verdinglichung," pp. 171, 173-174; "Reification," pp. 84, 85-86。

们在发达资本主义中成为主要的和普遍的现象,它们才转变为我们所处的"第二自然"的"奴役"。①

对卢卡奇来说,物化是发达资本主义中才出现的一种现象,不管因为物化预设了普遍的商品结构,还是预设了极晚期的对象化。然而,社会学理论家几乎都对物化持有相反的观点,因此本文必须转向分析他们的观点。

伯格和卢克曼:社会学中的物化

至于社会学版本的物化,经典来源是彼得·伯格(Peter L. Berger)和托马斯·卢克曼(Thomas Luckmann)的著作《现实的社会建构》。他们对这一术语的定义更像卢卡奇最初的表达:将人类活动错误地理解为物。他们说,物化的意思是"将人类现象当做事物来理解",或者用术语来表达,即"理解为一种非人的事实性"。② 但是伯格和卢克曼的概念本质上还是单一的,没有与卢卡奇"客观的"物化相对应的含义,更不用说阿伦特的物化了。物化总是且仅仅是"意识的一种形式"③。社会学家也讨论他们所称的"客观化"(objectivation),似乎与马克思主义的对象化(objectification)至少在某些特点上是类似的,但是他们强调不能将其与物化混同

---

① 大多数情况下,"交换价值……还直接和使用价值结合在一起",人们仍然可以直接感知生产商品的实际感性活动。同样,即使在存在大量剥削,甚至机械化、标准化劳动的地方,如建造埃及金字塔,这也不是生产的主要基础;奴隶被视为例外,甚至不被当作人。这似乎与卢卡奇的观点相冲突,即在原始社会剥削还未被神秘化。那么,把奴隶排除在人类范畴之外不是一种神秘化吗? 马克思说,古埃及奴隶建造庙宇是建立在"直接的从属关系"之基础上,这种关系是公开的,不是神秘化的,但是建造庙宇"是为了供奉神的",因而终究被神秘化了。Lukács, "Verdinglichung," p. 172; "Reification," p. 84;quoting Marx, *A Contribution to a Critique of Political Economy*, trans. by N. I. Stone, New York and London, 1904, p. 53. Lukács, "Verdinglichung," pp. 173-174, 180-181; "Reification," pp. 85-86, 90. Karl Marx, *Capital*, I, in Tucker, ed., *The Marx-Engels Reader*, p. 327; Marx, "Economic and Philosophic Manuscripts," in Tucker, ed., *The Marx-Engels Reader*, p. 78.
② Peter L. Berger, Thomas Luckmann, *The Social Construction of Reality: A Treatise in the Sociology of Knowledge*, Garden City, N. Y.: Doubleday Anchor, 1967, pp. 89, 88.
③ Peter L. Berger, Thomas Luckmann, *The Social Construction of Reality: A Treatise in the Sociology of Knowledge*, Garden City, N. Y.: Doubleday Anchor, 1967, p. 89.

起来。后者是对现实的错误理解;客观化是一个关于我们人类的社会学事实,"人类活动外在化的产物获得客观性特点"①。我们一部分活动的结果是我们自己可见的产品,另一部分是"共同世界的构成因素"②。这不仅包括物质对象,还包括语言和社会制度。的确,整个"社会秩序是人类的产物,或者更准确地说,是一个持续不断的人类产物"③。

物化是不能将这些产品视作人为所产生的。"(确认物化的)关键问题在于,无论客观化到什么程度,(人类)是否还能意识到世界是自己创造的——从而可以被他们重新创造出来。"④伯格和卢克曼举的例子是婚姻制度,他们认为其可以通过不同方式被物化,"被视作神创世活动的模拟,作为自然法则的一种普遍产物,作为生物学或心理学因素带来的必然结果,甚至还可看作是社会体系的一种强制功能"⑤。将所有这些都视为物化是否定了在形成这一制度过程中人类的选择和能动性。⑥

---

① Peter L. Berger, Thomas Luckmann, *The Social Construction of Reality*: *A Treatise in the Sociology of Knowledge*, Garden City, N. Y.: Doubleday Anchor, 1967, p. 60. 在伯格和斯坦利·普尔伯格(Stanley Pullberg)早期的一篇文章中,客观化(objectivation)和对象化(objectification)是这样区分的:"客观化指的是人类主体性体现在产品中的过程,这些产品作为共同世界的要素提供给自己和他人……对象化指的是客观化过程中的一个时刻,在这个时刻,人与他的生产及其产品产生了距离,这样他可以认识它,并使它成为他意识的对象。"(Peter L. Berger, Stanley Pullberg, "Reification and the Sociological Critique of Consciousness," in *History and Theory*, IV, 1965, pp. 196 - 211, 199 - 200.)后一个概念的含义相当古怪,即当我们工作时,我们没有认识到我们所做的,这一点没有出现在《现实的社会建构》一书中。

② Peter L. Berger, Thomas Luckmann, *The Social Construction of Reality*: *A Treatise in the Sociology of Knowledge*, Garden City, N. Y.: Doubleday Anchor, 1967, p. 34.

③ Peter L. Berger, Thomas Luckmann, *The Social Construction of Reality*: *A Treatise in the Sociology of Knowledge*, Garden City, N. Y.: Doubleday Anchor, 1967, p. 52;同时可见 pp. 49 - 59。

④ Peter L. Berger, Thomas Luckmann, *The Social Construction of Reality*: *A Treatise in the Sociology of Knowledge*, Garden City, N. Y.: Doubleday Anchor, 1967, p. 89.

⑤ Peter L. Berger, Thomas Luckmann, *The Social Construction of Reality*: *A Treatise in the Sociology of Knowledge*, Garden City, N. Y.: Doubleday Anchor, 1967, p. 90.

⑥ 伯格和普尔伯格说,物化"定义了没有行动者的行动,没有发起人的实践"。他们补充说,它"将行动转化为过程";但是关于过程是一种物化还是没有物化的人类生活现实,伯格和卢克曼同卢卡奇(参见本书第 238 页注释 4)一样模棱两可。(Peter L. Berger, Stanley Pullberg, "Reification and the Sociological Critique of Consciousuess," in *History and Theory*, IV, 1965, p. 208; Peter L. Berger, Thomas Luckmann, *The Social Construction of Reality*: *A Treatise in the Sociology of Knowledge*, Garder City, N. Y.: Doubleday Anchor, 1967, p. 189.)

社会学家不仅排除了卢卡奇"客观的"物化,还把任何类似于卢卡奇物化概念的第五个方面,即"物化意识"的产生,都从他们的概念中删除了。然而,他们也讨论类似于卢卡奇"主观的"物化,大多数是在卢卡奇物化概念的第三个方面,即"主体"行为的态度或方式,但是也可能在第四个方面,即"主体"的商品化的意义上。他们称之为"完全自身的"或"身份的物化"。他们将这定义为将个体完全或过度地等同于一个特定的角色或一成不变的类。它既包括对他人的成见,如反犹主义,又包括存在主义者所说的"非本真性",即个人通过交付于某个角色而否认他自己的选择和责任:"在这件事上我别无选择,在我所处的位置上——像丈夫、父亲、将军、大主教、俱乐部主席、歹徒、刽子手等——我只能按照这种方式去行事。"①

尽管他们的定义大体上是相似的,但是伯格和卢克曼与卢卡奇在物化的原因以及解决物化的前景方面都有极大的差异。卢卡奇描述了造成物化的资本主义社会的许多特征。最根本的是工作的机械化。② 工人被要求在流水线上与机器一同工作,必须使他们的冲动与自然节奏处于次要地位,并且使他们自己成为像机器一样。他们形成了卢卡奇所说的"直观的态度"(选择了一个不幸的用词),意味着他们丧失了所有的独立性、创造性和能动性意识,而这些恰恰是他们作为人类区别于其他的能力。③ 但是由于越来越多的制度官僚化、形式化、"合理化"(马克斯·韦伯意义上的),以适应工厂生产,物化蔓延至所有阶级,所以与"工人必须这样面对个别的机器"同样的体验是,"企业家必须这

---

① Peter L. Berger, Thomas Luckmann, *The Social Construction of Reality: A Treatise in the Sociology of Knowledge*, Garden City, N.Y.: Doubleday Anchor, 1967, p. 91.
② 参见 Lukács, "Verdinglichung," pp. 177-178; "Reification," pp. 88-89。
③ 参见 Lukács, "Verdinglichung," pp. 179, 191, 348; "Reification," pp. 89, 97, 204。在后来的论文中,卢卡奇使用了更巧妙的术语"旁观者"(Zuschauer)(Lukács, "Verdinglichung," p. 292),英译为"旁观者"(Lukács, "Reification," p. 166)。但是居伊·德波在《景观社会》一书中使用了还要巧妙的一词,即"观众"(spectator)。(Guy Debord, *Society of the Spectacle*, Detroit: Black and Red, 1977. 初版为 Guy Debord, *La societé du spectacle*, Paris: Editions Buchet-Chastel, 1967。)

样面对一定类型的机器发展,技术员必须这样面对科学的状况和它在技术上运用的有利可图"。①

由于资本主义经济成为一种单一的、统一的结构,它也产生了一种单一的"正式的统一的意识结构";然而,与此同时,劳动分工越来越精细,直至每个人都成为"专家",只知道自己特定的工作。② 没有人为整体承担责任,没有人可以审视整体,没有人能掌控整体。即使那些仍然意识到个人选择的个体,也只是从特定的情况和兴趣方面来诠释。③ 于是个人决策的大范围的、集体的影响以及大众的冷漠作为一种外在力量与每一个人相对峙,并且这些影响是非常大的。到这时几乎所有重要的事物都是由人生产或塑造的。

对于伯格和卢克曼来说,物化的原因要简单得多,并且他们对此也几乎没有兴趣。客观化的产生是因为它在心理和社会上是功能性的。人们形成惯例,不管是个人的还是人际间的,因为这让生活更具有可预见性,能减少紧张感,保证秩序,节约时间和精力,让人们自由地应对新的东西。④ 但是客观化不是物化。关于物化是否是功能性的以及什么引起了物化,伯格和卢克曼几乎没有提及。他们提出,小孩开始进入一种由他人创造的文化,是生物上自然的。成人可以回忆由他们的能动性创立或修改的某些制度,但是小孩没有这样的经验。因此,文化是"给定的",而不是由人创造的,并且即只有当其思考通过提升复杂性而

---

① 参见 Lukács, "Verdinglichung," p. 191; "Reification," p. 98;同时参见 Lukács, "Verdinglichung," pp. 192 - 193, 268, 289; "Reification," pp. 98, 99, 149, 164。
② 参见 Lukács, "Verdinglichung," pp. 193, 198, 177, 180; "Reification," pp. 100, 103, 88, 90。
③ 参见 Lukács, "Verdinglichung," pp. 299, 304; "Reification," pp. 171, 174。同时参见 Georg Lukács, "Klassenbewusstsein," in *Geschichte und Klassenbewusstsein*, pp. 144 - 145; "Class Consciousness," in *History and Class Consciousness*, p. 63。
④ 参见 Peter L. Berger, Thomas Luckmann, *The Social Construction of Reality: A Treatise in the Sociology of Knowledge*, Garden City, N.Y.: Doubleday Anchor, 1967, pp. 53, 57。

成为"反物化"时才能习得它。①

因此,对于伯格和卢克曼来说,物化不是一种特有的现代现象,也不与任何特定的生产模式相关联。它是一种普遍的人类趋势,一种总体上的社会心理特征:"一旦客观的社会世界确立下来,物化的可能性也就相去不远。"②他们的确承认物化程度在某些社会环境中会比在其他社会环境中更深,有时甚至可能延伸至"作为整体的制度秩序"。但是他们关于这一点的例子来源于原始社会:这个社会将其整个文化视为"上帝创造的宏观宇宙的一种微观反映"。他们不具有像卢卡奇那样的历史理论,在其中物化是(辩证的)历史过程的顶点。相反,伯格和卢克曼强调,甚至正相反,在孤立的原始社会,物化在开始时就处于其顶点。"将物化视为社会源起时非物化现象的反证,同样是个错误。"③他们认为,在类和个体中,物化都是本真的一种功能。原始部落和小孩假定他们的方式是唯一可能的方式。由于没有其他选择,他们授予自己的制度"超乎人类活动与意义的本体论依据"。只有随着不断提升的复杂性,这一假定才会通过"无论是在个人经验或人类历史中都是相当晚近的发展的反物化意识"④而被取消。因此,伯格和卢克曼主张社会学家研究"有利于反物化的社会背景条件,像制度秩序的全然瓦解、先前相互分离社会之间的接触,以及社会中重要的边际现象"⑤。他们没有在产生物化的社会环境方面提出相当的建议。

与之相反,卢卡奇论述物化的起源远比物化的解决更为详尽和清

---

① 参见 Peter L. Berger, Thomas Luckmann, *The Social Construction of Reality: A Treatise in the Sociology of Knowledge*, Garden City, N. Y.: Doubleday Anchor, 1967, pp. 58 – 59, 90。
② 参见 Peter L. Berger, Thomas Luckmann, *The Social Construction of Reality: A Treatise in the Sociology of Knowledge*, Garden City, N. Y.: Doubleday Anchor, 1967, p. 89。
③ Peter L. Berger, Thomas Luckmann, *The Social Construction of Reality: A Treatise in the Sociology of Knowledge*, Garden City, N. Y.: Doubleday Anchor, 1967, p. 90.
④ Peter L. Berger, Thomas Luckmann, *The Social Construction of Reality: A Treatise in the Sociology of Knowledge*, Garden City, N. Y.: Doubleday Anchor, 1967, p. 59.
⑤ Peter L. Berger, Thomas Luckmann, *The Social Construction of Reality: A Treatise in the Sociology of Knowledge*, Garden City, N. Y.: Doubleday Anchor, 1967, p. 91 – 92.

晰,尽管他当然确信物化会在共产主义革命中终结。即便在发达资本主义中所有阶级都带有物化,但是他们以不同的方式体验物化。作为工厂组织、经济危机、争取工资和工作条件的政治斗争的结果,无产阶级逐渐形成阶级意识,但是其阶级意识的实质性内容与资产阶级的截然不同。因为无产阶级客观上既是市场上的商品也是具有能动性的人,所以无产阶级的阶级意识是"商品的自我意识",并且因此必然是辩证的,弥合了资产阶级意识假定的意识和物质、自由领域和因果领域之间不可逾越的鸿沟。[①] 说得具体一点,资产阶级的阶级意识是一种在维护资本主义并因此坚持一种竞争的、分裂的、非阶级的方向上具有共同利益的意识。无产阶级的阶级意识是一种在合作、集体性、团结方面具有共同利益的意识。因此工人开始以总体"为目标",成为辩证的,他们的阶级意识能够"认识总体"。[②] 所以他们克服了"直观的"态度,并且开始意识到他们作为一个阶级的集体能动性。

此外,对于伯格和卢克曼来说,物化的特殊例子相对容易解决,但是物化本身永远不会终结。它随着每一个婴儿的出生又重新出现。相反,对于卢卡奇来说,物化会随着共产主义的到来而终结,并且会彻底终结。卢卡奇相信(辩证的)发展;伯格和卢克曼不相信。然而事情并不是这么简单,这两种观点之间的差异并非像最初那样鲜明。

首先,卢卡奇和马克思不可能不知道伯格和卢克曼强调的这种关于原始人的事实。尽管人类学尚处于起步阶段,但是他们都直接地或通过黑格尔的版本研究过希腊哲学的历史。他们肯定知道从《荷马史诗》本真的单纯(在其中,dike,即后来表示正义或公正的词语的词根,仅仅意味着"方式":事物存在的方式,做事的方式),经过苏格拉底之前的哲学家、苏格拉底、诡辩家们到晚期的犬儒学派、斯多葛学派和怀疑论

---

① 参见 Lukács,"Verdinglichung," pp. 295 - 297;"Reification," pp. 168 - 169。
② 参见 Lukács,"Verdinglichung," pp. 340,297,299,304;"Reification," pp. 198,169,171,174。

学派。① 当卢卡奇说在资本主义晚期物化达到顶点时,他的意思并不是荷马式的本真的民族优越感达到顶点。相反,他无疑与马克思有共同的观点,即资本主义将人们从手工艺和共同体的传统根基中拔出来,并且强制地使他们在城市生活和工厂工作的熔炉中变得复杂。

此外,尽管伯格和卢克曼提醒不要将物化当作"一种受冷落的认知",但他们自己却继续这样论述。他们写道,"人会忘记自己是人世的创造者"。在物化中,"世界失去了其作为人类事业的理解性"。并且"关键问题在于,(人类)是否还能意识到"人类的能动性。② 很明显,在像这样的段落中,社会学家们不是在思考原始的本真,而是在思考像习惯和遗忘、魅力型权威常规化、从宗派转变为教派以及从群众运动转变为官僚政治之类的现象。他们注意到抽象的理论思考(当然是现代复杂性的一个特征)容易物化。③ 并且他们提醒"避免唯社会学与唯心理学取向的物化",以及"对社会现象的结构分析"的物化,所有这些都容易使社会学家弄错他们正确的主题即"作为人类世界一部分的社会,它是由人所创造的"的本质。④

很明显,有两种截然不同的现象符合卢卡奇与伯格和卢克曼共同的物化定义。詹姆士·伍达德(James W. Woodard)的著作《知识实在论与文化变迁:物化初探》在这里就很有用了,因为伍达德将区别阐述清楚了,尽管只是依据个体心理学。⑤ 正如伯格和卢克曼,他也注意到

---

① 卢卡奇说,物化现象在古希腊发生过作用(似乎与他所说的物化是发达资本主义条件下特有的不一致),但是他将它定位在"发达的"古希腊社会,即在最复杂的时期,而不是原始本真的时期。参见 Lukács, "Verdinglichung," p. 209; "Reification," p. 111.
② 参见 Peter L. Berger, Thomas Luckmann, *The Social Construction of Reality: A Treatise in the Sociology of Knowledge*, Garden City, N. Y.: Doubleday Anchor, 1967, p. 89.
③ 参见 Peter L. Berger, Thomas Luckmann, *The Social Construction of Reality: A Treatise in the Sociology of Knowledge*, Garden City, N. Y.: Doubleday Anchor, 1967, p. 91.
④ 参见 Peter L. Berger, Thomas Luckmann, *The Social Construction of Reality: A Treatise in the Sociology of Knowledge*, Garden City, N. Y.: Doubleday Anchor, 1967, pp. 187, 186, 189.
⑤ 参见 James W. Woodard, *Intellectual Realism and Cultural Change: A Preliminary Study of Reification*, Hanover, N. H., Minneapolis, Liverpool: Sociological Press, 1935.

物化涉及小孩的本真和"自我中心主义"(egocentrism)，但却是从另一个意义上提出的：小孩比成人更少物化。因为"小孩还没有习惯于全套的惯例化的虚伪、制度化的荒谬和神圣化的谬误，而这些已经成为成人心理世界不可或缺的部分"①。只有孩子能够看见并且说出皇帝是没有穿衣服的。所以必须区分"惯习的物化"(reification of inhabituation)与"本真的物化"(reification of naiveté)。②

对于伯格和卢克曼来说，文化的所有方面都与物化同等相关。他们没有给予物质文化相较于非物质文化的优先性，也没有给予生产资料和生产方式相较于宗教、哲学或文化的优先性。因此，对于他们来说，现代社会比原始社会更具有客观性这一点并不明显。毕竟说一个社会比另一个社会有更多文化有什么意义呢？所以社会学家没有理由假定物化的可能性在现代资本主义中比在原始部落中更高。尽管事实上他们对两种物化都有兴趣，但是没有能够注意到伍达德所作的区分，他们讨论的只是本真的物化的起因与克服，并且除了提供卢卡奇关于现代复杂物化的叙述以外别无选择。他们完全混乱了。卢卡奇避免了这一混乱，但只是通过完全忽略本真的物化；他感兴趣的只有那种人类力量是广泛的，并且除了物化没有什么能阻碍它们实现的情形。

在某种程度上，卢卡奇与伯格和卢克曼只是在各说各话，但也不是完全如此，他们的基本定义是相近的。社会科学可能经验地判定他们哪个是正确的吗？这种研究要怎样继续呢？如何衡量物化？尽管这种研究始于物化的感觉，但是研究结果可以不依赖于物化的感觉吗？概念问题不能轻易回避。因此，也许词典可以提供一种权威

---

① 参见 James W. Woodard, *Intellectual Realism and Cultural Change: A Preliminary Study of Reification*, Hanover, N. H., Minneapolis, Liverpool: Sociological Press, 1935, p. 89。
② 参见 James W. Woodard, *Intellectual Realism and Cultural Change: A Preliminary Study of Reification*, Hanover, N. H., Minneapolis, Liverpool: Sociological Press, 1935, p. 17。

的解决方式。

查阅词典

《牛津英语词典》上"物化"的意思是"人或抽象的概念在精神上转化为物",相应地,"使物化"的意思是"使在精神上转化为物;使物质化"。最早的例子可追溯至19世纪中期。

关于这个定义首先要注意的是"在精神上"这个词。很明显,将任何东西在物质上转化为物不是物化,尽管这种限制似乎并没有词源学上的理由。但是"在精神上转化为物"是什么意思呢?它的意思是在精神上给世界制造一些真实的变化,还是仅仅改变对世界的理解而世界本身保持不变?在物质上转化为物想必是包括改变世界的,但是在精神上转化是模棱两可的。不考虑意念力,我们是否以及如何能在精神上改变物质世界是一个哲学难题。有的哲学家认为世界既是由我们的观念也是由单纯物质的东西构成的。例如已经讨论过的汉娜·阿伦特的物化概念:"精神影像"通过制作在某些物质对象中的实现。这似乎符合将某些非物转化为物,但是这是在精神上还是在物质上完成的呢?答案难道不应该是"两者兼有"吗?

然而,词典所谓的"在精神上转化为物"最有可能的意思是理解世界过程中发生的变化,不管是造成假象的错误理解,还是消除假象的正确知觉。词典针对这两类都给出了例子。

我们紧接着注意到的是,词典认为只有两类存在是可物化的:人和抽象概念。物化在每种情况下的含义是不同的。首先,将一个人在精神上转化为物是什么意思?词典用以解释这种用法的例子是关于人们如何将曾经认为是太阳神赫利俄斯的东西渐渐地承认为一个无生命的物体——太阳。这显然是理解中发生的变化(即使哲学家可能也想要称其为世界中发生的变化),并且指向的是消除假象,而不是造成假象。

　　是什么在相反方向上造成了在精神上将人转化为物,即造成一种错误理解呢?据推测,它的意思可能类似于去个性化或去人性化:将人当作物体。这意味着否定他们作为人的道德状态,否定他们在康德所说的"目的王国"中的资格,否定他们不会成为仅仅作为达到自己目的的手段的存在,就像物体一样。这里的物化的意思是在(精神上)对待人时未能进行道德考虑。或者,将人去人性化的意思可能是否定人的能动性,即主动性、责任性、创造性和自主判断的能力。否定道德状态是针对别人的,但是重要的是,否定能动性也可以针对自身,正如伯格和卢克曼的"身份的物化"("由于我所处的位置,我不得不这样做……")或卢卡奇的异化的第三个方面("直观的"主体的行为方式)。在文艺评论中,有时候物化只是在这个意义上与泛灵论或人格化相对比:物化的意思是人表现为无生命的物体,而泛灵论或人格化的意思是物体表现为活的,表现为人。[1]

　　"抽象概念"的物化完全是另一码事。它与它们的去人性化或道德状态及能动性完全无关。相反,它的意思类似于实体化:在精神上将抽象概念转化为具体的、有形的东西,或如词典所说——使其"物质化"。尚不清楚为什么词典上说的是"抽象概念",由于所有概念都是抽象的,并且除了概念以外的其他抽象很可能被物化。也许词典应该直接表达为"抽象"。

　　词典上所有说明抽象的物化的例子,与说明人的物化的例子相比,隐含了一种错误理解,错误地归结于物质性。伍达德将这个意义上的物化注解为:"将过度的具体性或有形性赋予仅仅是概念上的、相关的或功能性的东西……把仅仅是概念上的东西当作真实的、具体的或知

---

[1] 参见 Harland William Fawkner, *Animation and Reification in Dickens's Vision of the Life-Denying Society*, Uppsala: University of Stockholm, 1977。更恰当的是,人们应该进一步区分泛灵论和人格化。

觉的……将仅仅是相对的东西当作绝对的,等等。"①

最后他说,它的意思是"任何在知觉或想象的事物中毫无根据的延伸现实",包括投射、幻觉、妄想、一厢情愿、本真、偏狭、拟人。② 当现实被不恰当地限制而非延伸的情况下,他甚至引入了"否定的物化"概念。③ 伍达德指出"现实的"(real)的词根也是物(res);他认为物化就是现实化。④ 伍达德是唯名论者,并且认为抽象的物化始终是一种错误理解。但是人们不必认同他的哲学立场。

事实上,即使伍达德将这个词定义为任何毫无根据的延伸或限制现实,即使词典中的例子都是关于错误理解,人们还是可能在抽象的物化中包含将先前当作只是抽象的正确地认同为物质的,将现实的正确地认同为现实的,无论是具体的还是抽象的。例如,当代哲学家威拉德·冯·奥曼·蒯因(Willard Van Orman Quine)是在错误理解与正确理解之间完全中立的意义上使用"物化"一词的。在认为我们所有的范畴和概念都是传统的基础上,蒯因使用"物化"来表示选择哪种类型的、我们将会认为是现实的以及"承认我们的本体论"的实体。⑤ 在这个意义上物化可以是好的或坏的;这是一个让现实恢复正常的问题。

譬如商品,它们是物吗?它们是现实的吗?具体的还是抽象的?我今天早上在五金店花了 12.95 美元买了铸铁煎锅。它是(或在今天早上曾经是)一件商品。它是一个现实的物体,遵循万有引力定律这样的自然规律。它有实际的使用价值,我是买它来烧菜的。它有一段物

---

① James W. Woodard, *Intellectual Realism and Cultural Change: A Preliminary Study of Reification*, Hanover, N. H., Minneapolis, Liverpool: Sociological Press, 1935, pp. 7-8.
② 参见 James W. Woodard, *Intellectual Realism and Cultural Change: A Preliminary Study of Reification*, Hanover, N. H., Minneapolis, Liverpool: Sociological Press, 1935, pp. 8-11。
③ 参见 James W. Woodard, *Intellectual Realism and Cultural Change: A Preliminary Study of Reification*, Hanover, N. H., Minneapolis, Liverpool: Sociological Press, 1935, p. 12。
④ 参见 James W. Woodard, *Intellectual Realism and Cultural Change: A Preliminary Study of Reification*, Hanover, N. H., Minneapolis, Liverpool: Sociological Press, 1935, p. 8。
⑤ 参见 Willard Van Orman Quine, *Theories and Things*, Cambridge: Harvard University Press, 1981, pp. 9-15, 183。

质的历史：在某个特定的时间和地点由特定的人的实际生产活动制造。但是这些符合作为一件商品的它吗？"商品"的意思是市场交换中有待买卖的物品。这个锅，作为商品，既没有重量也没有大小，既没有实际用途也没有物质历史。它只有价格，并且遵循市场规律比如供需规律，而非自然规律。当然，如果没有物体或没有活生生的人来生产和使用它们，就不可能有商品交换。但是商品就其自身的属性，即作为商品时，也是现实的。例如，市场的价格波动直接、实际地影响了人们的生活。那么我们在物化商品中弄错了什么呢？

卢卡奇、伯格和卢克曼的物化概念如何对应于词典中的定义，是人的物化还是抽象的物化？当然词典中所说的人的物化部分是他们关注的中心，但是这些理论家所说的被物化的那种存在不是人，而是关系、活动、过程、"人类现象"、"社会世界"、"人类活动外在化的产物"等。这些当然与人相关，但其本身不是人。伯格和卢克曼说，"按照释义，物化的世界可以说是一个非人的世界"，但是在这句话中，被物化的不是人，而是世界。[1]

那么，也许这些理论家主要关注的是抽象的物化？但不管是卢卡奇还是伯格和卢克曼都没有认为被物化的存在是抽象。反而作为错误理解典型地出现在他们的物化中的是相反的东西：某些具体的、现实的（如马克思所说）感性人类活动，关系或产品，被神秘化为抽象，如市场或上帝。这似乎更像是错误的抽象性，而不是错误的具体性。为什么称其为物化？市场或上帝的确被认为是现实的，甚至表现为控制人的权力。卢卡奇也坚持认为市场及其权力是现实的。当然，如果某物被错误地人格化或妖魔化，那更像泛灵论，即物化的反面。相应地，马克思在一段文字中使用了"物化"（Verdinglichung）一词，他对比了生产关系的物化与物的人格化，尽管他说两者都在政治经济学中出现，作为幽

---

[1] 参见 Peter L. Berger, Thomas Luckmann, *The Social Construction of Reality: A Treatise in the Sociology of Knowledge*, Garden City, N.Y.: Doubleday Anchor, 1967, p. 89。

灵般的"资本先生和土地太太,作为社会的人物,同时又直接作为单纯的物,在兴妖作怪"①。

那么,我们的论证似乎到了这个值得注意的结论,即不管是卢卡奇还是伯格和卢克曼的物化概念都与词典上的定义完全不符合。这不一定是错误。词典有时是错的,即使当词典是正确的时候,在物化这个词的情况中,它们反映出的用法更像是在掩盖现实,而不是在揭示现实。诗人、科学家和理论家有时会发现阐明词语的新方式。但是这也表示词典不能澄清这些理论家所说的物化的含义。

我们可以吗?

复杂性与迷惑性加剧了。是时候回到基础问题了:对这些理论家来说物化思想中最关键的是什么?让我们回顾一下:卢卡奇首先将物化定义为把人的关系误认为物,但是之后又引入客观的物化以及这个词的其他理解,这就变得复杂了。伯格和卢克曼避免了这种复杂性,通过将这个术语限定于表达未能看出由人创造的东西来源于人,所以"制度世界看上去与自然世界融合到了一起"②。马克思也提到了把资产阶级经济学的方法与"自然施加的必然性"混淆起来;卢卡奇谈到赋予人的东西一种"幽灵般的客观性";以及《马克思主义思想词典》将物化的东西定义为"人制造出来的东西变成独立于(并且被幻想为最初就是独立于)人的"③。所以问题就变成了将人制造的物误认为自然的物。这

---

① 在《资本论》第三卷第48章中,马克思实际上是将"事物化"(Versachlichung)与"人格化"(personification)作对比,但在前一句话中出现了"物化"(Verdinglichung),而且"事物化"没有明确的英语翻译(matter-ification?)。
② Peter L. Berger, Thomas Luckmann, *The Social Construction of Reality: A Treatise in the Sociology of Knowledge*, Garden City, N.Y.: Doubleday Anchor, 1967, p. 90.
③ Karl Marx, *Capital*, I, in Tucker, ed., *The Marx-Engels Reader*, p. 327. Lukács, "Verdinglichung," p. 171; "Reification," p. 83. Tom Bottomore, ed., *A Dictionary of Marxist Thought*, Cambridge: Harvard University Press, 1983, p. 411.

为什么重要呢？伯格和卢克曼最为明确地谈到了这一点："关键问题在于，无论客观化到什么程度，（人类）是否还能意识到世界是自己创造的——从而可以被他们重新创造出来。"①这些理论家想要解放人且赋予人权力。对于他们而言，物化真正的意思是它阻碍或削弱了行动，因为人们看不到他们现实的选择与能力。关键在于，只要人能将自己视为可行动的，认识到他们是如何因为自身的活动而在无意中造成麻烦，那么问题可能得到解决，痛苦可能得以减轻，灾难可能可以避免。

所以问题不在于非物被视为物，甚至也不在于人制造的物被视为自然的，而在于我们能够改变的麻烦处境被视为不可改变的。但是如果这才是真正的问题，那么，首先，"物化"似乎并不是一个非常合适的词；其次，卢卡奇、伯格和卢克曼对于物化的分析是建立在一个关键的且以前只是隐含着的假设之上：人制造的等同于人可以改变的，而自然物等同于人不可改变的。

当这一假设明确之后，其问题特性也很明显了。是什么让人假设这样一个等式可以成立？当然我们最平常的经验与此相反。我们时时刻刻都在塑造和改变自然物体；我们是制造者。但是还有什么比组织人们进行重大社会变革更困难——除非在人们自身完成重大的改变？卢卡奇引用黑格尔："将运动带入固有观念比带入感性存在困难得多。"②确实，卢卡奇明确指出，自然是固定的且不可改变的这个观念本身就是一种资产阶级的物化。卢卡奇、伯格和卢克曼都强调我们有能力改变自然物。事实上他们不相信隐藏在他们概念背后的假设。

但是也许还未对这个有问题的假设进行最为合理的表达。可以进行两处修改。也许被视为人不能改变的并不是自然物，而是支配那些

---

① Peter L. Berger, Thomas Luckmann, *The Social Construction of Reality: A Treatise in the Sociology of Knowledge*, Garden City, N. Y.: Doubleday Anchor, 1967, p. 89.
② Georg Wilhelm Friedrich Hegel, *Werke*, II, p. 27, 转引自 Lukács, "Verdinglichung," p. 301; "Reification," p. 172。

物的自然规律；也许被视为人能够改变的并不是来源于人的行为的事物，而是（即使到现在）只能由人的活动来维持的事物。这两处修改都值得深思。

人类改变许多自然物，但总是只能遵循物理、化学和生物规律，这些规律本身是人不能改变的。所以将人的关系或活动误认为物的意思，可能是将他们视为只有在遵循不可改变的永恒规律的条件下才能够被改变的那种存在。这就与马克思指责资产阶级政治经济学家的相一致，即他们将自己的方法视为"像生产劳动本身一样，成了不言而喻的自然必然性"①。但是马克思当然认为人的行为受到不可避免的必然性的制约，包括有一些是自然的和永恒的必然性，如生产的需要。伯格和卢克曼当然也会同意，并且很难相信卢卡奇不会同意。人制造的物和自然物都是只有在一定限度内才是人可以改变的，其中有些是有条件的、暂时的，有些是必然的、永恒的，除非将社会世界定义为人能够改变的，而将自然世界定义为人不能改变的。所以这里的问题不是将人制造的物当作自然物，而是将有条件的、暂时的规律误认为必然的、永恒的规律，这是一个在自然科学和政治经济学中都可能出现的错误，没有理由称其为物化。

然而，另一种意义上的"自然规律"也需要思考。纵观大部分的欧洲历史，很多人认为自然或创造自然的神不仅将必然规律施加于物，而且将正确的行为准则施加于人——比如，美国《独立宣言》就援引了这个意义上的"自然规律"。人们可以违背这些规律，但是不能质疑规律的有效性和内容。将某些局部的、暂时的人类惯例误认为是这样一种规律，确实可以防止人们行动起来去改变规律，不管是卢卡奇还是伯格

---

① Karl Marx, *Capital*, I, in *The Marx-Engels Reader*, ed. by Robert C. Tucker, second edn., New York and London: W. W. Norton & Co., 1978, p. 76.

和卢克曼似乎都将这种错误包含在他们的物化概念中。① 但是这种自然规律与物完全无关;它只适用于人类,所以"物化"这一术语似乎仍然是不合适的。

在人制造的等同于人可以改变的这个有问题的假设中,另一处可能的修改,即人可以改变的不是指来源而是指维持。当然,有许多是始于人类行为,但我们却没有能力结束它。比如谋杀、森林大火、连锁反应。但是当伯格和卢克曼指出"是人类创造的——从而可以被他们重新创造出来",他们真正的意思可能是到目前为止只能由人类活动来维持。因为他们同样指出,"社会秩序是人类的产物,或者更准确地说,是一个持续不断的人类产物……(社会秩序)仅仅是作为人类活动而存在,并且到目前为止也是作为人类活动而持续不断地产生"②。卢卡奇也谈到"人与人之间关系的不断的生产与再生产"③。资本主义、种族主义、婚姻、棒球、刑法、大学——这些制度存在于人的活动和关系的有组织的模式中(尽管其中一些也包含使用特定的物体)。

只要制度只存在于人的活动中,那么可以由人的活动改变这个命题换另一种说法也是正确的,即被改变的活动是一种被改变的制度。

这种表面上同义反复的确认是暗含的,因而是未受到质疑的,它是物化观念具有吸引力的原因之一。然而,在哲学上确认这同义反复只是掩盖了现实的实践与政治问题。毕竟问题不是我们的活动能否在某种程度上改变,而是能否按照我们的意图而刻意改变,以达到特定的目标。对这个问题的回答完全是成问题的,因情况不同而变化。我们惊恐地看到核战争、生态灾难、世界饥荒的来临。但并不是这些灾难在靠

---

① 参见 Lukács, "Verdinglichung," p. 329; "Reification," p. 191; Peter L. Berger, Thomas Luckmann, *The Social Construction of Reality: A Treatise in the Sociology of Knowledge*, Garden City, N. Y.: Doubleday Anchor, 1967, p. 90。
② Peter L. Berger, Thomas Luckmann, *The Social Construction of Reality: A Treatise in the Sociology of Knowledge*, Garden City, N. Y.: Doubleday Anchor, 1967, p. 52.
③ Lukács, "Verdinglichung," p. 313; "Reification," p. 180.

近我们;恰恰是我们因为自己持续不断的活动在接近这些灾难。为了避免灾难,我们只要停止我们所做的。

只要! 这听起来像卡夫卡的寓言中猫给老鼠的建议。问题是:我们可以吗?

"可以"(can)是众人皆知的一个麻烦的概念,对于我们的日常功能非常关键,但是对于哲学是噩梦。[1] 它的用法似乎总是假设了无数个隐含的"如果",其中很多包含了进一步的"可以"或"本可以"(could),而其本身也同样是有问题的。如果有足够多的"如果",包括一些极其违背事实的,那么任何都是可能的。但是结果只有其中一种可能在事实上发生。"可以"的范围在中间地带,被它的更难以捉摸的同伴"本可以"所遮蔽,并且它们假设的"如果"为它们所使用的特定语境所限制。[2]

个人生活就已经足够困难了。假设我有一个坏习惯、性格缺陷或一种瘾,我可以停止吗? 改革家劝诫,"如果你有足够的意愿,你是可以的"。心理学家评论,"如果她有充分的自我力量,她是可以的"。社会学家补充,"如果她处在良好的社会环境中,她是可以的"。牧师低语,"这是上帝的旨意"。我们知道,实际上一切都须视情况而定。

如果就个人而言,这些问题都已经难以思考,那么就异化观念应该适用的大范围的社会和政治问题而言就更难了。因为人们不仅必须应对不确定的"可以""本可以"和"如果",而且必须应对不确定的"我们"。"我们"可能做什么取决于我们是谁——有多少数量、决心、力量或技能。成为"我们"的资格也会根据我们的任务和方法而发生变化,每一次改变都会有一些人加入,另一些人离开。所有这些更深地取决于人们如何理解自身和世界。改变人们的观念,他们的行为也会改变;然而

---

[1] 首先,尝试阅读 J. L. Austin, "Ifs and Cans," in *Philosophical Papers*, Oxford: Clarendon Press, 1961。

[2] 对比于 Hannah Fenichel Pitkin, *Wittgenstein and Justice*, Berkeley: University of California Press, 1972, esp. p. 270。

不是任何新观念都会被接受。只有当一种思考问题的新方式能够理解人们的实际经验,表达人们的需求和愿望,它才会被广泛接受。在政治学中,思考总是有分歧、有争议的。即使是在目标或问题的识别上也不能达成一致,更不用说在导致问题的原因以及解决问题的手段上了。所以有一个乐观的论断,即我们已经创造出来的东西,我们可以通过不同的方式重新创造。但这掩盖了一个问题,即这两个"我们"是否相同。正如 20 世纪 60 年代著名的笑话:"什么叫'我们',白人?"①

此外,改变社会制度的可能性包括组织的问题。改变一大群人之间交往的习惯化、制度化模式,需要以某种新方式进行组织和协调。每一种方式都会产生相应的结果。官僚制产生的结果不同于公社制;列宁主义的革命与无政府主义的革命不同。甚至某些目标根本不可能通过精心组织的行动而达到。

最后,某些社会制度的改变尤其困难,因为它们的运行对于我们的物质生存而言是基础性的。它们不能长期中断,否则人们会死亡。所以如果要改变它们,那么现行的安排必须立即由某些可行的替代性方案所取代。即使许多人都看到目前生产制度的不良影响,但是他们仍然需要谋生,需要食物、水和住所。如果没有一个可行的替代性方案,他们不能简单地停止他们现在所做的。②

在卢卡奇、伯格和卢克曼讨论异化时,其意图的核心是指出人们未能解决问题或避免灾难的原因,是他们没有意识到自己正导致那些问题和灾难的发生,并且他们本可以停止这样做。但是人们能够做什么,在特定时间和特定社会真正开放的选择是什么,这些在政治上总是不确定的。关键不在于行动本身,因为我们已经是行动的;关键在于行动

---

① 给太年轻而没有听说过这个笑话的人:独行侠与他忠实的印第安人伙伴唐托绝望地被充满敌意的印第安人困住了。当敌人准备将他们杀害时,独行侠说,"唐托,我们该怎么办?"唐托回答,"什么叫'我们',白人?"
② 这是将马克思"基础"的基本内容概念化的一种方式。

能够促进正义、自由或幸福。为了追寻毫无希望的目标而牺牲人类和浪费资源是无益的。

那么,是否所有的归根结底都不比好的政治判断更为确定?给我们留下的结论也不比雷茵霍尔德·尼布尔(Reinhold Niebuhr)祈祷文的某个世俗版本——"上帝赐予我力量平静地忍受不能改变的,赐予我勇气改变可以改变的,赐予我智慧分辨两者的差别"——更为有益?

结论

到目前为止本文有累计超过 20 种所谓物化的含义、观念或方面;把它们罗列出来似乎没有什么意义。① 其中有些是相互一致,几乎重叠的;另一些是矛盾的。有些符合词典定义,另一些不符合。在有些情况下,某种存在被转化为物的理解是很明显的;在另一些情况下,尽我所能也无法找到这样的理解。词典条目本身是相当潦草的,解读者又将这个术语的含义扩展至几乎无限地超越其本身。卢卡奇、伯格和卢克曼使用这个词的主要方式与词典的定义完全不符合。他们使物化的含义依赖"可以"和"本可以"这样的概念,而这样的概念本身极其依赖使

---

① 也许,应该放在脚注中:1. 将人的关系错误地理解为物(卢卡奇);2. 将以前被当作人的关系的视为物(隐含在《牛津英语词典》中);3. 商品世界的形成和它们在市场中的运动(卢卡奇);4. 在人造物品中实现"精神影像"(阿伦特);5. 形成一种倾向于将人的关系当作物的思想(卢卡奇);6. 在否定能动性的意义上将人错误地理解为物(《牛津英语词典》、卢卡奇、伯格和卢克曼);7. 在否定道德状态的意义上将人错误地理解为物(《牛津英语词典》、卢卡奇、伯格和卢克曼);8. 将以前被误认为人的当作物(《牛津英语词典》);9. 和 10. 将抽象(错误地)理解为人(卢卡奇,伯格和卢克曼可能持有此观点);11. 将抽象(抽象概念?)错误地理解为物(《牛津英语词典》、伍达德、觚因);12. 将以前被误认为抽象(抽象概念?)的当作物(隐含在《牛津英语词典》中,觚因);13. 将抽象错误地理解为现实的(伍达德);14. 确定什么是现实的(觚因);15. 和 16. 将人造的东西(错误地)理解为自然的(伯格和卢克曼,卢卡奇可能持有此观点);17. 和 18. 将暂时或有条件的规律(错误地)理解为永恒的、普遍的规律(马克思关于拜物教,卢卡奇可能持有此观点,伯格和卢克曼可能持有此观点);19. 和 20. 将人类习俗(错误地)理解为神圣的(卢卡奇、伯格和卢克曼);21. 和 22. 将人能改变的(错误地)理解为人不能改变的(卢卡奇、伯格和卢克曼)。如果进一步将每一个范畴在惯习的物化和本真的物化中细分,范畴的数量将会翻倍。也许这个区分实际上并不适用于所有这些范畴;我并没有追究这个问题。

用概念的特定语境。卢卡奇、伯格和卢克曼的讨论是令人困惑的,并且很可能他们也感到困惑。一切陷入了困境。

这个概念可以保留吗？它应该保留吗？

在词典定义的范围内,这个概念非常有用。譬如,斯蒂芬·古尔德(Stephen Gould)批评心理学家物化智力,因为心理学家假定智商测试必须测试某物,这时古尔德和这个概念都执行了清晰而有用的职能。[1] 但如果这个概念主要涉及卢卡奇、伯格和卢克曼的那些含义,我认为相比于它所揭示的,它更令人困惑。他们所关注的能够符合词典定义的是在否定人具有能动性的意义上的人的物化。但是,尽管卢卡奇、伯格和卢克曼的确偶尔这样使用这个词,但是大部分情况下他们并不这样使用。如果在物化的这个意义上表达他们的关注点,那么需要大量改写他们的论点。持有同样关注点的政治理论家难道不是最好放弃这个概念吗？

我会毫不犹豫地这样建议,除了一个关键的考虑以外,的确有一些发生在我们身边的事情亟须我们思考和谈论,卢卡奇、伯格和卢克曼的物化概念也应当提出。人们感觉被困住了,卡夫卡的小寓言完全象征着我们的体验。尽管现代社会普遍存在伯格和卢克曼所说的"有利于反物化的社会背景条件",但是许多人确实感觉无力改变限制他们生活的条件。数百万美国人拒绝政治,认为参与政治没有显著影响。数百万底层社会人员感到毫无价值——尽管也弥漫着怒火——因为对于他们而言社会似乎没有任何作用。我们几乎都在大型的组织系统中运行,无论是作为机器的零件还是作为被加工的材料,并且学着将这种条件视为理所当然。我们运行于一种依赖国际银行和金融体系的经济之中,而每个人都知道这一体系随时可能崩溃。几乎所有人都毫无疑问地屈从于"技术的命令",它每天都在消耗我们的资源,损害我们的健康

---

[1] 参见 Stephen Gould, *The Mismeasurement of Man*, New York: W. W. Norton, 1981。

以及毒害地球。并且,我们像梦游者一样走在标记着"威慑"和"防扩散"的路上,通向核末日。① 专家和评论家给我们的处境提供了各种诊断,但是无论实际采用哪种治疗措施,似乎都使其更恶化。

这一连串熟悉的问题表明,对于政治审慎的权力来说,有一种弊病非常广泛、严重。当一个社会,全部文明,甚至整个人类都执意要自我毁灭,那么人们可以怀疑人的思想和行为模式发生了系统的、普遍的、根本的错乱。在这里呼吁政治审慎几乎必然意味着呼吁"更大程度的同一性"。这里需要的是对各种假设进行更为基本的重新调整,这种调整在传统上与好的政治理论联系在一起。

艰难地穿越了物化理论的这片迪斯默尔沼泽,正如本文所做的,可能让人感到这样的概念以及政治理论本身都被绝望地从现实中抽象出来,并且对于我们亟待解决的政治难题没有实际作用,所以政治审慎是唯一的希望。但是政治现实本身,以及天才演员知道如何在其中行动的那种审慎,总是预设并依赖于理论框架——如果不是自觉的、深思熟虑的理论,那么就是未经审视的、继承的理论,或者更可能是过时的或相互不一致的理论片段。因此,如果我们今天似乎失去了政治审慎与政治判断,接近了我们智慧的极限,那么可能因为我们的智慧是作用于所继承的各种假设的无逻辑片段。

从我们熟悉的一连串的问题以及我们的梦游中传递出来的信息不是那句熟悉的劝告,即"看在上帝的分上,做点什么,不然就来不及了!"虽然我们可能感觉没有行动,但我们已经在做,而且做了很多事情,但这些却是我们问题的来源。就像卡夫卡的老鼠,我们不停地跑。卢卡奇、伯格和卢克曼的物化概念正是试图解决这些问题,这些问题大范围地源自我们的种种活动,凭借我们所做的而得以维持和扩大。问题是怎样停止,怎样做点别的,还有别的什么可以做。

---

① 这些"危险"中的一部分实际上是在祝福那些现在受剥削和压迫的人,但大部分是明显且彻底的灾难。即使是马克思主义者现在也必须认真对待地球的主人会毁灭它而不是放弃它的可能性。

这是思想的问题，也是行动的问题，是受新思想指导和赋权的行动的问题。伯格和卢克曼关于物化讨论的部分价值——以及卢卡奇关于物化讨论的更多价值——表现在他们试图提供一种关于我们处境的本质和根源的一般理论，给我们指明行动的可能途径、可行的方法和手段、可能的盟友和对手。本文的观点是，他们的尝试是混乱的，并且有严重缺陷。物化概念可能不是完成这项任务的合适的工具，不合适的工具意味着草率的工作。但是使用不合适的工具完成草率的工作也强于什么都不做。那些坚持使用"物化"一词作为工具的人也许应该更谨慎地使用。我们应该要求自己在每种情况中都具体说明我们的准确意思是什么，并且注意在不同背景下不同的含义是否以及如何相互联系。但是无论我们修改物化的概念，或放弃它，或就让它保持现在混乱的状态，都无关紧要。重要的是我们继续思考——努力地和批判地，理论地和政治地——卢卡奇、伯格和卢克曼试图解决的处境。

我们的思考必须同时是理论的和政治的：理论的是在激进的意义上，穿透习俗惯例和陈词滥调，直达问题的真正根源，认为社会安排是大规模的、长时期的，仿佛来自外部，可能是卢卡奇所指的"总体的意向"[1]。然而，思考也必须是政治的，在指向行动的意义上，实践的，以一种有意义的方式与那些有能力做出必要改变的人对话，卢卡奇称为"创世的'我们'"[2]的那些人。当然，对于卢卡奇而言，那些人指的是无产阶级。但是，人们不需要成为一个马克思主义者就能理解找到这样一个"我们"的必要性，以及在有志于进行恰当的变革和有潜在能力实现的人中寻找"我们"的意义。目的不是建立某种新的学说，从我们自己手中拯救自己，而是以一种变化了的方式去看待我们默认已知的和已经做的，从而使我们恢复到现实世界——正如卢卡奇所说的"具体的此时和此刻"——以及我们真正的、活的自我，包括我们行动的能力。这并

---

[1] Lukács, "Verdinglichung," pp. 303, 297; "Reification," pp. 174, 169.
[2] Lukács, "Verdinglichung," p. 267; "Reification," p. 149.

不意味着使用某种神秘的、无穷的能力,而是占有我们实际的能力,意识到现在这个时刻是如卢卡奇所说的"决定的时刻,新事物诞生的时刻",在这一时刻我们共同"创造未来"①。这不是回到黑格尔式的唯心主义,而是恢复实践的、政治的马克思。

以这种方式理论地和政治地思考不是一项容易的工作;事实上,就词义而言几乎是矛盾的。然而,世界匆匆,它很可能是我们最大的希望。尽管在政治上和哲学上存在种种困难,除非我们开始这项工作,否则我们很可能陷入我们自己的陷阱,最终像卡夫卡的老鼠一样,而不是人和自由。

(钱梦旦 译)

---

① Lukács,"Verdinglichung," p. 348;"Reification," pp. 203-204.

物化、商品拜物教与民主的无能：作为对新自由主义资本主义批判的卢卡奇物化理论[*]

［德］吕迪格·丹内曼

一、

有时无法避免需要通过迂回接近本真的对象。

首先我想先讲述一段小插曲，尽管它看似不严肃，但实际上是相当重要的，因为它明确地体现出某种情况：我们将要论述的哲学家，在2001年10月中旬被《法兰克福汇报》断定为恐怖主义的鼻祖。[①] 尽管人们已然习惯了形形色色的马克思主义，当我读到这篇文章时还是为之一惊。我们来听一听《法兰克福汇报》的论点：也许是众所周知的，托马斯·曼在《魔山》中将卢卡奇作为激进反动者耶稣会信徒纳夫塔（Naphta）与自由主义启蒙者的对手塞特布里尼（Settembrini）形象的原

---

* 本文出处：Rüdiger Dannemann, „Verdinglichung, Warenfetischismus und die Ohnmacht der Demokratie. Lukács' Verdinglichungstheorie als Kritik des neoliberalen Kapitalismus", in *Lukács 2002，Jahrbuch der Internationalen Lukács-Gesellschaft*，Bielefeld: Aisthesis Verlag, 2002, S. 79 - 95。

吕迪格·丹内曼，哲学博士，当代重要卢卡奇研究及马克思主义研究专家，现任国际卢卡奇协会主席，《国际卢卡奇协会年鉴》主编。

① 弗里德里克·A. 卢比希（Frederick A. Lubich）：《其最大的兴趣便是服从》，载《法兰克福汇报》，2001年10月26日。

型。对于《法兰克福汇报》评论家和专家弗里德里克·A. 卢比希(Frederick A. Lubich)而言,在倒退的蒙昧主义的反启蒙者与暴力宣扬者纳夫塔那里,人们已然预见到了现代恐怖主义的图景,或者说已经制定了国际恐怖主义的"道德手册"。在同时期轻易归结但绝对是反恐怖主义的逻辑中,可以通过卢比希建立一种三段论:

> 卢卡奇是纳夫塔。
> 纳夫塔是恐怖主义者。
> 那么卢卡奇也是恐怖主义者(并且,因为纳夫塔是恐怖主义者,所以卢卡奇的理论应被禁止。遗憾的是已无法追究于他,因为斯人已逝)。

我不想在"9·11事件"之后再在与处在所谓的全新关系中的分析家的争论中迷失自我,只想引用海因茨·基默尔勒(Heinz Kimmerle)的话,早在1985年他便意识到如何更具启发性地书写恐怖主义的起因[①]:

> 世界社会正在开始建立一种特性,
> 人们只能为之战栗。
> 自我,想要拥有一切的自我,
> 延伸到人类的我们之中,
> 人类在普遍的集体性之中,
> 沉溺于商品拜物教。

一场真正的恐怖主义事件。在不可避免的迂回之后,让我们来探讨

---

① Heinz Kimmerle, *Versuche anfänglichen Denkens*, Bochum, 1985, S. 96.

卢卡奇对20世纪哲学的核心理论贡献。我想在以下的论述中进行尝试：a. 概述卢卡奇物化理论的前史；b. 勾勒物化理论这一方案；c. 列举这一概念的些许难点；d. 初步使这一概念的现实性在民主理论的尖锐化发展中更为可信。当然不可避免的是，我的阐述并不完整而只包含几个要点。卢卡奇于1923年出版的《历史与阶级意识》一书——卢卡奇在这一著作中阐明了他的物化理论——不仅仅是像一位评论员指出的那样，20世纪70年代在销量上大获成功（如果可以在科学著作中提及这一点的话），而且他的（有时欣喜若狂，也并不缺少批判性的）支持者包括诸多不同的作者，诸如恩斯特·布洛赫、阿多诺、梅洛-庞蒂、吕西安·戈德曼、阿道夫·桑切斯·巴斯克斯（Adolfo Sánchez Vázquez）、玻利瓦尔·埃切维里亚（Bolívar Echeverría）[1]、鲁迪·杜契克、汉斯-尤尔根·克拉尔、阿尔弗雷德·施密特，以及"布达佩斯学派"前期代表人物，还有早期尤尔根·哈贝马斯，即那个尚未被格哈德·施罗德（Gerhard Schröder）、奥托·席利（Otto Schily）、约瑟夫·费舍尔（Joseph Fischer）和约翰内斯·劳（Johannes Rau）赞扬为联邦德国国家哲学家的哈贝马斯。阿克塞尔·霍耐特就此曾提示过，阿多诺、霍克海默和马尔库塞"出于可能的政治动机，淡化或者是径直忽略了对他们所有人而言《历史与阶级意识》都必然阐述了的决定性经验"[2]。法兰克福即将为之举行盛大纪念仪式的阿多诺尤为如此。

二、关于卢卡奇物化理论的前史

我的观点是，卢卡奇是一位原生的哲学家而非语言学家，其作品刻印着他切身的经验、直观、主题。卢卡奇原初的经验可以被归结为银行家之

---

[1] 参见 Stefan Gandler, *Peripherer Marxismus. Kritische Theorie in Mexiko*, Berlin/ Hamburg, 1999。
[2] Axel Honneth, „Reflexionen über den Klassiker des philosophischen Marxismus und das Schattenreich der philosophischen Kultur. Axel Honneth im Gespräch mit Rüdiger Dannemann", in Frank Benseler, Werner Jung (Hg.), *Lukács-Jahrbuch 1998/1999*, S. 82.

子对其无法忍受的感觉氛围的个人反叛,对于世纪末(Fin de Siecle)艺术的文化挫败感,以及知识分子相应的"先验的无家可归感"的总体。这一通常对于社会化①自我扩张的资本主义形式的直观抗议构成了之后物化理论的生活史基础。在其早期的戏剧作品中,这位年轻的美学家便已经彰显了艺术在现代性中的困境,这一现代性通过生命事物化(Versachlichung)的积累而被表明,通过世界的祛魅得以展现。② 如果说卢卡奇在《心灵与形式》中将无轮廓的生命与形式相对立,将美学的形式展现为逃离平庸日常的契机③,则他在其《小说理论》中首次尝试进行一种具有历史哲学性质的分析,将客观精神(小说)的结构作为世界状况的表达。

不难看出,卢卡奇在其物化理论的建构道路中借鉴了完全不同的理论方案。这位来自中欧的好学的门徒参照了格奥尔格·西美尔的生命哲学(尤其是其《货币哲学》)、马克斯·韦伯的现代理性理论,以及卡尔·马克思与黑格尔的一些思想。在某些程度上与从一开始就拒绝战争的西美尔不同,在由第一次世界大战的经验所引发的政治激进化的过程中,卢卡奇遭遇了不同理论传统的人士,诸如俄国作家索洛维约夫、罗普辛,尤其是陀思妥耶夫斯基。在其于世界大战期间创作的《陀思妥耶夫斯基—断章》中,卢卡奇提出了反形式主义与反制度主义伦理的提纲,这一文本在其死后才被首次出版。

三、物化理论方案

在《历史与阶级意识》一书中,卢卡奇凭借其《物化和无产阶级意

---

① 科洛利·科凯就此提示过:尚有诸多关于早期卢卡奇思想发展的基础问题未得到解答。他理所当然地强调,尚没有符合科学标准的作品版本,并得出结论:"这便为不道德且具有倾向性的思辨大开方便之门"。参见 Károly Kókai, *Im Nebel. Der junge Georg Lukács und Wien*, Wien-Köln-Weimar, 2002, S. 255。
② 参见 Georg Lukács, *Geschichte des modernen Dramas*, v. a. die Bücher 1 und 6. GLW Bd. 15, Darmstadt u. Neuwied, 1981。
③ 参见 Gerog Lukács, *Die Seele und die Formen*, 1911。

识》这一宏文首次对他的直观进行了(至少暂时是)令其满意的哲学表述。该书当即招致了论战性的攻击,尤其是来自苏联共产主义者的。而另一方面,其当代的捍卫者则有卡尔·柯尔施与恩斯特·布洛赫。如果弄清楚卢卡奇对于马克思理论重构的要点,这场超乎其应有意义的辩论也就能够得到解释。卢卡奇反对卡尔·考茨基或者布哈林的观点(两人都将马克思理解为历史学领域,或者更确切地说是社会学领域的达尔文,而缺少对其政治经济学批判的方法论前提的反思),即将马克思的学说理解为一种实证科学。卢卡奇试图将马克思的辩证理论重建为一种连贯的哲学概念,他选择了马克思在《资本论》第一卷中阐明的价值形式学说作为重建的系统起点。简而言之,他想表明拜物教相关章节包含了马克思的批判哲学。这不仅仅被理解为一种狭义的经济学理论,在卢卡奇的事物观之中还包含:

1. 一种当代社会的哲学
2. 一种意识形态理论(也是对科学与哲学理论的阐释)
3. 一种历史理论
4. 一种政治哲学

简而言之:一种有关社会存在总体的观念的理论选择。

在我们的框架之内,我只想探讨卢卡奇对于马克思商品社会理论理解的一个方面,即他对于马克思资本主义批判在物化方面的强调,这一强调同时表达了卢卡奇对马克思当代社会批判的重新表述。①

马克思在其政治经济学主要著作中试图将现代社会分析为一个商

---

① 我对于马克思商品拜物教理论的概述在很多方面都遵循了埃伯哈德·布劳恩(Eberhard Braun)的建议。参见 R. Brunner, F.-J. Deiters (Hg.), *Die Geschichtlichkeit des Utopischen*, St. Ingbert 2001, S. 272 - 279; E. Braun, „Verkehrung statt Verdinglichung – Marxens Wertformanalyse im Blick auf 'Geschichte und Klassenbewusstsein' kritisch betrachtet", in *Lukács-Jahrbuch 2000*, S. 51 - 94.

品生产社会。只有理解了商品生产,更确切地说是商品交换的逻辑——这是卢卡奇式重构中马克思的基础思想——才能对现代资本主义社会进行有效的理解和批判的考察。为了说明马克思的方案的要点,我想简要回顾一下他对商品的分析。在马克思那里,商品生产分为四个步骤:

1. 首先,众所周知,马克思考察了商品的二重性特征,即对于价值形式分析而言有决定性的使用价值与交换价值因素。

2. 其次,他相应区分了生产劳动的二重性特征,即考察了主观前提,商品交换的主观原则。

3. 再次是对四种价值关系或价值表现形式的基因演绎,从两种商品的价值关系开始,直到作为一切商品共同价值结构的货币形式,价值关系在其中呈现为独立物(Ding)的形态。

4. 最后,马克思将价值形式视作整体性,视作一个结构性总体的基本形式:商品拜物教。

拜物教学说包含了一些哲学的要点,首先是颠倒与抽象。通过对马克思在《资本论》第一卷所做论述的释义,我将再现马克思对这些要点的标识:

即使是最为简单的价值表达,x 商品 A＝y 商品 B,也使某一物品(马克思以裙子为例)表达着另一物品(马克思以棉布为例)的价值量,即具有作为自然属性的等价形式。当一般等价形式与特定商品(金、银)融为一体或者结晶为货币形式,颠倒的过程便得出(临时的)结论:商品已经找到了自身的价值形态——作为一种外在的和邻近的商品物(Warenkörper)。当劳动生产一般地接受这一商品形式,这一颠倒的过程便是普遍的了。

于是发生了一种颠倒,社会关系(劳动产品的价值)表现为物(金、银)的自然属性。如果至今考察的简单商品流通已经变为资本流通,颠倒便呈几何式增长:货币流通本身成为目的,如马克思所言,成为对于抽象财富的无限追求。

卢卡奇在《历史与阶级意识》中并不打算对"资本"进行严谨的诠释,完全是在上述概略的意义上解释了马克思商品生产分析的要点:

1. 对他而言,商品生产的逻辑就是抽象的逻辑,在这逻辑之中,生产的最终目的已经转移到了抽象财富的增加上,并且尽力从一种面向具体的、也许是不受控制的需求的使用价值生产的最终目的中抽离出来。

2. 从一种社会关系到一种事物关系的物化并不是纯粹的意识形态,而是对真实丧失生产过程的社会支配的表达,是生产关系转变为"独立于个体行为的形态"(马克思)这一事实的表达。

凭借"物化"这一术语,我认为卢卡奇将价值形式分析的要点引向了实际上相应的重点:现代社会从根本上来说是抽象的原则(这里指资本流通的原则)已经被转化为现实性原则的社会。它使得生产者,即生产的主体成为经济和社会发展的客体。商品生产的逻辑越是迁移至迄今未涉及的生活领域,如独特的或"异己的"文化领域,物化的系统——如卢卡奇所言的物化的生命形式的系统——就越是全面。卢卡奇本人已经指出了现代法律体系中现代文化与哲学的相应发展趋势。卢卡奇从他的老师马克斯·韦伯的著作中获得证明,资本主义的合理化类型——其主要特征在于将质简化为纯粹的可交换的量,以及"校准为计算与'可计算性'的理性化的原则"——也表现于现代法权制度与"普遍的官僚化的理智现实"。《历史与阶级意识》已经探究了对于商品生产来说典型的合理性类型的痕迹,从新闻业到科学生产,再到资本主义思想的巅峰,即卢卡奇列举的康德与黑格尔。"纯粹理性"的抽象的合理性导致了理性形式与非理性内容之间、实然与应然之间内在无法解决的问题——这一问题在康德关于事物不可知性的定理之中获得了最为尖锐的表达。阿多诺、索恩-雷特尔、马尔库塞、早期哈贝马斯分别以不同的方式着手研究了这一路径，或对其进行了进一步的发展。

反思卢卡奇对马克思内在哲学的解读就会明显发现，物化理论——在政治的运用上——其核心是自治理论的一种复苏，或者说是一种强化的民主化理论，这种理论在分析资本主义民主的当前形态时可以为其合法性和现实性提供证明。这一点将在我论述的最后部分进一步展开。在此之前我想先谈谈卢卡奇物化理论的一些问题。

四、物化理论的问题

尽管物化趋势的蔓延并未下降，但有关新闻与知识领域物化批判的讨论实际上已然销声匿迹。这当然有一系列的原因，如所谓真正的社会主义崩溃之后的时代精神，如今几乎将对马克思主义的讨论带至原点。各类形式的乌托邦思想中的猜忌导致了对异化理论或物化理论——这些理论与争取解放的坚定设想相结合——的放弃，并转向政治的拼凑理论，引退到系统论的无意识形态领域，或者是愤世嫉俗的理性狡计之中。在拉尔·耶吉的评论之后，我将限制于探讨一些具体的理论问题，这些问题反对物化理论的复兴，尽管存在着一些明显的现实性。耶吉首先注意到了《历史与阶级意识》路径存在问题的如下特征[①]：

（a）卢卡奇使用对于真实性，宁或说是真实的主观性的本质主义的表述。

（b）他无疑接受了一种习惯，将特定的生活领域视作个人的、

---

① Rahel Jaeggi,„Veringlichung-ein aktueller Begriff", in *Lukács-Jahrbuch 1998/1999*, S. 68ff.

从市场抽离了的或者应该抽离的、非工具性的领域。

（c）卢卡奇使用的是关于自我实现、自我决定、个人认同的表述，而未充分说明复杂的伦理前提。

（d）从而他美化了非中介性、直接性、原初经验的形式，可以这么说——为了与汉德克（Handke）对话——真实感知的时刻。

（e）与格奥尔格·西美尔不同，他没有恰当地处理物化进程（对理性的官僚化）与获取自由的矛盾性。

（f）他未将现代（在对世界的现代关系中）自治与他治之间的紧张关系作为主题，而是以有问题的方式着重强调了一个生产自身的世界的主体的表述。

在我看来，耶吉从其前辈们尤其是哈贝马斯学派所继承的问题模式部分是具有启发价值的，或者说是直白可信的，比如对于一个强化的自治概念的伦理前提或对于物化过程的矛盾性的追问。卢卡奇毕生都致力于伦理的基本问题，却未能够得到完全满意的结果。他在《历史与阶级意识》中所使用的主体概念（尤其是他将无产阶级作为同一主—客体的幻象）对我们而言毫无疑问已经变得生疏，因而主体性逻辑——将自身理解为生产者——这一实际上能够被无限普遍化的逻辑对我们而言就变得可疑。的确，资本主义商品生产的矛盾性也被更加清晰地标识出来。当前的物化讨论既不能够非批判地肯定前货币状态，又不能以一种次复杂的方式将生产的直接方向指向产品的使用价值或者说生产者的需要，就像现代社会中任何形式的抽象理性都可以被废弃。在我看来，这与物化理论批判的基础冲动完全不同：它在于抗议产生物化效果的商品原则及其合理性的叠加。我找不到理由相信，自20世纪20年代以来，或自60至70年代《历史与阶级意识》被重新发现以来，这一路径的现实性已然下降。当前在欧洲或者全世界范围内的全球化进程中可以被观察到的现象表明，试图使得生活领域与商品生产的逻辑脱钩或者仅仅是对其进行保护的尝试变得多么荒芜和多么罕见。即使是如阿克塞尔·霍耐特这般谨慎的观察者如今也承认,自 20 世纪 90 年代以来,出现了剥削的绝对命令的迅速世俗化。目前还不存在明确定义的界限尤其是对这样一种界限的制度化。诺姆·乔姆斯基(Noam Chomsky)指出,以"利润高于人民"为基本原则的基于新自由主义范式的全球化,已被证明"不仅在美国,而且在全世界范围内,是真正民主的头号直接敌人",这在可预见的时间范围内无法改变(乔姆斯基表明,对世贸组织的抗议具有其深层的合理性,因新自由主义的全球化与世界各地表达自身需要并倾向于切实的政治民主的思潮与人民背道而驰[①])。因此,我们又一次面临可能根据当代理论对物化理论进行修订的问题。我想概述关于当前民主制度缺陷的讨论,以此为例展现这种更新可能的样貌。

五、再度更新的可能性——民主理论的思考

曾一度被视为不容侵犯的历史终点的民主模式,如今已不仅仅在异国激进分子那里是过时的。这种转变事出有因。我们民主模式的缺陷已经变得显而易见。欧洲与美国极低的参选率(在 1998 年的美国国会选举中,只有三分之一的有投票权的人进行了投票)致使多数派原则越发荒谬。在面对比如死刑这样的经典民粹主义问题,以及国内外政治发展的核心难题时,在民主制度中被宣告为主权者的"人民"都极大程度地卸下了决策的重担。例如,这适用于欧洲政治(及其契约基础),适用于我们社会与文化的生命科学的变革。"人民"对政治阶层的不信任已经变得一目了然,他们解决当前复杂疑问的能力显得极其可疑。

[①] Noam Chomsky, *Profit over people-Neoliberalismus und globale Weltordnung*, Hamburg/Wien, 1999, S. 12.

毋宁任命一个——用约翰纳斯·阿格诺里(Johannes Agnoli)①的术语来说——立宪制的寡头政治——于此作为一个实例——国家伦理委员会,人们在面对多元化时可以信赖其中享有名声的委员会成员,或者奉行一项欧洲政策,对此吕迪格·布伯纳(Rüdger Bubner)认为他们必须提出民主的根本问题,即人民作为民主主权者的民主合法性问题。但不仅是因为阿富汗冲突,许多人出于他们的切身利益不再轻易接受官方政治的抽象。

近年来,关于民主模式的替代方案的理论讨论逐渐兴起。例如皮埃尔·布尔迪厄(Pierre Bourdieu)呼吁发起一场反对去政治化政治的新欧洲社会运动。他看到了全球化对于政治体系的破坏性影响,"这一政治无耻地使用自由、自由主义、自由化、反干预这些词汇,但实际上是一种反政治化的政治,并且将目标自相矛盾地设定为将经济的桎梏从桎梏中解放出来,从而给其带来致命的影响,使政府和公民都屈服于经济的'解放'规则"②。正如已经展示的那样,传统的政治组织(比如工会)无法阻止去政治化的政治。因此,布尔迪厄等人呼吁建立全新的组织形式,将仍然支离破碎地进行煽动的社会运动从其时空限定的地方主义中剥离出来,以克服在激烈的动员时期与存续的潜伏或缓滞时期之间的反复摇摆,而不给官僚主义的集中留有空间。托尼·奈格里与迈克尔·哈特暗示性地描写了帝国——作为资本主义的最高阶段,一种具有极权主义控制与生命政治秩序的帝国主义新形式。③ 约翰纳斯·阿格诺里论述了全球化资本主义无能为力的问题,即系统性地缩减过多的、剩余的人口。④ 今天,在经典著作忽略了的在欧洲以外的世界其余地方的剩余之外,还存在着多余人口——没人能说有下降趋势。

---

① 参见 Johannes Agnoli, „Die Transformation der Linken", in *Die Zeit*, 17. 2. 2000, S. 53。
② Pierre Bourdieu, „Wider die entpolitisierte Politik", in *taz*, 11. 4. 2001.
③ 参见 Toni Negri und Michael Hardt, „Empie-das höchste Stadium des Kapitalismus", in *Le Monde diplomatique*, Beilage der taz vom 12. 1. 20001, S. 23。
④ 参见 Johannes Agnoli, „Die Transformation der Linken", in *Die Zeit*, 17. 2. 2000。

更多的人预言了西方胜利的全球化模式的崩溃。格雷戈尔·吉西(Gregor Gysi)坚信,资本主义将在自己的胜利中窒息而死。①

在此情况下,对于社会主义民主的反思获得了全新的惊人意义。早在20世纪20年代,卢卡奇在其议会主义批判的著作中便寻求列宁与罗莎·卢森堡的综合,但其组织理论的具体化并非没有暴力和成问题的理想化。② 1968年风暴首先参照了卢卡奇早期议会主义批判的著作,令人惊讶的是,如"西德共产主义联盟"等"议会外反对派"竟然将这些著作作为反思的模板。1920年,卢卡奇认为议会制已经过时,是一种过时的历史亚种,是工人阶级被迫处于守势的历史状况的一个指标。卢卡奇建议采取策略性的手段对待议会制体制,并进一步提及一个经常被提及的论点:工人委员会代表着社会民主的消亡。③ 在其死后出版的政治遗嘱《社会主义与民主化》——写作于1968年"布拉格之春"运动期间——中,卢卡奇表达了他成熟的政治思想,与《历史与阶级意识》的民主的直观相联系,并且与物化理论最为符合。卢卡奇对业已失败但尚未厘清的"委员会体制"的世界史内容的反思,属于一种理论的语境,该理论严肃对待全球化的民主缺陷并开始考虑后传统共同体(霍耐特)。但他对"传统"马克思主义惯行术语的坚持也应该在接下来的辩论中起到兴奋剂的作用:正如奈格里与布尔迪厄的例子所显示的,像议会主义批判这样的帝国主义理论不应被轻视为空洞的教条抑或倒退的空想家的修辞学套话。

以下是卢卡奇对斯大林式社会主义民主纲要的一些零散提示。在其著名的日内瓦演说《贵族与民主的世界观》(1946)中,卢卡奇已经表述了他的想法,他对民主的定义。只有当人与人相互依赖,人对人进行

---

① 参见 Gregor Gysi, *Ein Blick zurück, ein Schritt nach vorn*, Hamburg, 2001。
② 参照卢卡奇早期政治论文,以《组织与政党》为题发表并被转载。
③ 参见 Georg Lukács, „Zur Frage des Parlamentarismus", in ders., *Organisation und Partei*, a. a. O., S. 8ff。

剥削和压迫的一切真实形式消除了,当经济状况、国籍与性别不再是劣等特权的原因时,才能够谈论民主。"当人们为重建新的民主而斗争,唤醒公民精神;当人们在世界观方面重建自身,人们便推动了新的民主制度的斗争。"①对卢卡奇而言,委员会体制依然是全面民主化的模式而非民主制度学说抑或任何哈贝马斯式宪政爱国主义的概念。② 在委员会体制方面,具有世界史意义的1871、1905和1917年的委员会运动对卢卡奇而言正是自治实践的环节:"只有在委员会体制中,才能将通过民主的自我调节实现的操控的各种形式排除在外。"③卢卡奇对于议会主义仍然持有怀疑态度:"作为(资本主义)国家观念性核心的和典型的现实化,议会主义越是显得纯粹,看似在形式上独立于真实社会生活,并完整地扮演为'观念的'民众意志的纯粹机构,就越是适合在无限自由与平等的表象之下,促进资本家团体的一己私利。"④卢卡奇已经为反思民主实践的"习惯"提供了空间:只有在日常生活之中经验过民主,且其社会化形式将"民主的自我调节"作为一种惯例而非例外的人,才能将自身从操控与异化的体系中解放出来,才能阻止建立一个新的政治阶级。这一阶级发展自身需要并将脱离于当事人利益的政治实践发展为一种常态。

但是只要资本主义经济组织存在并限制民主的使用范围,价值规律的逻辑使得资本成为主体(主导角色),民主的自律是不可想象的。将民主程序限制在政治领域,这在市民社会中已经成为一种制度,但这依然无能为力,系统性的操控依然导向政治的非政治化。委员会运动的吸引力主要在于,其具体问题(例如经营、居住、共同生活的问题)可

---

① Georg Lukács, „Aristokratische und demokratische Weltanschauung", in *Georg Lukács, Schriften zur Ideologie und Politik*, ausgewählt und eingeleitet von Peter Ludz, Neuwied und Berlin, 1967, S. 407.
② 关于卢卡奇与哈贝马斯之间时常隐蔽的差异的某些重要方面,参见 Axel Honneth, *Reflexionen über den Klassiker des philosophischen Marxismus*, a. a. O., S. 73ff。
③ Georg Lukács, *Sozialismus und Demokratisierung*, Frankfurt am Main, 1987, S. 97.
④ Georg Lukács, *Sozialismus und Demokratisierung*, Frankfurt am Main, 1987, S. 21.

以与政治的"大问题"联系在一起,即在无产阶级公众之中,"大问题"与具体问题同样被列上日程,他们具有纯粹的客观性。尽管其在历史中落空并且存在时间短暂,委员会运动还是为卢卡奇提供了一个社会主义民主的模式,它因此"被要求克服最后的、发展到最高阶段的反人类形式(对其自身自我实现的实践而言,其余人则作为障碍,作为纯粹的客体,作为可能的对手或敌人)"①,或者用《历史与阶级意识》的话说:使对物化体制的扬弃成为生命形式。也有人反对卢卡奇的民主思想,理由是其是超现代的,因而沉溺于幻想的同质性幻象之中,否认市场的经济原理,并过度张扬基层民主的政治思想。② 最早的指控——基于哈贝马斯关于社会过程的多元化、差异化与多位集成化的知名论题——引发了一场关于现代与后现代条件下社会主义可能性的前提条件的根本争论,在此我无意赘述。

但是我想对另外两个批判点进行简短评论。诚然,时至今日尚不存在能够经受现实检验的可信的社会主义经济模式(乔姆斯基说过,无法说出如何建立一种有生命力的、自由的、人道的后资本主义秩序,光是这种社会的表述就已经有些乌托邦;③查尔斯·泰勒(Charles Taylor)指出,对于增长、集中、流动性的无节制追求,对于工具理性的高估等,这些大多数是迄今为止经过试验的社会主义模式的特性④),但同样清楚的是,由被称作新自由主义市场经济的资本主义所建立起来的全球化不可能建立一个差强人意的公平的世界秩序。此外,在现代性条件下,仅限于政治领域的民主模式依然软弱无能,这使得民主较之以往在更大程度上成为一种偶发现象(参见布尔迪厄与奈格里的论述)。目

---

① Georg Lukács, *Sozialismus und Demokratisierung*, Frankfurt am Main, 1987, S. 118 – 119.
② 参见 Udo Tietz, „Zur Genesis und Kritik der Lukácsschen Demokratisierungsideologie", in Volker Caysa (Hg.), *Auf der Suche nach dem Citoyen*, Bern, 1997, S. 103ff。
③ 参见 Noam Chomsky, *Profit over people-Neoliberalismus und globale Weltordnung*, Hamburg/Wien, 1999, S. 18。
④ 参见 Charles Taylor, *Negative Freiheit*, Frankfurt am Main, 1992, S. 293f.

前，社会越来越缺乏民主，且它不再是为政治的阶级所掌控，而是遵循价值变现原则的逻辑(乔姆斯基与赫尔曼在《制造许可》中强调了美国的新闻媒体是如何为经济利益服务，并且系统地削弱了人们以民主的方式调节共同生活的可能性的[1])。只有当(民主合法的)政治准备就绪并且能够为经济子系统划定明确界限，这一公共领域的重构过程才能被遏制。公共领域的当前形式越来越破坏民主的先决条件，旨在系统地产生政治冷漠，坦率地说，通过媒体信息娱乐进行社会化的个体不再是潜在的城邦公民或者公民，而是——用卡斯托里亚迪斯的表述来说——个人主义的绵羊。[2]

社会主义民主模式自然无法脱离强有力的设想，鉴于某些现实经验，这显得过于紧张。但我坚信，如果不想沦为修辞上的空谈，民主的观念无可避免地与一个强有力的假设联系在一起。如果人民主权的思想不被荒谬地领导，那么一个没有自主个体的自主社会是不可想象的，而这些自主个体已经脱离了物化的新旧形式。阿格诺里表述过："乌托邦是走出非人道的唯一真实途径，从中可以找到世界社会。"[3]卢卡奇认为极其乌托邦的委员会概念立足于民主理论的传统，民主不仅仅是一个过程，而且是一种生命形式，最终为"所有人在真正的民主之中享有所有生产者的幸福的权利"(布劳恩)创造了空间。

六、结论

对米歇尔·科坦(Michael Koltan)来说，《历史与阶级意识》是作为解放运动的马克思主义的终结的滥觞。出于两个原因，我不能赞同这

---

[1] 参见 Noam Chomsky, *Profit over people-Neoliberalismus und globale Weltordnung*, Hamburg/ Wien, 1999, S. 13。
[2] 参见 Cornelius Castoriadis, „Sozialismus und autonome Gesellschaft", in Ulrich Rödel (Hg.), *Autonome Gesellschaft und libertäre Demokratie*, Frankfurt am Main, 1990, S. 334。
[3] Johannes Agnoli, „Die Transformation der Linken", in *Die Zeit*, 17. 2. 2000.

一评估：

(1) 我不认为马克思主义已不再是本质的解放理论的理论雏形。

(2) 其次，我坚信卢卡奇的物化理论是20世纪留给我们的特定的艰难的遗产。

关于(1)：

豪格指出，马克思主义如今只能或者必然主要以学术的形式继续存在。[1] 这可能(即使不是在波鸿鲁尔大学)有其正确性，但这仍然是一种无法忍受的情况。这是当前的不平衡的征兆；现实的世界状态是以扩张的世界经济体系之间的不平衡为特征的，人们可以用"全球高科技资本主义"、"后福特制资本主义"(豪格)、"后工业资本主义"(布劳恩)或者"新自由主义全球资本主义"(乔姆斯基)等来进行描述。但缺乏有效的批判的公众，其特征是"马克思主义的理论生产与讨论得以在全球范围内运作的基础结构的丧失"(豪格)。

关于(2)：

如果想要"对摧毁一切的相互关联的、已经成为总体的经济体系的胡作非为进行抗议和反抗"(H. M. 罗曼)的话，我们首先要做的事情，便是发挥物化理论的反思性潜力，将其作为一种关于颠倒、原则上的否定性、意识形态—观念以及真实抽象的理论，这些抽象不是偶然地与资本主义商品生产结合在一起，而是与其有着系统性的关联。[罗曼是正确的，他写道："必须找到一种几乎是第一次能够表述于此占统治地位的'高级的苦难'(沃尔克·布劳恩)的语言，这种苦难与世界其他地区

---

[1] 参见 W. F. Haug, „Rückblick auf den Marxismus des 20. Jahrhunderts", in Christoph Jünke (Hg.), *Am Beispiel Leo Koflers. Marxismus im 20. Jahrhundert*, Münster, 2001, S. 11 – 26。

的普遍苦难直接相关……使之变得可感。"①]随着马克思主义价值形式分析与卢卡奇的物化理论反思性地参与到新的全球化世界状态之中,马克思主义本身再次变得明智且善辩(罗曼)。

(李亚熙 译,刘健 校)

---

① H. -M. Lohmann, „Der Marxismus ist tot-es lebe der Marxismus", in R. Brunner/ F. -J. Deiters (Hg.),*Die Geschichtlichkeit des Utopischen*, a. a. O. , S. 193.

卢卡奇与资本主义辩证批判*

[加]莫伊舍·普殊同

一

近几十年来,发达工业社会的历史变革(如苏联解体和共产主义的失败)以及新自由主义资本主义全球秩序的兴起,再次引发了人们对历史动态和全球变革议题的关注。这些历史变化表明需要恢复对资本主义的理论关注,而在20世纪70年代和80年代盛极一时的后结构主义和后现代理论并没有充分解释它们。

格奥尔格·卢卡奇杰出的文章《物化和无产阶级意识》可以作为这样一种理论复兴的出发点。[1] 在这篇文章中,卢卡奇对资本主义现代性做了丰富而严谨的批判分析。然而,卢卡奇理论的某些方面与这种分

---

* 本文出处:Moishe Postone, "Lukács and the Dialectical Critique of Capitalism," in Albritton R., Simoulidis J., (eds) *New Dialectics and Political Economy*, Palgrave Macmillan, London, 2003, pp. 78 - 100.
  莫伊舍·普殊同(1942—2018),加拿大历史学家和社会理论家,曾任芝加哥大学历史学教授。早年求学于法兰克福大学并获得博士学位,在思想上受到德国新马克思阅读运动的影响。

[1] Georg Lukács, "Reification and the Consciousness of the Proletariat," in *History and Class Consciousness*, trans. Rodney Livingstone, Cambridge, Mass.: MIT Press, 1971. (中译文参见卢卡奇《历史与阶级意识》,杜章智等译,商务印书馆1999年版。——译者注)

析相悖。不过,正如我将要论证的那样,他的理论方法如果被批判性地挪用,就可以作为一种复杂的资本主义社会理论的基础,这在今天是有意义的。这种理论可以避免传统马克思主义有关资本主义批判的许多缺点,重塑资本主义批判理论与今天其他主流批判理论的联系。

卢卡奇的《物化和无产阶级意识》一文的概念框架与马克思主义的大多数观点大相径庭。作为一种政治的和理论的介入,卢卡奇的文章果断地拒绝了正统的第二国际马克思主义的科学主义和其对线性历史过程的信仰。在卢卡奇看来,这种立场是社会民主党政治性和世界历史性失败——既未能在1914年阻止战争,也未能在1918—1919年带来根本性的历史变化——的深层理论根据。通过重申马克思思想中的黑格尔维度,注重主体性的重要性和实践(praxis)的中心地位,卢卡奇实现了与第二国际马克思主义的理论断裂。他的文章将马克思的政治经济学批判恢复成一种强有力的社会理论,一种辩证的实践理论。

处在卢卡奇的实践理论中心的是,他对马克思成熟的批判范畴(如商品)的挪用。在这一范畴方法的框架内,实践不是简单地与结构相对立,而是也建构了结构。① 通过挪用马克思的实践理论,并将它置于其对资本主义批判性分析的正中心,卢卡奇有力地论证了社会生活的主观维度和客观维度之间的内在关联性。两者都由实践的规定形式所建构。换言之,卢卡奇将马克思成熟的批判范畴把握为具有远远超出仅仅是经济范畴的意义,他把它们阐释为现代社会生活形式的范畴——既是主观的,又是客观的。② 在这一方面,卢卡奇的方法与马克思的方法类似,马克思在《政治经济学批判大纲》中把这些范畴称为 Daseins-

---

① 为了避免术语"范畴的"(categorical)可能引起的误解,我用"范畴的"来提示马克思试图用其政治经济学批判的范畴来把握现代社会生活的形式。

② 因此,卢卡奇批评恩斯特·布洛赫由于认为历史唯物主义的观点仅仅是经济的,并试图通过补充(宗教的)乌托邦的思想来"深化"它,从而不理解(他所称的)历史唯物主义的真正的深刻之处。在卢卡奇看来,布洛赫并没有意识到他所谓的经济学涉及的是界定人类现实的和具体的生活的形式体系。参见卢卡奇《历史与阶级意识》,杜章智等译,商务印书馆1999年版,第293页。

formen(存在的形式)和 *Existenzbestimmungen*(存在方式的规定)。①

在这种范畴挪用的基础上,卢卡奇发展了一种有关意识和知识的复杂的社会理论,这需要对笛卡尔主义、主—客体二元论进行根本的批判。他的实践理论使其主张,主体既是辩证过程的创造者,又是辩证过程的产物。② 因此:

> 思维和存在是同一的,就不是说它们是互相"符合",互相"反映",它们是互相"平行"或互相"叠合"的(所有这些说法都以隐蔽的形式包含着僵硬的二重性的思想)。它们的同一在于它们都是同一个现实的和历史的辩证过程的环节。③

在卢卡奇的范畴性分析的框架内,"意识……就是这种(历史的)生成的一种必不可少的、基本的组成部分"④。

在分析意识和历史的相互关联性时,卢卡奇首要关注的就是勾勒出革命的阶级意识的历史可能性。同时,他对近代西方哲学进行了精彩的社会、历史分析。在卢卡奇看来,这种思想试图解决其(资本主义的)背景下特有的抽象生活形式产生的问题,然而却依然受制于这一背景的表象形式的直接性。因此,哲学思想将其背景所产生的问题误认为是超历史的和本体论的。⑤ 卢卡奇认为,正是马克思首先充分地解决了近代哲学曾试图解决的问题。他是通过改变这些问题的术语(terms),将它们社会地、历史地建立在如商品等范畴所表达的资本主义社会形式的基础之上来实现的。

卢卡奇恢复了这一分析模式,制定了对近代哲学和社会学思想的

---

① 参见《马克思恩格斯全集》第 30 卷,人民出版社 1995 年版,第 48 页。翻译有改动。——译者注
② 卢卡奇《历史与阶级意识》,杜章智等译,商务印书馆 1999 年版,第 226—227 页。
③ 卢卡奇《历史与阶级意识》,杜章智等译,商务印书馆 1999 年版,第 309 页。
④ 卢卡奇《历史与阶级意识》,杜章智等译,商务印书馆 1999 年版,第 309 页。
⑤ 卢卡奇《历史与阶级意识》,杜章智等译,商务印书馆 1999 年版,第 183—185 页。

社会性和历史性批判。在社会性地、历史性地分析这种思想时,他并没有依据对阶级利益的考虑来进行分析。卢卡奇没有聚焦在思想对于如阶级统治等社会统治体系的功能,而是试图将这种思想的本质建立在构成资本主义的社会形式(商品、资本)的特殊性上。卢卡奇对社会形式的分析力图把生活的社会层面和文化层面内在地联系起来。

这种对马克思的范畴性分析的挪用,决定性地告别了经典马克思主义的基础—上层建筑概念。这种概念本身就是二元论的——基础被理解为社会客体的最根本层次,上层建筑则被认定为社会主体。卢卡奇的方法也与另一位伟大的实践理论家安东尼奥·葛兰西(Antonio Gramsci)不同,因为他把思想形式和社会形式内在地联系起来,而不是把它们的关系视为是外在的或是用功能主义的(functionalist)方式来处理它们的关系。换言之,卢卡奇的方法可以作为分析现代资本主义文化形式本质的出发点。它不仅阐明了这些形式的霸权功能,而且勾勒了一种关于主体的历史性规定形式的总体(overarching)框架,而在这个框架内,与阶级相关的分化(differentiation)发生了。

卢卡奇在《物化和无产阶级意识》一文中所发展出的方法,不仅为一种有关主体性的复杂的历史理论提供了基础,而且暗自从传统马克思主义的关切那里转移了对资本主义批判的焦点。就此而言,可以将卢卡奇的分析理解成试图发展一种关于资本主义现代性的自反性的(self-reflexive)批判理论,它将充分适用于与20世纪资本主义的发展相关联的社会的、政治的、经济的和文化的巨大变化。它是以回应经典社会理论家们对马克思主义的批判的方式而得以实现的。

众所周知,与经典的传统马克思主义的批判视界(vision)不同,在世纪末的转折点上,主要的社会理论家们如马克斯·韦伯和埃米尔·涂尔干(Émile Durkheim)主张,依据市场和私有财产不能充分地分析现代社会了。他们把他们所关心的东西指认为现代社会更根本的特征:涂尔干强调分工,韦伯关注合理化和科层化的过程。对他们而言,市场和私有财产的废除不足以根本变革现代社会,甚至只会强化它更加消极的方面。

这些现代性理论可能已经对社会主义运动和理论做出了回应,但它们还试图设法解决由资本主义社会的历史变革——从19世纪自由主义的构型(configuration)转变到20世纪组织化的、科层化的、以国家为中心的形式——所引发的各种问题和议题。从这个角度来看,可以将卢卡奇的方法理解成试图通过把韦伯和涂尔干这样的理论家们的关注点嵌入一种有关资本主义的更加庞大的理论,来把握这些理论家们当时试图解决的历史变化。

更确切地说,卢卡奇采用了韦伯依据合理化的过程对现代性特征所做的描述,并通过挪用马克思对商品形式的分析,将这些过程历史性地作为构建资本主义社会形式的基础。因此,卢卡奇在《物化和无产阶级意识》一文一开始便主张,铸造现代制度的合理化和量化过程源自商品形式。[1] 卢卡奇追随着马克思,把现代资本主义社会的特征描述为时间对人的统治,并把生产的工厂组织看作资本主义社会整体结构的浓缩版。[2] 这一结构表现在现代科层制的本质之中[3],并导致了与此相应的国家形式和法律体系。[4] 通过以这种方式立足于合理化的现代过程,卢卡奇试图表明韦伯所描述的现代生活的"铁笼"并非必然伴随任何现代社会形式,而是资本主义的产物,因此,它是可以被变革的。

卢卡奇论物化的文章展示了基于范畴对现代资本主义社会进行批判的理论的力量与严谨,这种批判理论既是一种有关文化、意识和社会的内在联系的理论,也是一种对资本主义的批判。他的批判超越了对市场和私有财产的关注,即超越了对阶级统治和剥削议题的关注。它

---

[1] 卢卡奇:《历史与阶级意识》,杜章智等译,商务印书馆1999年版,第150—183页。
[2] 卢卡奇:《历史与阶级意识》,杜章智等译,商务印书馆1999年版,第156—158页。
[3] 卢卡奇:《历史与阶级意识》,杜章智等译,商务印书馆1999年版,第167—169页。
[4] 卢卡奇:《历史与阶级意识》,杜章智等译,商务印书馆1999年版,第163—164页。

力图批判性地把握和立足于社会合理化和量化的过程,以及一种抽象的权力和统治模式,这种模式无法依据具体的个人统治或群体统治而得以充分理解。也就是说,卢卡奇的分析所蕴含的资本主义概念比起传统的资本主义概念——一种基于私有财产和市场的剥削体系——要更加广泛、更加深刻。甚至,他的资本主义概念意味着后者可能最终并非资本主义最根本的特征。此外,卢卡奇的分析提供了一种大多数有关现代性的讨论所缺乏的概念上的严谨性。它表明"现代社会"根本上是一种对社会生活形式的描述性术语,并可以被更严谨地分析为是资本主义。

然而,卢卡奇没有兑现他所勾勒的那种范畴性批判的承诺。尽管《物化和无产阶级意识》一文提出的对资本主义的批判在根本上比传统马克思主义的批判更丰富、更充分,但它最终依然受制于理论的一些根本预设。这削弱了卢卡奇试图制定一种充分适用于20世纪的资本主义批判的努力。

二

我所说的"传统马克思主义"并不是指马克思主义中某种特定的历史趋势,例如正统的第二国际的马克思主义,而是泛指所有本质上是从市场经济和生产资料私有制所构成的阶级关系来理解资本主义的分析。统治关系首先被理解为阶级统治和剥削。在这种一般框架内,该社会的基本社会关系(被阐释为私有财产和市场)和生产力(被阐释为工业生产方式)之间日益加剧的结构性矛盾成为资本主义的特征。

这种矛盾的展开使一种新的社会形式成为可能,这可以从生产资料集体所有制和工业化背景下的计划经济来理解——也就是说,从一种与工业生产相适应的公正的、自觉的分配方式来理解。后者被理解为一种技术过程,尽管资本家为了他们的特殊目的而使用它,但它本质上是独立于资本主义的;它可以为社会所有成员的利益而被使用。

这种理解受制于一种对马克思政治经济学批判的基本范畴的规定性解读。例如,他的价值范畴被普遍阐释为试图表明人类劳动无时无地不在创造社会财富,并且构成了半自动的、市场调节的资本主义分配方式的基础。根据这样的观点,马克思的剩余价值理论通过证明在资本主义中,剩余产品由劳动独自创造并被资产阶级占有,从而证明了剥削的存在。因而,在这种一般框架内,马克思的范畴本质上是关于市场和私有制的范畴。[1]

这种理论的核心是一种对劳动进行超历史的和常识性(common-sensical)的理解,劳动被理解为一种以目的为引导的中介人和自然的改造物质(matter)的活动,也是一种社会生活状态。如此理解下的劳动被假设为所有社会的财富之源,建构了真正普遍性的和真正社会性的东西。但是,在资本主义中,劳动受到特殊性关系和碎片化关系的阻碍而无法完全实现。超历史理解下的"劳动"在理论上和社会上都建构了这一批判的立场。解放在这样一种社会形式中实现,在其中,摆脱了市场和私有财产之枷锁的超历史的"劳动",公开地成为社会的管理原则。(当然,这个概念必然与作为无产阶级"自我实现"的社会主义革命相联系。)

应当指出的是,在这种一般框架内,形式(资本主义生产关系,或范畴性地表示为价值和剩余价值)与内容(工业生产,或更一般意义上的"劳动")只是偶然地联系在一起。未来的社会将建立在这样的基础之上,即内容剥离了扭曲的资本主义形式,实现其自身(coming into its

---

[1] 例如,参见 M. Dobb, *Political Economy and Capitalism*, London: Routledge, 1940, pp. 70-71; G. A. Cohen, *History, Labour and Freedom*, Oxford: Clarendon Press, 1988, pp. 208-238; J. Elster, *Making Sense of Marx*, Cambridge: Cambridge University Press, 1985, p. 127; R. Meek, *Studies in the Labour Theory of Value*, New York and London: Lawrence and Wishart, 1956; P. Sweezy, *The Theory of Capitalist Development*, New York: Monthly Review Press, 1968, pp. 52-53; I. Steedman, "Ricardo, Marx, Sraffa," in I. Steedman, ed., *The Value Controversy*, London: NLB, 1981, pp. 11-19.

own)。(然而,如我们将看到的那样,在马克思的分析中,形式和内容是内在地联系在一起的。)

在这一基本的框架内,有着一系列非常不同的理论的、方法论的和政治的方法。然而,在某种程度上,这些方法分享着关于劳动的基本假设以及上面概述的资本主义和社会主义的本质特征,它们依然受制于我称之为传统马克思主义的框架。

就这些因素而言,卢卡奇的思想存在着一种明显的张力。一方面,他对商品形式的关注为一种打破传统马克思主义框架的资本主义批判留有余地。另一方面,当他解决克服资本主义的可能性的问题时,他已经求助于作为历史的革命主体的无产阶级概念。① 但是,这个想法受制于对资本主义的传统理解,其中,劳动被视为批判的立场。而且,难以看出作为革命主体的无产阶级概念是如何指向一种历史变革的可能性的,即变革现代制度的量化的、合理化的(rationalized)和合理性的(rationalizing)特征(卢卡奇将之批判性地分析为资本主义的特征)的可能性。

因而,在卢卡奇的文章第三部分中的无产阶级理论,似乎与文章第一部分中所呈现的更深层次的、更广泛的资本主义概念相冲突。这表明,要么卢卡奇的无产阶级理论违背了他的范畴性分析,要么他的范畴性分析本身是不充分的。也就是说,这引出了一个问题,即卢卡奇对马克思批判范畴的特殊理解,是否足以支撑他在《物化和无产阶级意识》一文中所提出的对资本主义的丰富的批判性理解。

我将论证,卢卡奇对这些范畴的理解确实是有问题的,这与他那被其他人批判为教条主义和神话的无产阶级理论是相一致的。② 不过,他关于资本主义和范畴性分析的更加广泛的概念,与他对范畴的特殊理

---

① 参见卢卡奇《历史与阶级意识》,杜章智等译,商务印书馆1999年版,第236—315页。
② A. Arato, P. Breines, *The Young Lukács and the Origins of Western Marxism*, New York: Seabury Press, 1979, p. 140.

解和他的无产阶级理论是可分开的。但是,要想挪用前者(卢卡奇的巨大理论贡献)需要批判性审视他的商品概念,这一概念据称是现代资本主义社会的根本范畴。

我将论证,卢卡奇基本上把握了传统马克思主义术语中的商品,结果是,他的范畴性分析概括了一些他所批判的资产阶级思想的二律背反。尽管卢卡奇对二元论进行了历史—社会的批判,但他对商品的理解也是二元论的。它再现了他所批判的形式和内容的对立,并暗自将实践与形式化的社会结构对立起来,这与辩证地理解实践建构结构,反过来结构又建构实践是不一致的。

对商品的另一种理解将允许一种对资本主义的范畴性批判实现分析在概念上的严谨和力量,这种分析在卢卡奇杰出的文章中被提出同时又被削弱。并且我将主张,尽管卢卡奇巧妙地挪用了马克思的政治经济学批判,但马克思在《资本论》中对商品的分析在根本上不同于卢卡奇的分析,并且为这样一种替代性理解提供了基础。不过,我将概述的对马克思的分析的阐释本身就得益于卢卡奇丰富的一般方法,尽管它违背了卢卡奇对范畴的特殊理解。

为了接近马克思与卢卡奇对商品的理解之间的差异,我将简要地分析他们用以批判性地阐释黑格尔的精神概念——同一的历史主—客体——的显著不同的方式。[①] 我的目的不是简单地证实马克思的阐释不同于卢卡奇的阐释,而是为了阐述这些差异对理解这两种批判理论的根本范畴即商品的影响。通过阐述这些差异,我希望指出卢卡奇的方法的力量可能被挪用来实现与传统马克思主义更彻底的决裂,为今天对资本主义进行更充分的批判开辟可能性。

---

① 这一论点的最初阐释参见 M. Postone, *Time, Labour, and Social Domination*, Cambridge and New York: Cambridge University Press, 1973, pp. 71-83. 中译文参见莫伊舍·普殊同《时间、劳动与社会统治:马克思的批判理论再阐释》,康凌译,北京大学出版社 2019 年版,第 82—96 页。——译者注

三

众所周知,黑格尔试图克服古典理论的主—客体二分法,在他的理论中,所有的现实,不论是自然的还是社会的,是主体的还是客体的,都由实践所建构——由客体化的精神的实践,由世界历史的主体所建构。借由一个外化(externalization)或自我对象化(self-objectification)的进程,精神建构了客观现实,与此同时也反过来建构了自身。因为客体性与主体性都是精神在其辩证展开中所建构的,因此,它们具有相同的实质,而非彼此差异:它们是属于一个同质性的普遍整体——一种整体性的不同片段。

因而,对黑格尔来说,精神既是主体的亦是客体的——是主—客体的同一,"实体"同时就是"主体":"活生生的**实体**是一个存在,这个存在就其真理而言是一个**主体**,或者换个同样意思的说法,这个存在就其真理而言是一个现实的东西,只不过在这种情况下,实体是一个自己设定自己的运动,或者说一个以自身为中介而转变为另一个东西的活动。"①

这一自我运动的实体/主体(精神)在其辩证展开中建构客体性与主体性的过程,是一个历史过程,它建立在总体性的内在矛盾之中。就黑格尔而言,这一自我客体化的历史过程是一个自我异化的过程,最终将导致精神重新占有其展开过程中所异化了的对象。也就是说,历史发展具有一个终点:精神作为一个总体性的(totalizing)以及总体化的(totalized)主体而实现自身。

在《物化和无产阶级意识》中,卢卡奇以一种"唯物主义"的方式挪

---

① G. W. F. Hegel, "Preface" to *The Phenomenology of Spirit*, in W. Kaufmann, ed., *Hegel: Texts and Commentary*, Garden City, N. Y.: Anchor Books, 1966, p. 28 (translation modified, emphasis added). 中译文参见黑格尔《精神现象学》,先刚译,人民出版社 2015 年版,第 12 页。原文为斜体字的都替换成了黑体字,下同。斜体是本文作者加入。在《精神现象学》原文中,所引的这段文字中,只有"**主体**"为斜体字。——译者注

用了黑格尔的理论,以此将实践范畴置于一种辩证的社会理论的核心。卢卡奇将黑格尔的精神概念阐释为人类学术语,以"唯物化"(materialized)的黑格尔方式来定义无产阶级,将其作为历史进程的同一的主—客体,作为历史的主体,它通过其劳动建构了社会世界及其自身。与此相关的是,卢卡奇将社会分析为传统理解上的一个由劳动建构的总体。在卢卡奇看来,这一总体的存在被资产阶级社会关系的碎片性和特殊性所掩盖。通过推翻资本主义秩序,作为历史的主体的无产阶级将实现其自身,它所建构的总体性也将实现其自身。因此,总体性和劳动为卢卡奇对资本主义社会进行批判性分析提供了立场。①

卢卡奇对范畴的阐释和对黑格尔的解读,尤其是他将无产阶级等同于同一的主—客体概念,常常被认为与马克思的立场相一致。② 而事实是,在《资本论》中,马克思试图将黑格尔力图用他的精神概念来把握的东西建立在社会和历史之上。但是,仔细阅读就可以发现,马克思在其成熟期的著作中对黑格尔的挪用在根本上不同于卢卡奇对黑格尔的挪用,即不同于卢卡奇肯定性地看待总体性,将其作为一种批判的立场,并将黑格尔的同一的主—客体等同于无产阶级。这反过来表明了他们的范畴性分析之间的一些根本的差异。

例如,在他的早期著作《神圣家族》(1845)中,马克思批评了"实体"的哲学概念,尤其是黑格尔将"实体"作为"主体"这一理解方式。③ 但是,在《资本论》的开头,他自己分析性地使用了"实体"的范畴。他指出,价值拥有一种"实体",并把它认定为抽象人类劳动。④ 因而,马克思

---

① 中译文参见卢卡奇《历史与阶级意识》,杜章智等译,商务印书馆1999年版,第172—198页、第216—217页、第231页、第239—242页、第252—253页、第269—270页、第300—304页。
② 例如,参见 P. Piccone, "General Introduction," in A. Arato and E. Gebhardt, eds., *The Essential Frankfurt School Reader*, New York: Continuum, 1982, p. xvii.
③ K. Marx, *The Holy Family*, in L. Easton and K. Guddat, eds., *Writings of the Young Marx on Philosophy and Society*, Garden City, N.Y.: Doubleday, 1967, pp. 369-373. 中译文参见《马克思恩格斯文集》第1卷,人民出版社2009年版,第276—281页。
④ 《马克思恩格斯文集》第5卷,人民出版社2009年版,第51页。

不再认为"实体"仅仅是一种理论上的实体化（hypostatization），现在则把它设想为价值的属性，即资本主义所特有的、由劳动中介的社会关系形式的属性。对马克思而言，"实体"现在是对一种确定的社会现实的表达。在《资本论》中，他从他的使用价值和价值范畴逻辑性地展开商品和货币形式，以此来研究这一社会现实。在此基础上，马克思开始分析他的资本范畴所表达的复杂的社会关系结构。他首先依据价值确定资本为自行增殖的价值。当他的论述进行到这里时，马克思提出了资本的范畴，明确地把它与黑格尔的精神概念联系起来：

>价值不断地从一种形式转化为另一种形式，在这个运动中永不消失，这样就转化为一个**自动的主体**。……但是实际上，价值在这里已经成为一个过程的**主体**，在这个过程中，它不断地变换货币形式和商品形式，改变着自己的量……自行增殖着。既然它生出剩余价值的运动是它自身的运动，它的增殖也就是自行增殖。……商品的价值突然表现为一个处在过程中的、**自行运动的实体**，商品和货币只是这一实体的两种形式。①

马克思显然将资本描述为一个自行运动的实体，也即主体。马克思指出，黑格尔意义上的历史主体确实存在于资本主义中，但他并未将其等同于任何社会群体，如无产阶级，也未将其等同于人性。相反，马克思依据社会关系的结构对其进行了分析，这些结构由客体化的实践形式建构，并被资本的范畴把握。他的分析表明资本主义所特有的社会关系是一种非常独特的类型——它们拥有了黑格尔赋予精神的那种属性。

马克思依据资本范畴对历史主体所进行的阐释，表明位于他的批

---

① 《马克思恩格斯文集》第 5 卷，人民出版社 2009 年版，第 179—181 页。黑体为本文作者所加。——译者注

判中心的社会关系不应该从根本上依据阶级关系来理解，而应该依据一种由价值和资本范畴表达的社会中介形式来理解。因而，马克思的主体与黑格尔的主体一样，是抽象的，而且不能被等同于任何社会角色。此外，它以独立于意志的方式在历史中展开。

在《资本论》中，马克思依据一种发展的辩证法来分析资本主义，这种辩证法独立于意志，并因此将自己表现为一种逻辑。他将这种辩证逻辑的展开视为异化的社会关系的真实表达，尽管由实践建构，但还是以似独立的形式存在。他并未把这种逻辑分析为一种幻觉，而是作为资本主义社会形式的功能的一种统治形式。马克思现在把历史的辩证逻辑分析为资本主义的功能，而不是分析为人类历史本身的特征。

作为主体，资本是一种不同寻常的"主体"。黑格尔的主体是超历史的，并具有认识能力；而在马克思的分析中，它是历史规定的，并且是盲目的。资本，作为一种特定实践形式所建构的结构，反过来也能建构社会实践与主体性的形式；作为一种自我反思性的社会形式，它可能会引起自我意识。但与黑格尔的精神不同，它自身并不具有自我意识。换言之，主体性与社会历史主体必须在马克思的分析中区别开来。

将同一的主—客体认定为社会关系的规定性结构，这对于一种主体性理论而言具有非常重要的意义。如我们所见，马克思并没有简单地将同一的主—客体概念（黑格尔试图克服古典的主—客二分法的认识论）等同于某种社会角色。相反，马克思改变了认识论问题的术语，从有认识能力的个人（或超个人）主体及其与外在（或外化的）世界的关系，转向了社会关系的形式，这种形式被视为社会主体性与客体性的规定。① 知识的

---

① 哈贝马斯声称，他的交往行为理论使批判社会理论的框架脱离了主—客体的范式。(Jürgen Habermas, *The Theory of Communicative Action*, Vol. I, trans. T. McCarthy, Boston: Beacon Press, 1984, p. 390.)（中译文参见尤尔根·哈贝马斯《交往行为理论》第1卷，曹卫东译，上海人民出版社2018年版，第483页。——译者注）我是说，马克思在其成熟时期的著作中已经引起了这样一种理论上的转换。此外，我将证明——虽然我不能在这里详细阐述——马克思对社会中介形式的关注，比起哈贝马斯转向交往行为，可以对资本主义现代性进行更加严格的分析。

问题现在成了社会中介形式与思想形式之间的关系问题。

马克思对黑格尔的批判，与卢卡奇对黑格尔的唯物主义的挪用非常不同。后者无疑将"劳动"确立为主体的构成性实体，它受到资本主义关系的阻碍而无法实现自身。这里的历史主体是一个资产阶级主体的集体化版本，通过"劳动"建构起自身以及世界。也就是说，"劳动"的概念与资产阶级主体（不论它被阐释为个人还是某个阶级）的概念具有内在的关联。

马克思对黑格尔的批判与上述立场所持的前提条件截然不同（尽管它依旧在社会主义传统中盛极一时）。马克思并不认为资本主义关系是外在于主体、阻碍了主体的充分实现的东西；相反，在他的分析中，正是这些关系建构了主体。正是由于它们独特的、似客体性的性质，这些关系才建构了黑格尔所谓的历史主体。这一理论转向意味着，马克思的成熟理论既未确立又未断言某种历史元主体（meta-Subject）（它将在未来社会中实现自身）的观念，如无产阶级。事实上，它隐含了对这种观念的批判。

关于黑格尔的总体性概念，在马克思与卢卡奇之间存在着类似的差异。在卢卡奇看来，社会总体性是由"劳动"建构的，但资本主义关系把它掩盖、碎片化，并阻碍了它的自我实现。它代表了对资本主义现状的批判**立场**，并将在社会主义中实现。但是，马克思将资本作为历史主体的规定范畴，表明构成它（资本）的总体性和劳动已经成为他批判的**对象**。马克思认为，资本主义社会形态是独一无二的，因为它是由一种同质性的社会"实体"建构的。因此，它作为一个社会总体而存在。其他社会形态不具有这样的总体性，它们的根本社会关系不是同质性的。它们无法以"实体"的概念来加以把握，无法从一种单一的结构性原则中展开，也没有显示出一种内在的、必然的历史逻辑。

在马克思看来，资本，而非无产阶级或人类，是总体的主体。这一想法清楚地表明，对资本主义的历史否定中包含的不是对总体性的**实**

现，而是对总体性的**废除**。由此，推动他的总体性展开的矛盾观念也必须以非常不同的方式来理解——它不是推动总体性朝向其完全实现的方向前进，而是朝向其历史性废除的可能性方向前进。也就是说，这一矛盾通过指向对总体性的超越来表达总体性的暂时性。

资本作为历史主体的规定符合一种试图解释资本主义社会的方向性动力的分析。这种分析参照社会关系来把握资本主义的动力，这种社会关系由结构化的实践形式建构，获得了一种准独立的存在状态，并使得人们服从于准客观的强制。这一立场拥有解放性的时刻，是那些或明确或隐含地将历史主体等同于劳动阶级的立场所不具备的。这些对黑格尔的"唯物主义"阐释将阶级或人类确立为历史主体，它们似乎由于强调了实践在创造历史中的作用而强化了人类的尊严。然而，在这里所概述的阐释框架内，这些立场只具有表面上的解放性，因为历史逻辑的存在本身就是他律的、异化实践的表达。此外，对主体的彻底实现的呼唤，只能意味着一种异化的社会形式的彻底实现。很多当下流行的姿态也是如此，它们否定总体性的存在，以解放的名义批判对总体性的肯定。这些立场忽视了异化的社会结构的现实，也无法把握资本主义社会的历史趋势；因此，它们无法制定一种对现存秩序的充分的批判。换言之，这些主张总体性存在，但是以肯定方式存在的立场，与那些为了拯救解放的可能性而否认总体性本身的存在的立场是相关的。两者都是片面的：它们假定了在实然与应然之间、在承认总体性的存在与肯定总体性之间有一种超历史的同一性，尽管是以相反的方式。而另一方面，马克思则将总体性作为一种他律的现实进行分析，以揭示废除总体性的条件。

因此，马克思的成熟批判不再需要像卢卡奇那样对黑格尔的唯心主义辩证法进行"唯物主义的"、人类学的颠倒。相反，在某种意义上，它是这种辩证法的唯物主义的"辩护"。马克思隐晦地认为，黑格尔辩证法的"合理内核"正是它的唯心主义特征。它表达了一种由社会关系结构建构的社会统治方式,由于这些结构是异化的,因此它们获得了一种相对个体而言准独立的存在状态,又因为它们特殊的二元性,而具有了辩证的属性。根据马克思的观点,历史主体是异化的社会中介结构,它建构了资本主义形态。

卢卡奇在社会理论中对黑格尔的总体性概念和辩证法的肯定,可能对第二国际的马克思主义所具有的进化论、宿命论与决定论倾向进行了有效的批判。然而,在马克思对资本范畴的最初规定所提出的框架内,这一理论并不构成在历史否定的立场上对资本主义进行批判。相反,它指向的是一种更适合于资本主义生产关系的更新的构型形式对早期资产阶级分配关系的历史性克服,即一种显然更具体的形式取代早期的、显然更抽象的总体性。如果把总体性自身理解为资本,那么这种批判表明,在其深处,它将导致资本作为一种似具体的总体性而得以彻底实现,而非导致其被废除。

四

因此,尽管马克思和卢卡奇都挪用了黑格尔的同一的主—客体的概念,但两者之间具有根本性的差异。卢卡奇将这一概念社会性地把握为普遍的阶级,即无产阶级;而马克思则将这一概念社会性地把握为普遍的中介形式,即资本。对卢卡奇而言,在未来作为解放基础的东西,则是对马克思而言在现在作为统治基础的东西。

这种对立,对于一种充分的范畴性批判问题具有重要的影响。前面,我提出了一个问题,即是否有可能像挪用卢卡奇对主体性的严谨的范畴性分析那样挪用他更宽泛的资本主义概念,将它们与卢卡奇对范畴的具体理解和他的无产阶级理论分离开来。我所概述过的那些差异表明了这种分离的可能性。马克思最初用以描述资本(即自行增殖的价值)范畴的术语,也是黑格尔用以规定他的同一的主—客体概念的术语,这表明马克思的批判理论中最基本的范畴可以并且应该得到与卢卡奇的解释不同的解读。它表明,在对范畴的不同理解的基础上,卢卡奇所概述的那种对现代性严谨的范畴性批判是可能的。

卢卡奇是如何理解商品的?尽管他明确提到"商品的问题……是资本主义社会核心结构问题"[1],但是他没有直接分析这个范畴本身。不过,重建他的理解是可能的。众所周知,按照马克思的观点,商品是资本主义社会最根本的范畴,它的特征是具有价值和使用价值的"二重性"。[2] 值得注意的是,卢卡奇在《物化和无产阶级意识》一文中的分析,把量与质以及与之相关的形式和内容分离开来并对立起来。卢卡奇分析中的这些对立与他对价值和使用价值关系的理解,进而对商品形式的理解是必然相关的;它们将卢卡奇对商品的理解与马克思对商品的理解区分开来。

如我们所见,卢卡奇分析了现代性的核心方面——例如,工厂、官僚制、国家和法律形式——并提到了以商品形式为基础的合理化过程。根据卢卡奇的观点,商品作为总体性的东西赋予了资本主义社会一种明显的单一性;统一的经济结构和统一的意识结构第一次成为社会生活的特征。[3] 卢卡奇用量的东西包含质的东西来描述这种统一的结构。例如,他认为资本主义的特征是趋向于更大的合理化和可计算性,这消除了工人的质的特性,即人的一个体的特性。[4] 与此相关,时间失去了它的质的、可变的、流动的性质,变成了一个充满了可量化的"物"的可量化的连续统一体。[5] 在卢卡奇看来,由于资本主义需要将质的东西归入量的东西之下,它的单一性是抽象的、一般的和形式主义的。

---

[1] 卢卡奇:《历史与阶级意识》,杜章智等译,商务印书馆1999年版,第150—151页。翻译有改动。——译者注
[2] 《马克思恩格斯文集》第5卷,人民出版社2009年版,第47—52页。
[3] 卢卡奇:《历史与阶级意识》,杜章智等译,商务印书馆1999年版,第168—169页。
[4] 卢卡奇:《历史与阶级意识》,杜章智等译,商务印书馆1999年版,第154页。
[5] 卢卡奇:《历史与阶级意识》,杜章智等译,商务印书馆1999年版,第157页。

不过,卢卡奇认为,尽管受商品关系影响的世界合理化表面上是彻底的,但它实际上受到它自身形式主义的限制。① 它的局限性在危机时期明显地显露出来,此时的资本主义被揭示为:一个由只是偶然联系在一起的局部系统组成的整体,一个由高度理性的各部分组成的非理性整体。② 因此,资本主义不能作为一个总体来把握。事实上,在卢卡奇看来,这种对整体的认识相当于是对资本主义经济的实质废除。③

卢卡奇这里的分析涉及从中央计划的角度对市场的传统批判进行一种复杂阐述。但是,我不打算详细阐述这一点,而是通过关注卢卡奇把质和量对立起来所引起的对现代性的二元论理解,进一步追问卢卡奇思想中的传统马克思主义维度的问题。对卢卡奇而言,总体性问题与形式和内容的关系问题是相关的。他主张,现代科学的主要弱点是它们的形式主义;它们自身根本的现实,在方法论上和原则上无法被它们把握。④ 在卢卡奇看来,这种形式和内容的关系问题,并不仅仅是思维不足的问题,而是资本主义被建构的方式的一种表现。例如,当边际效用理论等经济理论扬弃作为使用价值的使用价值时,它就表现了资本主义的现实:"正是经济学非常成功的完全合理化,以及转变成一种抽象的、以数学化为导向的形式'规律'系统,才形成理解这种危机现象的方法论上的障碍。"⑤

因而,对卢卡奇而言,科学无法看穿其"真实的物质基础",这是以资本主义自身的本质为基础的。这种无能为力在方法论上对于仍然受制于资本主义显性形式的思想来说是不可避免的。⑥ 危机的时刻揭示了这些显性形式背后的现实;表层在那时被打破,资本主义社会具体的

---

① 卢卡奇:《历史与阶级意识》,杜章智等译,商务印书馆1999年版,第170—171页。
② 卢卡奇:《历史与阶级意识》,杜章智等译,商务印书馆1999年版,第170—172页。
③ 卢卡奇:《历史与阶级意识》,杜章智等译,商务印书馆1999年版,第172—173页。
④ 卢卡奇:《历史与阶级意识》,杜章智等译,商务印书馆1999年版,第174—175页。
⑤ 卢卡奇:《历史与阶级意识》,杜章智等译,商务印书馆1999年版,第176页。翻译有改动。——译者注
⑥ 卢卡奇:《历史与阶级意识》,杜章智等译,商务印书馆1999年版,第177—178页。

物质基础被揭示出来。在这样的时刻中,"各种'物品'的**数量**存在(它……作为物品本身,作为使用价值,超出了经济生活的范围)突然变成起决定作用的因素"①。换言之,危机揭示了与资本主义量的关系相适应的质的条件,"不仅有能够立即相互进行比较的一些价值总数并存着,而且也有一些一定种类的使用价值并存着,它们在生产和消费中必须履行一定的功能"②。

因而,卢卡奇本质上是从形式主义的问题来把握资本主义的,这是一种没有把握其自身内容的社会生活形式。这表明,当他声称商品形式建构了现代资本主义社会时,他仅仅是从抽象的、量的、形式的维度——它的价值维度——来理解这种形式。因此,他把使用价值维度,即"真实的物质基础",假定为一种似本体论的内容,它由劳动建构,而与形式相分离。这是一种超历史的理解。

在这一框架内,超越资产阶级的思想意味着超越这种思想的形式主义理性主义,也就是超越受资本主义影响的形式和内容的分离。并且卢卡奇认为,这需要一种面向其物质基础的具体内容的形式概念,它需要一种辩证的实践理论。③ 因而对卢卡奇而言,对形式和内容的关系进行辩证的、以实践为导向的理解,将在理论层次上克服与价值范畴相关的抽象形式主义。也就是说,它将指向对资本主义的超越。

为了阐明这样一种辩证的理解,卢卡奇从总体性问题与形式和内容的关系问题来勾勒近代西方哲学的进程,这些问题在康德第一批判的二律背反和物自体问题中到达顶峰。他认为,无论是康德的第二、第三批判,还是费希特、席勒,都无法从理论上解决这些问题。④ 根据卢卡

---

① 卢卡奇:《历史与阶级意识》,杜章智等译,商务印书馆1999年版,第176页。黑体为本文作者所加。——译者注
② 卢卡奇:《历史与阶级意识》,杜章智等译,商务印书馆1999年版,第177页。也可参见鲁道夫·希法亭《金融资本》,福民等译,王辅民校,商务印书馆1997年版,第324页。
③ 卢卡奇:《历史与阶级意识》,杜章智等译,商务印书馆1999年版,第198—227页。
④ 卢卡奇:《历史与阶级意识》,杜章智等译,商务印书馆1999年版,第183—224页。

奇的观点,只有黑格尔把历史作为主体与客体之间的具体的、完全的辩证过程,为这些问题的解决指明了方向。历史的辩证的实践概念,即主体既是辩证过程的创造者又是辩证过程的产物(即同一的主—客体)的概念,废除了主体与客体、思维与存在、自由与必然的对立。① 然而卢卡奇声称,尽管黑格尔发展了辩证法,这种辩证法把握了人类历史的现实并为克服资产阶级思想的二律背反指明了方向,但是他不能在历史中发现同一的主—客体,"即那个其行为实际上就是历史的'我们'"②。相反,黑格尔把它唯心主义地定位在历史之外的精神。这导致了一个概念神话,黑格尔重新引入了古典哲学所有的二律背反。③

在卢卡奇看来,要克服古典哲学思想的二律背反,就必须有一种黑格尔式解决方案的社会和历史版本。这是由无产阶级提供的。无产阶级能够以生活经验为基础,在自身内部发现同一的主—客体。④ 卢卡奇接着发展出一套无产阶级的阶级意识理论。⑤ 我不打算详细地讨论这一理论,只想指出,与马克思不同,卢卡奇的阐释并没有参照资本的发展——例如,剩余价值本质的变化(从绝对剩余价值到相对剩余价值)与生产过程发展中的相关变化。相反,他勾勒了直接性和中介性、量与质的辩证法的客观可能性,这种辩证法引起作为主体的无产阶级的自我意识。奇怪的是,他的论述缺乏一种历史动态。卢卡奇所设想的历史是人类自我建构的辩证过程,在这篇文章中,历史是不确定的;他对历史的分析没有参照资本主义的历史发展。

事实上,卢卡奇把资本主义当作一种本质上静止的、抽象的量的形式,这种形式叠加在具体的、质的社会内容的真实本质之上,并将其掩盖。因此,卢卡奇对物化(资本主义所特有的社会基础性误识的形式)

---

① 卢卡奇:《历史与阶级意识》,杜章智等译,商务印书馆1999年版,第224—231页。
② 卢卡奇:《历史与阶级意识》,杜章智等译,商务印书馆1999年版,第231页。
③ 卢卡奇:《历史与阶级意识》,杜章智等译,商务印书馆1999年版,第231—235页。
④ 卢卡奇:《历史与阶级意识》,杜章智等译,商务印书馆1999年版,第236—237页。
⑤ 卢卡奇:《历史与阶级意识》,杜章智等译,商务印书馆1999年版,第236—315页。

的理解是,由范畴表达的资本主义形式掩盖了该社会"真实的"社会关系。因此,例如,在他对西美尔的《货币哲学》的批判中,卢卡奇引用了马克思对生息资本主义的分析,认为生息资本主义是资本主义生产过程的结果,并脱离了这个过程,获得了一种独立的存在———一种没有内容的纯粹形式。对卢卡奇而言,抽象的东西掩盖了具体的东西。① 因而,他批判西美尔"使这些空洞的表现形式脱离它们的资本主义的自然基础,使它们作为一般人类关系诸种可能性中一种不受时间限制的类型"②。

对卢卡奇而言,"真实的资本主义基础"由存在于资本主义形式的表面之下并被其掩盖的阶级关系组成。这些"真实的"社会关系在阶级斗争中得以显现。在卢卡奇看来,这时"资本主义经济学的'永恒规律'失去了作用,并变成了辩证的"③。在这一解释的框架内,由实践所建构的历史辩证法在"真实的"社会内容的层面,也就是阶级关系上运作;它最终与资本主义的范畴相对立。因而这些范畴掩盖了由实践所建构的东西,它们本身并不是实践的范畴。卢卡奇所描绘的"历史发展的倾向"和"经验事实"之间的对立(据此,前者构成"更高的现实"),也表达了这种理解。④ 历史在这里指的是实践的层面,是"真实的"社会内容,然而经验"事实"则是在经济范畴的层面上运作。

---

① 但是,这只是马克思所分析的社会基础性误识的一种形式,或者说是"拜物教形式"(fetish forms)。卢卡奇忽略的是,马克思还从社会形式的具体维度掩盖了其抽象的社会维度来阐释拜物教形式。所以,例如,商品似乎是一个客体——同时,却似乎不是一个社会中介。同样,资本主义的生产过程似乎是一个劳动过程——同时,却似乎不是一个价值化过程。但是,这种拜物概念是建立在对范畴形式的二重性理解的基础上的,这种理解不同于卢卡奇的抽象(资本主义)和具体的(本体论的)二元对立。
② 卢卡奇:《历史与阶级意识》,杜章智等译,商务印书馆1999年版,第163页。
③ 卢卡奇:《历史与阶级意识》,杜章智等译,商务印书馆1999年版,第274页。
④ 卢卡奇:《历史与阶级意识》,杜章智等译,商务印书馆1999年版,第278页。历史的倾向和经验"事实"之间的区别,被卢卡奇暗自与马克思在《资本论》第一卷中对价值和剩余价值的分析及《资本论》第三卷中对价格、利润、租金和利息的分析之间的逻辑层次的差异(后者的范畴掩盖了前者)联系在一起。(参见卢卡奇《历史与阶级意识》,杜章智等译,商务印书馆1999年版,第278—283页。)这里的重要意义在于,卢卡奇将《资本论》第一卷中的"劳动""使用价值"等基本范畴解读为本体论的和肯定意义的。

那么,卢卡奇是怎样处理资本主义的动力的? 他的确提到了资本主义社会固有的盲目的动力,并将其特征描述为资本支配劳动的一种表现。① 不过,卢卡奇最终并没有把这种动力作为一种历史动力——一种处于资本主义核心的准独立的社会现实来认真对待。相反,他把它当作一种更加根本的社会现实的物化表现,一种掩盖"真实的历史"的幽灵般的运动:

> 这是一幅僵化的现实的图画,这种僵化的现实却又在幽灵似的不停地运动着。一旦这种现实融化为其推动力是人的过程时,这幅图画就立即变得充满了意义。然而只有从无产阶级立场出发,才能看到这一点。这不仅是因为,在这些倾向中表现出来的过程的意义就是资本主义的消灭,因此对资产阶级来说,意识到这一问题就等于是精神上的自杀。②

那么,对卢卡奇而言,资本主义的历史动态最终只是一种"幽灵般的运动"③。"真实的"历史,即由实践所建构的辩证历史过程,在比资本主义范畴所把握的更加根本的社会现实层面上运作,并指向了对这个社会的超越。这种"更深刻的"、更实质性的社会现实层面被资本主义形式的直接性掩盖;只有从突破了这种直接性的立场上才能把握这一社会现实。而对卢卡奇而言,这种立场是无产阶级在结构上可以利用的一种可能性。在卢卡奇的分析框架内,"无产阶级的自

---

① 参见卢卡奇《历史与阶级意识》,杜章智等译,商务印书馆1999年版,第278页。
② 卢卡奇:《历史与阶级意识》,杜章智等译,商务印书馆1999年版,第278页。
③ 哈贝马斯重复了卢卡奇对马克思的阐释,他声称马克思把资本主义的体系层面当作一种幻觉,当作已成为匿名的和拜物教化的阶级关系的幽灵形式。(中译文参见尤尔根·哈贝马斯《交往行动理论》第2卷,洪佩郁、蔺青译,重庆出版社1994年版,第436—437页。——译者注)哈贝马斯的解读意义重大,因为这是他试图批判性地挪用塔尔科特·帕森斯的基础,以便制定一种足以同时满足哈贝马斯所考虑的现代社会的体系层面和生活世界层面的理论。我将概述的对马克思的解读克服了哈贝马斯的反对意见,使转向帕森斯变得不必要,并将对资本主义的批判重新置于当代批判理论的中心。

我认识同时也就是对社会本质的客观认识"①。因而,无产阶级对资本主义的历史性克服将包括对现代社会生活(价值)的形式主义和量化维度的克服,从而使真实的、实质的、历史的社会本质(使用价值的维度、劳动、无产阶级)得以公开出现,并得以历史地实现其自身。

此时应该清楚的是,卢卡奇明确地提出了黑格尔辩证方法的唯物主义版本。卢卡奇肯定了由无产阶级的实践建构的并与资本主义相对立的历史辩证过程(因而也肯定了历史、总体性、辩证法、劳动和无产阶级等概念)。这种对黑格尔的肯定性的、唯物主义的挪用是受费尔巴哈式的颠倒影响的结果,卢卡奇通过加入历史的动态因素对其进行了改动。② 这一方法导致卢卡奇将黑格尔的同一的主—客体认定为无产阶级。

但是,我们已经看到马克思是参照资本的范畴来阐释黑格尔的同一的主—客体的。如前所述,这表明恰恰是卢卡奇从黑格尔那里挪用的批判性的东西——辩证历史逻辑的理念、总体性的概念、同一的主—客体——被马克思参照资本来理解。由此可见,被卢卡奇理解为是社会本体论的以及范畴范围之外的东西,被马克思政治经济学批判的范畴批判性地把握为是资本固有的。

五

在这一点上,我将简要概述一种对马克思的范畴的解读,它与卢卡奇所提出的解读截然不同。虽然受益于卢卡奇对范畴的关注,但这种解读可以作为资本主义批判理论的基础,它能够克服卢卡奇具体方法

---

① 卢卡奇:《历史与阶级意识》,杜章智等译,商务印书馆1999年版,第236页。——译者注
② 卢卡奇:《历史与阶级意识》,杜章智等译,商务印书馆1999年版,第284—295页。值得注意的是,卢卡奇采用了费尔巴哈式的人类学颠倒(anthropological inversion),却批评它是非历史的(ahistorical);然而,马克思在其成熟期的著作中,通过将同一的主—客体等同于资本,隐然否定了人类学颠倒本身。

的二元论及其传统主义的假设。

如我们所见,卢卡奇将商品阐释为一种历史上特定的抽象形式(价值),它叠加在一种超历史的具体的实质内容(使用价值、劳动)之上,这一实质内容建构了社会的"真实"本质。在资本主义中,形式与内容的关系不是偶然的。与此相关的是,与其内容结合起来的形式概念将超越资本主义。

然而,马克思对商品的分析并非如此。马克思分析的核心是,他认为资本主义中的劳动具有"二重性":它既是"具体劳动",又是"抽象劳动"。① "具体劳动"指的是这样的事实:某些被我们认为是劳动活动的形式充当着一切社会中人与自然相互作用的媒介。"抽象劳动"并非简单地指抽象的具体劳动,一般的"劳动",而是一种截然不同的范畴。它意味着资本主义中的劳动还具有一种独特的社会功能,这并非劳动活动本身所固有的:它中介一种新的、准客观的社会相互依赖形式。② "抽象劳动"作为一种历史上特有的劳动中介功能,是价值的内容,或更恰当一点,是价值的"实体"。③ 形式和内容在这里的确是作为资本主义的根本规定而内在地联系起来。

因而,在马克思看来,资本主义中的劳动不仅是我们超历史和常识性理解的劳动,而且是一种历史上特定的社会中介活动。因此,它的产物——商品、资本——既是具体劳动的产物,又是社会中介的对象化形式。根据这一分析,作为资本主义社会的根本特征的社会关系具有一种独特的、准客观的形式特征,同时又是二元论的:它们的特征表现为抽象的、一般的、同质的维度与具体的、特殊的、物质的维度之间的对立,两个维度都表现为"自然的",而非社会的,并决定了关于自然现实

---

① 《马克思恩格斯文集》第 5 卷,人民出版社 2009 年版,第 51—60 页。
② 参见莫伊舍·普殊同《时间、劳动与社会统治:马克思的批判理论再阐释》,康凌译,北京大学出版社 2019 年版,第 143—216 页。
③ 《马克思恩格斯文集》第 5 卷,人民出版社 2009 年版,第 51 页。

的社会观念。然而,卢卡奇只是从它的抽象维度来理解商品,而马克思则把商品作为既抽象又具体的来分析。在这一框架内,卢卡奇的分析深陷一种拜物形式之中;它把商品形式的具体维度自然化了。

在马克思的分析中,建构资本主义的中介形式造成了一种新的社会统治形式——一种使人们服从于非个人的、日趋合理化的结构性命令和约束的统治形式。这就是时间对人的统治。这种抽象的统治形式是真实的,而不是幽灵般的。然而,不能从阶级统治,或更一般地从社会集团或国家和/或经济的制度机构的具体统治来对它加以充分把握。它没有确定的位置,[1]尽管由社会实践的规定形式建构,但又完全表现为非社会的。

马克思在《资本论》中所分析的这种统治形式是动态的,而非静态的。考察这种动态性,可以明显地看出,被马克思置于资本主义核心地位的抽象统治形式,仅仅参照商品的抽象价值维度,是无法得以充分理解的。相反,作为同一性与非同一性的同一体,商品形式不稳定的二元性,引起了价值和使用价值之间的辩证互动,这立足于资本主义支配一切的历史动态。使用价值的维度是资本主义根本结构化形式不可或缺的环节。[2]

分析商品形式的两个维度之间的辩证法,为从一个非常复杂的、非线性的历史动态中批判地理解资本提供了基础。一方面,这一动态的特征表现为劳动的技术过程、社会具体分工以及更普遍的社会生活的不断变革。另一方面,这一历史动态意味着它自身的根本状况作为社会生活的一个不变的特征不断地重构——也就是说,社会中介最终是由劳动实现的。因此,无论生产力水平如何,活劳动仍然是生产过程(从整个社会的角度来考虑)中不可或缺的。资本主义的历史动态不断

---

[1] 这一分析为分析米歇尔·福柯所描述的现代西方社会所特有的无孔不入的权力形式提供了一个有力的出发点。参见米歇尔·福柯《规训与惩罚》,刘北成、杨远婴译,生活·读书·新知三联书店2012年版。
[2] 参见莫伊舍·普殊同《时间、劳动与社会统治:马克思的批判理论再阐释》,康凌译,北京大学出版社2019年版,第305—444页。

地产生"新的"东西,同时再生"相同的"东西。

对历史辩证过程的这一阐释与卢卡奇的阐释截然不同。通过将这一过程建立在范畴形式的基础之上,这种方法把一种历史动态的存在视为资本主义的基本特征,而不是将其视为被资本主义掩盖的人类社会生活特征。在这一框架内,资本主义的特征不仅体现在表层(卢卡奇的"事实"),而且具有被卢卡奇视为独立于资本主义的辩证的、动态的深层结构("倾向")。对马克思而言,虽由实践建构,却准独立于人的意志和目的的历史动态的存在,是资本主义抽象统治形式的核心特征。

换句话说,马克思政治经济学批判的范畴把握的准客观结构,并没有掩盖资本主义"真实的"社会关系即阶级关系,正如它们没有掩盖"真实的"历史主体即无产阶级一样。相反,这些结构是资本主义社会的根本关系。而且,它们并非国家的,而是历史动态的。

根据这一阐释,马克思的范畴性分析所阐明的非线性的历史动态为批判地理解经济增长形式以及资本主义特有的以无产阶级为基础的工业生产形式提供了基础。也就是说,可以对卢卡奇批判性地描述过,但无法在理论上立足的合理化过程进行范畴性分析。这一方法既不是假设一个超越现存劳动结构和组织(如后工业社会理论所做的那样)的线性发展模式,也没有把工业生产和无产阶级作为未来社会的基础(如许多传统马克思主义的方法那样)。相反,它表明了资本主义产生了不同的增长形式和生产形式的历史可能性;但同时,资本主义又结构性地破坏了这些可能性的实现。

根据这一阐释,资本主义的结构性矛盾,既不是分配(市场、私有财产)与生产之间的矛盾,也不是现存的所有权关系和工业生产之间的矛盾,而是显现为现存的增长形式和生产形式之间的矛盾,以及如果劳动不再以准客观的方式中介社会关系时出现的情况。

通过把社会形态的矛盾特征建立在商品和资本范畴所表现出来的二元形式之上,马克思表明结构性的社会矛盾是资本主义所特有的。

根据这一分析,现实或一般社会关系在本质上是矛盾的、辩证的这一观念,只能被视为形而上学的假设,而不能被解释。在这一框架内,马克思的分析表明,任何假设历史具有一种内在发展逻辑的理论,无论是辩证的,还是进化的,都把资本主义的情况投射到一般历史之上。

我所概述的对马克思理论的再阐释实现了与更传统的阐释之间的根本断裂,并对其进行了批判。如我们所见,这类解释是从由市场和私有财产建构的阶级关系角度来理解资本主义的,主要从阶级统治和剥削来把握它的统治形式,并从劳动和生产(从人与物质自然的相互作用的角度来超历史地理解)的立场制定对资本主义的规范性和历史性批判。我认为,马克思将资本主义下的劳动分析为历史上特定的劳动,试图阐明一种独特的、准客观的社会中介和财富(价值)形式,这种形式构成了一种统治形式,这种统治形式建构了资本主义下的生产过程并产生一种独特的历史动态。因此,劳动和生产过程,既不是与资本主义社会关系相分离的,也不是相对立的,而是建构了资本主义社会关系的核心。因而,马克思的理论远远超过了对资产阶级分配关系(市场和私有财产)的传统批判;它将现代工业社会自身把握为资本主义的。它把工人阶级视为资本主义的基本要素,而非将它视为否定资本主义的化身。它不是从劳动和工业生产的实现的角度来对社会主义进行理解,而是从无产阶级和以无产阶级劳动为基础的生产组织的可能的废除,以及从作为社会中介活动的劳动建构的抽象强制的动态系统角度来对社会主义进行理解。

因此,对马克思理论的这一再阐释意味着从根本上重新思考资本主义的本质及其可能的历史性变革。通过将批判的重点从对市场和私有财产的独有关注转移开来,它为一种批判理论提供了基础,这一批判理论既批判了资本主义的后自由主义社会,也批判了所谓的"实际存在的社会主义"国家不是代表资本的历史否定的社会模式(无论其形式多么不完美),而是资本积累的替代(和失败的)形式。这种方法还允许我们对资本主义的最新构型——新自由主义的全球资本主义进行分析,避免回到传统马克思主义的框架之中。

最近的结构性断裂与剧变表明,不考虑资本主义全球化动态的民主理论、同一性或非同一性哲学已不再适用。不过,20世纪的历史表明,恢复传统马克思主义将是一个错误。现在需要的是一种更充分的资本主义批判理论。卢卡奇为这样一种批判理论开辟了道路;与此同时,他依然在根本上受到他的一些传统假设的限制。

众所周知,马克思坚持认为即将到来的社会革命必须从未来汲取它的诗情,而非像先前的革命那样,只关注过去,而误认了它们自己的历史内容。[①] 但是,卢卡奇的资本主义批判理论建立在他对黑格尔的"唯物主义"挪用之上,退向了它没有把握的未来。这让人回想起沃尔特·本雅明的历史天使的形象,它被推向了它所背对的未来。[②] 卢卡奇的方法并非指向对资本主义的克服,而是意味着一种误认,它隐晦地肯定了第一次世界大战后出现的以国家为中心的新构型。[③] 自相矛盾的是,卢卡奇对资本主义丰富的批判性描述恰恰是针对这种社会组织的。但是,他对马克思的批判理论范畴的特殊理解,并不能充分地建立在这种对资本主义的批判性描述之上。相反,如我们所见,它最终违背了这种描述。透过卢卡奇的阐释之镜,重新思考马克思,可以获得一种合乎卢卡奇对资本主义的描述以及他的严格范畴性分析的想法的批判理论。通过克服卢卡奇的传统主义假设,这种方法可以作为合乎当今资本主义秩序的批判理论的出发点。

(张金权 译)

---

① 参见《马克思恩格斯文集》第2卷,人民出版社2009年版,第473页。
② 参见瓦尔特·本雅明《历史哲学论纲》,载汉娜·阿伦特编《启迪:本雅明文选》,张旭东、王斑译,生活·读书·新知三联书店2014年版,第270页。
③ 对资本主义新构型的无心肯定,可以从70、80年代许多后结构主义思想从反黑格尔转向尼采的特点中可以看出。可以说,这种思想也退向了它没有充分把握的未来:它在拒绝卢卡奇隐然肯定的那种以国家为中心的秩序时,在深层次的理论层面上,反过来又肯定了新自由主义秩序,这种新自由主义秩序取代了东西方福特主义的国家中心资本主义。

意识的物化：
卢卡奇同一的主体—客体中的胡塞尔现象学[*]

[英]理查德·韦斯特曼

　　格奥尔格·卢卡奇的《历史与阶级意识》收获了很多赞美者，但正是书中吸引着这些人的理论，反过来遭到了赞美者的批判，使得这本书蒙受了不一般的羞辱。和卡尔·柯尔施的《马克思主义和哲学》一样，这本书也出版于1923年，它探讨了无产阶级固执地拒绝站起来支持德国和匈牙利革命政权的问题。为了认识社会，柯尔施和卢卡奇关注的是意识内部而不是它背后发生了什么，有意回避对资本主义应当必然灭亡的科学分析。柯尔施对哲学和社会之关系的辩证论述以及卢卡奇将个体主体性的结构建基于他们社会之中的尝试，被视为"西方"马克思主义的基础。然而，虽然很多人采纳了卢卡奇关于意识物化的说法，但很少人接受他的如下观点：在受意识物化影响最大的人中会形成一种革命的主体性。霍克海默和阿多诺的《启蒙的辩证法》就是一个例证。尽管他们在卢卡奇批判社会之总体合理化的启发下，提出"文化工业"来加以概括，但他们拒绝卢卡奇把无产阶级看成能够使机械的必然

---

[*] 本文出处：Richard Westerman, "The Reification of Consciousness: Husserl's Phenomenology in Lukács's Identical Subject Object," in *New German Critique*, 111, 2010, pp. 97 - 130.
　理查德·韦斯特曼，阿尔伯塔大学社会学系助理教授，剑桥大学基督学院历史学学士，思想史专业硕士、博士，芝加哥大学博士后。主要研究兴趣包括社会思想和社会哲学、思想史、法兰克福学派、批判理论、卢卡奇、现象学、美学等。

性转变为自由世界的历史之同一的主体—客体的乐观论述。确实,如果卢卡奇关于意识之社会规定的观点被认真对待,它似乎很难解释自由开始于何处:正如一些解释者所认为的那样,为了突破在整体上被决定的社会,主体的代理人(subjective agent)从神秘的外部被引入社会的总体。无产阶级被设定为社会关系的创造者,就自身的创造而言,它可以自由地行动,即使仅仅为了实现对其产物的囚禁。

我提出了一个替代性的解释方案,以使卢卡奇的论述本身更加正确。我们应该通过他的同代人,特别是胡塞尔和拉斯克,而不是单一的德国古典哲学视角,来解读卢卡奇。他把意识现象学理解成一个拥有自身范畴且无法被化约为任何更根本之物的明确的本体论领域,而不是在认识论上把它当成一个主体的认识结构。在这种解读下,同一的主体—客体的出现被内在地阐发为意识逻辑结构内部的矛盾,无须设置一个先在的主体。

为了论证上述观点,第一,我将概述对卢卡奇的典型解读,以强调现象学阐释的独特性:这些典型解读假定卢卡奇依赖一个能够征服由它创造的客体的先在主体。现象学的解读自身拥有四个阶段。第二,我将通过对卢卡奇向其学习现象学方法的胡塞尔和拉斯克的简述,来确认现象学地解释意识的特征。第三,我将通过指认《历史与阶级意识》中关键的现象学主题,来论证对卢卡奇主体性理论进行现象学解读的合理性。第四,我将通过现象学来解释物化:它意指意识以及主体性和对象性的具体构造。第五,我将转向卢卡奇革命理论的现实意义问题。通过表明卢卡奇同通常认为的相比不太依赖一个自主的主体,我认为,他的革命政党理论同普遍观点相比,列宁式的特征较少,卢森堡式的特征较多。

这种现象学的解读无法完全解释卢卡奇的理论;否认黑格尔和其他人对卢卡奇而言的重要性是十分愚蠢的做法。然而,因为大多数阐释几乎完全集中在卢卡奇对德国古典传统的继承关系,我在此全面忽略它们:我必须减弱作为太阳的黑格尔光芒,才能看到作为月亮的现象学家的微弱之光。在这里,对卢卡奇更加充分的分析应系统论述现象学和观念论在其理论中的相互作用。但是,我希望通过表明胡塞尔的方法如何改变了我们对卢卡奇的解读,来阐明其理论的丰富性。把卢卡奇解释为依赖某种机械降神来解放工人阶级,会走入神话般主体性的死胡同;而强调他的现象学因素则可以指向一个更加开放的立场。

加沙的盲人:无意识的主体

我从审视对卢卡奇的观点的一般理解开始澄清现象学解读卢卡奇的独特性。从本质上看,批评性的观点认为,卢卡奇赖以引起社会变革的主体从未得到充分解释:他将社会现实的创造归于一个半神话的主体,它被他的批评者们比作某种庸俗的费希特主义,无法在这个社会现实内部找到任何留给自由的空间。而且,因为这个主体含混不清,它的角色能由任何个人或群体来承担——政党以无产阶级之名来行动——它们可以以自由的名义为独裁统治大开方便之门。在批评者们看来,卢卡奇所有的论点因而都以对作为社会现实的动力的自主主体的严重依赖为特征。正如我表明的那样,对卢卡奇的现象学解释避开了这个问题,但在转向现象学之前,有必要概述一下这个强调主体性依赖的更常见论述的要点,卢卡奇的批评者们认为其理论存在这种依赖。

在卢卡奇看来,革命唯一的、最大的障碍在于,无产阶级不能充分认识其在资本主义中的地位。这根源于资本主义社会塑造其成员的主体性,甚至操控他们看待这一世界的方式。在《历史与阶级意识》中最早写的论文——《阶级意识》里,卢卡奇仅仅认为,无产阶级可能会拥有与其真正利益相悖的具体信念。在这篇论文中,他确认了促使无产阶级根据资产阶级动机来行动的"虚假"意识。相反,基于"人们在特定生活状况中,可能具有的那些思想、感情等等;如果对这种状况以及从中产生的各种利益**能够**联系到它们对直接行动以及整个社会结构的影响**予以完全把握**,就能认识与客观状况相符的思想和感情等等。……阶级意识就是理性的适当的反应,而这种反应则要归因于生产过程中特殊的典型的地位"①,他将一个更加本真的意识归于无产阶级。卢卡奇的理论表现出与韦伯理想型的相似性:这两种理论都试图解释为何特殊的社会群体就是如此这般行动的。② 虚假的或"被赋予的"(imputed)意识概念因而都无法触及主体性或行动主体(agency)的更加深层的哲学问题:它假设个人能够行动,但可能会依据不正确的动机来行动。

当卢卡奇写《物化和无产阶级意识》时,这种直接分析被一个更加复杂的论述取代,它针对形式化的—类型化的(formal-categorical)个体主体性是如何受制于他们的社会背景的。卢卡奇从考察物化的社会形式开始,这显然在很大程度上归功于西美尔的《货币哲学》:人之间的社会关系被赋予固定的和抽象的形式。③ 然而,他超越了西美尔对物化的心理学批判,后者只描述了个体面对一个与人相关的机械性社会世界的恐怖经历。卢卡奇将这种社会物化同被康德—黑格尔传统概括的哲学观点连接起来。他认为,德国古典哲学通过表明被认识的世界是主体理性的产物,即所有的意识都由根据理性范畴被系统化的体验构成,从而解决了外部现实的认识问题。然而,这些范畴的正当性源于理性的必然性,而不依赖它们与某个具体主体的关系。因此,世界"表现为认识了的、能认识的、理性的规律体系的必然结果,表现为一种必然性……这种必然性的最终根据及其无所不包的总体虽然是不能被把握的(,然而总体的各部分——人在其中生活的生活环境——则越来越能

---

① *Georg Lukács*, *Werke*, 14 vols., to date, Neuwied: Luchterhand, 1962‒, vol. 2, p. 223. 中译文参见卢卡奇《历史与阶级意识》,杜章智等译,商务印书馆1999年版,第109页。——译者注
② Max Weber, *Economy and Society*, ed. Günther Roth and Claus Wittich, trans. Ephraim Fischoff et al., 2 vols., Berkeley: University of California Press, 1978, vol. 1, p. 21.
③ Georg Simmel, *Philosophy of Money*, trans. Tom Bottomore and David Frisby, London: Routledge, 1990.

够被洞察、估计和预测)"①。主体的"自由既不能打破认识体系的感性必然性、宿命论自然规律的无感情,也不能赋予它们以意义"②。把世界视为主体的产物应该能解放主体,但事实上这迫使个体远离了其所创造的王国中的自由行动。现实作为一个整体——特别是社会——似乎根据根本不可改变的法则来运行。社会实践使个体习惯于通过一系列不可改变的理性法则来看待存在。这些法则只能被认识,不能被控制。

在许多评论者看来,卢卡奇的解答实际上是一个唯物主义的费希特版本。③ 他力图设定一个先在主体,它创造了世界和统治它的法则:正如安德鲁·阿拉托和保罗·布莱内斯所言,这源于"德国古典哲学将所有实体尤其是自然自身视为主体行为的探求"④。在基于商品关系的资本主义社会,这个主体是无产阶级,即商品价值的创造者。正如洛克莫尔(Tom Rockmore)所说:"费希特的这一思想所具有的重要性在卢卡奇那里得到了进一步的澄清。卢卡奇论证了,被费希特定位在思维活动中的所谓主体与客体的统一,事实上是在无产阶级的活动中产生的。"⑤在德国古典哲学依赖自由问题的形而上学解答、表明受规律支配的现实是理性实体化的产物之处,马克思主义至少可以在社会方面揭示这些规律的物质根源。卢卡奇似乎已经找到了社会现实背后的主

---

① Georg Lukács, *Werke*, 14 vols., to date, Neuwied: Luchterhand, 1962 - , vol. 2, pp. 307 - 308. 中译文参见卢卡奇《历史与阶级意识》,杜章智等译,商务印书馆 1999 年版,第 208 页。——译者注
② Georg Lukács, *Werke*, 14 vols., to date, Neuwied: Luchterhand, 1962 - , vol. 2, p. 313. 中译文参见卢卡奇《历史与阶级意识》,杜章智等译,商务印书馆 1999 年版,第 215 页。——译者注
③ Tom Rockmore, *Irrationalism: Lukács and the Marxist View of Reason*, Philadelphia: Temple University Press, 1992; Martin Jay, *Marxism and Totality: The Adventures of a Concept from Lukács to Habermas*, Berkeley: University of California Press, 1984, pp. 106 - 107.
④ Andrew Arato, Paul Breines, *The Young Lukács and the Origins of Western Marxism*, New York: Seabury, 1979, p. 130; G. H. R. Parkinson, *Georg Lukács*, London: Routledge and Kegan Paul, 1977, p. 44.
⑤ Tom Rockmore, *Irrationalism: Lukács and the Marxist View of Reason*, Philadelphia: Temple University Press, 1992, p. 116. 中译文参见汤姆·洛克莫尔《非理性主义:卢卡奇与马克思主义理性观》,孟丹译,中国人民大学出版社 2014 年版,第 112 页。——译者注

体——它不知不觉地创造了自身无能的条件,但能够通过认识这个状况而实现自我解放。

这正是卢卡奇的批评者们攻击的地方。他依赖的主体被指责成误认或神话。例如,莫伊舍·普殊同认为,卢卡奇的失败源于错误地将劳动(而非价值)当作资本主义社会的动力;因而,他太过依赖于作为劳动之化身的无产阶级。① 特里·伊格尔顿(Terry Eagleton)宣称,"卢卡奇保留了形而上学的形式……他以无产阶级来取代世界精神"②。结构主义的批评者指责卢卡奇的论点中存有浪漫主义残余:他因其"'虔诚的'无产阶级概念"而受到批评,这个概念"代表着资产阶级思想之浪漫的反科学传统对马克思主义理论的首次入侵"③。洛克莫尔批判了卢卡奇的逻辑错误④,认为他的观点依赖于一个循环论证:"如果说无产阶级意识是自由活动的条件,那么他实际上就是在说,一个人变得自由的条件就是他/她已经自由了。"⑤这些不同的批评意见在以下方面得以统一:确认了卢卡奇理论明显依赖于作为社会创造者的自主的、自我决定的主体,但他无法提供充足的证据。唯一相信这个主体的理由只是卢卡奇需要它。

而且,这些批评者还指责,卢卡奇无法在无产阶级中找到作为整体

---

① Moishe Postone, "Lukács and the Dialectical Critique of Capitalism," in *New Dialectics and Political Economy*, ed. Robert Albritton and John Simoulidis, Basingstoke: Palgrave Macmillan, 2003, p. 98.

② 引自 Eva L. Corredor, *Lukács after Communism: Interviews with Contemporary Intellectuals*, Durham, NC: Duke University Press, 1997, p. 145。

③ Louis Althusser, *For Marx*, trans. Ben Brewster, London: Verso, 1997, p. 221n; Gareth Stedman Jones, "The Marxism of the Early Lukács," in *Western Marxism: A Critical Reader*, ed. Gareth Stedman Jones et al., London: New Left Books, 1977, pp. 33, 37.

④ Tom Rockmore, *Irrationalism: Lukács and the Marxist View of Reason*, Philadelphia: Temple University Press, 1992, pp. 129 – 151.

⑤ Tom Rockmore, *Irrationalism: Lukács and the Marxist View of Reason*, Philadelphia: Temple University Press, 1992, p. 150. (中译文参见汤姆·洛克莫尔《非理性主义:卢卡奇与马克思主义理性观》,孟丹译,中国人民大学出版社 2014 年版,第 141—142 页。——译者注)不只是卢卡奇,而是革命的马克思主义都普遍地拥有相似的批判路径。参见 Carl Schmitt, *The Crisis of Parliamentary Democracy*, Cambridge, MA: MIT Press, 1985, chap. 3.

的主体,这会使他的理论被那些披着行为主体(agency)外衣的人滥用。阿拉托和布莱内斯指出,这个动向为革命的中央组织力量之斯大林式的神话大开方便之门。[1] 在普殊同看来,卢卡奇通过过高评估无产阶级的功能,将商品化的雇佣劳动设定为未来社会的必要主体,从而排除了社会的根本改变。它"隐晦地确认了在第一次世界大战之后出现的新国家中心格局"[2]。总之,我们只需认识到这个事实:卢卡奇将无产阶级看作社会背后之主体的明确信念,会为一小群人基于其优越的认识以无产阶级之名行动谋求无限的权威,大开方便之门。

从认识论到现象学

卢卡奇的批评者们主张,他使用了我们称作认识论的本体论的东西:在世界中存在着客体、认识这些客体的主体以及主体拥有的对客体的意识。意识在本体论上是从属的:它产生于主体的理解能力和来自客体的感性材料之间的相互作用。对自由的解释有着相同的论证结构:主体创造了意识世界,依它的意愿而行动,并由此能够作用于它的创造物。卢卡奇的批评者关注的是他无法充分说明这样一个主体及其同社会现实的联系。

更富同情心的评论者则提出了一个不同的本体论,它相应地对主体性有着不同理解。梅洛-庞蒂便以这种方式认为,卢卡奇使主体和客体相对化了:"认识本身并不是对一种意义,对一个心理对象的理智占

---

[1] Andrew Arato, Paul Breines, *The Young Lukács and the Origins of Western Marxism*, New York: Seabury, 1979, p. 151.

[2] Moishe Postone, "Lukács and the Dialectical Critique of Capitalism," in *New Dialectics and Political Economy*, ed. Robert Albritton and John Simoulidis, Basingstoke: Palgrave Macmillan, 2003, p. 98.

有，而且无产者能够拥有历史的意义，而无需以一种'我思'的形式。"①戈德曼明确对卢卡奇和海德格尔进行比较，将《存在与时间》看成是对卢卡奇的回应，并把海德格尔的存在同卢卡奇的总体性等同起来。② 杰伊·伯恩斯坦（Jay Bernstein）强调了海德格尔和德里达的相似性，坚持主张"二者对那篇'物化'论文的解读，即认为它把无产阶级看成以历史为根基的费希特式的绝对主体……从字面上和实质上都违背了卢卡奇的规划"③。

遗憾的是，这些论述通常以较为宽泛的方式来呈现卢卡奇，所以他们无法提供使其观点无懈可击的周密分析。安德鲁·芬伯格（Andrew Feenberg）是个例外。他把卢卡奇的意识概念等同于人类学的文化概念：意识不是主体心智中的东西，而是共同体的集体实践。④ 只可惜，他没有提供能够支撑这个类比的充足文本依据，无法解释卢卡奇对意识和个人主体之关系的关注。然而，从根本上看，芬伯格、伯恩斯坦、梅洛-庞蒂和戈德曼都在正确的道路上：通过现象学来解释卢卡奇，我希望可以给予他们支持。

我不同于他们的基本点在于对意识的新理解：卢卡奇现象学地考察意识。他分析了意识本身特有的内在和逻辑的结构，不把它们看作对世界的反映和主体的投射，而是将其理解成一个不能归结为任何其他存在模式的确切而根本的区域类型。这使主体的创造者角色最小化，旨在找到一个破解卢卡奇死胡同的思路：就批评意见针对的他无法

---

① Maurice Merleau-Ponty, *Adventures of the Dialectic*, trans. Joseph Bien, Evanston: Northwestern University Press, 1973, p. 50. 中译文参见莫里斯·梅洛-庞蒂《辩证法的历险》，杨大春、张尧均译，上海译文出版社 2009 年版，第 52 页。——译者注

② Lucien Goldmann, *Lukács and Heidegger: Towards a New Philosophy*, trans. William Boelhower, London: Routledge and Kegan Paul. 1977.

③ Jay Bernstein, "Lukács's Wake: Praxis, Presence, and Metaphysics," in *Lukács Today: Essays in Marxist Philosophy*, ed. Tom Rockmore, Dordrecht: Dreidel, 1988. p. 179.

④ Andrew Feenberg, *Lukács, Marx, and the Sources of Critical Theory*, Totowa, NJ: Rowman and Littlefield, 1981, p. 71.

确认主体这个问题,我将通过说明它在本体论上是从属性的而非整体思想的基础,来为卢卡奇辩护。

为了澄清现象学地解读卢卡奇所意味之物,我通过概述胡塞尔和拉斯克理论中的突出因素,来确认它的主要特征。虽然我无法全面论述二者的思想,但可以指明他们同认识论区分开来的环节。卢卡奇共享了这些方面,从而使针对他给予主体那一角色的批评变得无关紧要。

胡塞尔与现象学

将胡塞尔和拉斯克与同时期新康德主义者区分开来的是他们对康德哥白尼转向的颠倒。亚里士多德这样来界定本体论范畴(实体、性质、数量等):一个对象作为某种实体,能够与一些性质共存。18世纪的怀疑主义者否定这些范畴,认为它们没有自身的存在。然而,康德通过第一批判以认识论来取代本体论,由此重新确证了它们的有效性。他把自己(修改了的)范畴表描述为判断范畴:对象存在于自身(本体/noumena),它们并不适用于对象,但因为对象要对我们显现(现象),它们对对象来说又是必不可少的。正如卢卡奇所看到的那样,这意味着"对任何一种(在关于存在的科学的意义上)形而上学的拒绝"[1]。没有范畴,就不会有对存在的认识——但是同样的,现象的范畴结构依赖于先验的主体。

胡塞尔和拉斯克拒绝这个模式,相反,他们对意识的考察旨在揭示意识的内在结构,但并未将考察建基于外在于意识的对象或主体的创

---

[1] *Georg Lukács*, *Werke*, 14 vols., to date, Neuwied: Luchterhand, 1962–, vol. 2, p.297. 中译文参见卢卡奇《历史与阶级意识》,杜章智等译,商务印书馆1999年版,第196页。——译者注

造力量之上。① 胡塞尔把他的方法论称为现象学。为了正确地理解意识,他认为我们必须首先忽略在它之外的世界的存在:我们要进行现象学悬置。我们对整个外部世界"加括号",但不否认其存在,而是"**断然不依靠**"它。② 悬置因此使现象学家们得以研究作为意识的意识:"**意识本身具有的固有的存在,在其绝对的固有本质上,未受到现象学排除的影响。因此它仍然是'现象学剩余物'**,是一种存在区域,一个本质上独特的存在区域,这个区域可肯定成为一门新型科学——现象学科学。"③当现象学地描述一个对象时,我们会采取在性质上不同于物质地描述它的方式:胡塞尔的范畴既不是亚里士多德式的,因为它们适用于意识"之外"的对象;也不是康德式的,因为它们不是思想的范畴,而是对象的范畴。由此,胡塞尔之后的考察均建基于适用于现象学对象的结构与范畴的分离。

其效果便是揭示对象的独特性:现象学的对象在本质上是有意义的。胡塞尔感兴趣的东西远超出主导康德认识论的对世界的单纯时空表现。对他而言,任何一种意识活动都是意向性的:它以一种特殊的方式指向一个对象。这个对象可以被判断、喜爱和欲求,也能从不同视角来思考——拿破仑既是"奥斯特里茨战役的胜利者",又是"滑铁卢战役的失败者"。胡塞尔以意向对象把对象描述成一个结构化的复合体,它

---

① 对胡塞尔关于认识论和本体论之特殊关系的讨论,可参见 David Woodruff Smith, *Husserl*, London: Routledge, 2007, pp. 135 - 187。

② Edmund Husserl, *Ideas Pertaining to a Pure Phenomenology and a Phenomenological Philosophy*, *First Book*: *General Introduction to a Pure Phenomenology*, trans. Fred Kersten, Dordrecht: Kluwer, 1991, p. 61。(中译文参见胡塞尔《纯粹现象学通论:纯粹现象学和现象学哲学的观念》第一卷,李幼蒸译,商务印书馆 1996 年版,第 98 页。——译者注)胡塞尔自身的思想经历了相当大的发展,许多最重要的思想在他有生之年并未出版,但仍然以手稿形式在他的学生中流传。为了自己的目的,我专注于对《观念》第一卷的论述:因为卢卡奇在关于"物化"的那篇论文中提到过这本著作,我们可以肯定他对它十分熟悉。

③ Edmund Husserl, *Ideas Pertaining to a Pure Phenomenology and a Phenomenological Philosophy*, *First Book*: *General Introduction to a Pure Phenomenology*, trans. Fred Kersten, Dordrecht: Kluwer, 1991, p. 65。中译文参见胡塞尔《纯粹现象学通论:纯粹现象学和现象学哲学的观念》第一卷,李幼蒸译,商务印书馆 1996 年版,第 100 页。——译者注

包含了对象在一个特定时刻作为这个个体物的特殊意义。正如他所言:"每一种意向性体验由于其意向作用的因素都正好是意向作用的;其本质正在于在自身内包含某种像'意义'或多重意义的东西,并依据此意义给与作用和与此一致地实行其他功能,这些功能正因此意义给与作用而成为'充满意义的'。"①简言之,胡塞尔的现象学方法使审视纯粹意识的结构成为必要,借助这个结构,对象表现为意向性的和特定性的。这些现象学结构不能被归结为对无意义的物质对象的伴生物。它们不是观念论的,因为它们描述了现象学的对象如何相互关联,而没有建基于任何主体。

胡塞尔对意识的句法和语义结构的关注,对对象和主体都有着极其重要的意义。首先,他排除了求助于康德本体(noumena)的可能性。他指出,"一种根本错误的看法是认为,知觉(而且任何各按其自身方式的其他种类的物直观)并未达到物自身。物自身并未在自身中和在其自在中给与我们。……并不存在可代替空间物的一种形象或一种记号"②。意识不再是单纯的表象:对象存在于意识中,而不是简单地被它认识。我们关于对象的意识在本体论上是根本的:意向行为的结构是对象在其对象性中的结构。对象在现象学上之所是无法化约它在物质上之所是,且必须同后者区分开来。

胡塞尔十分注意使自己免受唯心主义的指责,他否认主体"创造"这个意识世界。他的观点"丝毫不损害世界作为所有现实的完全正当的存在":意识现实依赖它自身的内在结构,而不是主体心智(subjective

---

① Edmund Husserl, *Ideas Pertaining to a Pure Phenomenology and a Phenomenological Philosophy*, *First Book*: *General Introduction to a Pure Phenomenology*, trans. Fred Kersten, Dordrecht: Kluwer, 1991, pp. 213 - 214. 中译文参见胡塞尔《纯粹现象学通论:纯粹现象学和现象学哲学的观念》第一卷,李幼蒸译,商务印书馆1996年版,第223页。——译者注
② Edmund Husserl, *Ideas Pertaining to a Pure Phenomenology and a Phenomenological Philosophy*, *First Book*: *General Introduction to a Pure Phenomenology*, trans. Fred Kersten, Dordrecht: Kluwer, 1991, p. 92; David Woodruff Smith, *Husserl*, London: Routledge, 2007, pp. 211 - 212. 中译文参见胡塞尔《纯粹现象学通论:纯粹现象学和现象学哲学的观念》第一卷,李幼蒸译,商务印书馆1996年版,第120页。——译者注

mind)的投射。胡塞尔解释道,"每个自我都在体验着它的体验……自我体验着它们:这并非说它拥有'它们'和'注视着'它们之中所包含的东西"①。自我意识来源于对象的意义,而不是相反。例如,当我听音乐时,我不仅仅与当下我听到的具体音调相关。我对这个音调的印象还包含着对之前音调的记忆——胡塞尔将其称为滞留——通常还包含着下一个音调到来的被期待的可能性视域——或前摄。② 这为我们提供了"作为统一体的**体验流**"——换言之,意识的统一体。③ 因而,一个意向性对象的出现必然是意识的一部分——但自我意识正产生于这个意识的时间和意向结构。在胡塞尔看来,"只要我在其现实现前中注视着这个流动的生命,并因此把我自己把握为这个生命的纯主体……我就无条件地和必然地说:我存在着,这个生命存在着,我生存着:cogito(我思着)"④。

拉斯克的真理本体论

埃米尔·拉斯克在第一次世界大战前是新康德主义的后备力量,

---

① Edmund Husserl, *Ideas Pertaining to a Pure Phenomenology and a Phenomenological Philosophy, First Book: General Introduction to a Pure Phenomenology*, trans. Fred Kersten, Dordrecht: Kluwer, 1991, p. 174. 中译文参见胡塞尔《纯粹现象学通论:纯粹现象学和现象学哲学的观念》第一卷,李幼蒸译,商务印书馆 1996 年版,第 186 页。——译者注
② Edmund Husserl, *Ideas Pertaining to a Pure Phenomenology and a Phenomenological Philosophy, First Book: General Introduction to a Pure Phenomenology*, trans. Fred Kersten, Dordrecht: Kluwer, 1991, p. 175. 中译文参见胡塞尔《纯粹现象学通论:纯粹现象学和现象学哲学的观念》第一卷,李幼蒸译,商务印书馆 1996 年版,第 187 页。——译者注
③ Edmund Husserl, *Ideas Pertaining to a Pure Phenomenology and a Phenomenological Philosophy, First Book: General Introduction to a Pure Phenomenology*, trans. Fred Kersten, Dordrecht: Kluwer, 1991, p. 197. 中译文参见胡塞尔《纯粹现象学通论:纯粹现象学和现象学哲学的观念》第一卷,李幼蒸译,商务印书馆 1996 年版,第 208 页。——译者注
④ Edmund Husserl, *Ideas Pertaining to a Pure Phenomenology and a Phenomenological Philosophy, First Book: General Introduction to a Pure Phenomenology*, trans. Fred Kersten, Dordrecht: Kluwer, 1991, p. 100. 中译文参见胡塞尔《纯粹现象学通论:纯粹现象学和现象学哲学的观念》第一卷,李幼蒸译,商务印书馆 1996 年版,第 127 页。——译者注

他于1915年在前线去世,年仅39岁。这意味着他的系统目标从未实现。尽管常常被归为新康德主义者,但正如史蒂文·高尔特·克洛维尔(Steven Galt Crowell)、卡尔·舒曼(Karl Schuhmann)和巴里·史密斯(Barry Smith)指出的那样,他在许多重要方面与胡塞尔很接近。克洛维尔认为拉斯克和胡塞尔都对海德格尔有着重大影响。而舒曼和史密斯则追踪了拉斯克和胡塞尔之间的相关性。① 他与胡塞尔的三种相似性在此显得比较重要:第一,拉斯克主要对自我奠基的、独立于主体的对象性的逻辑结构感兴趣;第二,他因而没有给本体(noumena)留下任何空间;第三,他将主体视为其体验结构的产物,而不是相反。

拉斯克的主要兴趣在于,通过"借由解构对象和真理—内容由来已久的分裂以及认识到存在的先验逻辑性或可思性质,对存在相对于逻辑领域之独立性的消除"②,来调和逻辑和存在。克洛维尔解释说,"拉斯克致力于恢复亚里士多德范畴概念在本体论上的重要性,却保留了康德确认它们的纯粹'逻辑'特征的关键见解"③。本体论的范畴是一个统一的系统,借由它,对象才会变得既不武断,又不源于归纳。拉斯克构建了"一个真理论(aletheiology)——一个基于真理概念的意义本体(非形而上学的、非表象性的)理论"④。尽管拉斯克的范畴被先验地确证(这使他不同于胡塞尔的意识—内在性),但他的确证法则独立于任何思考它的主体,因而是非观念论的。这些范畴适用于体验,因为"它与其说是并非关于主体—对象二元性的认识主体与对象之间的关系,

---

① Steven Gait Crowell, *Husserl, Heidegger, and the Space of Meaning: Paths Toward Transcendental Phenomenology*, Evanston, IL: Northwestern University Press, 2001; Karl Schuhmann and Barry Smith, "Two Idealisms: Lask and Husserl," in *Kant-Studien*, 83, 1993, pp. 448 – 466.
② Emil Lask, *Gesammelte Schriften*, ed. Eugen Herrigel, 3 vols., Tübingen: Mohr, 1923 – 1924, vol. 2, pp. 28 – 29.
③ Steven Gait Crowell, *Husserl, Heidegger, and the Space of Meaning: Paths Toward Transcendental Phenomenology*, Evanston, IL: Northwestern University Press, 2001, p. 39.
④ Steven Gait Crowell, *Husserl, Heidegger, and the Space of Meaning: Paths Toward Transcendental Phenomenology*, Evanston, IL: Northwestern University Press, 2001, p. 37.

不如说是先验逻辑的认识内容同对象之间的关系"①。和胡塞尔一样，拉斯克把哲学理解为借由对象的产生对先验的非主体性的结构的考察。通过坚持这些范畴结构的必然正当性，拉斯克和胡塞尔避免沦为庸俗的唯物论者；通过拒绝将这些范畴建基于主体之上，他们避免变成纯粹的观念论者。

这合乎逻辑地伴随着另外两种同胡塞尔的相似性。拉斯克的范畴是本体论的，因为它们决定了对象的那一存在：并不存在本体（noumenon）。"但在此，同样不允许对象和'有关它的真理'分裂成两个领域；相反，真理自身进入对象，与它相同一。"②只有当它与逻辑形式一起出现时，一个对象才能成为那个对象：在它背后没有更"本真"的东西。克洛维尔澄清道："范畴的正当性是对象的对象性、存在物的存在和物的物性——它们并不意味着这些对象被主体的表象（判断）活动所认识，而是这些对象'本身'。"③较之于胡塞尔，拉斯克在这个方面更倾向于亚里士多德，但二者都创建了对象构造的范畴法则，它们不把对象归结为"外在于"意识的实体。

最后，拉斯克的主体只能借由其体验才能存活：它没有独立的先验存在。知觉并不意味着一个主体在其意识中"拥有"一个对象；主体仅是对象找到意义的场所，即"先验对象的发生现场"。④ 拉斯克对此做出补充：如果主体源于被独立构造的体验，那么这个结构支配了主体与对象的关系。"理论的—沉思的"路径便是一个实例；正如舒曼和史密斯

---

① Emil Lask, *Gesammelte Schriften*, ed. Eugen Herrigel, 3 vols., Tübingen: Mohr, 1923 - 1924, vol. 2, p. 29.
② Emil Lask, *Gesammelte Schriften*, ed. Eugen Herrigel, 3 vols., Tübingen: Mohr, 1923 - 1924, vol. 2, p. 109.
③ Steven Gait Crowell, *Husserl, Heidegger, and the Space of Meaning: Paths Toward Transcendental Phenomenology*, Evanston, IL: Northwestern University Press, 2001, p. 44.
④ Emil Lask, *Gesammelte Schriften*, ed. Eugen Herrigel, 3 vols., Tübingen: Mohr, 1923 - 1924, vol. 2, p. 415; Steven Gait Crowell, *Husserl, Heidegger, and the Space of Meaning: Paths Toward Transcendental Phenomenology*, Evanston, IL: Northwestern University Press, 2001, p. 67.

所言,它"悬置"了主体与世界之间的相互作用。① 用拉斯克的话来说,"认识者只能'存活'在真理和对他所拥有生活的认识中。相反,他无法存活在他全然推测的事物中"②。他死后出版的笔记做出以下说明:通过变成沉思性的,且无法在其体验中存活,"活的主体性将自身转变为一个沉思的主体性,由此创造了一个阴暗的区域,一个无人称的事实区域"③。从本体论上看,把活的体验转变为认识论沉思(拉斯克称之为"历史分离")导致主体从世界中分离。主体的本质由被先验地构造的主体—客体关系决定,而不是相反。

现象学方法简述

从胡塞尔和拉斯克的这些论述中,我们可以构建一个用以判定《历史与阶级意识》的现象学方法模型。认为卢卡奇对意识做出了现象学的分析意味着以下方面。首先,他力求根据意识本身来描述它:范畴适用于意识自身,而不是仅仅适用于意识之中的对象。其次,他拒绝观念论和粗鄙唯物论的本体论。范畴并不源于主体:就那里有一个主体而言,它随附于意识的结构。因此,现象学不是观念论,因为它不依赖一个主体来设定意识的内容或结构。同样地,讨论本体(noumena)也是无意义的:对象的对象性在于意识范畴自身内的给定性。将意识归结为对象的附带现象是对对象本质的误解:对象的存在是由意识范畴构造的。再者,意识因而由自身的逻辑来支配。它必须是内在统一的——用拉斯克的话说,是正当的(valid)——任何不统一或矛盾都会

---

① Karl Schuhmann, Barry Smith, "Two Idealisms: Lask and Husserl," in *Kant-Studien*, 83, 1993, pp. 448-466.
② Emil Lask, *Gesammelte Schriften*, ed. Eugen Herrigel, 3 vols., Tübingen: Mohr, 1923-1924, vol. 2, pp. 191-192.
③ Emil Lask, *Gesammelte Schriften*, ed. Eugen Herrigel, 3 vols., Tübingen: Mohr, 1923-1924, vol. 3, p. 179.

导致无法化约意识的外部因素(如主观的心理焦虑或客观的经济危机)的问题。出于这种考虑,我们必须考察卢卡奇的文本,以判定卢卡奇对无产阶级自我意识的发展的描述是否可以在这些方面得到解释。

卢卡奇与现象学

卢卡奇对现象学的借鉴存在强有力的证据,尽管很少有人这样去考察。他走向马克思的道路常被描述成一个失落的浪漫主义者的漂泊。其生平细节——布达佩斯资产阶级银行家被疏远的儿子,与他的母亲有矛盾,凄美的爱情故事——提供了理解卢卡奇的视角。例如,李·康登(Lee Congdon)把对青年卢卡奇的论述一分为三,每一个都是献给当时在卢卡奇眼中那个特别的永恒的女性。[1] 相应地,卢卡奇最受重视的前马克思主义著作都是极具鲜明风格的文学作品:有痛苦反省的《心灵与形式》,有对孤独的无家可归的呼应的《小说理论》,以及他计划创作的维护被资本主义恐吓的诗性灵魂图景的陀思妥耶夫斯基的著作。卢卡奇转向马克思似乎不可避免,但他对一个准艺术性主体的依赖也是如此,该主体给予这个世界以真正表达其自由的形式。

在这个描述中存在很多真相,但它只是这个故事的一半:它忽视了卢卡奇作为新康德主义哲学家同海因里希·李凯尔特、威廉·文德尔班(Wilhelm Windelband)、胡塞尔和拉斯克的共事。虽然有明确证据表明卢卡奇与他们建立了密切关系,但这些思想家带来的影响依然被忽视。1916年恩斯特·布洛赫在给卢卡奇的一封书信中附了胡塞尔、拉斯克和赫尔曼·陆宰(Hermann Lotze)的大量书籍,陆宰的正当性逻辑影响了拉斯克。卢卡奇认真研究了这个思想。他从没打算掩饰他的借鉴,拉斯克和李凯尔特在《物化和无产阶级意识》中被多次提及,而且

---

[1] Lee Congdon, *The Young Lukács*, Chapel Hill: University of North Carolina, 1983.

他还特别指出胡塞尔在方法论上对他的重大影响。一篇海德堡时期的美学论文很明显就是现象学的,多次直接引用了胡塞尔。[1] 他本人还很亲近拉斯克:当他们通过韦伯熟悉之后,拉斯克推动了这个青年学者的事业,拉斯克代表卢卡奇公开支持李凯尔特。卢卡奇在信中把拉斯克称为密友,后来还深情回忆了他们一起参与的对其海德堡时期美学论文的讨论。并且,他在1917年的《康德研究》中专门感激性地悼念了拉斯克。

甚至那些接触到卢卡奇在德国西南部早期兴趣的少数评论者,也很少关注《历史与阶级意识》的这一影响。康登虽然注意到卢卡奇以胡塞尔式的语言起草了海德堡时期美学论文,但他并未探究它对卢卡奇的社会理论来说是否依然重要。[2] 只有洛克莫尔对卢卡奇社会理论中新康德主义认识论的精辟论述,才填补了这个空缺,但洛克莫尔没有考察意识和自我意识之间至关重要的本体论差异。[3] 为了正确理解卢卡奇,我们必须模仿《吉诃德》的作者皮埃尔·梅纳尔(Pierre Menard, author of the Guixote):只有充分评估其来源,才能提供对《历史与阶级意识》超越夸大描述的解读。鉴于卢卡奇早期同胡塞尔和拉斯克存在密切关系的证据,认为对他之后的著作的解读可以忽略他们两人的做法,是不负责任的。

《历史与阶级意识》没有始终如一地以现象学的方式来论述意识,但其中最重要的论文却是这样做的。正如卢卡奇在序言中所言,这本书并不呈现出一个完整的科学体系:它是针对具体问题历时多年写成的文集。因此,我们不应期待其观点的严格一致性。尤其是卢卡奇改

---

[1] 另一篇海德堡时期论文的现象学方面,参见 Elisabeth Weisser, *Georg Lukács' Heidelberger Kunstphilosophie*, Bonn: Bouvier, 1992。

[2] Lee Congdon, *The Young Lukács*, Chapel Hill: University of North Carolina, 1983, pp. 92 - 95, 111 - 117.

[3] Tom Rockmore, *Irrationalism: Lukács and the Marxist View of Reason*, Philadelphia: Temple University Press, 1992.

变了他分析意识的方式。该书中早期的一些论文仍然将意识看成对主体所拥有对象的认识。例如,1920年3月的《阶级意识》一文提出了无产阶级的成员如何实现对社会的正确理论认识以使它们能够以适当革命的方式来行动这个问题。但最后完成的三篇论文——《物化和无产阶级意识》《关于组织问题的方法论》(二者专门为本书所写)和《什么是正统马克思主义?》(为了再版,它被全面修订,篇幅增加了一倍)——则现象学地分析了意识:它们描述其结构而非具体内容,它们使用"存在"(而非"现象")一词来描述意识中的对象,并且还使主体依赖于意识被构造的方式。如果我们将这三篇同时期的论文视为一个整体,那么卢卡奇的方法以现象学前提为基础就会变得一目了然。

不过,即使在这些论文中,卢卡奇也没有提供系统的社会现象学。虽然我们在这里不能重建一个,但可以表明,为了论证现象学地重新阐释同一的主体—客体之正当性,卢卡奇普遍地使用了现象学习语。为此,我会在卢卡奇文本中指出两个经常出现的现象学主题:第一,他将意识理解成对象的存在方式,而非对它的认识;第二,他具体考察了支配对象性的意识结构。如我所述,他用以描述意识的语言更符合现象学,而非认识论。

意识与存在

卢卡奇将对象的意识存在看成(一个层次的)现实:事物如何处于意识中,正是它们的真实所是,而不意味着它们如何在意识中出现。他抨击通常的"批判主义"(如康德主义),因为其方法论的出发点在于"方法与现实、思想与存在之间的分离"[①]。相反,卢卡奇认为辩证范畴是存在的形式,而非思想的形式。他通过说明每一个对象都是"被规定"为

[①] Georg Lukács, *Werke*, 14 vols., to date, Neuwied: Luchterhand, 1962 - , vol. 2, p. 174. 中译文参见卢卡奇《历史与阶级意识》,杜章智等译,商务印书馆1999年版,第52页。——译者注

"不可分的形式和内容的复合体",回应了拉斯克。① 形式不是主体为了创造对象而被它施加在感觉材料之上;它内在于对象的那一存在中。因而,中介"不是什么从外部(主观地)被放到客体里去的东西……**而是它们自己的客观具体的结构本身的显现**"②。与之相关,现象背后并不存在本体(noumenon)。卢卡奇把物自体问题确认为德国古典哲学的决定性问题。③ 他指出,费希特也依赖作为不能被理性地推断之物的存在的真实性、对象的单纯存在,尽管他在形式上取消了本体。④ 因此,"既定性一再反复地作为不可克服的东西,以非理性的形式出现"⑤。卢卡奇把这种与非理性事实(the irrational given)的无休止冲突归因于拒绝"把现实把握为整体,把握为存在"⑥。通过区分现实(意识现实)和存在,并将二者联系起来,他排斥思想—存在的二元性。德国古典哲学把现实理解成单纯的现象;事实上,它是不可化约的存在本身。

在分析社会方面,卢卡奇超越了胡塞尔和拉斯克,但他使用他们的方法。在卢卡奇看来,社会必须根据它显现出来的样子来分析:社会从中显现的范畴是它的存在范畴。由此,卢卡奇是这样解释马克思的:"古代的摩洛赫不是曾经主宰一切吗?德尔斐的阿波罗不是曾经是希腊人生活中的一种真正力量吗?"他认为二者的含义超出了这种解释,即因为人们根据信仰来行动,所以古代的神是真正力量;相反,这些神必须被理解为借由其在意识中的显现,以某种方式而存在。⑦ 实际上,

---

① Georg Lukács, *Werke*, 14 vols., to date, Neuwied: Luchterhand, 1962- , vol. 2, p. 304. 中译文参见卢卡奇《历史与阶级意识》,杜章智等译,商务印书馆1999年版,第204页。——译者注
② Georg Lukács, *Werke*, 14 vols., to date, Neuwied: Luchterhand, 1962- , vol. 2, p. 346. 中译文参见卢卡奇《历史与阶级意识》,杜章智等译,商务印书馆1999年版,第252页。——译者注
③ Georg Lukács, *Werke*, 14 vols., to date, Neuwied: Luchterhand, 1962- , vol. 2, p. 291.
④ Georg Lukács, *Werke*, 14 vols., to date, Neuwied: Luchterhand, 1962- , vol. 2, p. 300.
⑤ Georg Lukács, *Werke*, 14 vols., to date, Neuwied: Luchterhand, 1962- , vol. 2, p. 300. 中译文参见卢卡奇《历史与阶级意识》,杜章智等译,商务印书馆1999年版,第199页。——译者注
⑥ Georg Lukács, *Werke*, 14 vols., to date, Neuwied: Luchterhand, 1962- , vol. 2, p. 299. 中译文参见卢卡奇《历史与阶级意识》,杜章智等译,商务印书馆1999年版,第197页。——译者注
⑦ Georg Lukács, *Werke*, 14 vols., to date, Neuwied: Luchterhand, 1962- , vol. 2, p. 306. 中译文参见卢卡奇《历史与阶级意识》,杜章智等译,商务印书馆1999年版,第206页。——译者注

卢卡奇还遗憾地指出,马克思并没有比这走得更远,但他认为,"马克思成熟时期著作中的**方法**一直在使用这些根据实践的不同水平而划分层次的存在概念"①。因此,我们不能简单地以韦伯的方式来评定这些宗教信仰,后者将它们视为行动的理想化动机;相反,它们必须被评定为社会现实之存在(借由在意识中出现)的一部分。

1922年版的《什么是正统马克思主义?》一文澄清了这一点。卢卡奇指出,"马克思要求我们把'感性'、'客体'、'现实'理解为人的感性活动。这就是说,人应当意识到自己是社会的存在物"②。然而,这只有在资本主义制度下才是真正可能的。早期的社会关系表现出过于自然的和非组织化的特征,以至于人无法将它们视为社会性的。只有在资本主义制度下,一切社会关系才最终明确地成为经济的,这使个人的社会存在更加清晰,而且"人成了本来意义上的社会存在物。社会对人说来变成了名副其实的现实"③。资本主义明显的形式平等把作为一个总体的社会转变成现实本身:当社会关系越来越被意识到时,它们就变得更加真实。卢卡奇把这种意识的变化描述成状态的变化:意识的存在(the Sein of Bewußtein)在它变成意识的形成(Bewußtwerden)时才会被凸显,这种存在和生成的而非认识的语言,最适用于意识。因为意识是一个本体论的模式或区域,而不是对赤裸现存的纯粹认识——如卢卡奇所言,因为"还有别的现实的层次"——意识如何被组织的改变对现实有着重要影响。④ 归根结底,社会只有在它被意识到时,才可以说是作为现实而存在:它的现象和存在是不可分的。

---

① Georg Lukács, *Werke*, 14 vols., to date, Neuwied: Luchterhand, 1962–, vol.2, p.306. 中译文参见卢卡奇《历史与阶级意识》,杜章智等译,商务印书馆1999年版,第206页。——译者注
② Georg Lukács, *Werke*, 14 vols., to date, Neuwied: Luchterhand, 1962–, vol.2, p.192. 中译文参见卢卡奇《历史与阶级意识》,杜章智等译,商务印书馆1999年版,第71页。——译者注
③ Georg Lukács, *Werke*, 14 vols., to date, Neuwied: Luchterhand, 1962–, vol.2, p.193. 中译文参见卢卡奇《历史与阶级意识》,杜章智等译,商务印书馆1999年版,第72页。——译者注
④ Georg Lukács, *Werke*, 14 vols., to date, Neuwied: Luchterhand, 1962–, vol.2, p.306. 中译文参见卢卡奇《历史与阶级意识》,杜章智等译,商务印书馆1999年版,第206页。——译者注

自主的意识结构

鉴于卢卡奇拒绝本体,坚持主张已知对象的范畴是其本真范畴,否认现实意味着对世界的纯粹认识,他会特别关注这个现实的自主的统一性。这是卢卡奇的第二个现象学主题:他根据结构而非内容来谈论意识——尤其是像物化那样的意识问题。卢卡奇探讨了现象如何被构造,而非主体认识什么或如何认识。将资本主义同早期社会区分开来的东西是它对一切现象施加的一个普遍结构。用卢卡奇的话来说:"只有资本主义才随同实现整个社会的统一经济结构,产生出一种——正式的——包括整个社会的统一的意识结构。"①

这个方面被卢卡奇对待主体和客体的方式强化,他在意识中并由意识来结构化地界定它们自身。最好的例子是卢卡奇对费希特试图以行动来取代认识的描述:他描述了费希特的主体必须作为一个"意识结构"而合乎道德地与世界相关联的方式。② 卢卡奇以主体与对象相关联的不同结构,来确认费希特和康德的根本差别。他对术语的选择表明,不同的主体—客体关系意味着作为一个整体的不同的意识构造。意识不只是认识,它受理性范畴支配,但又不同于主体;对意识的描述包含着主体如何被结构化地定位在指向对象的意识中。卢卡奇以一个更接近于胡塞尔和拉斯克而非康德或费希特的方式,探讨了作为一个整体的意识存在王国如何被组织,而不是仅仅考察主体借以认识世界的认识论范畴。

总之,卢卡奇描述意识的方式显示出他对胡塞尔和拉斯克的借用。

---

① *Georg Lukács*, *Werke*, 14 vols., to date, Neuwied: Luchterhand, 1962- , vol. 2, p. 275. 中译文参见卢卡奇《历史与阶级意识》,杜章智等译,商务印书馆1999年版,第169页。——译者注

② *Georg Lukács*, *Werke*, 14 vols., to date, Neuwied: Luchterhand, 1962- , vol. 2, p. 302. 中译文参见卢卡奇《历史与阶级意识》,杜章智等译,商务印书馆1999年版,第201页。——译者注

他把意识范畴视为对象自身的真正范畴,而不是认识论范畴;他拒绝本体或一些更根本的现实,他排斥意识仅仅作为对它的一个描述的本体或某一更根本的现实。他感兴趣的是意识的结构而非内容——是如何而非什么。当然,也不能将卢卡奇归结为胡塞尔或拉斯克,因为他最感兴趣的对象是社会历史的总体性,而不是对象本身。然而,我已经区分出了卢卡奇根据现象学来论述社会意识的一些方式。虽然其对象已经超出了胡塞尔和拉斯克的视野,但卢卡奇描述意识体验的方式在很大程度上归功于他们的方法。表明这一点后,我将把这些方法运用到对卢卡奇革命主体性理论的解读中。

物化意识结构

"遵循自然科学的模式几乎不可避免地意味着使意识具体化"[1]——以此把工具化的、科学的态度同物化结合起来的是胡塞尔,而非卢卡奇。同样,主张对世界的纯粹理论立场会导致虚幻世界"被阉割的、乏味的认识"的则是拉斯克。[2] 与任何对它过度滥用的庸俗化相比,这些界定在含义上同卢卡奇对该术语的使用更加接近。这些庸俗化常常把它归结为把他人看作不是对象或手段而是主体和目的本身的康德式律令的一个马克思主义版本。[3]

当然,卢卡奇的物化观念还有其他来源——黑格尔和马克思最为明显。尽管黑格尔并未使用"物化"(Verdinglichung),马克思也仅用了

---

[1] Edmund Husserl, "Philosophy as a Strict Science," in *Phenomenology and the Crisis of Philosophy*, trans. Quentin Lauer, New York: Harper, 1965, p. 103. 中译文参见胡塞尔《现象学与哲学的危机》,吕祥译,国际文化出版公司1988年版,第93页。——译者注
[2] Emil Lask, *Gesammelte Schriften*, ed. Eugen Herrigel, 3 vols. , Tübingen: Mohr, 1923 - 1924, vol. 3, p. 240; Karl Schuhmann, Barry Smith, "Two Idealisms: Lask and Husserl," in *Kant-Studien*, 83, 1993, pp. 448 - 466.
[3] 关于这个路径的最近一个例子,可参见 Axel Honneth, *Verdinglichung*, Frankfurt am Main: Suhrkamp, 2005。

两次,但大部分学者均主张卢卡奇的这个术语同二人不同名称的一些概念存在相似性。于是,物化被理解成黑格尔式的经由社会的自我客观化。而在马克思的意义上,这种客观化发生了异化:主体的产物和商品成为与主体相对立的对象和物。这种假设源于一个方法论的错误:它认为物化必然来自黑格尔和马克思,所以任务就是找到其相似性;相反,如果以卢卡奇自己的方式来看待卢卡奇,我们会发现一个完全不同于单纯异化或客观化的概念。

经常使用物化的是西美尔。他认为,货币给予人类社会关系以物的特征,并将它们视为固定的和客观有效的。尽管把价值有趣地反思成一个不同于存在的本体论领域,但西美尔主要关心的是心理方面:他对物化社会关系威胁性地表现出完全不受被它们排除在外的主体性影响的方式,提出了警告。对他来说,存在一个同与之相对抗的物化社会关系完全分开的主观实体。

虽然西美尔明显影响了卢卡奇在《物化和无产阶级意识》第一部分中对社会关系的讨论,但后者的分析走得更远。卢卡奇的核心问题是"物化意识结构":物化如何变成意识自身的组织原则。[①] 他认为意识自身物化在它的结构中,已经超越了社会学或心理学的论述。为了理解卢卡奇如何看待极端物化条件下的希望问题,我们必须不能诉诸超越意识的心理或主体;换言之,我们必须以现象学的方式来理解它。这个讨论包括三个环节。第一,我考察了卢卡奇"物化意识结构"的含义:它意指在意识中构造主体和客体关系的一个特殊方式。第二,我考察了它如何影响主体。卢卡奇关注的是物化意识在时间上被构造的方式,而不是心理学问题。第三,无产阶级自我意识的产生来自主体和客体如何被现象学地设置中的一个逻辑对立。不是物化的心理问题造成了辩证矛盾:认为客观化的世界同外部的"有机的—精神的"主体相冲突,

---

[①] Georg Lukács, *Werke*, 14 vols., to date, Neuwied: Luchterhand, 1962– , vol. 2, p. 275. 中译文参见卢卡奇《历史与阶级意识》,杜章智等译,商务印书馆1999年版,第169页。——译者注

且物化对这个主体的背叛已经到了力求摧毁它的程度,绝非事实。相反,物化中的矛盾只能作为被现象学地解释的意识的结构而出现。

意识的物化

卢卡奇认为,"反对物化意识影响的斗争"对克服资本主义制度的弊端而言十分关键。这清楚地表明,他更关心的是物化对意识而非社会制度来说意味着什么。① 虽然他把商品视为物化的缩影,但他认为物化统治的最重要的后果在于,"物化结构越来越深入地、注定地、决定性地沉浸入人的意识里"②。因此,物化既是意识的具体构造,也是一个社会学现象。它包含着主体和客体之间的一种特殊关系:物化意识主张"理性的形式主义的认识方式是把握现实的唯一可能的方式"③。对待现实的不同态度会造成如下后果:"面对不依赖于意识的、不可能受人的活动影响而产生的、即作为现代的系统而表现出来的一个机械—有规律的过程,直观态度也改变人对世界的直接态度的各种基本范畴:这种态度把空间和时间看成是共同的东西,把时间降到空间的水平上。"④以在机器旁劳动的经验的发展为基础,卢卡奇确认了一个对待世界的新态度,在它之中,主体把自身视为对其意识内容的直观(因而也与它相分离)。

卢卡奇坚持认为物化会对意识产生双重影响,这进一步凸显了其讨论的现象学方面。他一直都注重展现主观性和客观性两种后果。当

---

① *Georg Lukács*, *Werke*, 14 vols., to date, Neuwied: Luchterhand, 1962 - , vol. 2, p. 511. 中译文参见卢卡奇《历史与阶级意识》,杜章智等译,商务印书馆 1999 年版,第 440 页。——译者注
② *Georg Lukács*, *Werke*, 14 vols., to date, Neuwied: Luchterhand, 1962 - , vol. 2, p. 268. 中译文参见卢卡奇《历史与阶级意识》,杜章智等译,商务印书馆 1999 年版,第 161 页。——译者注
③ *Georg Lukács*, *Werke*, 14 vols., to date, Neuwied: Luchterhand, 1962 - , vol. 2, p. 299. 中译文参见卢卡奇《历史与阶级意识》,杜章智等译,商务印书馆 1999 年版,第 198 页。——译者注
④ *Georg Lukács*, *Werke*, 14 vols., to date, Neuwied: Luchterhand, 1962 - , vol. 2, p. 264. 中译文参见卢卡奇《历史与阶级意识》,杜章智等译,商务印书馆 1999 年版,第 156 页。——译者注

强调商品化"在人的整个意识上留下它的印记"时,他声称他的任务在于,共同揭示"一方面作为对象性形式、另一方面又作为与之相适应的主观态度"的从商品拜物教性质中产生出来的问题。① 因此,他反复论述客体和主体如何一并被物化支配意识的方式改变:正是这个组织原则决定了主体和客体在意识内部之所是,而没有设定主体存在于意识之外。针对客体,卢卡奇论述了直观思维的问题,认为它"表现为认识了的、能认识的、理性的规律体系的必然结果,表现为一种必然性",它这样来观察客体世界的运行:尽管我们可以认识这个体系,但只能被动地观察它,而无法控制它。② 卢卡奇在此的控诉和拉斯克一致:在认识论上界定我们对世界的意识,意味着这个世界呈现出绝对的机械性和命定性。对我的目的而言,更重要的是物化结构统治意识的主观性后果:认识的主体越来越同特定的个人相分离,变为"纯粹的即纯粹形式的主体",他的"特性和能力……表现为人'占有'和'出卖'的一切'物',像外部世界的各种不同对象一样"。③ 意识不能被认识论地理解成认识,因为认识论的立场自身会不可避免地导向主体的形式化。这种主体借以把自己置身世界之外以认识它的态度,正是物化的典范。

现象学的主体构建

在卢卡奇看来,这种明确将主体同其意识分离开的认识论观点的错误,表现在单个主体由物化意识结构来塑造的方式。这之所以发生,

---

① Georg Lukács, *Werke*, 14 vols., to date, Neuwied: Luchterhand, 1962 - , vol. 2, pp. 275, 258. 中译文参见卢卡奇《历史与阶级意识》,杜章智等译,商务印书馆 1999 年版,第 169—170 页、第 149 页。——译者注
② Georg Lukács, *Werke*, 14 vols., to date, Neuwied: Luchterhand, 1962 - , vol. 2, pp. 307 - 308. 中译文参见卢卡奇《历史与阶级意识》,杜章智等译,商务印书馆 1999 年版,第 208 页。——译者注
③ Georg Lukács, *Werke*, 14 vols., to date, Neuwied: Luchterhand, 1962 - , vol. 2, pp. 306, 275. 中文版译文参见卢卡奇《历史与阶级意识》,杜章智等译,商务印书馆 1999 年版,第 207 页、第 170 页。——译者注

是因为劳动作为商品是按照小时来出售的;整个现象王国这一根本的时间结构是由客观的量化关系来支配的;与胡塞尔的体验流(它包含滞留和前摄,能够提供主体从中创造出来的有机统一体)相比,无产阶级碎片化的物化意识的时间被切割成相同的、可互换的、无关联的部分。这种观点是将时间化为空间和改变主体对世界的基本态度的典范:"这样,时间就失去了它的质的、可变的、流动的性质:它凝固成一个精确划分界限的、在量上可测定的、由在量上可测定的一些'物'……充满的连续统一体,即凝固成一个空间。在这种抽象的、可以准确测定的、变成物理空间的时间里(它作为环境,同时既是科学——机械地被分割开的和专门化的劳动客体生产的前提,又是它的结果),劳动主体也必然相应地被合理地分割开来。"①卢卡奇在《物化和无产阶级意识》一文中通篇都用"环境"(Umwelt)一词意指主体存在其中的直接意识背景。其含义与胡塞尔在《纯粹现象学通论:纯粹现象学和现象学哲学的观念》第一卷和《哲学作为严格的科学》中对该词的使用类似,它被当成更成熟概念"生活世界"(Lebenswelt)的一个前身。更重要的是,卢卡奇把主体的破裂归因于应用到其意识的结构:意识的组织再次决定了主体,而不是相反。一切现象领域意义上的意识变成了一系列对象:它已经被彻底物化。这就是将劳动当成商品的结果,因为这种劳动以时间来衡量;人在世界中存在的方式的基本范畴现在由更加适合空间的碎片化原则来构造。于是,卢卡奇批判的特别之处并不在于强调商品是一个"拜物教",它掩盖了在交换价值歪曲下的由劳动创造的在根本上更本真的"使用"价值;相反,它意在说明,量化结构的应用才是商品呈现给那一意识结构的东西——客体和主体的显现条件。

卢卡奇坚持认为,只有当"人类存在藉以形成的全部范畴表现为这

---

① Georg Lukács, *Werke*, 14 vols., to date, Neuwied: Luchterhand, 1962 - , vol. 2, p. 264. 中译文参见卢卡奇《历史与阶级意识》,杜章智等译,商务印书馆 1999 年版,第 157 页。——译者注

种存在本身的规定(而不仅是它的可把握性的规定)"①,无产阶级的自我意识才能有效。因为物化的、理性化的商品形式通过时间应用于意识,恰好这个状况得以实现:社会的商品形式范畴,即社会在商品形式中显现的范畴,也是把主体的显现构造成主体的范畴。需要说明的是,卢卡奇跟随胡塞尔,关注的是主体和客体本身之间的本体论关系,而黑格尔(在《精神现象学》中)和马克思(尤其在《1844年经济学哲学手稿》中)更感兴趣的是,主体如何表现为对象,即它如何以对象性的形式来认识自己,以及这些认识如何自我改变。正如卢卡奇所解释的那样,"对工人来说,劳动时间不仅是他出卖的商品……而且同时是他作为主体,作为人而存在的决定性的生存形式"②。因为无产阶级被界定为出卖他或她的劳动时间的人,所以这个劳动时间的改变从根本上影响着他或她是谁。量的改变对工人来说有着质的意义,因为这影响了他或她借以被揭示的意识。资本家则不能被界定为在社会中客观存在的劳动时间的出卖者:对他们来说,劳动时间的改变只是购买对象的量的改变。相反,无产阶级的社会存在需要通过时间体现,所以时间量的变化能够改变无产阶级之所是的质。正因为无产阶级通过意识而存在(现象学地——而不是认识论意义上"外在于"意识),所以这个意识内部结构和组织的改变对它影响深刻。

主体和客体的对立

物化意识结构将主体一分为二。一方面,它创造了一个形式上的、无内容的、无效的主体,它觉得自己无力作用于出现的现实。另一方

---

① Georg Lukács, *Werke*, 14 vols., to date, Neuwied: Luchterhand, 1962- , vol. 2, p. 342. 中译文参见卢卡奇《历史与阶级意识》,杜章智等译,商务印书馆1999年版,第249页。——译者注
② Georg Lukács, *Werke*, 14 vols., to date, Neuwied: Luchterhand, 1962- , vol. 2, p. 351. 中译文参见卢卡奇《历史与阶级意识》,杜章智等译,商务印书馆1999年版,第260页。——译者注

面,正是因为认识论结构的明显独立性不过是意识内在结构的一个结果,这个现实如何在时间上被构造,影响了具体的个人意识:在现实中不存在对主体而言无法回归的先验之物,所以通过将意识归结为纯粹的对象性,主体同样变成对象性的。然而,正是因为主体十分依赖其意识的结构,卢卡奇才能认为这些结构中的逻辑对立造就了无产阶级的自我意识。与卢卡奇通常的解释——主体一直都被它创造的物化所背叛相比,现象学的解读则表明,意识自身的结构使主体成为自我意识。在他被创建在意识中之前,不存在主体本身;而且,因为这个主体正如其显现的那样,是与自身结构相对立的,所以它才能变成自我意识。

这个问题因源于资本主义意识结构的"主体和客体僵硬的对立"而变得矛盾。① 物化和直观立场已经创建了一个表现出与其对象世界相分离的主体。在社会中,这使工人同时表现为抽象劳动时间和孤立的个体劳动的供应者。同一个人在意识中被构造成客体和主体。因此,"主体性和客体性之间的分裂恰恰是发生在把自己客体化为商品的人的身上,正因此,他的这种地位就变得可以被意识到了"②。卢卡奇对新闻工作者的评论提供了一个有用的对立:新闻工作者能使自己相信他的工作真正实现了他的主体性(无论这种幻想是多么虚假),但对无产阶级来说,劳动不过是抽象时间,因而它在执行中同工人分开了。③ 所以无产阶级能以其他阶级没有的某种方式意识到一个完全被割裂的双重存在——同时作为客体(其存在的日常现实)和主体(劳动力的抽象供应者,劳动力对象化的表面原因)。无产阶级的这种认识"**使它所认**

---

① Georg Lukács, *Werke*, 14 vols., to date, Neuwied: Luchterhand, 1962- , vol. 2, p. 351. 中译文参见卢卡奇《历史与阶级意识》,杜章智等译,商务印书馆1999年版,第260页。——译者注
② Georg Lukács, *Werke*, 14 vols., to date, Neuwied: Luchterhand, 1962- , vol. 2, p. 352. 中译文参见卢卡奇《历史与阶级意识》,杜章智等译,商务印书馆1999年版,第260页。——译者注
③ Georg Lukács, *Werke*, 14 vols., to date, Neuwied: Luchterhand, 1962- , vol. 2, p. 275. 中译文参见卢卡奇《历史与阶级意识》,杜章智等译,商务印书馆1999年版,第169页。——译者注

识的客体发生了一种对象的、结构的变化"①。因为他的工作是社会化的,他同时作为主体和客体而与其工作相统一,工人已经意识到"个别的个人与抽象的普遍性的对立,在这种普遍性中,他的劳动和社会的关系被中介给了他"②。工人因而不再把自己看成资本主义的个人,而必须认识到他自身作为无产阶级的社会存在:我们由此看到了无产阶级"自己作为阶级而出现"③。卢卡奇并不主张无产阶级突然注意到他们是一个阶级(或者从自在变成自为);更确切地说,其作为阶级的存在只能来源于主体与客体在意识结构中的逻辑对立。这些结构就是无产阶级存在的范畴。

我们已经触及关于具体特殊性(工人)和抽象普遍性(工作)的一个明确的黑格尔式调解,但卢卡奇是通过从胡塞尔角度解释意识来讨论它。个别无产阶级意识的构造包含着一个主体(抽象的劳动供应者)和一个客体(商品化的劳动自身)。因为客体通过时间来构造,它改变了主体被揭示的方式:主体和客体同时出现。这个对立处于意识中的这些范畴之间,而不在意识和外在于它的物之间。卢卡奇的内在性辩证法无需先验的主体:它只需要意识自身所创造之物。通过进入主体和客体的意识的社会结构(social structuring),无产阶级的社会存在首次得到揭示。

作为无产阶级之自我意识生成行动的政党

卢卡奇对德国唯心主义观念特别是庸俗化费希特的依赖,因过度

---

① Georg Lukács, *Werke*, 14 vols., to date, Neuwied: Luchterhand, 1962– , vol.2, p.353. 中译文参见卢卡奇《历史与阶级意识》,杜章智等译,商务印书馆1999年版,第262页。——译者注
② Georg Lukács, *Werke*, 14 vols., to date, Neuwied: Luchterhand, 1962– , vol.2, p.355. 中译文参见卢卡奇《历史与阶级意识》,杜章智等译,商务印书馆1999年版,第264页。——译者注
③ Georg Lukács, *Werke*, 14 vols., to date, Neuwied: Luchterhand, 1962– , vol.2, p.355. 中译文参见卢卡奇《历史与阶级意识》,杜章智等译,商务印书馆1999年版,第265页。——译者注

偏重革命政党作为革命主体的角色而饱受指责。他无法说明无产阶级如何能够作用于这个决定其意识的社会,这促使他以一个中心化的列宁式政党来做无产阶级的代理人。对一些批评者而言,这代表着值得赞许的务实精神(realism);对另一些人而言,这为一党专政大开方便之门。[1] 如果对卢卡奇的现象学解读是令人信服的,那么这个观点就会变得不太可能:如果卢卡奇没有把社会关系看成是由一个自由地对它们采用行动的先验主体来创造,那么他就不太可能在政党中去寻找这样一个主体。《历史与阶级意识》的最后两篇论文[2]和《物化和无产阶级意识》写于同一个时期:这个最后的部分认为,卢卡奇在它们中论述政党角色所使用的现象学术语和对物化的分析是相同的。首先,我将简短地概述卢卡奇在革命年代分配给政党的角色:卢卡奇以十分接近罗莎·卢森堡看待群众罢工的方式来说明它,而不是将其视为布朗基—列宁式的变革主体(agent)。其次,我将说明这个更加民主的政党观是如何以现象学为基础的:在用以描述它的语言和所使用的行为主体(agency)这个特别观念方面,他的政党明显是现象学意义上的。

先锋政党

卢卡奇在《历史与阶级意识》最后两篇论文中赞成一个强大的政党组织,因此他常常被认为从早期对卢森堡意义上基础广泛的无产阶级革命的信任,转向对列宁意义上以工人之名承担推翻资本主义任务的少数先锋队的依赖。然而,鉴于卢卡奇对卢森堡反复的、明确的称赞——1922年他的一个奇怪策略,当正统布尔什维克主义取得胜利

---

[1] 斯特德曼·琼斯[《早期卢卡奇的马克思主义》]("The Marxism of the Early Lukács")]是前者的典型;阿拉托、布莱内斯[《青年卢卡奇与西方马克思主义的起源》](*The Young Lukács and the Origins of Western Marxism*)]则讨论了后者。

[2] 指《对罗莎·卢森堡〈论俄国革命〉的批评意见》和《关于组织问题的方法论》。——译者注

时——有充分依据认为他在为卢森堡辩护。事实上,如果我们考察卢卡奇给予政党的具体角色,就会清晰地发现他看待它的方式与卢森堡理论中的群众罢工很相似:通过政党活动,工人变得有意识。有两个要点可以支持这个说法。第一,卢卡奇拥护基础广泛的政党观念,明确拒绝了与它相左的列宁那种以少数训练有素的骨干为核心的政党观念。第二,卢卡奇并未以工具主义的方式把政党当成夺取权力的工具,而是将它视为通过参与政党工作而获取意识发展的核心。

卢卡奇把政党界定为基础广泛的运动,工人通过它进行自我教育,而没有把它局限在必须教导工人的、数量有限的、受过良好教育的革命者。尽管政党由最有意识的工人组成,但是它应使更多的无产阶级投入到战争中,正如他在以下论述中所示:"举两个极端的例子,无论是一个相当小的内部巩固的政党通过与无产阶级广大群众的交互作用发展为一个大的群众性政党,还是一个自发产生的群众性政党在经过许多内部危机之后发展成为一个共产主义的群众性政党,在这一点上情况都没有什么不同。"[1]这两个极端例子的共同之处在于群众性政党的目标,而不是革命的核心。

而且,卢卡奇一再将无产阶级而非政党置于主体位置之上:阶级,而非它的机构,开展革命。"共产党甚至在理论上都不代表无产阶级行动":它一定不能被当成弥补无产阶级主体性缺失的代理人(agent)。[2] 这同样适用于政党:卢卡奇对中央委员会的过度集权提出了警告,以免它使群众陷入导致"唯意志论地过高估计个人(领袖)的能动意义和宿命论地过低估计阶级(群众)的意义"的"纯粹**直观**的"立

---

[1] Georg Lukács, *Werke*, 14 vols., to date, Neuwied: Luchterhand, 1962- , vol. 2, p. 507. 中译文参见卢卡奇《历史与阶级意识》,杜章智等译,商务印书馆1999年版,第436页。——译者注
[2] Georg Lukács, *Werke*, 14 vols., to date, Neuwied: Luchterhand, 1962- , vol. 2, p. 505. 中译文参见卢卡奇《历史与阶级意识》,杜章智等译,商务印书馆1999年版,第434页。——译者注

场。① 他坚持主张,所有积极的党员"不仅有权利而且有义务提出批评";领导人不应单独决策。② 卢卡奇由此拒绝了任何专家型政党的理念。

卢卡奇为政党设置的任务使他同列宁更进一步地区分开来。由于"共产党的斗争集中在无产阶级的阶级意识上",政党不应代表阶级从事革命政治活动——或仅仅为了"推进或加速阶级意识的发展"。③ 这同时也排除了实用主义的政党概念,即作为推翻资产阶级国家的最好工具,并显示出卢卡奇理论的卢森堡式实质:用卢卡奇的话来说,"共产党的斗争集中在无产阶级的阶级意识上",而不是社会自身的现实转变。④ 卢卡奇因而批评那些"代替无产阶级行动"而不是"让他们的行动去推进无产阶级阶级意识的真正发展过程"的人。⑤ 所以,"共产党的产生只可能是有阶级觉悟的工人的有意识的成果"⑥。政党工作承担的角色与卢森堡群众罢工中的工作一样:它借由实践发展出革命的意识。

即使在卢卡奇违背卢森堡承认政党重要性之处,他仍然切实地认可她的贡献。她的错误是过度乐观:"只是在于过高估计过程的有机性质,过低估计有意识组织的重要性。"⑦ 卢森堡对有机过程的整体描绘是正确的;政党仅仅在形式上确保最高程度阶级意识的获得,并使无产阶

---

① Georg Lukács, *Werke*, 14 vols., to date, Neuwied: Luchterhand, 1962 - , vol. 2, p. 496. 中译文参见卢卡奇《历史与阶级意识》,杜章智等译,商务印书馆1999年版,第424页。——译者注
② Georg Lukács, *Werke*, 14 vols., to date, Neuwied: Luchterhand, 1962 - , vol. 2, p. 514. 中译文参见卢卡奇《历史与阶级意识》,杜章智等译,商务印书馆1999年版,第444页。——译者注
③ Georg Lukács, *Werke*, 14 vols., to date, Neuwied: Luchterhand, 1962 - , vol. 2, p. 503. 中译文参见卢卡奇《历史与阶级意识》,杜章智等译,商务印书馆1999年版,第432页。——译者注
④ Georg Lukács, *Werke*, 14 vols., to date, Neuwied: Luchterhand, 1962 - , vol. 2, p. 503. 中译文参见卢卡奇《历史与阶级意识》,杜章智等译,商务印书馆1999年版,第432页。——译者注
⑤ Georg Lukács, *Werke*, 14 vols., to date, Neuwied: Luchterhand, 1962 - , vol. 2, p. 507. 中译文参见卢卡奇《历史与阶级意识》,杜章智等译,商务印书馆1999年版,第435页。——译者注
⑥ Georg Lukács, *Werke*, 14 vols., to date, Neuwied: Luchterhand, 1962 - , vol. 2, p. 517. 中译文参见卢卡奇《历史与阶级意识》,杜章智等译,商务印书馆1999年版,第446页。——译者注
⑦ Georg Lukács, *Werke*, 14 vols., to date, Neuwied: Luchterhand, 1962 - , vol. 2, vol. 494. 中译文参见卢卡奇《历史与阶级意识》,杜章智等译,商务印书馆1999年版,第422页。——译者注

级意识保持纯净,免于非无产阶级阶层或职业革命家的污染。即使在赞扬布尔什维克的地方,他也关注它们成员所必需的承诺,而不是强调少数训练有素政党的实用主义。这当然不意味着在逻辑上限制政党的规模,或倡导加强其中央委员会。卢卡奇可能没有把握住布尔什维克主义的现实,但他对政党的论述并不指向中心化的领导,而是指向群众行动。

阶级意识的现象学

这个政党理论来源于现象学还有待说明。其现象学之所是在于,由(卢森堡式的)群众政党倡导的意识和实践类型不需要一个先验主体,也不牵扯主体施加在反对它的对象上的活动。首先,卢卡奇将阶级意识的产生描述成它在无产阶级中的具体发展,而不是认识的获得。其次,(因为它不是"认识")阶级意识只能被集体地表现,而不是掌握在一个单一的认识论主体的头脑中。再次,卢卡奇把无产阶级的阶级意识视为发生在其阶级存在中的本体论的和质的转变。最后,卢卡奇主体革命实践的观念是行为表述性的,而不是创造性的:工人阶级只有在属于自身的范畴中表达它的显现,才是自由的,而不是通过改变一个与它相对立的客体和社会。

阶级意识不能直接等同于对客观境况的真正认识。因为无产阶级会随着自身变得更加有意识而变化,所以阶级意识之所是也必须改变。卢卡奇因而批判那些占据一个优势地位并以此来教导无产阶级的政党,他将这个地位称为"资产阶级的物化的'直观'意识的纯粹事后(post festum)结构"[①]。"事后"被他用来指根据材料由已被设置的先前存在的概念来解释社会或阶级的倾向——如同观念论的主体以其理性

---

① *Georg Lukács*, *Werke*, 14 vols., to date, Neuwied: Luchterhand, 1962- , vol. 2, p. 494. 中译文参见卢卡奇《历史与阶级意识》,杜章智等译,商务印书馆 1999 年版,第 422 页。——译者注

范畴来面对现实那样。这使认识论立场、物化和旨在"教导"无产阶级的革命实践联系在一起。相反,卢卡奇把实践说成是无产阶级意识在其经验中的发展:只有这样才能克服"在一般和特殊之间、规律和'归入'它的事例之间、规律和它的应用之间的一切矛盾"①。卢卡奇把归入加上引号表明他再次强调根据认识论的判断能力来探讨阶级意识是错误的。使用预先规定的概念和范畴来解释社会存在存在根本性的缺陷。通过拒绝将认识同阶级意识等同,卢卡奇瓦解了以领导干部来控制革命阶级的企图。

相反,卢卡奇提出了一个理解阶级意识的替代性方式,它可以在梅洛-庞蒂的以下陈述中得到完美概括:阶级意识的含义"无需以一种'我思'的形式"②。阶级意识不是主体的心智上的占有,它体现在作为"那种阶级意识的组织形式"③即无产阶级形成的方式的政党上。卢卡奇的措辞表明,阶级意识客观地形成;它不产生于心智层面,也不是主体强加给世界之物,而是直接表现在对象本身。因此,"在每个个人中仍然保留着意识的事后性质":卢卡奇区分了显示在政党组织形式中的高层次意识与个人低层次的认识论意识。④ 由于阶级意识独立于任何认识主体而形成,因此卢卡奇远离了观念论范式。而且,在这些条件下,任何主张有远见的领导拥有对阶级意识的正确形式的独到见解的观点都是无意义的;如果意识形式以集体的组织而不是在"心智"中来显示,那么只有整个群体才能拥有自身的意识。它不能从外部(在认识论上)被认识;它只能自我展示。

---

① Georg Lukács, *Werke*, 14 vols., to date, Neuwied: Luchterhand, 1962– , vol. 2, p. 510. 中译文参见卢卡奇《历史与阶级意识》,杜章智等译,商务印书馆1999年版,第439页。——译者注
② Maurice Merleau-Ponty, *Adventures of the Dialectic*, trans. Joseph Bien, Evanston: Northwestern University Press, 1973, p. 50. 中译文参见莫里斯·梅洛-庞蒂《辩证法的历险》,杨大春、张尧均译,上海译文出版社2009年版,第52页。——译者注
③ Georg Lukács, *Werke*, 14 vols., to date, Neuwied: Luchterhand, 1962– , vol. 2, p. 505. 中译文参见卢卡奇《历史与阶级意识》,杜章智等译,商务印书馆1999年版,第434页。——译者注
④ Georg Lukács, *Werke*, 14 vols., to date, Neuwied: Luchterhand, 1962– , vol. 2, p. 495. 中译文参见卢卡奇《历史与阶级意识》,杜章智等译,商务印书馆1999年版,第423页。——译者注

作为以上论述的必然推论,这个意识自身只能以本体论的方式对待:就无产阶级被组织来说,它是自我意识;就它是自我意识来说,它真正地存在着。卢卡奇在批判空想宗派时指出了这一点,这些宗派在对它们的成员提出严格要求方面与布尔什维克相似,但无法从其成员中发展出他们的伦理形式。他将这个错误归因于不能认识思想和存在之间的必然关系。① 相反,共产党则是有组织化形式的无产阶级;它是工人存在的思想,或是其纯粹存在变得有意义的方式。因此,"共产党必须作为独立的组织存在,这样无产阶级才能够直接看到自己的具有历史形象的阶级意识。……最后,整个阶级才有可能充分认识到自己作为阶级的存在"②。这代表了"一个更高的意识阶段"③。意识在此被当作一个范畴:它可以评估一个实体的意识层次。它不是一个概念:它不能判定意识自身之所是,好像它自身就是一个实体似的。通过在政党中给它自己以形式,无产阶级被提高到一个更高的本体论层面。政党不是阶级意识(Klassenbewußtsein),而是无产阶级阶级意识形成(Klassenbewußtwerden)的行动。④

最后,卢卡奇以结合卢森堡和非主观(asubjective)现象学的方式来界定自由。他认为,自由存在于社会关系的集体规定中。他引用了马克思的断言:资产阶级的联合导致了无产阶级作为阶级的产生,工人的社会存在是由资本客观地强加给他们的。卢卡奇旨在揭示一个新的自由王国,在它之中,在这个"越来越多地由无产阶级掌握决定的"时代,"无产阶级这种成为独立、'组织成为阶级'的过程在越来越高的阶段上

---

① *Georg Lukács*, *Werke*, 14 vols., to date, Neuwied: Luchterhand, 1962 - , vol. 2, p. 499.
② *Georg Lukács*, *Werke*, 14 vols., to date, Neuwied: Luchterhand, 1962 - , vol. 2, p. 504. 中译文参见卢卡奇《历史与阶级意识》,杜章智等译,商务印书馆 1999 年版,第 432 页。——译者注
③ *Georg Lukács*, *Werke*, 14 vols., to date, Neuwied: Luchterhand, 1962 - , vol. 2, p. 505. 中译文参见卢卡奇《历史与阶级意识》,杜章智等译,商务印书馆 1999 年版,第 434 页。——译者注
④ 参见 *Georg Lukács*, *Werke*, 14 vols., to date, Neuwied: Luchterhand, 1962 - , vol. 2, p. 363。中译文参见卢卡奇《历史与阶级意识》,杜章智等译,商务印书馆 1999 年版,第 273 页。——译者注

重复着"。① 在此,自由意味着对阶级从中显露自身的形式的选择;主体(the agent)直接决定了其客观显现的形式,而不是作用于作为与主体相对立的外部化对象而存在的社会。这不仅仅由"使未被意识到的东西被意识到,使隐藏着的东西变得明确起来"②构成。(卢卡奇认为,黑格尔那种根据其内在本质来展现文化、宗教、哲学和政治形式的"国民精神",就是这种错误的一个例子。)③相反,这些形式必须不断得到改变,以免被物化。共产党是对这种自由的首次表达:"共产党只有通过变成为它的每个成员的活动世界,才能真正希望克服资产阶级的人……的消极态度"④。这意味着,政党的所有成员必须参与到对其组织形式的创造,因为那时他们的行为才真正是主体性的,而不是使自身适合于预先决定的法则。这也解释了卢卡奇的如下观点:较之于资产阶级国家的个人主义自由,总体上加入政党工作能够创造出更本真的自由。那种形式主义的路径代表了"撇开人的整体个性、把它归入一个抽象观点……人的意识的物化"⑤。形式化的自由和权利范畴是基于概念而非现实的人来设置的:这集中体现了根据心智范畴(mental categories)来构造关系的物化。因此,自由是表述行为的;通过实施它自己选择的社会关系,通过借助对特定关系的执行而参与到社会存在的集体规定中,个人才是真正自由的。

我们可以肯定,卢卡奇对行为主体(agency)问题的认识超出了胡塞尔和拉斯克。然而,以政党组织形式的创造来定位自由,意味着把它

---

① Georg Lukács, Werke, 14 vols., to date, Neuwied: Luchterhand, 1962 - , vol. 2, p. 490. 中译文参见卢卡奇《历史与阶级意识》,杜章智等译,商务印书馆1999年版,第417页。——译者注
② Georg Lukács, Werke, 14 vols., to date, Neuwied: Luchterhand, 1962 - , vol. 2, p. 480. 中译文参见卢卡奇《历史与阶级意识》,杜章智等译,商务印书馆1999年版,第407页。——译者注
③ Georg Lukács, Werke, 14 vols., to date, Neuwied: Luchterhand, 1962 - , vol. 2, p. 358.
④ Georg Lukács, Werke, 14 vols., to date, Neuwied: Luchterhand, 1962 - , vol. 2, p. 515. 中译文参见卢卡奇《历史与阶级意识》,杜章智等译,商务印书馆1999年版,第444页。——译者注
⑤ Georg Lukács, Werke, 14 vols., to date, Neuwied: Luchterhand, 1962 - , vol. 2, p. 497. 中译文参见卢卡奇《历史与阶级意识》,杜章智等译,商务印书馆1999年版,第425页。——译者注

定位在现象学地显示无产阶级的形式范畴中。个体工人行使这些将他们集体地塑造成工人阶级的范畴：无产阶级的自我意识不是认识，而是它的自由行动。革命实践超越了对理论的实用主义路径：它是自我决定范畴的积极实施。最终，它构造了历史的同一的主体—客体：无产阶级（及其根本上的继承者）的主体性在于它使自身对象化。作为一个自我显示的对象，它是主体。

结论

20世纪20年代那些苏联的卢卡奇批评者被忽视了，他们的攻击被视为无知的意识形态诽谤而遭到摒弃。但是，他们当中起码有一个人，即阿·莫·德波林，不管其自身的立场有多粗鲁，已经意识到卢卡奇的思想应归功于李凯尔特和文德尔班以及胡塞尔和拉斯克。对《历史与阶级意识》的通常解读未能充分注意这些影响。卢卡奇的批评者们认为，其同一的主体—客体从根本上说是主体性的和创造性的：他不得不求助于一个神话主体去颠覆它所创造的社会。相比之下，通过突出卢卡奇对意识结构的强调，我勾勒出对《历史与阶级意识》的现象学解读，根据这种解读，社会和无产阶级的有意识的形式是其本真的、客观的形式。没有本体性的（noumenal）社会本身、劳动本身或无产阶级本身等待被揭示；它们的存在取决于其显现的结构。卢卡奇主要关注的是无产阶级的自我意识（通过其自我意识的显现），而非颠覆资产阶级社会。《历史与阶级意识》并非革命指南，因为它并不想成为革命指南；它关注的是变革的必要原因，而非充分原因。

在《历史与阶级意识》中发现胡塞尔式主题也能支持戈德曼、梅洛-庞蒂、芬伯格和伯恩斯坦的解释。虽然戈德曼等评论者提出的观点——即海德格尔直接回应了卢卡奇——可能不具有持续性，但是他们正确地注意到了卢卡奇和海德格尔在结构上的相似性：较之于从卢卡奇对海德格尔的直接影响出发，从他们思想的共同来源（胡塞尔和拉斯克可以说是最重要的）①出发，能更好地解释这种相似性。同样，芬伯格对卢卡奇式的实践和人类学的文化概念之间相似性的确认，此刻显得更加深刻。卢卡奇把阶级意识理解为把无产阶级团结起来的形式或关系的直接显现或执行：它存在于对象的结构中，而非心智中；这使我们能够追踪到个体意识和在社会上显而易见的（socially manifest）群体意识之间的连续性。物质材料——获得了某种形式，这种形式不被视为主体的心智投射——变成了对象。因而，芬伯格的解释是对卢卡奇整体社会理论的说明，它最能和这种现象学进路协调起来。

对《历史与阶级意识》的现象学面相的恢复必然会忽略对其他思想家重要性的持续思考——首先就是黑格尔。当然，在一篇短文中对胡塞尔和黑格尔这样的思想巨人进行比较是不可能的，当我们主要关注卢卡奇的时候，这一点尤其明了。然而，我可以非常简要地解释，尽管黑格尔对卢卡奇的影响是显而易见的，但为什么后者仍然认为前者从根本上说是不完备的，以及为什么他不得不求助于胡塞尔来弥补这个缺陷。

在卢卡奇看来，黑格尔是资产阶级哲学的巅峰。一个哲学体系之所以是资产阶级的，并非因为其创造者隶属于某个特定的阶级，而是因为它始于试图理解世界的个体：该个体是经济人在哲学上的相关者，即引导社会的孤立的、理性的主体（agent）。因而，认识论的霸权对应资本主义社会形式的兴起。真正具有自我批判性的认识论必然遭遇本体问题，因为它意识到，要描述主体、客体和认识之间的本体论关系是不可能的。黑格尔的解决办法是，通过在世界中显示理性来证明主体和客体的根本统一。然而，对卢卡奇而言，这个方案是观念论的，因为这

---

① 原文为："Husserl and Lask as Q, as it were"。——译者注

种统一是从主体的视角出发得到证明的:《精神现象学》描述了主体在把握现实时日益增长的理性自觉;《法哲学原理》从界定个体权利和意志开始,由此拓展在对它们在国家中的具体体现的揭示。理性是从逻辑上加以界定的;其特征之后被发现存在于世界之中。虽然卢卡奇认可黑格尔重新统一主体和客体的尝试,但后者的资产阶级—认识论立场意味着他的解决方案依然是抽象的。

依卢卡奇之见,马克思关于商品拜物教的分析是无产阶级思想的典范。商品的有意识的形式就是其真正的存在。卢卡奇把社会现实理解为这类形式的集合:意识是本体论领域,社会存在于其中。无产阶级思想不会把社会解释成为主体而存在的现象;它分析的是这些社会形式,并且从它们中来解释主体性。然而,马克思的确没有提供这种哲学分析,而且在20世纪20年代卢卡奇可以获得的马克思文本中当然也没有这种分析:对商品拜物教的分析可能代表了这种进路,但它缺少关于意识分析的全面深入的哲学方法论。(所以卢卡奇因马克思未能明确分析不同层次的存在而感到遗憾。)卢卡奇需要胡塞尔和拉斯克的概念装置(conceptual apparatus)。他们超越了资产阶级哲学:主体从属于意识的内在结构。尽管如此,他们仍不是无产阶级哲学家:两人都依赖于超验的、非历史的模式去界定意识,而不是把这些结构视为更广泛的社会过程的一部分。他们解决资产阶级哲学的方案是抽象的。卢卡奇将其现象学置于更广泛的社会—本体论叙述之中。胡塞尔和拉斯克的范畴是本体论意义上的,卢卡奇的论述也许可以被视为本体—生成论意义上的(ontologogenetic):他感兴趣的是,(现象学意义上)对象存在范畴是如何产生的,以及这针对存在又告诉了我们什么。

在1967年《历史与阶级意识》的再版序言中,卢卡奇批评了自己试图通过假定"逻辑—形而上学结构""相比黑格尔更加黑格尔"的工作。较之于对其观点的观念论解读,这种自我批评更符合现象学的解读:前者蕴含了一个非理性的、浪漫的主体,后者则赋予逻辑范畴以本体论的意义;这使它们成为形而上学范畴。客观上看,《历史与阶级意识》在说明如何颠覆资产阶级社会方面并未取得成功:它对一旦无产阶级成立了政党,他们应该做什么这个问题着墨甚少。因为一个逻辑对立,自我意识的出现才能发生:卢卡奇草率地假定,结构的矛盾会带来对那种矛盾的意识。然而,通过融合现象学和辩证法的路径,卢卡奇大大深化了我们关于社会如何存在以及社会如何构造其成员意识的理解。这样一来,他就为一种新的社会存在本体论奠定了基础。

(宋晓杰 译)

政治经济学视域中的卢卡奇思想及其历史意义[*]

[德]弗兰克·恩斯特

一、作为经典作家的卢卡奇、卢卡奇研究的小复兴与后马克思主义

2021年是卢卡奇逝世50周年,2023年则是"《历史与阶级意识》发表100周年",在通常意义上,这是理所应当进行总结和致敬的两个契机。近些年来,卢卡奇研究已经以某种方式出现了小规模的复兴:卢卡奇的一系列著作先后被出版,在中国两个卢卡奇的著作集计划都在筹划中,而卢卡奇在国际会议上则成为常规性的主题,在这些活动中学术界新生力量和政治活动家的兴趣与动机也清楚地展现了出来。

毫无疑问,在这次复兴之前,卢卡奇就已经属于马克思主义经典作家的行列,准确说来,与葛兰西、阿多诺和萨特齐名。他首先被归属于所谓的"西方马克思主义"代表人物的行列,而且恰恰是卢卡奇1923年

---

[*] 本文出处:Frank Engster, „Die Schnittstelle politische Ökonomie und das Klassische bei Lukács", in *Lukács 2019 - 2020*, *Jahrbuch der Internationalen Lukács-Gesellschaft*, Bielefeld: Aisthesis Verlag, 2021, S. 45 - 73。
弗兰克·恩斯特(1972—),德国学者,主要从事哲学和教育学研究。

出版的《历史与阶级意识》成为西方马克思主义的开端。[①] 卢卡奇还影响了批判理论特别是阿多诺,即使——或者也许恰恰因为——阿多诺几乎没有提及他(但凡在阿多诺提及卢卡奇的地方,阿多诺都以冷漠的姿态表明了对青年卢卡奇在晚年发展历程的失望)。然而,当前小规模的卢卡奇复兴的独特之处在于,这已经是第二次复兴了,而且正因为第一次的存在,它才是第二次复兴。回顾历史,正是因为这次小复兴,才使得卢卡奇研究的第一次复兴成为使卢卡奇跻身经典作家行列的一个"事件(Ereignis)"。

　　第一次复兴伴随着对马克思的新理解,它始于 1968 年,这一年既漫长同样也是关键的准备阶段,这次复兴尤其带来了对马克思《资本论》的重建和新的阅读方法。不论是当时法国的结构主义马克思主义解读、意大利的工人主义马克思主义解读,还是联邦德国(一部分也发生在民主德国)的所谓对政治经济学批判的重构,都离不开对格奥尔格·卢卡奇思想的再发现及其运用。对于东欧 20 世纪 60 年代非正统的、改革派潮流中的实践哲学和人道主义马克思主义,特别是南斯拉夫学派和所谓的实践哲学来说,卢卡奇更为重要。因此,在 1968 年后东欧和西欧出现了某种"非共时性的共时性"(布洛赫语)。因为,在西方社会,西方马克思主义在二战前后已经完成了对经典马克思主义的背弃,就此而言,这种西方马克思主义已经由于战后一代对马克思的重新解读而被替代了;而在"东方马克思主义"的现实社会主义国家中,异端马克思主义者回溯到卢卡奇,目的是用另一个马克思来对抗在这里占统治地位的马克思主义、列宁主义和共产主义的教条主义,他们采用的是异化和物化批判、实践哲学以及人道主义的马克思,他们更多地结合当时开始广泛传播的马克思的早期著作,而不分文本的卢卡奇其实并

---

① 尽管在卢卡奇身上清楚地表现出,"西方"并不是一个单义的地理学分类;卢卡奇在地理上也很难像伊萨克·伊里希·鲁宾(Isaak Illich Rubin)和亨利克·格罗斯曼(Henryk Grossmann)那样清楚地在西方和东方之间归类。

不知晓这些著作。之所以可以借助卢卡奇对共产主义和社会主义国家进行这样的实践哲学批判,并不仅仅是因为卢卡奇的早期著作本身,原因还在于,尽管卢卡奇也遭受了种种指责和批评,但他本人的生平和个性还是使得他被现实社会主义国家的共产党政权相对地接受了;此外,他一生始终矢志不渝地致力于马克思主义。

正是在东西方这两个平行但非共时性的、按照不同方向发展的进程中,卢卡奇成了经典作家。在东方,西方马克思主义随着卢卡奇的实践哲学被夹带进来了;与此同时,西方新的——工人主义的、结构主义的、形式分析的、女性主义的——马克思主义解读恰恰致力于接替西方马克思主义。正因如此,西方马克思主义的奠基人卢卡奇才如此令人着迷,并被重新激活,以至于在 1971 年去世前不久,他被推举为马克思主义历史上永恒的经典作家。在接下来的时间里,正如 1968 年前后的形势所表明的,卢卡奇的思想具备凝聚各种理论的能力,也由此成为众多理论的共同参考点,从特隆蒂(Mario Tronti)到阿尔都塞,从联邦德国的新马克思讨论的代表到民主德国和东欧现实社会主义国家的马克思主义者,卢卡奇不仅被所有方面接受,而且还受到了应有的尊敬,这是一位真正的经典作家应当享有的荣誉。

尽管如此,还是有必要证明和强化一下卢卡奇在当前小规模的复兴和第一次复兴中作为经典作家的地位。恰恰在他成为经典作家之后,20 世纪 70 年代红色岁月终结了,现实社会主义在 80 年代发生了剧变,马克思指引的资本主义批判开始普遍衰落,在这一过程中,卢卡奇从 20 世纪 90 年代到新世纪也相继淡出了人们的视野。直到最近 10 到 15 年才出现了上文提到的复兴:

- 自 2009 年以来几乎每年都会出版卢卡奇著作的国际性文集。
- 同样,在过去十年里以德语或英语出版了 15 部完全或者部分以卢卡奇为主题的独著，在哲学和文学专业杂志上发表了至少 60 篇论文。（我也发表了数篇研究卢卡奇的论文，包括本人 2014 年出版的博士论文，其中一部分是专门探讨卢卡奇的。）

● 此外，自 1997 年以来，国际卢卡奇协会主办了《卢卡奇年鉴》，它记录了对卢卡奇的持续性研究。

● 卢赫特汉德出版社（Luchterhand）原计划出版卢卡奇的德文著作集，这一计划一直未能完成，在搁浅了几十年后，现在由艾斯特西斯出版社（Aisthesis）继续推进这一计划。特别是自 2005 年以来，该出版社出版了价格合理的单行本文选。

● 在英美学界，布里尔出版社（Brill）在历史唯物主义系列中首次翻译出版了"卢卡奇文库"（Lukács Library）。

● 中国对卢卡奇，在更广泛的意义上，对西方马克思主义有很大的兴趣，同时有两个体量很大的翻译项目正在计划中。南京大学马克思主义哲学学科计划在 2025 年前翻译完成 8 卷本的卢卡奇著作集。此外，人民出版社计划出版一套 28 卷本的卢卡奇著作集。两个项目已经召开了会议。特别是在中国过去几十年里已经发表了超过 1000 篇研究卢卡奇的论文。

● 此外，卢卡奇的著作也常常出现在国际会议上，比如历史唯物主义大会。

这个小复兴证明了卢卡奇作为经典作家的地位，因为它是卢卡奇研究和以马克思为基础的社会批判在 20 世纪 80 年代末经历中断后的一种延续。可是这一复兴发生在一个独特的悬而未决的境遇中：一方面，随着西方马克思主义的瓦解以及第一代批判理论在 20 世纪 60 年代对马克思和《资本论》的重新解读，以马克思为基础的社会批判依然处于革新过程之中。另一方面，自 20 世纪 80 年代末的剧变以来，这一革新过程尽管没有再次被终结，但也出现了诸多"后-"学版本（Post-

Versionen)和代际更迭的内在变革。这样,一种真正的新次序即"后马克思主义"意义上——"后"既是在编年意义上也是在逻辑意义上——的社会批判理论并没有出现,那些对马克思的新阐述和对《资本论》的新解读——结构主义的、工人主义的、形式分析的、实践哲学的——依然具有有效性。今天的讨论超越了当时东西方在马克思主义上的对立,它需要应对的是一种剧变之后的资本主义,即后福特制的、金融市场推动的、新自由主义的、数字的、带有多重危机的资本主义,而且它需要面对后结构主义/解构主义、(酷儿)女性主义、后殖民主义和后工人主义及其卓越代表人物[阿甘本、巴迪欧、巴里巴尔、巴特勒、德勒兹、德里达、詹姆逊、拉吕埃勒、南希、奈格里、朗西埃、斯皮瓦克(Gayatri C. Spivak)、齐泽克等]的批判和影响。

尤其是这些学者都被归入了所谓的后马克思主义之中,而"后"的贴切之处正在于这个前缀所表达的中断之中的连续性。如果说复兴卢卡奇要求我们抛开后马克思主义并从后马克思主义背后的问题意识来重新激活卢卡奇的话,那么这种复兴就必须通过对后马克思主义的批判来完成。到目前为止,这一复兴通过对特定的惯用概念(物化、异化、拜物教等)的重建,保证了卢卡奇理论的持续现实性。在卢卡奇和当代后马克思主义的对抗中也可以找到他们巨大的共同旨趣,即双方都致力于将哲学和马克思主义批判结合起来。

然而,这里还有关键的区别,因为卢卡奇是从黑格尔那里获得的这种结合,确切地说,是从马克思通过政治经济学批判对黑格尔的辩证法和"精神"所做的唯物主义转化和"社会化"中获得的。与之相反,后马克思主义的"后"在内容上的合法性恰恰在于,它创建了一种后黑格尔主义和后辩证法的社会批判。因此要在后马克思主义的高度上发现卢卡奇的现实价值,就必须聚焦卢卡奇从马克思那里所接受的经典内容,比如马克思对黑格尔辩证法的唯物主义转化。这种转化具有永恒价值和潜在意义(Unabgegoltene),通过这种转化,马克思将黑格尔的辩证法运用到政治经济学批判之中,并发现了黑格尔对于马克思所处时代的现实意义。卢卡奇正是基于自身时代发掘了唯物主义转化的现实价值,但是后马克思主义对此转化只是保持了一种若即若离的联系。

那么,这一转化的永恒价值和潜在意义究竟是什么? 卢卡奇以什么样的方式赋予了这些"经典内容"以现实价值? 后马克思主义和它的后辩证法所完成的断裂又在哪里? 所有这些,都可以通过后马克思主义资本主义批判理论的关键变革来加以把握。

二、政治经济学批判的经典问题:经济和政治的结合与工人阶级的立场

卢卡奇能成为经典作家恰恰是因为他的多面性——存在作为文学批评家的卢卡奇、作为实践哲学家的卢卡奇、政治干预主义文本的卢卡奇和本体论的晚年卢卡奇。然而,他之所以获得经典作家的地位,毫无疑问是因为《历史与阶级意识》,特别是那篇独一无二的论文,即人们所说的物化论文。[①]

我认为,这一论文集特别是他这篇著名论文的经典性,源于它发掘了马克思的政治经济学批判以及这一理论的核心问题的当代价值:马克思力图重新审视黑格尔对社会矛盾所做的辩证和解与终结,力图阐明资本主义社会将被一个不一样的、即将到来的共产主义社会所克服——但是马克思和马克思之后的全部社会批判都未能完成这个任务。这是对经典资本主义批判的挑战。从起初将工人运动和组织政党联合起来的马克思主义,到第一国际和第二国际指导下的马克思主义,在一战期间都陷入了危机,正是在这一背景下,卢卡奇力图寻求探索资本主义批判的现实价值。

---

① Georg Lukács, *Geschichte und Klassenbewußtsein*, Neuwied: Luchterhand, 1970.

马克思通过"政治经济学批判"提出了他的任务,这一标题来源于《资本论》的副标题。在这一著作中,马克思努力实现经济与政治的结合,并直接在程序上赋予这种结合以优先权。"政治经济学"批判,一方面是对资本主义国民经济学的直接批判,马克思根据资本主义现实,同时借助古典经济学家(首先是斯密和李嘉图)的科学描述,对其展开批判;另一方面,为了实现批判的真正任务,即从实践上克服这种政治经济学,必须将经济和政治置于近乎对立的位置。因为劳动和劳动阶级,如马克思在他的批判中所阐述的,将以经济的方式通过资本而被利用和社会化,但是这一过程必须以政治的方式才能被意识到。具体来说,从经济上看是劳动被资本剥夺占有,从而发挥作用,实现资本增殖,同时又被剥削和统治;但是为了克服这种经济上的剥削关系,必须以一种合适的政治方式让工人阶级意识到这种经济剥削关系,而这种政治意识必须通过组织、实践和斗争,以及一种不同的共产主义社会理念来宣告和表达出来。

(一)主体因素的必要性

在某个历史时期内,早期马克思主义者认为这种政治化源于劳资之间的经济矛盾。在早期马克思主义看来,随着内在的不可避免的必然性,劳动和资本之间的经济矛盾必然会在工人阶级中形成一种相应的意识,而阶级斗争似乎可以迫使这一矛盾得到解决。由于马克思并未实现最初的计划,即对经济的政治性进行阐述,所以这一客观主义的决定论观点才得以传播。阶级、国家、世界市场、主体性和意识,所有这些概念只能从马克思的经济学阐述,从分散的段落以及早期著作中推导出来。

然而,早在 20 世纪初,列宁、卢森堡和青年卢卡奇就对他们那个时代中流行的这种(历史的)决定论和客观主义的马克思主义进行了(自我)批判,三者得到了同样的结果:没有主体性因素的政治"辅助",劳动和资本之间的经济矛盾不可能促成革命。工人阶级必须处于这样一种"场域",在这里劳动的经济的社会化将被政治意识所打破,并变成自反的(reflexiv)。但是为了保证这一断裂(变革)成为实践的、革命的,还需要附加一个主体性的因素,进而使主体能够意识到这种客观必然性,因此,除了客观的经济条件,还必须加上主观因素。这是一种多出来的、超出既定范围的因素,正因如此,这种主体因素实际上才具有政治性。然而,尽管列宁、卢森堡和卢卡奇的理论存在诸多一致性,但这种主观性因素在三者的理论中以完全不同的方式表现出来:

● 列宁注意到,无产阶级自身只能自发形成修正主义和"工联主义"的意识,而非革命意识。① 没有革命的辅助,意识就会受到直接经济利益的束缚。而能从外部打破经济关系并直接提供这种政治辅助的,就是党。然而这是"新型"的党,即一个由职业革命家组成的先锋政党:革命策略在列宁那里关系到先锋的立场,它必须掌握对工人阶级的领导权,从而推动并引导革命意识。以列宁为基础所形成的策略,比如托洛茨基主义、"毛主义"以及列宁主义,必然要求在经济和政治上寻求"列宁主义特质"的结合,即形成严格意义上的坚定革命者的先锋队;或者这种策略只是一种微观的和战术决断意义上的策略,比如特隆蒂的工人主义。

● 相反,对卢森堡来说,革命的辅助并不是来自外部的推力或拉力:这一辅助必须来自内部,通过(工人)群众和基层的经验和学习过程而产生。在党内,有约束力的政治性的组织化(或者毋宁说政治的组织化)愈是必要,革命就愈发指向经验和学习过程以及自我组织,这终归是不能由哪个政党来为工人阶级分担或者代劳的。卢森堡把政治性归因于这一过程的内部动力,这符合卢森堡对矛

---

① 列宁:《怎么办? 我们运动中的迫切问题》,载《列宁全集》第 6 卷,人民出版社 2013 年版。

盾的熟练处理方式,这些矛盾不仅存在于经济与政治之间,还表现为"社会改良还是革命"[①]、组织还是自发、大众还是领导、懦弱的社会民主党还是权威性的布尔什维克。

● 卢卡奇在其划时代的物化论文中,最后在"历史的主客体同一"(identisches Subjekt-Objekt der Geschichte)的理念中,既扬弃了他那个时代马克思主义中的客观主义,也扬弃了列宁和卢森堡的两个主观因素的方案。在这一理念中,主体因素通过劳动力商品的一种革命性翻转而获得了最终的联合和强化(Zuspitzung):在资本主义经济中劳动力本身成了商品,因此,社会使命、劳动生产力以及商品形式的中介、物化和异化便可以在劳动力的自我意识中变成自反性(reflexiv)的。由此,主体性因素便蕴含于劳动力的存在方式之中,这种劳动力认识到自身商品形式的异化和物化,进而翻转为自我实现的实践,即通过实践实现其社会使命和劳动生产力,这是无产阶级在共产主义社会中的自我客观化的实践。借助于商品形式中介的自反化(Reflexivwerden)和革命性翻转,主体性因素成为现实的(existenzial)。以此来看,主体性因素恰恰在经济的存在方式和政治意识的结合上才变成现实的,因为劳动力为了实现翻转,即成为自为主体,必须在实践层面借助于党。如卢卡奇指出的,工人阶级可以将自身"划入到"一种总体意识中,他们通过这种意识恰恰能够期待自身的生产力;党似乎能够替代工人阶级,接管他们的组织,但是它不能取消工人阶级的这种自我认识及其实践结果。

卢卡奇关于强化现实的主体因素的观点,标志着经典马克思主义向西方马克思主义和批判理论的过渡,因为这种强化从以下三个方面

[①] Rosa Luxemburg, „Sozialform oder Revolution", in *Gesammelte Werke*, Bd. 1.1, Berlin, 1982, S. 369 – 445.

构成了经济学和政治结合的终点、高点和转折点。

首先,卢卡奇将哲学拉回到资本主义批判之中,他将德国唯心主义未把握到的社会性内容以及未实现的内容,以唯物主义的方式转向马克思的价值形式分析。这一转向是哲学的回归,因为马克思自己就要求哲学的唯物主义转向及社会化。

第二个方面与卢卡奇将哲学拉回资产阶级批判的方式有关。卢卡奇的理论涉及德国唯心主义与黑格尔,这本身没有什么特别之处,因为这在经典马克思主义中是理所应当的。可是与经典马克思主义相反,卢卡奇并没有将反思、理解和劳动概念的否定性,以及理性和精神的唯心主义追溯到劳动、社会实践以及与自然的物质变换,而是追溯到资本主义的中介形式,即商品形式。凭借这种唯物主义的中介形式,劳动和资本的经典矛盾被重新表述了:卢卡奇不是将阶级意识矛盾视为政治问题,而是以认识批判的方式将资产阶级理性的二律背反当作政治问题,或者更确切地说,他将黑格尔宣称要克服的对象视为了政治问题。在卢卡奇看来,这种二律背反是思维的必然性,它必然地产生于中介着静观性(kontemplativ)理性思维的商品形式,并且康德已经对此必然性做出了最终有效的解释,从而阐明了近代资产阶级的理性立场以及资产阶级社会本身。资产阶级的认识立场,同时也是其阶级立场,必然——和康德的先验主体类似——在商品中通过表面没有联系的个别现象引出社会的本质和总体。因此,这一立场最多只能在理论上将劳动理解为一切个别现象的总体实质,却无法在实践层面把握劳动。因此,资产阶级立场必然终结于二律背反:只有在劳动力商品的自我意识中,无产阶级的阶级意识才能和自我认识结合起来,并完成翻转,在实践层面把握社会异化和物化的总体本质。与黑格尔《精神现象学》中的主体和实体类似,无产阶级能够意识到自我客体化的能力,并成为自反性(reflexiv)的,因此,与资产阶级的认识立场相反,无产阶级不会停留于静观的、消极的反思性。相反,无产阶级通过自我认识,已经走出了资产阶级社会的二律背反，朝着实际克服自己商品形式的异化和物化迈进了一大步。在卢卡奇看来，这个翻转尽管与黑格尔《精神现象学》对康德的知性思维和主客体二元论的克服相一致，但黑格尔只是在精神层面将两者推向了极端。卢卡奇认为，黑格尔尽管超越了康德的先验主体，但这种超越只是一种哲学的内部超越，只局限于一种特定的理性概念之内。在康德那里，或者毋宁说在资产阶级认识和阶级立场中，这种特定的理性概念以非实践的、静观的方式与社会对立，尽管在黑格尔哲学中，这种理性并不是反思性的知性思维，而是处在一种超越个体的精神的高度。

　　卢卡奇关于商品形式中介的总体性思想，首先推动了西方马克思主义和批判理论对主客体以及劳动与资本之间矛盾的新理解，经济学和政治的结合也因此获得了新的方向。在此之后，中介形式的总体性和"形式规定"就取代了经济基础的推导分析模式。在传统马克思主义中，常常用经济基础来推导分析认识方式和意识、意识形态和文化以及一般意义上的所谓上层建筑现象。这便是卢卡奇做出的贡献，即实现了对经典资本主义批判问题的当代转折。既然劳动和资本之间的经济矛盾只有经过劳动力商品的（自我）意识的中介才能转化为政治上的革命，那么，卢卡奇认为，只有当经济和政治具有不同地位时，经济和政治的结合才能实现这种翻转。经济的逻辑与工人阶级的政治经验——无论是他们的经验意识还是斗争经验——的境况截然不同。这种差异决定了，将经济和政治结合起来不仅是实现这种翻转的必然路径，也是工人阶级从自身经验中解放出来，以革命方式实现自我救赎的必由之路。进一步说，经济形势和政治经验的不同状况以及它们的相互分离，实际上是一道鸿沟：从工人阶级的经验存在到革命，并不存在直接的道路。但是这个鸿沟似乎解释了，为何以这种鸿沟为基础的革命性的翻转是必要的，而工人阶级必须根源于他们的经验存在，并从经验的工人阶级转变为无产阶级，即转变为同一性的主客体。此处的"根源于"（Entspringen)要从离开(Verlassen)和产生(Hervorgehen)的双重意义上来理解，类似于克尔凯郭尔之后存在主义的翻转：作为经验事实，工人阶级是没有革命意识的，而且其经验和政治条件对于革命来说也是不成熟的，甚至还会阻碍革命的发展。但是工人阶级，或者更确切地说，无产阶级能成为革命性的条件，首先根源于它的经济存在方式，因为无产阶级只有通过其经济存在方式才能随时借助它的自我意识的力量——因而也不依赖于现实的经验条件和成熟的革命局势——成功实现对自身商品形式的异化和物化的认识。无产阶级能够将总体性认识和对自身社会实践的认同收归自身，"收归自身"就是达到"主客体的历史同一性"的同一性(das Identische)，"收归自身"的过程就是自我认同(das Identifizieren)的过程：这就是卢卡奇的共产主义理念。

卢卡奇的理论是政治经济学批判的经典问题的终点和高点，因为这种翻转是最后的可能，是扭转工人阶级经验意识和政治经验形势相分离的最后出路，也是以革命的方式确保其在资本主义社会中核心地位的最终方式。卢卡奇之后的资本主义批判不仅不再将工人阶级视作革命的主体，而且理论和实践也不再结合于一个阶级身上。

（二）本雅明、布洛赫及其对革命阶级主体的放弃：借助微弱的弥赛亚主义力量获得解救以及乌托邦的复归

卢卡奇是最后一个先知，他看到工人阶级借助于自我反思可以实现一种革命性翻转，而且这一翻转甚至在任何时候都是可能的。但是人类历史的这一终结在卢卡奇那里只是以纯粹逻辑体系的方式完成的，也就是说，劳动力由于自身经济上的社会化，必然只能通过自我意识达到政治结果并终结历史。这一关乎生存的行动在革命的资本主义批判中达到了终点和高点，同时，一个转折点也顺理成章地出现了，这个转折点实际上是由西方马克思主义和批判理论带来的，其中最剧烈的转折是由瓦尔特·本雅明完成的。列宁（先锋党）、卢森堡（工人群众的自我组织和自发性)以及卢卡奇(主客体的同一性)在发掘政治经济学批判之经典问题的现实意义时都曾引入主体因素,而本雅明理论中的主体因素似乎转向了"另一边"。

本雅明通过让另一种时间性(Zeitlichkeit)降临,来干预那种主导着工人运动、社会民主党和第二国际的线性发展思维。在本雅明那里,这种时间性的降临等同于工人阶级的主体性和政治性行动,也就是某种形式的无产阶级总罢工(Generalstreik),但是这种行动又必须等同于一种接近神性的行动。由此,本雅明超越了卢卡奇理论中无产阶级的自我认识活动和存在翻转,但是他的理论也与无产阶级相疏离了。[①] 在本雅明理论中的另一个社会里,生产力发展并未达到完满,生产力与资本主义生产关系的矛盾以及普遍意义上的历史进步也并未终结。相反,本雅明的另一个社会必须通过一种内在的沉思(Einkehr)、通过一种追忆(Eingedenken)来完成,因此,另一种形式的历史唯物主义便成为必要。这种历史唯物主义与卢卡奇理论中的商品形式中介的唯物主义不同:卢卡奇的理论关乎生产力本身,关乎劳动力商品。本雅明的历史唯物主义更多的是对未被清算的过去进行回望,并且它必须是一种经验基础上的"人类学唯物主义"[②],因为未被清算的是一个受压迫的过去,即压迫史或者更准确地说是受压迫者的历史。这个过去可以随时、突然地成为现实,像一幅画一样闪现,它充满了(尽管是已过去的)"随时性"(Jederzeit),本雅明的图像思考方式、集体无意识的图像生产和内涵过载的"随时性"都指向一个另类的、不连续的、错乱的时间。

本雅明的理论与编年时间和进步思想进行了决裂,他引入了另一

[①] 最有说服力的证明就是《论历史概念》,参见 Walter Benjamin, „Über den Begriff der Geschichte", in *Gesammelte Werke*, Bd. 1/2, Frankfurt am Main, 1991, S. 690–708。

[②] Sami Khatib, „Walter Benjamins trans-materialistischer Materialismus. Ein Postkriptum zur Adorno-Benjamin-Debatte der 1930er Jahre", in Carolin Duttlinger, Ben Morgan, Anthony Phelan, *Am Kreuzweg von Magie und Positivismus. Walter Benjamin und die Anthropologie*, Freibug i. Br., 2012.

种人类学唯物主义,这些都使得工人阶级几乎取消了经济和政治的结合,转而依靠"微弱的弥赛亚主义力量",这一力量使在列宁、卢森堡以及卢卡奇理论中坚持的所有主体因素都变得多余了。然而,本雅明不仅思考主体因素,他还思考这种弥赛亚主义力量的物性及其社会客观性,因此这一力量仿佛转换到了另一边。在本雅明的物化思想中,这一转变是极为清楚的,尽管这一概念和卢卡奇的物化概念一样都存在矛盾,但矛盾的内容却是完全相反的。在卢卡奇理论中,商品形式使得劳动力被物化和异化,但同时这一商品形式也是劳动力能够反思自身和外在之物的现实条件;这样,劳动力不仅能够认识自身的异化和物化,而且还能借助自我认识回溯自我客体化的力量,而集体的社会主义规划与实施便是获得这种力量的途径。卢卡奇认为,在共产主义之中,物不必再通过商品形式以事后的、零星的、不自觉的和非计划的方式被中介;相反,物以及社会的客观性本身将会被计划的集体主体,以一种始终是自反的方式被确定(in Bestimmung gesetzt);无产阶级因此可以自觉地设计和创造他所要进入的社会,简言之:无产阶级完全可以创造自己的历史。与之相反,本雅明则转向了物本身,以便在事物的物化中阐明社会的无意识和社会想象,以此来追寻过去(Vergangenen)的踪迹。物化不应像卢卡奇理论那样借助自我认识行为而突然变成自反的,即通过自我认知,无产阶级在理论和实践上从未物化(Unverdinglicht-en)之物中得到了自己的生产力和历史作用。本雅明认为,在非物化之物(Nicht-Verdinglichten)和未物化之物(Unverdinglichten)中体验到的,不是生产力,而是无意识之物和想象之物以及集体的和历史的东西。因此,能够体验的只有那些必然不可触及的东西:在卢卡奇理论中,商品世界的物化经验翻转为对自身社会生产力的实存性的自我经验,并由此转变为无产阶级在实践上的自我占有;而在本雅明的理论中,这种经验只是沉思性的和个体性的,在事物中"只能"体验到社会无意识和社会遗忘之物,同时它们并不是呈现在事物本身之中,而是指向社会的联系、构造和无法表述的东西。真理既不是黑格尔意义上的"总体"(das Ganze),也不是阿多诺反对黑格尔时使用的虚假的(Unwahre)总体概念,在本雅明看来,总体的真理隐藏在细节(Detail)之中。

准确地说,本雅明是这样发掘经典社会批判问题的现实意义的。他认为,经典问题的当代化本身就具有现实意义,要实现这种当代化可以通过一种"微弱的弥赛亚主义力量",也可以通过一种元政治的、神性的暴力行为。对微弱的力量和神性的暴力进行当下化,并不是借助于纯粹的回忆或者对过去之物——例如被遗忘的牺牲者、错过的历史时机或者集体对事物的无意识认知——的痕迹进行当代化。微弱的力量以及神性的暴力"只是"暂停和终止了线性时间及其灾难性的自我运行,然而它们取代了卢卡奇理论中通过"主客体的历史同一性"而实现的世界精神的社会化,并取代了在其中劳动力意识到他们的物化存在的时刻。本雅明甚至认为,革命——它最终确保了一种立场交换(Seitenwechsel)——是紧急刹车的手柄,其目的是最终停止历史的自我运行。尽管时间的暂停意味着新时间的降临,即另一种时间的开启,或者毋宁说,时间自身可能改变了存在。

在本雅明之前,恩斯特·布洛赫就拒绝了线性的发展思维。布洛赫也通过一种内在的沉思(Einkehr)引入了另一种时间性,即一种"非共时性的共时性",他也因此促成了经济和政治的结合,并取消了工人阶级的核心位置和革命使命。然而布洛赫的时间化是以一种完全补充性的方式发挥作用的,这样,在卢卡奇的"主客体的同一性"之后,尽管本雅明和布洛赫的转折非常明确,但究其本质,他们的时间观念是相反的。本雅明想要将未被清算的过去作为一种过剩的当下时间加以当下化,而布洛赫则采取了一种向前逃避的方式:为了将共产主义牢记为人类未曾实现的梦,他确立了愿望、具体的乌托邦和希望的唯物主义,并由此确立了非时宜(unzeitgemäß)的力量,它作为**被预言的未来**(而非如本雅明那样作为未实现的过去)有能力改变当下。① 因此他们两人都要求一种非现在时:本雅明的弥赛亚主义和神学,布洛赫的乌托邦和未来,均以救赎的方式超越了经济学和政治。

(三) 否定性的自治和对抗的自治:阿多诺、特隆蒂以及福特主义时代的终结

尽管从体系来看,本雅明和布洛赫的互补性立场标志着"卢卡奇之后的转折"以及西方马克思主义和批判理论的开端,但是从历史维度来看,卢卡奇、本雅明和布洛赫是一致的,他们都处于资本主义福特制阶段的开端。福特制的早期阶段塑造了一个相对均质的阶级主体,在经济上集中于工厂尤其是大工业,在政治上集中于群众组织,主要集中于政党和工会,资本主义经济和社会主义政治也在这种共生和对抗的过程中获得了动力。在福特制阶段的起点上,资本主义批判出现了一种新的对立情形,并终于1960年代和福特主义大众工人阶级的形成。对立的双方是阿多诺的批判理论和马里奥·特隆蒂的工人主义。二者都在福特制资本主义(阿多诺将其称为"后资本主义")将要终结的时间点上进一步强化了主体因素,这体现在自治(Automonie)概念上,不过,阿多诺与特隆蒂在思想上却是对立的。

阿多诺认为,随着法西斯主义的滋长以及接下来的纳粹主义和大屠杀,革命意识的缺失和改良主义早已不再是时代的重大问题了。毋宁说(大众)意识本身成了问题,通过这一问题域,经济和政治的结合被重新表述了出来。在阿多诺的批判理论中,这个结合点正是启蒙、进步在科学技术和生产力的发展中翻转并颠倒为自身的对立面,其表现形式是怨恨情绪、退化的意识形态、战争以及大规模的屠杀。因此,在阿多诺看来,社会确实存在一种进步,它体现在科学、技术和经济方面,特

---

① Ernst Bloch, *Geist der Utopie*, München, 1981; Ernst Bloch, *Das Prinzip Hoffnung*, *Werkausgabe*, Bd. 5, Frankfurt am Main, 1985.

别是体现在生产力的巨大提升上,但与之相应,政治和社会领域——不论是在个体意识、大众意识还是社会总体中(更不用说革命意识了)——并没有出现进步和解放。经济的进步更多地导致了一切生活领域的总体物化,并被翻转为一种意识形态,成为一种物化意识。确切地说,阿多诺将马克思的经济学批判与弗洛伊德的精神分析结合起来,从而断言这一翻转的后果**就是**危机。

和卢卡奇一样,阿多诺也明确指出这一翻转表现在商品形式的中介上,但他没有加上革命性的成分。卢卡奇想要实现的翻转是,通过劳动力商品的自我意识,将商品形式中介的总体性变成自反性的,并让工人阶级像抓住自己的头发那样把自己拉出物化和异化;而在阿多诺那里,自然和社会的商品形式的物化和客观化,包括意识、艺术和文化领域,颠倒为一种纯粹的社会性即第二自然的彻底统治。向第二自然统治的翻转,是阿多诺唯物主义转向的否定性版本,后者也借助商品形式概念对黑格尔的精神概念进行了社会化。与之相应,劳动主体中蕴含的、属于资本主义经济的生产力也不会变成自反性的,阿多诺更多地诉诸一种个体性反思的力量,后者通过对"客体支配"(Präponderanz des Objekts)以及自身物化的沉思(Einkehr)方式来保证它的自治(Autonomie)。阿多诺的反思是一种冷漠的、消极的和否定的反思,青年卢卡奇将其批评为资产阶级立场的消极的、静观性的个体反思,并从无产阶级立场出发认为这种反思是可以被克服的。

劳动和资本的矛盾使社会变成一种破坏性力量,变成第二自然的统治。由于生产力的发展,阿多诺没有迫使无产阶级通过革命的方式来解决这一矛盾,反而提出了一个新的(主要)矛盾,即社会可能性和现实性之间的矛盾,后者依然掌控着劳动和资本,同时又使其片面化和单维化,由此,经济和政治的结合也以不同的方式展现了出来。这种可能性通向一个解放的、摆脱饥饿和困境的不同社会,经济和生产力的进步最终会实现这种可能性;而在社会现实中,这种解放和解救的可能性不仅没有表现出来,反而颠倒为它的对立面。于是,经济和政治的结合就意味着,这种经济上的可能性和解放颠倒为一种灾难性和退化的社会现实。

特隆蒂的工人主义以一种与阿多诺互补的方式终结了福特主义时代。① 和阿多诺一样,在特隆蒂这里,主体因素也表现为自治的力量。但阿多诺的自治是一种向个体性反思有序退却的自治,而特隆蒂的自治强调的则是与资本相对的工人主体的优先权和单一性。阿多诺的批判理论只是一种思想上的介入,而特隆蒂将他的工人主义——这一概念显然借鉴了1960年代初期意大利多种多样且内容迥异的诸多杂志的观点——理解为参与性的实践斗争,而产业大众工人则是从事这一斗争的革命主体。阿多诺是以一种否定性的方式从思想上介入的,因为他反对彻底终结(hermetische Schließung)劳资矛盾,也反对生产力的进步向倒退和毁灭的致命转变;特隆蒂则在工人与资本的对立之中寻求一种对抗性,这种对抗性是资本既不能终止也不能收编和战胜的。

阿多诺和特隆蒂对自治概念的不同观点源于一种更为基础的对立,即二者对辩证法的处理方式是互补对立的。他们都是以马克思对黑格尔辩证法的唯物主义转向和卢卡奇对此转向的当代阐释为基础来接受辩证法的,但是他们接受的方式却是相反的。二者的出发点都是,马克思想要重构黑格尔对矛盾的哲学式和解,并将其转向社会特别是资本主义社会的矛盾,从而在实践上克服矛盾。而阿多诺恰恰在黑格尔对矛盾的辩证终结(Schließung)中看到了真相,这也是他基于马克思和卢卡奇对商品形式的批判所得出的资本主义社会的真相:所谓"终结"在本质上就是同一性统治的确立,这是黑格尔用概念和精神所展现出来的内容,而在经济学中,正如马克思和卢卡奇所指出的那样,"终结"的本质即同一性的统治是与交换原则、交换价值和商品形式的中介

---

① Mario Tronti, *Arbeiter und Kapital*, Frankfurt am Main, 1974.

一致的。精神和商品形式对于阿多诺来说都意味着一种颠倒,即第一自然的统治颠倒为第二自然的统治,在社会内部第二自然的统治就像精神一样以一种不可理喻的、不可支配的方式发挥作用。① 与之相反,特隆蒂从工人的优先性出发构想了一个有针对性的单一的、非和解的辩证法,与工人相对,资本始终是依附性的被衍生之物。一方面,资本的政治和经济统治是对工人反抗的回应;另一方面,资本的统治根源于经济和政治用以剥夺和占有劳动的策略和手段,而统治则通过这些因素得以施行,从而使生产力和社会特征从一开始就表现为资本的结果和性质(特隆蒂的异化和物化思想更多地遵循马克思关于"原始积累"而非商品形式的论述)。阿多诺在他的否定辩证法中以相反的方式构想了这种优先性和反抗性。在阿多诺那里,主体的自治恰恰依赖于对客体支配(Präponderanz)的追溯(Eingedenken),具有反抗性的"首先"是那些在物质和实质层面不为主体的优先性服务、不属于主体的同一化(Identifikation)和统治手段(即概念和交换价值)的东西。我们只有阐明阿多诺和特隆蒂上述相反的理论方向,才能理解他们的共同点,即拒绝与现存事物的肯定性和解。

阿多诺的否定辩证法和特隆蒂的单一性对抗,再一次标志了马克思之后的政治经济学批判史的终点和高点。在他们之后又发生了两次转向:一次以他们的理论为基础,一次与他们的理论决裂。而在两次转向过程中,都出现了分歧。

就阿多诺的理论而言,第二代批判理论划分为两个截然不同的路线:其中一条路线从哈贝马斯的"交往转向"(他的后继者是阿克塞尔·霍耐特和拉尔·耶吉)出发;另一条路线则完全相反,部分还受到阿多诺本人的鼓励,旨在通过重建马克思的经济批判而回到马克思,与这一重建相伴的还有对黑格尔和马克思辩证法的重建。第二条路线也被称

---

① 阿多诺将从进步到退步的翻转以及对矛盾的强暴的、单向度的和解的批判,构思为"启蒙辩证法"和"否定的辩证法"。

作"新马克思阅读"运动,首先由阿尔弗雷德·施密特、汉斯-格奥尔格·巴克豪斯、汉斯-尤尔根·克拉尔、海尔穆特·莱希尔特(Helmut Lechelt)和沃尔夫冈·波尔特(Wolfgang Pohrt)组成。与之相反,特隆蒂先经历了一次"哥白尼转变",即转变为以工人的优先性和自治为基础的工人主义;之后又经历了一次海德格尔意义上的转向,1960年代末以来,他不再在工人中而是在政治中寻求自治,并回溯了本雅明和卡尔·施米特的理论。他的转向构成了后马克思主义的一个版本,而后马克思主义在这一时期也发生了第二次转向,即对工人主义的背离。与特隆蒂的情况不同,这次转向更多地是在后福特主义背景下对工人主义进行当下化,因而被称为后工人主义[代表人物如安东尼奥·奈格里、保罗·维尔诺(Paolo Virno)、毛里奇奥·拉扎拉托(Maurizio Lazzarato)、克里斯蒂安·马拉奇(Christian Marazzi),等等]。

不仅是后福特主义和第二代批判理论,而且是1960年代末的整个社会批判都发生了根本性变革。它处于当今时代的开端,大体上可以用后福特主义、新自由主义、金融资本主义和数字资本主义等关键词来称呼这个时代。而且随着资本主义社会以及资本主义批判的根本变革,经济与政治的结合也被重新规定了。但是这种结合主要由于两种发展趋势而变得模糊了:第一种发展趋势是阶级和主体边界的去除和碎片化,其驱动因素主要是新社会运动、交叉性理论和社会再生产理论;第二个发展趋势则是后辩证法思想和所谓后马克思主义。

(四)阶级斗争中被排除的部分:阶级边界的取消和劳动代表的危机

随着福特主义阶段的终结,某种资本主义批判类型也终结了。这种批判将福特主义产业化的大众工人当作政治性的、革命性的主体,更直接地说,将其安放在经济和政治的结合点上。随着这种资本主义批判的终结以及随之而来的深入的社会大变革,新左派和新社会运动开始了新的反思研究,这些研究最终都背离了作为革命主体的工人阶级及其阶级斗争策略。随着批判转向了劳动与资本之外的其他资本主义统治和权力关系,这种背离也由此注意到了那些一直以来被忽视的阶级矛盾斗争:1. 性别关系,2. 殖民主义、奴隶制和种族主义(如今还有后殖民主义和移民),3. 环境和生态(今天还有气候危机),4. 性(主要是"性解放",即今天的性取向、性多元和LGBTIQ+)。

这些依然叠加在劳动和资本的矛盾以及阶级对立之上的关系,才刚刚开始以合适的方式进入批判的视野——这变成了"六八运动"之后的新时期资本主义批判的关键立场,即社会批判不再聚焦于生产与劳动,而是以社会和个体再生产为出发点,这里的再生产也包括意识形态的再生产。因此,新时期的资本主义批判不仅关注到了马克思主义和马克思思想中的盲点和空白点,也关注到了那些"不可见的手段"本身,包括意识形态生产、殖民化手段、划定界限与排他、投射等。因此,批判的真正任务变成了,进一步拓展政治经济学的经典问题,深化对统治和权力关系的研究(此前的研究仅重点关注了劳动和资本问题),并借助性别化、种族化和文化化(Kulturalisierung)等概念消除、重写和取代这些权力关系。简言之,就是阐明这些权力关系的经济和政治属性,并重新确立经济和政治的结合。

被劳动和资本覆盖的这些关系实际上是矛盾的。尽管它们都是资本主义社会不可分离的一部分,是对劳动力和工人阶级的经济剥削的不可分离的一部分,但它们又分属于彼此隔绝、分离的领域,具有相对自主性,通过这种自主性,它们构成了一个表面上外在于经济劳动和资本再生产的领域。与生产、劳动和劳动力不同,再生产不是以经济的方式直接被价值化和商品化的,而是以意识形态的方式被"价值化"的。剥削的目标不是对差异进行量的占有(即对剩余价值的占有,马克思将之归于必要劳动时间和剩余劳动时间的差异),而是通过差异——性别、种族、国家、文化、宗教和性的差异——进行自我和他者的建构,进而以意识形态、政治和社会的方式实现剥削。因此,阶级以及劳资矛盾的补充和拓展必然要求批判模式的变革:当劳动生产、经济和政治的结合只有基于再生产才能恰当地进入理论视野时,当这种再生产反过来借助意识形态发挥功能时,批判的对象除了劳动与资本的关系外,还应包括"意识形态国家机器"(阿尔都塞)、"文化工业"(阿多诺)、"象征秩序"(拉康)、语言和"话语"(福柯)、"操作实践"(巴特勒)和叙事,等等。这些补充和拓展完全拆解了劳动生产与经典马克思主义的绑定关系,也打破了西方马克思主义和批判理论用商品交换和流通概念所完成的拓展,从而导致资本主义批判向后结构主义、性取向和酷儿女性主义、后殖民主义和后工人主义批判的转向。在 20 世纪 80 年代的政治实践中,学界起初将这种从斗争向社会和个人再生产的转向统称为**三重压迫**(triple oppression)①,即今天的交叉性、身份政治②和社会再生产理论③。

然而,在阶级的"经典"定义中,突然出现了一个被代替或更准确地说被排除的部分,除此之外,阶级的边界也完全被取消了。被阶级定义首先排除的那部分,在马克思的时代、此后的第一次世界大战期间和 1920 年代反动的法西斯主义大众意识的高涨中都发挥了重要作用,但是马克思的政治经济学批判体系并没有给它们预留合适的位置,或者毋宁说,在马克思主义体系中,被排除掉的这部分群体的地位是非常不明确的,马克思不仅没有从经济学上做过明确规定和专门讨论,也没有从政治角度阐明它们的地位和意义。而这个充满矛盾的被排除的部分就是"暴民"或"流氓无产者"。

---

① Ingrid Strobl, Klaus Viehmann und GenossInnen, autonome l. u. p. u. s. -Gruppe, *Drei zu Eins, Metropolen(gedanken) und Revolution?* Berlin, 1993.
② 身份政治的核心是阶级、种族和性取向,奠基性文本之一是 Combahee River Colletive, "A Black Feminist Statement," in G. T. Hull, P. Bell Scott, B. Smith (Hg.), *But Some of Us Are Brave. Black Women's Studies*, Old Westbury, 1982, S. 13-22。
③ Tithi Bhattacharya, *Social Reproduction Theory: Remapping Class, Recentering Oppression*, London, 2017.

由于经济地位的模糊性,暴民在马克思那里并不构成工人阶级整体的一部分。但是他们也并非第三等级的纯粹历史残余(这样他们或早或晚地都将被卷入资本主义的增殖之中),他们也并未构成某种"产业后备军"(后者似乎只是产业工人内部和外部的赋闲部分),也不是马克思那个时代的过剩人口的一部分——后者只有在高度发达的甚至是后工业资本主义社会才会出现,是指实际上变成多余的和无法被吸纳的那部分人群(正如马克思对未来发展所预测的那样)。① 与其经济上的模糊地位相呼应,马克思认为,他们的政治态度和功能同样充满矛盾性且不坚决:暴民在马克思那里是多变的、易堕落的、可被收买的。此外,尽管他们比其他社会群体更容易成为经济关系的牺牲品,但他们在政治上却是反动的,甚至反对自身的经济利益。尽管暴民的经济和政治立场是不明确的、充满矛盾的,但马克思(特别是恩格斯)对他们的判断却是彻底否定的;由于缺少阶级意识且易于被腐化和收买,暴民被称作"流氓无产者"。马克思从经济学角度判定流氓无产者的地位是不明确的、矛盾的,这与他从政治角度对流氓无产者的明确限定不相符合,这种明确限定使得流氓无产者再次被排除甚至完全被驱逐了,就好像一个拥有阶级意识的无产者仿佛因他龌龊的、败坏名声的那一面而被清理掉一样。马克思越是在政治上排除流氓无产者,他所纳入的类型就反而变得越矛盾,比如从孤儿到乞丐、盗贼和女仆再到作家和记者都属于无产阶级,就好像反而只有把工厂工人从无产阶级的行列中排除出去,才能使得这一充满多样性的混合体展现出同质性和统一性。

性别、性、种族主义和生态使阶级获得了扩充,也变得碎片化了。

---

① 关于暴民和流氓无产者的评论几乎散乱地出现在马克思、恩格斯的全部著作中。有关的段落首先包含在《德意志意识形态》《共产党宣言》和马克思的《路易·波拿巴的雾月十八日》,以及恩格斯的《英国工人阶级状况》和《农民战争》中。相关的导论有 Christopher Wimmer, *Lumpenproletariat. Die Unterklassen zwischen Diffamierung und revolutionärer Handlungsmacht*, Stuttgart, 2021。关于暴民在黑格尔那里自相矛盾的地位,可参见 Frank Ruda, *Hegels Pöbel. Eine Untersuchung der „Grundlinien der Philosophie des Rechts"*, Konstanz, 2011。

除了作为被排除部分的流氓无产者外,社会批判理论中还存在一种力图消除阶级边界(Entgrenzung)并使其普遍化的趋向。后工人主义凭借后福特主义、诸众、社会总体工人、一般智力、认知资本主义、非物质劳动和大同(Commens)这些范畴,成为具有首创性和引领性的理论。随着阶级边界的取消,经济与政治的区分也被有针对性地取消了。是的,二者直接合而为一了,尤其体现在以福柯为基础的生命政治理论与价值理论的剥离中,也体现在"群众的建构性力量"(konstituierende Kraft der Menge)(奈格里)这一观点中,后者借鉴了斯宾诺莎的"现实本质"(Conatus)概念和尼采的生命力游戏理念。① 后工人主义首先看到了能够超越工人主义的两条发展路线:一是随着后福特主义的转型,劳动生产力借助资本超越了经济的社会化,从而只是以外在的和非生产的形式与手段被剥削;二是这种生产力不再集中于产业大众工人或者说不再以产业工人为中心,而是分散于群众(Menge)的多样性之中。简单说,后工人主义的"后"展现了一种自治,在特隆蒂的工人主义那里,这种自治是专门为福特主义大众工人量身定做的,而现在则被用于"诸众"(Multitude)。"诸众"的生产力和创造力不依赖于资本的组织,也不依赖于劳动的经典代表形式,因此变得成熟,从而通过自我组织实现向共产主义的发展。

尽管边界被彻底去除了,但讽刺的是,诸众之中仍然没有为流氓和暴民留有正确的位置。他们[保罗·维利里奥(Paul Virilio)例外]没有预料到,这种动力机制不仅会使人误入歧途,更是一种倒退——目前我们不仅没有实现后工人主义的期待或希望,反而面对着世界范围内某种阴暗诸众的自我激活和动员,后者混合了所谓的右翼民粹主义、新法西斯主义潮流,以及在街头、广场、议会机构尤其是互联网上编造的各种阴谋论。从工人阶级和经济的角度来看,这一危机关乎劳动价值论。

---

① 与之相关的还有奈格里和哈特共同撰写的四部著作:《帝国》(*Empire*)、《诸众》(*Multitude*)、《大同世界》(*Commonwealth*)和《群集》(*Assembly*)。

对传统马克思主义来说,劳动力曾是价值和剩余价值的来源,"抽象劳动"是价值和剩余价值的实体,而围绕劳动和阶级斗争所制定的政策和社会主义构想,都被理解为这种"客观的劳动价值论"的结果。他们认为,这些观点都来源于马克思本人。然而,自 1960 年代起,随着对马克思和《资本论》的新解读,以及经济学本身的变革和工业时代的终结,资本主义批判就远离了经济学上的劳动价值论,统一的劳动政治代表形式似乎不再可能,更不要说普遍的政治主张了。这一危机关涉马克思主义在经济理论和政治实践层面对劳动和价值进行研究的有效性。此外,这一危机直接关系到代表机制和代表机关本身,比如党、议会、国家和民族,这一危机从整体上看也涉及政治,乃至导致了性别和语言的解构。社会批判中的一系列转向(语言学的、文化的、图像的、情感的,等等)不仅伴随着上述危机,同时也加速了上述危机,此外,这些转向中同时也包含了一定程度的"复归"。

后马克思主义反对阶级政治的扩大化和碎片化,因此,资本主义批判内部重新形成了新的对立。马克思主义社会批判派生出三个方面的内容,所谓"后"马克思主义正是由此而来,这三个对立的方面对于经济和政治的结合具有重要意义:1. 在经济和政治理论层面建立起一种后辩证法思想,它主要借鉴斯宾诺莎、尼采、弗洛伊德、海德格尔、阿尔都塞和福柯的理论;2. 经济和政治的结合让位于一种仅是政治内部的区分,按照这种区分,"政治"只能以代表的形式(党、国家、权利、货币等)去体现"政治的内容",而这些"政治的内容"在共同体、语言、公共性、正义、民主等方面实际上是完全不可代表、不可支配的。[①] 上述两点催生出第三个方面,即马克思的政治经济学批判成了一种彻底的政治本体论。

---

① Oliver Marchart, *Die politische Differenz. Zum Denken des Politischen bei Nancy, Lefort, Badiou und Agamben*, Frankfurt am Main, 2010.

结论:卢卡奇结合理论的盲点与货币

让我们回顾一下各式各样的概念表演,来看看经济和政治的结合以何种方式产生出革命性的力量!

马克思本人曾在他的政治经济学批判中详细阐述了劳动和资本的增殖,但是却很少讨论这一经济学的政治方面(国家、法、世界市场、阶级意识、主体性、组织化、革命、共产主义),特别是没有从政治上讨论对资本主义经济学的超越。尽管如此,马克思主义从一开始就承载了一种进步乐观主义和(历史的)决定论的力量,按照这种观点,工人阶级必然会直接意识到劳动和资本的经济矛盾,并将自发地达到政治预期,因而认为只能通过资本主义内在矛盾才能克服资本主义。为了反对这种历史决定论和客观主义,列宁、卢森堡和卢卡奇都引入了一种政治辅助,强调主体因素的必要性。在列宁那里,党是工人阶级先锋队,是具有组织性尤其是战术策略的力量。与之相反,卢森堡更为强调工人阶级自我组织的力量,以及他们的经验和学习过程。而卢卡奇既是对经典马克思主义中的经济主义和客观主义的翻转,也是对列宁和卢森堡主体因素的两个版本的翻转。他让社会生产力即劳动力商品的自我意识获得了主客体同一化(Identifikation)的力量,从而将客观性和主体性连接在一起。这个特殊的商品可以凭借自我意识来实现自我客观化的认同,从而能够在共产主义中实现自身。这一完全实存性力量已经处于资本主义批判向西方马克思主义和批判理论过渡的关口了。在过渡过程中,本雅明和布洛赫还只是在断裂中超越了卢卡奇;革命的力量不再属于工人阶级,他们强调将工人阶级从经济和政治结合的核心地位中解脱出来。本雅明转而引入了一种微弱的弥赛亚主义力量,它隐藏于一种对未被清算的过往的当代阐释之中,但由于放弃了编年意义上的时间,这一微弱力量走向了一种类似神性的力量;作为本雅明的补充,布洛赫的乌托邦概念获得了非时宜性和错时性的力量(Kraft des Unzeitgemäßen und Anachronistischen),当下恰恰因此在未来变得不同。所有这些构思都还处于福特制资本主义时代的开端。在其末期,阿多诺与特隆蒂也以一种互补的方式,几乎为主体性因素画上了句号。阿多诺与特隆蒂的主体性因素更多地存在于一种自治之中,这种自治在阿多诺那里被归于否定和批判性思想的力量,相反,在特隆蒂那里则明确归于工厂工人的抵抗。在"六八运动"之后的资本主义批判中,一方面,经济和政治的结合变得模糊和碎片化,因为经济和工人阶级在再生产的基础上被重新规定,同时经济对工人阶级的支配变得更加多样了;另一方面,在后马克思主义中,经济被一种彻底的政治本体论取代了。

卢卡奇之所以能成为经典作家,是因为在卢卡奇及其理论中,经济和政治的结合以一种存在主义的方式产生了一个革命主体,而且卢卡奇成功地对黑格尔的绝对理念或者"理念的理念"进行了唯物主义转化,并将其转变为共产主义理想。黑格尔的绝对理念(或绝对的理念)就是,客体性的同一性通过自我意识和概念的主体性而成为自反性的,因而主体性和客体性都能内在地改变和(历史地)发展。在卢卡奇那里,这种主客体的统一就是总体性认识,工人阶级可以在资本主义中通过自我意识获得这种总体性认识。借助无产阶级,这种同一性应当成为自反性的,正如在黑格尔那里同一性就是同一化过程本身一样——马克思以唯物主义的方式翻转了这一过程,从而将黑格尔的精神颠倒了回来:在实践中,劳动主体认识到社会中介的实质性本质以及影响历史的力量是与自身同一的。在共产主义中,无产阶级必然不再只是在思想上获得这一生产力,它能够以主观和客观的方式,以**实践的方式**——就像一种神性的自我实现那样——将这一生产力收归自身。无产阶级仿佛可以预先就认同自身的客观化,无产阶级可以将社会规划成这样:无产阶级进入同样使其外化的社会关系之中,但无产阶级可以通过提前反思的方式脱离这些社会关系。

黑格尔取消了知性思维的必要性，也克服了静观的、个别的和事后的反思，这与共产主义理念是一致的。同样，卢卡奇既批判康德的资产阶级认识和阶级立场，又批判劳动的商品形式中介及其在资本主义经济中带来的后果。然而，我在其他文章中[1]曾详细论述（在这里只能最后概括一下），为了克服反思的必然性，为了在唯物主义理论中阐明主客体的同一，卢卡奇设定了劳动力商品的自我意识，而在资本主义中，它的位置却被货币占据了。劳动力商品只有在货币中才仿佛拥有自为的自我意识，因为货币在资本主义中代表了一种观念上的价值整体，它对于社会总体的中介以及劳动力商品的生产增殖来说是具有决定性意义的。因此，总体意识不是归于无产阶级，而是归于货币，这一总体意识完全是以理性量化的、数学的但同时又是思辨的和不可支配的方式被计算的，这种量化计算是以社会实践为中介的。这就是说，社会在货币中好像拥有一种不自觉的自为的自我意识，此外，社会还可以通过货币的资本主义式的自我关涉，以自动的方式成为自反性的。

与此同时，正如马克思主义从一般意义上以及卢卡奇以特殊的方式所构思的那样，劳动力事实上处于经济与政治的结合点上，但劳动力必须意识到，货币恰恰取代了他们的集体自我意识并支配了社会总体性。为了能够取代货币，并且像货币所代表的统一观念那样进行自我筹划，无产阶级必须取代货币的功能和资本运作，必须完全掌握社会的中介，这样才能实现社会的同一。无产者因此必须将一切个别劳动、一切劳动与生产资料的关系，以及生产的一切产品，都收归于共同的关系

---

[1] Frank Engster, *Das Geld als Maß, Mittel und Methode. Das Rechnen mit der Identität der Zeit*, Berlin, 2014; Frank Engster, „Lukács' Existenzialismus oder: Die Selbstreflexion der Produktivkraft durch die Ware Arbeitskraft", in Hanno Plass (Hg.), *Klasse-Geschichte-Bewusstsein. Georg Lukács im 21. Jahrhundert*, Berlin, 2015, S. 33 - 77; Frank Engster, „Lukács' Idea of Communism and Ist Blind Spot: Money", in Gregory R. Smulewicz-Zucker (Hg.), *Confronting Reification. Revitalizing Georg Lukács' Thought in Late Capitalism. Studies in Critical Social Sciences*, Vol. 166, Leiden, 2020, S. 203 - 223.

中,并以统一、客观和普遍有效的方式对这一关系进行规定。为此,无产阶级必须经历一切使其成为可能的改变和(历史的)发展,必须通过某种方式取代并掌控社会关系的客观性,这种客观性根源于货币的量的部分,并可以根据价值大小被确定、中介进而实现生产增殖。简言之,社会计划的集体性主体不能像卢卡奇所设想的那样,借助自我实现最终在实践上召唤出哲学家们的神即精神。他们也必须取代物质的神,即资本主义的货币,因为它才是精神的无意识的根源。

(李乾坤　译,刘健　校)